本成果得到中国人民大学2016年"中央高校建设世界一流大学（学科）和特色发展引导专项资金"经费的支持。

古代希腊赛会研究

王大庆 著

中国社会科学出版社

图书在版编目（CIP）数据

古代希腊赛会研究／王大庆著．—北京：中国社会科学
出版社，2017.3

ISBN 978 – 7 – 5203 – 0013 – 1

Ⅰ.①古…　Ⅱ.①王…　Ⅲ.①运动竞赛—体育运动史—
研究—古希腊　Ⅳ.①K815.459

中国版本图书馆 CIP 数据核字（2017）第 047628 号

出 版 人	赵剑英
选题策划	郭沂纹
责任编辑	刘志兵
特约编辑	张翠萍等
责任校对	李　莉
责任印制	李寡寡

出　　版	中国社会科学出版社
社　　址	北京鼓楼西大街甲 158 号
邮　　编	100720
网　　址	http://www.csspw.cn
发 行 部	010 – 84083685
门 市 部	010 – 84029450
经　　销	新华书店及其他书店

印刷装订	北京明恒达印务有限公司
版　　次	2017 年 3 月第 1 版
印　　次	2017 年 3 月第 1 次印刷

开　　本	710×1000　1/16
印　　张	19.5
字　　数	295 千字
定　　价	72.00 元

目　　录

图表目录

绪 论

古代希腊的 "赛会" 与
"赛会精神" 的起源

一 问题的提出

在古希腊文中，"ἀγών"（拉丁文转写成 *agon*）一词用来泛指一切类型的比赛。"奥林匹亚赛会"的古希腊文写法就是 "ὁ Ὀλυμπικὸς ἀγών"。

agon 是希腊人用于表示各种竞赛活动尤其是体育竞赛最经常使用的一个词。在新版的《牛津古典辞书》中，对 *agon* 有两种解释：（1）表示渗透到希腊生活中的非正式的和即兴的带有竞争性质的打头与对抗，为了获得胜利或求得生存而进行的普遍的斗争；（2）指人们聚在一起，为了祭祀神灵或地方的英雄而举行的正式的竞赛。① 可见，*agon* 包括一切正式和非正式的比赛。

agon 的动词形式是 *agein*，意思是 "to lead, bring, drive, weigh, celebrate"，大致的意思是让人们聚集在一起进行某种节庆活动，复数形式是 *agones*。*agon* 是一个很难翻译的希腊词，因为这样的一种活动在现代社会既没有相吻合的对应物，也没有直系的 "后代"，其丰富和独特的内涵是任何一个现代的英文词汇都不能表达出来的。与 *agon* 比较接近的英文词汇是 contest（竞赛）或 compete（竞争）。不过，在现代

---

① *Oxford Classical Dictionary*, edited by Simon Hornblower & Antony Spawforth, Oxford University Press, 1999, p. 41.

英文中，*agon* 这个词的确还是有一些直接的派生词，比如 agony，这个词有两个方面的含义，一是精神或肉体上的痛苦，二是表示某种激烈的抗争，虽然没有直接地表达出 *agon* 的全部内涵，但至少还是抓住了 a-gon 的某种内在的含义，那就是由竞赛、竞争所造成的人的精神和肉体的紧张与痛苦。再如，英文中 protagonist，原来的意思是"比赛（*a-gon*）中的第一名"，现在既可以指戏剧中的主人公，也含有领导者的意思。既然英文中都找不到非常合适的词来翻译 *agon*，那么用中文翻译就更难了，不过，我们还是可以做一些尝试。从上面的分析中可以看出，从根本上讲，*agon* 至少包括两个方面的含义，一是很多人聚集在一起，二是人们聚集在一起的目的是进行某种竞赛，所以我们不妨把 a-gon 翻译成"赛会"。①

毫无疑问，在几乎所有古往今来的人类文明中，都普遍存在人与人之间的各种形式的竞争或者竞赛，也就是说，这种广义的"竞争"并不仅仅存在于古代希腊。但不可否认的是，*agon* 一词所体现出来的"赛会精神"以及由此而产生的一系列"游戏规则"（game rules）在古代希腊发展得尤其完备。

不过，在古典学界，对"赛会"在古希腊人生活中的中心地位的认识却是很晚近的事情。学界普遍认为，是德国哲学家尼采（Friedrich Wil-helm Nietzsche，1844—1900）率先发现了希腊文化中的"赛会精神"，对此，伯克特在其名著《希腊宗教》中指出，"从弗里德里希·尼采开始，赛会精神（the agonal spirit，*der agonale Geist*）就常常被看作是希腊文化的特征和动力之一"。② 不过，同样为学界所公认的，是尼采在巴塞尔大学的同事和朋友瑞士文化史家布克哈特（Jacob Burckhardt，1818—1897）第一次对希腊赛会的起源、表现、作用及影响作出了全面和系统的阐述，这些论述主要集中在他去世后出版的演说集《希腊文化史》

---

① 参看本书第一章。

② Walter Burkert, *Greek Religion*, translated by John Raffan, Harvard University Press, 1985, p. 105.

（*GriechischeKulturgeschichte*） 当中。① 当代古典学大家 M. I. 芬利（M. I. Finley, 1912—1986）对布氏的这一洞见给予了极高的评价，他说"布克哈特最伟大的'发现'就是认识到了赛会在希腊人生活中的中心位置"。② 在布克哈特之后，尤其是随着以延续古代传统为己任的现代奥林匹克运动的兴起，赛会开始得到了西方古典学界广泛的关注和研究。20世纪 30 年代，著名的古史专家伽丁纳尔（E. N. Gardiner）在《古代世界的体育运动》（*Athletics of Ancient World*）一书中说，在历史上，"没有哪个民族像希腊人那样在这种精神的驱动下沉迷于赛会，没有哪个民族如此地喜欢竞赛"。③ 的确，某种形式的竞赛或者比赛也曾经出现在希腊以外其他的古代文明中，但只有希腊人把赛会摆在了其社会生活的中心位置，由此形成了一系列的规则和范式，"赛会精神"渗透和贯穿到希腊社会生活的方方面面，对希腊人的政治制度、生活方式、思想观念等方面都产生了十分深刻的影响，在希腊文明衰亡之后，这种精神的种子还在后来的罗马文明和现代西方文明中生根发芽，在很多方面继续发挥着它的作用。

近代以来，随着现代奥林匹克运动的复兴，关于古希腊奥运会的研究也成为古希腊研究中的一个热点问题，西方学者纷纷从宗教、社会、政治、文化等角度对古希腊的体育运动和比赛活动进行了全方位的探讨，

---

① 布克哈特的这本演说集的德文本于 1902 年出版。1963 年出版了第一个英文选译本。1998 年出版了由沙拉·斯特恩（Shella Stern）翻译、奥斯温·穆瑞（Oswyn Murry）编辑并作序的新的英文选译本《希腊人和希腊文明》（*The Greeks and Greek Civilization*, Harper Collins Publishers, London）。在穆瑞的长篇序言中，就谈到了尼采和布克哈特的这一伟大发现及其重要意义："除了他们的会晤所产生的创作热情之外，毫无疑问，布克哈特和尼采对希腊世界所共同拥有的最富有意义的独特认识就是希腊和现代文化（按照尼采的看法）中的'竞技'的一面的重要性的认识。个人之间的竞技和对于追求卓越的渴望居于早期希腊人的世界观的中心位置，这一认识是他们共同的发现。甚至在到巴塞尔之前，尼采似乎就已经认识到竞技和竞赛的重要性；但布克哈特已经独立地对此作出了系统阐述，并开始忙于具体地论证这一发现对于理解希腊文化的各个方面所产生的影响了。这的确是布克哈特对希腊精神所有的洞悉中最重要的一点，这种认识至今在希腊历史的研究中还在不断结出硕果……"参看雅各布·布克哈特《希腊人和希腊文明》，王大庆译，世纪出版集团·上海人民出版社 2012 年版，第 29—30 页。

② M. I. Finley, *Ancient History*, *Evidence and Models*, New York: Viking Penguin Inc., 1986, p.3.

③ E. Norman Gardiner, *Athletics of the Ancient World*, Oxford, 1930, p. 2.

成果颇丰。① 近年来，中国学者在古代奥运会历史的研究上也取得了很多成果②，但总体而言，对古希腊的赛会的综合研究尚不多见，对赛会精神的探讨还有待深入。那么，古希腊的"赛会"是如何起源的，又经历了

① 美国学者斯坎隆于 1984 年编辑出版了《希腊罗马体育运动研究参考书目》一书，全面收集和整理出了一份书单，时间范围从 1840 年到 1984 年，文种涉及英、法、德、意等，内容主要涉及希腊罗马运动的历史和项目等方面的重要研究成果，总计 1615 种。参看 Thomas F. Scanlon, *Greek and Roman Athletics*, *A Bibliography*, Chicago: Ares Publishers, Inc., 1984. 马克·戈顿（Mark Golden）在 1998 年于剑桥大学出版社出版的《古希腊的体育运动与社会》（*Sport and Society in Ancient Greece*）一书的附录中有一篇《文献综述》，较为详尽地对近一百年来西方学者（主要包括德国、法国、意大利以及英美国家）在古希腊体育运动的研究上所取得的成果进行了全面而系统的述评。另外，参看路光辉《西方学者关于古希腊体育运动研究述评》，《武汉体育学院学报》2011 年 5 月。

② 20 世纪 80 年代以来，随着中国派出代表团参加奥运会，中国体育健儿不断在奥运会上创造佳绩，中国学者对奥运会历史的研究也加快了步伐。就笔者所见，著作主要有：王在武、刘修武、王俯民编《奥林匹克运动会史略》，人民体育出版社 1981 年版；范益忠、丁中元编著《古代奥林匹克运动会》，山东教育出版社 1982 年版；于克勤、章惠菁编《古代奥运会史话》，上海人民出版社 1986 年版；崔乐泉编著《古代奥运会》，大众文艺出版社 2000 年版；王邵励著《古希腊奥林匹克竞技会研究：政治文化史的视角》，吉林文史出版社 2014 年版。需要特别提到的是，王以欣于 2008 年出版的专著《神话与竞技——古希腊体育运动与奥林匹克赛会起源》（天津人民出版社）是国内第一本从神话的角度对古代希腊的运动会做出全面、系统和深入研究的著作，作者在参考了大量古典文献和西方学者的研究成果的基础上，对希腊体育赛会的起源、兴衰和主要比赛项目进行了细致的梳理与描述，是本书撰写过程中最重要的参考著作之一。在论文方面，学者们纷纷从宗教、社会、政治、经济、文化等各个角度对古代奥运会的起源、发展、衰亡以及影响等各方面展开了讨论，下面仅列举一些笔者所见到的 2000 年以来的有代表性的论文。有很多学者探讨了奥运会的宗教起源及其与希腊宗教的关系，包括王俊奇、饶绍振《奥林波斯宗教与古代奥运会的产生》（《体育与科学》2001 年第 3 期），佟洵《奥林匹克与宗教文化》（《北京联合大学学报》2003 年第 2 期），陈炎、赵玉《宗教信仰与奥运兴衰》（《华中师范大学学报》2007 年第 3 期），路光辉《葬礼与古代奥运会》（《体育文化导刊》2007 年 9 月）和《古代奥运的宗教起源》（《体育学刊》2008 年 11 月），邢颖《希腊城邦与奥林匹亚节》（《世界历史》2013 年第 6 期）。有些学者则从政治的角度，探讨了希腊城邦政体与奥林匹克运动的密切关系，如杨骏、卢元镇《希腊城邦制度与古代奥运会的产生》（《北京体育大学学报》2000 年第 1 期），陈炎、赵玉《奥林匹克运动的政治动因》（《南开学报》2007 年第 1 期），邢颖《论古代奥林匹克运动会中的城邦关系与城邦贵族——以公元前 420 年第 90 届奥运会为例》（《世界历史》2010 年第 1 期）和《论古希腊泛雅典人节中的城邦意识》（《历史教学》2014 年第 22 期）。有的学者探讨了古希腊的经济与奥运会的关系，如陈支越、曾贤军、宋跃然《古希腊的社会经济与古奥运会》（《体育科技》2001 年第 3 期）。有的学者从思想文化的角度探讨了希腊奥运会的思想依据，如李力研《体育，希腊人的自由——读黑格尔〈历史哲学〉片断》（《北京体育大学学报》2002 年第 1 期），王文华《希腊体育竞技与希腊精神》（《国际关系学院学报》2003 年第 3 期），陈斌、绕远《古奥运会兴衰嬗变的历史文化思辨》（《云南师范大学学报》2005 年第 3 期）。

那些发展和变化？这种"赛会精神"是如何渗透到古希腊人的其他社会生活中的？"赛会精神"的内涵是什么？为什么在包括古代中国在内的其他古代文明中没有发展这种希腊式样的"赛会"和"赛会精神"？

二 古希腊"赛会"的起源与发展

说到希腊的"赛会"，我们首先想到的就是肇始于公元前776年的奥林匹亚赛会。此后，地方的体育赛会和其他的"泛希腊赛会"也纷纷创办。不过，在这些宗教节庆活动中举行的体育赛会仅仅是希腊赛会的形式之一，只是赛会的一种最重要的形式。正如布克哈特所言，"当英雄时代的君主政体衰落之后，希腊人中所有的高级生活，不论是身体上的还是精神上的，都拥有了赛会的特征。在这里，品质和自然的优越（arete）都被展示出来，在比赛中获得胜利是一种不带有任何敌意的高贵的胜利，就好像是一种古老方式的复活，人可以用这种和平的方式战胜另一个人。生活中很多不同的方面开始带上这种竞赛的特点。我们在宴饮上宾客们的交谈和轮流唱歌中，在哲学探讨和法律程序，直到公鸡和鹌鹑打斗……都可以看见它的身影"。①大体说来，古希腊人的"赛会"可以分成两类：一类是身体上的赛会，最主要的就是体育比赛、军事训练和战争；另一类是精神或思想上的赛会，如政治辩论、法庭诉讼、哲学争论、

<hr>

（接上页注②） 陈村富在《古希腊奥林匹克赛会考》（《浙江大学学报》2008年第2期）一文中对古希腊的赛会所体现出的希腊文化精神以及哲学家对体育竞技的反思作出了深入的分析和思考。此外，解光云在《古典时期雅典城市的文体性公共空间与竞技活动》（《上海体育学院学报》2005年12月）中则从公共空间的角度说明了包括健身房、运动场在内的文体性公共场所为希腊的竞技活动提供了一种依托；何元国在《荷马社会中的体育竞技》（《体育文化导刊》2007年第7期）一文中，结合《荷马史诗》中关于体育竞技的描写，分析和说明了希腊竞技起源于荷马时代；吕厚量在《古希腊奥林匹亚文化地方性探析》（徐松岩主编《古典学评论》第2辑，上海三联书店2016年版）中通过对希腊旅行家鲍桑尼阿斯的著作的细致研读，对奥林匹亚地方文化的天然独特性和后天保守性做出了独到的分析。此外，还有大量硕士、博士论文，由于篇幅所限，笔者不能对所有的成果一一列举，只想以此说明，近年来中国学者对希腊运动会的研究越来越成为一个重要的研究方向，这些研究无疑对本书的写作都具有重要的参考价值。

① 雅各布·布克哈特：《希腊人和希腊文明》，第231页。

诗歌和戏剧比赛等。此外，在古代希腊还有名目繁多和五花八门的比赛，如喝酒比赛、选美比赛、剪羊毛比赛等。

在希腊的各种赛会活动中，体育比赛无疑是起源最早、持续时间最长、社会影响最大的一种赛会。实际上，正是在体育比赛得到了充分的发展之后，这种赛会精神才逐渐渗透到希腊人生活的其他领域中去的。下面我们就以体育赛会为例看一下希腊"赛会精神"的产生和发展过程。

大概是由于司空见惯的原因，虽然体育运动和比赛很早就占据了希腊人的生活，并且贯穿了希腊文明的始终，但古代希腊留下来的有关赛会的直接记载和论述却少得可怜①，古典时代的希腊人还是通过别的民族几乎没有希腊式的体育赛会而认识到他们的这种社会生活方式的独特性的，最典型的事例就是希罗多德在到访埃及的时候惊讶地看到那里竟然没有设立正式的体育比赛。②

从体育赛会的种类看，可以分为两种，一种是所有希腊人都可以参加的，即"泛希腊赛会"，最重要的"泛希腊赛会"有四个，按照创办的时间顺序包括奥林匹亚赛会（the Olympic Games，创始于公元前776年），皮提亚赛会（the Pythian Games，创始于公元前582年），地峡赛会（the Isthmian Games，创始于公元前581年），尼米亚赛会（the Nemean Games，创始于公元前573年）。四个"泛希腊赛会"各具特色，其中奥林匹亚赛会由于四年一次（皮提亚赛会也是四年一次，地峡赛会和尼米亚赛会都是两年一次），而且只设立体育项目（其他的运动会还包含音乐和诗歌等比赛），最为纯粹，所以影响最大。除了全希腊的运动会之外，还有不计其数的地方举办的赛会。这两类赛会的共同特点就是都依托于某种宗教崇拜活动，是祭祀神灵的宗教节庆活动的组成部分，这也是古代和现代的运动会的一个重要的差别。除了参赛者不同之外，"泛希腊赛会"与地方举办的赛会最主要的差别就是，"泛希腊赛会"都是"桂冠赛会"（crown games），因为

---

① 除了诗人品达献给"泛希腊赛会"优胜者的"凯歌"以及一些散见于希罗多德、修昔底德、柏拉图、亚里士多德、色诺芬、普鲁塔克等人的著作及希腊演说辞和戏剧当中的零星论述之外，唯一的一篇专门论述体育比赛的文献就是菲洛斯特拉图斯（Philostratos）的《论体育运动》（On Gymnastics）。另外，参看本书第二章第一节。

② 参看希罗多德《历史》，2，91。

优胜者的奖品主要是象征性的奖励（token prize），也就是用当地的一种最有名的植物的枝编制的桂冠①，而地方赛会一般都是"奖金赛会"（money games or cash games），奖品一般是奖金或值钱的物品。虽然这些"泛希腊赛会"的比赛项目远没有现代运动会那么丰富，但在紧张程度上却远远高于现代的运动会，因为这些运动会大都遵循着"只有第一名才是胜利者的原则"（first-only rule），即一个项目只有一名优胜者，没有亚军、季军，更没有现在所谓的"参与精神"，获取桂冠是参赛者追求的唯一目标，获胜就会得到一切，失败是可耻的和可悲的，故而有"不获胜毋宁死"（either the wreath or death）之说。② 此外，与现代运动会不同，希腊的运动会没有运动纪录，一个人的优胜纪录是按照获得运动会该项目胜利的次数来计算的，虽然也会出现蝉联冠军的情形，但这种胜利的保持也只是持续到下一次比赛的下一位优胜者出现为止。美国学者阿兰·古特曼在其《从仪式到纪录：现代体育的本质》一书中，从以下七个方面比较了古代体育与现代体育的联系和区别（表一），其中，"数字化"和"纪录"是现代体育和包括古希腊体育赛会在内的传统体育最大的和最明显的差别，从中也可以看出古希腊体育竞技活动的种种特点：

表一　　　　　　　　历史上不同时代体育运动的特点③

	原始体育	希腊体育	罗马体育	中世纪体育	现代体育
世俗化	是或否	是或否	是或否	是或否	是
平等	否	是或否	是或否	否	是
专业化	否	是	是	否	是
理性化	否	是	是	否	是
官僚化	否	是或否	是	否	是
数字化	否	否	是或否	否	是
纪录	否	否	否	否	是

---

① 奥林匹亚赛会用橄榄树（olive）枝，皮提亚赛会用月桂树（laurel）枝，地峡赛会和尼米亚赛会用欧芹（parsley）或者旱芹（celery）枝叶。

② M. I. Finley & H. W. Pleket, *The Olympic Games: the First Thousand Years*, London, 1976, p. 16.

③ Allen Guttmann, *From Ritual to Record, the Nature of Modern Sports*, Columbia University Press, 2004, p. 54.

可以说，在"泛希腊赛会"上获得桂冠是古希腊人一生所追求的最高的人生目标。在雅典，当某个公民家庭生了一个男孩的时候，就会在家门口挂上一个橄榄桂冠①，这一习俗十分明显地昭示出古希腊人的理想和希冀。虽然在"泛希腊赛会"上获得优胜只有象征性的奖品，但在这些优胜者回到家乡后会得到很多特权和价值不菲的实物奖励。② 芬利指出，希腊人之所以如此热衷于赛会，其精神的根源就是他们"对荣誉的无比热爱"（*philotimia*）③，同时，作为副产品，这些桂冠的获得者也会在他们的城邦中获得很高的威望和影响力。

关于奥林匹亚赛会的起源，希腊人倾向于把它追溯到神话时代，有各种不同版本的关于某位神灵创办奥林匹亚赛会的说法。例如，一种说法认为是天神宙斯在与其父克洛诺斯（Cronus）摔跤获胜之后创立的，还有一种说法认为是底比斯的赫拉克利斯（Heracles）在征服伊利斯（Elis），向其国王奥革阿斯（Ageus）复仇之后创立的。但斯特拉波认为这些神话是完全不可信的。④

在荷马史诗中，就有了关于体育比赛的记载。其中最著名的就是阿喀琉斯为阵亡的战友帕特洛克鲁斯举行葬礼之后举办的运动会，比赛的项目包括两马车赛、赛跑、拳击、摔跤和投掷等项目。值得注意的是，参赛者基本上都是王族或地位很高的贵族将领，普通的士兵只有观看和为比赛者加油的资格。奖品是包括青铜大锅、三足鼎、马匹和女奴在内的实物。实际上，这些生活用品和奴隶并不是比赛的主要目标，为荣誉而战才是最重要的。⑤ 虽然荷马史诗的真实性及其反映的时代还存在争议，但我们还是能够从中看出体育赛会在希腊起源阶段的一些轮廓。一方面，最早的体育比赛只是在国王和贵族的小范围内进行，这是与荷马时代王权的式微和贵族

---

① Mark Golden, *Sport and Society in Ancient Greece*, p. 35.

② "泛希腊赛会"的优胜者回到家乡后的奖励包括：免费的食品（*sitesis*），观看赛会时前排就座的特权（*prohedria*）以及其他的礼物。雅典对优胜者尤其慷慨，据普鲁塔克记载，梭伦立法中规定奥林匹克赛会的优胜者可以获得 500 德拉克马的奖金。见 *Oxford Classical Dictionary*, p. 42。

③ M. I. Finley & H. W. Pleket, *The Olympic Games: the First Thousand Years*, p. 21.

④ Mark Golden, *Sport and Society in Ancient Greece*, p. 12.

⑤ 参看何元国《荷马社会中的体育竞技》，《体育文化导刊》2007 年第 7 期。

政治的兴起相吻合的;另一方面,作为"赛会精神"核心理念之一的追求荣誉的观念已经形成,为此后的赛会定下了基调。

古风时代(即公元前 8 世纪到公元前 6 世纪)是希腊城邦形成的时代,在这个过程中,贵族政治也逐渐被具有很强的民主色彩的城邦体制所取代。在这个时代,所有公民都可以参加的本邦的和全希腊的运动会开始迅速地发展起来。布克哈特在《希腊文化史》中把这个时代命名为"赛会时代"(Agonal Age),并非言过其实,因为在这个时代以前,"运动会与其说是一项常规性的赛事,不如说一种偶然的活动,直到赛会时代的到来,全部生活才开始围绕这项活动来展开"。[①] 公元前 776 年,在奥林匹亚举办了第一届"泛希腊赛会",此后每四年举办一次,这一年既是希腊历史上有确切纪年的开端,同时,"奥林匹亚年"(Olympiados)也随即成为古希腊人普遍使用的一种纪年方法。[②] 在奥林匹亚创办"泛希腊赛会"的确是希腊历史上一件划时代的大事,在那以前,在希腊只有一些地方举办的、围绕某个神龛或神殿举行的小型赛会,奥林匹亚赛会则开启了一个新的传统,由于其只设有体育比赛,且没有大邦的影响和制约,从一开始就吸引了来自全希腊的数量众多的参赛者。在公元前 6 世纪的头 25 年里,另外三个最重要的"泛希腊赛会"也相继创建,除了体育比赛,这些新创立的"泛希腊赛会"还加入了音乐、诗歌、合唱等比赛项目,使赛会的内涵更为丰富了。这些"泛希腊赛会"的创立使希腊人在历史上第一次形成了一种民族的认同感,尤其对于在城邦体制下一直没有形成统一国家的古希腊来讲,"泛希腊赛会"几乎成为唯一的一条维系民族认同感的纽带,也成为区分希腊人和非希腊人的一条分界线。[③]

---

① 雅各布·布克哈特:《希腊人和希腊文明》,第 231 页。

② 希腊语中"Olympiados"一词指的就是两次奥林匹克赛会之间的四年间隔,希腊人常常以第几届奥林匹克赛会召开的时间来推算年份。参看 Paul Christesen, *Olympic Victor Lists and Ancient Greek History*, Cambridge University Press, 2007, pp. 5 – 6。

③ 希腊演说家伊索克拉特于公元前 380 年在奥林匹亚赛会上发表的《泛希腊演说》中的一段话很好地说明了这一点:"我们的泛希腊集会的创办者应当受到称赞,因为他们给我们传下这样一种风俗,使我们停战议和,化除现有的仇恨,聚集在同一个地方;使我们在共同祈祷、共同献祭的时候,想起彼此间的血缘关系,感到在未来的时间里我们会更加亲善,重温旧日的友谊缔结新生的关系……"见《罗念生全集》第 6 卷,世纪出版集团·上海人民出版社 2004 年版,第 234 页。

在希腊城邦时代，这条分界线一直是非常严格和分明的，非希腊人完全没有参加运动会的资格和机会，直到后来的马其顿人融入希腊文明之中并接过赛会的传统，情况才发生变化。①

在"泛希腊赛会"纷纷创立的同时，地方的体育赛会并没有萎缩，也在同时发展。品达的凯歌中就提到过 20 个地方赛会。公元前 5 世纪拉科尼亚的一块碑文记载，达墨弄（Damonon）和他的儿子恩马克拉提达斯（Engmacratidas）在伯罗奔尼撒的 8 个赛会上获得了 72 次胜利。② 由于 4 个"泛希腊赛会"比赛的时间相互错开，因此，几乎每年都有重大的赛事，所以，巡回赛（periodos）的传统开始形成。有证据表明，在这个时期，早期的只有王公贵族才可以参赛的情况已经不复存在，在希腊城邦中凡是具有公民身份且没有犯罪记录的人都可以参加比赛。③ 同时，我们也要看到，虽然没有专门为贵族举办的比赛，但由于比赛地点的分散和地理上的限制，能够负担得起到各个地方参加比赛费用的也基本上都是富人，这当中当然有很大一部分是贵族。④

实际上，古希腊体育赛会的平民化或大众化与战争方式的变化密切相关。随着城邦体制的建立，公民兵成为战争的主体，荷马史诗中描述的早期的由主将之间的对决来决定战争胜负的方式现在则被重装兵排兵

---

① 参看本书第十一章。

② *Oxford Classical Dictionary*, p. 41.

③ 据说公元前 776 年第一届奥林匹亚赛会短跑比赛的优胜者就是当地的一个面包师，见 Nigel Wilson（ed.）, *Encyclopedia of Ancient Greece*, New York: Taylor & Francis Group, 2006, p. 514. 不过，在古风时代非贵族出身的普通公民在体育赛会的参与度上，西方学术界还是存在着较大的争议，参看 Nike Fisher, *Gymnasia and the Democratic Values of Leisure*, 载 *Kosmos Essays in Order, Conflict and Community in Classical Athens*, edited by Paul Cartledge, Paul Millet & Sitta von Reden, Cambridge University Press, 2002, pp. 85 - 86.

④ 在希腊的体育赛会中，主要有两种比赛，一是"裸体竞技"，二是包括赛马和马拉赛车在内的"马赛"，如果说在"裸体竞技"上贫富的影响还不占据主导地位的话，那么，"马赛"就一直是富人的天下，因为在古希腊，买马和养马都是极为昂贵的，以至于成为一种身份的标志，而"马赛"一直是非常受欢迎的项目，利用这个机会提高自己在城邦中的威望和地位以赚取政治资本是富人们常用的手段。需要说明的是，"马赛"的优胜者并不是赛马或赛车的驾驭者，而是其所有者。此外，奥林匹亚赛会的参赛者在参赛前必须在家乡进行长达 10 个月的训练，到达伊利斯的时候还要进行为期 30 天的预选赛，这些都会使贫穷的人望而却步。参看 Nigel Wilson（ed.）, *Encyclopedia of Ancient Greece*, pp. 310, 515.

布阵的方式所取代，由于集体作战的需要，重装步兵的作用和地位大为提高。在作为公民主体的重装步兵不断获得民主权利的同时，各地的体育赛会也成为训练士兵最有力的方式被固定下来，成为一项经常性的和法定的社会活动。实际上，希腊人很早就把体育运动和军事活动紧密地联系在一起，在城邦政体下，各邦都实行公民兵制，平时训练，战时出征，他们甚至把体育比赛和战争看作一回事，只不过战争要流血牺牲罢了。① 在说到"泛希腊赛会"举办时所遵循的"神圣休战"原则的时候，戈顿指出，不要过分夸大休战的作用，因为这只是"休战"（ekecheiria）而不是"和平"（eirene），被禁止的只是"泛希腊赛会"举办地及其周边的战事，休战的目的只是不影响参赛者和观众赶赴赛场，不影响比赛的战争仍然可以照常进行。②

进入古典时代，希腊赛会的内容更加丰富，除了体育比赛之外，"赛会精神"开始逐步渗透到希腊人生活的各个方面，其中最重要的表现就是由早期的外在的身体上的竞技到内在的智力和思想上的对垒的深入发展，早期在希腊占据中心地位的美德"勇敢"逐渐也让位于"智慧"。这种赛会精神的内向转化主要体现在哲学论辩、法庭诉讼、政治演说以及戏剧比赛等方面。③

古典时代希腊赛会的另一个值得注意的变化就是宗教性的削弱。④ 众所周知，希腊体育赛会的起源与宗教的关系十分密切，最早的体育比赛都是作为某种宗教崇拜活动的附属物而出现的，古代奥运会的首要目的是祭司神灵，体育比赛是宗教仪式的一个组成部分⑤，人们普遍希望宗教节日（包括带有神性光辉的某些优秀公民的葬礼）都伴有比赛。每个"泛希腊赛会"都与某位神灵的崇拜有关，比如，奥林匹亚是宙斯崇拜的中心，而德尔斐举行的皮提亚赛会与文艺之神阿波罗关系密切，因而后

---

① 参看本书第七章。

② Mark Golden, *Sport and Society in Ancient Greece*, p. 17.

③ 参看王文华《希腊体育竞技与希腊精神》，《国际关系学院学报》2003 年第 3 期。

④ 参看本书第三章和第四章。

⑤ 参见王俊奇、饶绍振《奥林波斯宗教与古代奥运会的产生》（《体育与科学 2001 年第 3 期》）和佟洵的《奥林匹克与宗教文化》（《北京联合大学学报》2003 年第 1 卷第 2 期）。

者的重点在于音乐比赛。在古典时代，为期 5 天的奥林匹亚赛会的第一天全用来进行各种祭司活动，运动员要在宙斯神像面前发誓，一定要遵守既定的比赛规则，正式的比赛从第二天才开始；赛会第三天，被称为"宙斯大祭"的用 100 头公牛为牺牲的献祭活动达到了宗教活动的高潮；第四天有更多的祭祀仪式和比赛；第五天以为优胜者举行授予桂冠的仪式和盛大的酒会而告结束。① 在希腊人看来，不仅橄榄树本身就具有某种神性，奥林匹亚赛会优胜者的橄榄桂冠的编制也十分讲究，它们必须出自宙斯祭坛附近的一片野橄榄林，而且要由一位父母健在的男孩用一把特制的金镰刀砍下。② 在强调宗教因素的同时，我们也要看到希腊的宗教毕竟是一种仪式性的宗教（ritual religion），人们更关心外在的仪式，而非内在的信条，希腊的"神人同形同性论"使希腊的神灵很容易接近，人性和神性还没有拉开距离，而是交相辉映。在希腊城邦体制下，由于没有专门的祭司集团，这些"泛希腊赛会"的主办者也都是地方的政府，裁判员也都来自当地的显贵而非神职人员。在希腊人的内心里，"比赛的公平远比对神的敬畏重要，神与其说是胜利的创造者不如说是助佑者，与其说是正义的保护者，不如说是不正义的惩罚者"。③ 奥林匹亚体育场入口处的神像正是用那些犯规者的罚款铸造的。也许正是由于希腊宗教的这种特点，体育赛会的宗教性在古典时代又出现了很多减弱的迹象。例如，比赛的场地与崇拜场所的距离越来越远，到了公元前 4 世纪晚期就完全分开了，当然，有人认为，观众的增多也是一个重要的因素。④

到了希腊化时代，随着马其顿人入主希腊，"桂冠赛会"的数目不但没有减少，反而又有了新的增加，希腊的赛会文化也随着亚历山大的东征而迅速传播到亚历山大帝国的各个角落，"希腊式样的巡回比赛的传播是后古典时期的希腊化时代的起决定作用的特征"。⑤ 到了罗马帝国时代，随着很多地方赛会转变成"泛希腊赛会"，"桂冠赛会"继续激增，在奥

---

① Nigel Wilson（ed.），*Encyclopedia of Ancient Greece*，p. 515.

② Mark Golden，*Sport and Society in Ancient Greece*，p. 17.

③ M. I. Finley & H. W. Pleket，*The Olympic Games: the First Thousand Years*，p. 20.

④ Mark Golden，*Sport and Society in Ancient Greece*，pp. 20，23.

⑤ *Oxford Classical Dictionary*，p. 42.

林匹亚之外竟有不下 20 个奥林匹亚赛会。① 直到基督教成为罗马帝国的国教之后，体育赛会才开始作为异教仪式的一个部分受到排斥，521 年，罗马皇帝查士丁尼终结了最后一个奥林匹亚赛会。②

三 "赛会精神"在希腊其他社会活动中的体现：以哲学研究为例

上文说到，从古典时代开始，古希腊的"赛会精神"开始渗透到社会生活的方方面面，不论在战争中，还是在法庭辩论中，不论是在戏剧演出中，还是在哲学研究中，都可以看到"赛会精神"的身影。正如《古代希腊世界的体育和节庆》一书的编者菲利普和普理查德在该书的序言中所言："agon 或竞赛是希腊社会及其社会关系的一个根本性的特征，它不仅体现在节庆活动中的众多比赛上面，也体现在战争、政治、法律和演说当中。"③ 在这里，我们就以古希腊的哲学研究为例，看一看这种"赛会精神"如何体现在哲学研究当中的。

英国学者劳埃德（Lloyd，G. E. R.，1933—）一直致力于希腊科学和哲学的研究，他发现，与其他的古代文明相比，希腊的哲学研究更带有强烈的"论辩倾向"，也就是说，"赛会精神"也渗透到哲学研究的领域。众所周知，希腊的哲学开始于米利都学派，劳埃德指出，米利都学派"不同于他们之前的希腊或非希腊思想家的特点，一是自然的发现，二是理性的批判和辩论活动"。从米利都哲学家开始形成了一种传统，那就是希腊的哲学家在进行哲学研究的时候都是以论辩的姿态出现的，他们在阐述自己观点的时候，"总是不断地提到和批评别人的思想"，"希腊人不但乐于辩论，而且善于辩论"。实际上，这种情形不仅出现在哲学研究上，也出现在政治活动、司法审判等社会活动中，劳埃德指出，希腊哲

---

① Mark Golden, *Sport and Society in Ancient Greece*, p. 34.

② *Oxford Classical Dictionary*, p. 42.

③ David J. Phillip & David Pritchard (eds.), *Sport and Festival in the Ancient Greek World*, The Classical Press of Wales, 2003, Introduction, xii.

学研究的这种风格或许正是受到了政治和司法活动口头辩论风气的影响。① 在这里，对于希腊人，尤其是雅典人的好辩，我们还可以举出很多例子，今天保留下来的大量法庭演说，修昔底德的《伯罗奔尼撒战争史》当中大段大段的名人演说和大会辩论，柏拉图的对话集，以及戏剧比赛，到处都充满着论辩的气息，希腊人发达的演说术（elocution）、修辞学（rhetoric）以及辩证法（dialetics）正是在这样的氛围下应运而生的。这些辩论都是公开的，要面对大量的听众，为了达到劝说的目的，尤其是为了在论辩中获胜，就必须努力提高说理的技巧，并且要遵守一定的规则。首先就是需要论辩双方有一个共同的前提（premise），比如，为了在法庭上进行公正的裁决，体现出"正义"的原则，就必须对到底什么是"正义"进行明确的界定，抽象的定义就变得十分重要。同样，关于什么是"真理"（truth）、什么是"美"（beauty）、什么是"善"（good），乃至于什么是"存在"（being）都需要在辩论中获得。"求真"成为一个普遍的和共同的目标。与此同时，要在论辩中获得真理，必须有一定的论证规则，于是，形式逻辑（formal logic）产生了。正如昂格（Walter J. Ong）所言，形式逻辑最先出现在这个好辩的民族中，并得到了充分的发展并不是偶然的。②

我们看到，虽然体育比赛和各种形式的辩论活动是两种不同性质的社会活动，但二者体现出的"赛会精神"却是息息相通的，至少表现在几个方面：（1）竞赛的公开性。不论是体育比赛还是政治、哲学和司法活动，都是在城邦的某个公共场所进行的，这个公共空间属于全体公民，所有的公民都具有参与的资格，或作为参赛者，或作为辩论者，或作为观众。（2）竞赛的公平性。不论是体育比赛还是公众辩论，都需要竞赛双方展开一场公平的竞赛，参赛者在身份上必须是平等的，任何有碍公平的因素都要被消除，或将其影响降低到最小，比赛本身的成绩是决定胜负的唯一根据。（3）竞赛的公正性。为了使比赛有一个公正的结果，

① 参见 G. E. R. 劳埃德《早期希腊科学：从泰勒斯到亚里士多德》，孙小淳译，上海科技教育出版社 2004 年版，第 7、13、136、137 页。

② Walter J. Ong, *Fighting for Life*, *Contest*, *Sexuality*, *and Consciousness*, Cornell University Press, 1981, p. 22.

一方面，必须有一套能够在最大限度内实现公正的"游戏规则"（game rules），其表现形式或是法律，或是比赛规则，或者语言规则；另一方面，要有一个站在第三者的中立位置根据规则进行裁决的集体，或为公民大会，或为陪审员，或为体育裁判和观众。

　　我们看到，希腊"赛会精神"所体现出的这些理念还在更深的层面上塑造了希腊科学研究独特的研究方法和发展道路。劳埃德在他的另外一部著作《对手与权威——古代希腊和中国的科学研究》（*Adversaries and Authorities*，*Investigations into Ancient Creek and Chinese Science*，Cambridge University Press，1996）中，从科学史的角度对古代希腊和古代中国科学研究方法上的异同，尤其是对于诉诸争辩还是诉诸权威在古代希腊和古代中国的不同表现做出了更为具体的研究，颇具启发性。

　　他首先指出，与希腊哲学家在阐述自己观点的时候往往表现出很强的论辩色彩，主要依靠面对面的论辩来说服别人不同的是，中国先秦的各家各派思想家在阐述自己的观点的时候则更多地依靠古代的权威，而非辩论本身。接着，在对希腊和中国的古代文献进行了一些具体分析之后，劳埃德指出，实际上，上述的这一差异也并不绝对。首先，在中国的哲学学派中，也并非一团和气，也存在着隐藏的或公开的"辩"，名家就是一个例子；同样，在希腊晚期，学派合流的趋势也变得十分明显，诉诸权威的倾向也在不断加强。在看到这种"异中之同"之后，劳埃德对这个问题又进行了更加深入的探讨，指出了希腊和中国学术研究中两种更加值得注意的差异。第一，与中国相比，在希腊，学派内部的关系更为松散，分化也更为剧烈，学生不仅可以自由选择老师，而且可以公开批评老师，辩论居于中心的地位；在中国，师徒之间的关系更像是父子之间的关系，在"经"的约束下，学生一般情况下不能反对老师，其主要任务是通过"经"的守护来维护本"家"的地位，而不在于通过辩论战胜他"家"，在这种情形下，"辩"常常是一个贬义词，"论"在一定范围内是被允许的，但只限于说明而非争论。第二，中国哲学家的劝说对象往往都是君主，而希腊哲学家则主要面对公众、同行、对手和潜在的追随者，因此，希腊哲学家更多地需要在辩论的技巧上下功夫，倾向于理论上的建构，因而与他们的中国"同行"不同，其政治理想也很少能够付诸实现。通过这一比较，希腊哲学和科学研究中所蕴含的"赛会精神"也被进一步地凸显出来。

四 余论：为什么其他古代文明没有发展出希腊式的"赛会"和"赛会精神"

实际上，不论在动物界，还是人类社会，竞争和竞赛是无处不在的，可以说，不论在哪里，竞争都是人与人之间交往的一种经常性的模式。既然在人类社会中竞争现象是普遍存在的，那么，从古到今、世界各地的文明中普遍存在着不同形式的竞争或竞赛也就成为一个不争的事实，因而，竞赛也就并不为古代希腊社会所独有，就体育运动和比赛活动而言，不仅存在于古代埃及和两河流域文明中，也存在于古代中国文明中。① 问题在于希腊的确发展出一种有别于其他古代文明的"赛会制度"以及"赛会精神"，从这一点来看，确实在世界古代堪称独步。正如陈村富所言：

> 从跨文化的视野，或者是比较文化研究视角看，古代社会一般都有以庙会或祭典为中心的不同内容的竞赛，在民间也有幼童或成年人的各种游戏。但是从公元前 776 年开始就有周期性的、规范化的、泛希腊的、项目不断充实的竞技会，同时还有三个泛希腊的 Python、Isthmus 和 Nemea 竞技会以及古典时代雅典、麦加拉、叙拉古等不少城邦举办的竞技会，从现有世界文明史资料看，唯有希腊一家。因此，从世界体育史和运动会史来看，用奥林匹克来命名四年一次的世界性运动会是有充分根据的。这是古希腊民族文化的一大瑰宝，是希腊文化对当今世界文明的一大贡献。②

---

① 不过，张晓军指出："中国古代虽然存在像武术、养生术、球类游戏、棋类游戏等体育活动，但没有一个统摄这些活动的专有概念，体育活动的地位一直低下，且竞技体育不发达。"参见张晓军《近代国人对西方体育认识的嬗变（1840—1937）》，东北师范大学出版社 2015 年版，第 54 页。

② 陈村富：《古希腊奥林匹克赛会考》，《浙江大学学报》2008 年第 2 期。

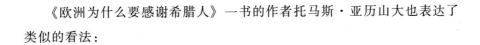

《欧洲为什么要感谢希腊人》一书的作者托马斯·亚历山大也表达了类似的看法：

> 不论在哪种范围内，怀有何种目的，体育运动是一个全人类共有的现象：我们现在还没有发现哪一个人类社会完全不具有我们称之为体育的最初形式或者其他明显相似的形式……然而，可以确定，直到希腊时期，体育这一包罗万象的现象才具有了内涵阐释与社会意义，并对其他异族文化产生影响，最后在欧洲复兴为奥林匹克运动会。①

更加值得注意的是，古希腊人还把这种制度和精神贯穿到城邦生活的几乎所有层面上，在希腊所有类型的赛会中，都体现出一种毫不妥协的对抗和对立精神，而且，希腊人使这种对立合法化（legalization）、合理化（rationalization）、正式化（formalization），由此开启了西方文化中的二元对立（binary opposition）的思维传统。从赫拉克利特宣称世间万物都是由斗争而生成，到恩多培克勒试图用对立建构一个宇宙学，从霍布斯用对立构建一种社会学，到黑格尔用对立构建一个历史演变的形而上学，再到达尔文的生存斗争学说，都是这样一种思维方式的具体体现。所有这些都可以追溯到古代希腊的"赛会精神"。

那是一个口头和公开辩论占据主导地位的时代，希腊人所谓的辩证法（dialetics），最初就是起源于一种公开辩论和公共演说的艺术，随着书面文字的大量出现，这种精神也就迅速衰亡了。柏拉图在《斐德罗篇》（*Phaedrus*）和他的《第七封信》中就表达过对书写的看法，认为书面文字的出现会使活着的话语和真理丧失生命力②，这也许就是他的作品大都采取了对话形式的主要原因。

---

① 托马斯·亚历山大：《欧洲为什么要感谢希腊人》，于崇楠译，黑龙江教育出版社2015年版，第109页。

② Walter J. Ong, *Fighting for Life*, *Contest*, *Sexuality*, *and Consciousness*, p. 125.

那么，为什么在其他的古代文明中虽然都有体育运动或比赛活动，但只有古希腊人发展出了完备的"赛会制度"和"赛会精神"呢？通过古代希腊和古代埃及的体育活动的比较，戈顿指出，虽然埃及很早就出现了体育运动，壁画上就经常出现法老的运动场面，但法老旨在恢复青春的赛跑充其量是一种象征性的活动，没有人与他抗争，而射箭也不是真正的竞技，只是一种单方的活动，目的是展示统治者的健康状况。① 因为，比赛中的公开和平等的竞技与埃及社会严格的等级制度是格格不入的。换句话说，在严格的等级制度下，身份上有高低之分的人之间是不会有公平竞赛的。

从中可以看出，为什么"赛会"以及"赛会精神"唯独在希腊起源并得到了充分的发展，最根本的原因就在于城邦政体下，在公民范围实现了最大限度的平等，虽然还存在年龄、财富、天赋等方面的差异，但这些差异并不是不能逾越的，各种各样的"赛会"为这些平等者提供了展示自己才能的舞台。② 当然，这种完全的平等也是建立在完全的不平等的基础之上的，占城邦人口绝大多数的妇女、儿童、外邦人和奴隶完全被排除在赛会之外，这既是希腊城邦民主制度最大的局限性，也是古希腊赛会最大的局限性。③

与埃及相仿，在古代中国也没有发展出希腊式的"赛会"和"赛会

---

① Mark Golden, *Sport and Society in Ancient Greece*, p. 31.

② 陈炎、赵玉在《宗教信仰与奥运兴衰》(《华中师范大学学报》2007 年第 3 期) 和《奥林匹克运动的政治动因》(《南开学报》2007 年第 2 期) 两篇文章中分别从宗教和政治制度的角度对这个问题进行了探讨。在前文中，作者指出，在包括古代中国和印度在内的其他古代文明中都曾经出现过体育竞赛活动，并把这种活动作为祭祀神灵的一种手段，但只有古希腊的奥运会能够长盛不衰，影响很远，其原因就在于希腊宗教所孕育出的两个独特的观念，一是人与人之间相互平等的人格观念，二是灵肉并重、身心两全的人生理想。这两种因素缺一不可，比如在古代中国虽然有身心和谐发展的"健康"理想，但缺乏平等的人格理想；在印度的佛教思想中虽然包含了平等的人格理想，但却不具备灵肉并重的人生理想，因此都不具备希腊式的奥运会产生的条件。在后文中，作者认为，正是希腊城邦中所具有的人人平等的公民权利为这种竞技性的体育运动提供了公平竞争的政治环境，但在埃及、巴比伦、中国和印度这些古代文明中，既没有出现过希腊式的民主政治，更没有"公民""平等"之类的政治观念，其君主政体下的严格的"等级制度"或"种姓制度"在客观上阻碍了平等竞争的竞技运动的产生。笔者认为，这些分析是有道理的。

③ 参看本书第八章。

精神"。有学者指出，除了中央集权和严格的社会等级制度的制约之外，与希腊人更强调"竞争"相反，中国文明更强调和谐（harmony）和良好的秩序（good order）也是一个重要的原因。[①]　当然，想对"赛会精神"为什么没有在古代中国文明中发展起来作出充分的回答，就要对古希腊社会和中国古代社会进行全面与系统的比较研究，尤其是对古代希腊和古代中国社会中的竞争现象和竞争观念存在哪些异同进行具体的分析，应该说，这是一个十分值得深入思考和研究的问题。[②]

[①]　John G. Blair & Jerusha Hull McCormack, *Western Civilization with Chinese Comparisons*, Fudan University Press, 2006, p. 42.

[②]　参看本书第十二章。

第 一 章

说 *agon*

——一个词的文化史

在古希腊语中，*agon* 是一个内涵极为丰富的词。由于其最初的含义是"带有比赛活动的集会"，"赛"和"会"构成了两个不可缺少的要素，因而，中文可以翻译为"赛会"。起初，*agon* 一词大多用来指称附属于宗教节日的体育比赛活动，后来，*agon* 在古希腊人的语境中逐渐超出了体育比赛的范围，成为一般意义上的"比赛"的代名词。一方面，作为最早发展起来的，也是最为重要和最为持久的一种比赛活动，体育竞技活动在古希腊人的生活中占据着十分重要的位置，可以说，这种独特的社会风习甚至成为把希腊人与周边的非希腊人区分开来的希腊性（Greekness 或 Hellenicity）的重要标志之一；另一方面，我们也要看到，这个用来指称"比赛"的词语最早出现在荷马史诗中，随着古风时代各大"泛希腊赛会"和地方赛会的创办，尤其是到古典时代"赛会"的理念逐渐渗透到古希腊人社会生活的方方面面，这个词逐渐得到了更为广泛和多样化的运用，在这个过程中，其本身的含义也经历了种种发展和变化。因此，对这个词的历史考察也就成为理解和认识包括体育竞技活动在内的古希腊"赛会文化"的不可或缺的重要维度。

本章将结合有关历史文献和西方学者的研究成果，围绕 *agon* 一词，从以下三个方面作出一些初步的探讨：第一，根据历史语境的变化，对 *agon* 一词本身的词源和词义作出辨析。第二，以戏剧表演、道德教化和哲学研究为例，看一看 *agon* 所代表的赛会文化是如何渗透到体育比赛之外的其他社会活动中的。第三，结合有关争论，对 *agon* 所代表的"赛会

文化"是否为古希腊人所独有的问题作出探讨。

一 *agon* 词源辨析

詹姆斯·丹尼斯·埃尔斯沃思(James Dennis Ellsworth)在他于1971 年在加州大学伯克利分校撰写的博士论文《*Agon*:一个词的用法研究》(*Agon*:*Studies in the Use of a Word*)中,结合原始文献和已有研究,对 *agon* 一词的发展史作了系统的梳理和考察,其研究的时段从荷马史诗一直到公元前 323 年,对象几乎涵盖了古代希腊所有的文本。其基本的结论是,*agon* 最初的含义是"集会"或"集会的地方",但从荷马史诗中第一次使用开始,就被用来指称一种特殊类型的集会,那就是以运动或比赛为目的的集会,因而具有两个不可分割的含义,即"赛"和"会"(an assembly with games)。到了古典时代,一方面,"赛"的含义逐步从"会"的含义中独立出来,即专门用来指称"会"中之"赛",另一方面,"赛"的内容也不再仅仅局限在体育比赛,而是向所有其他的带有比赛性质和特点的活动全面拓展,包括战争、法庭辩论、哲学争论、戏剧表演等在内的社会活动都被赋予了"赛"的性质,从而使 *agon* 具有了"一般意义上的比赛"的含义。不仅如此,文本中对 *agon* 的使用甚至还超出了"赛"的范围,常常用来指称世间所有的冲突、对立和斗争,由此而产生了很多种与"赛"的意思几乎无关的引申义,比如"焦虑""紧张""痛苦"和"任务"等含义,现代英文中的用以表达极度痛苦和折磨的 agony 一词就是一个例证。

埃尔斯沃思还指出,"赛会"(*agon*)始终具有四个基本的要素,即:(1)集会;(2)参赛的人;(3)比赛本身;(4)比赛地点。所以,希腊人在对这个词的使用上就并不局限于比赛的活动上,意思多样而宽泛,比如用来指称"比赛的地点"或"集会",但有一点,在四个要素中,"比赛本身"的含义无疑是最重要的,也是不可或缺的,换句话说,其他三个含义都不能脱离"比赛"的含义而单独存在。埃尔斯沃思指出,也正是由于其含义的这种多样性和宽泛性,*agon* 在文本中的含义经常被误读，由此而引发了很多不同的理解乃至争论。①

　　说到 agon 本身带有的"聚集"或"集会"的含义，就自然会使我们联想到与 agon 的关系极为密切的另外一个词 agora。从字源学上讲，agon 的字根是 ago，其最初的意思就是"聚集"，也就是说，一开始并没有"比赛"的意思，"比赛"的含义是后来才从"聚集"中产生出来的。与 agon 相仿，agora 的字根也是 ago，它也被用来指称一个人群聚集的场所，确切地说，也是一个公民进行公共活动的空间，只是活动的内容和形式有别，agon 指带有比赛（尤其是体育比赛）的集会，而 agora 则是一个公民从事商品交换和发表政见的地方，即"市政广场"。如果说 agon 和 agora 在"聚集"或"集会"的含义上十分接近，那么，在活动的地点、内容和形式上却是泾渭分明的，一个是在神圣的空间和时间里举办的节庆活动，在希腊，一般来说，有节庆必伴随有各种比赛②，另一个则是城市广场上进行的日常的经济、政治或文化活动。其实，很多学者注意到了 agon 和 agora 的这种同源性与关联性③，但需要注意的是，二者是既有联系，又有区别的。联系主要体现在这两个词都带有"聚集"的含义，都属于所有公民能够参加的在公共场所定期所举办的公共的和公开的活动，都受到了一定的规则或规范的制约。正是由于这种密切的关联性和明显的含义上的交集，古代就有把这两个词相混同的例子。比如，在彼奥提亚的铭文中，市场监督官（*agoranomes*）与赛会监督官（*agonarches*）

---

①　James Dennis Ellsworth, *Agon：Studies in the Use of a Word*, University of California, Berkeley, Ph. D, 1971, University Microfilms, A XEROX Company, Ann Arbor, Michigan, 1972.

②　在古代希腊，比赛和节日之间极为密切的伴生关系也体现在了日常的词汇中，除了伴有比赛的宗教节日常常被称为 agon（赛会）之外，古希腊语中用来指称"节日"的词 *synodoi*，其原意就是"走到一起"或"集会"，卡特里奇指出，这个词可以用来指任何形式的集会或联合，现代英文中的 synods（大会，宗教会议）即由此而来。参看 Paul Cartledge, "The Greek Religious Fesitivals", in P. E. Easterling and J. V. Muir（eds.）, *Greek Religion and Society*, with a Foreword by Sir Moses Finley, Cambridge University Press, 1985, p. 100。

③　例如，里德指出，"agon 指一场体育比赛，最初指的是举行比赛的聚集地，与城市的公共市场 agora 拥有一个共同的词根"，参看 Heather L. Reid, *Athletics and Philosophy in the Ancient World, Contests of Virtue*, London and New York：Routledge, 2011, p. 4。又如，哈维也认为，"agon 的本意是聚集或集合，agora 与 agon 的意思极为接近，其词根相同，指古代最好的聚集地"，参看 Debra Hawhee, *Bodily Arts, Rhetoric and Athletics in Ancient Greece*, Austin：University of Texas Press, 2004, p. 15。

就常常被混为一谈，"在这两个官职的名称上，*agon* 的意思就是市场，即用来经商的公共区域"①，即使在现实中，两个官职的职责也是不同的，前者监管市场，而后者监管体育和节日。斯卡隆指出，李维和西塞罗都曾经把 *agones*（体育赛会）翻译成 *agora*（市场），或许在罗马人看来，希腊人用于比赛的场所就是一个从事商业贸易活动（*mercatus*）的中心。②埃尔斯沃思也指出，现代学者在对古代文本的解读中也不乏用 *agora* 来解释 *agon* 或者干脆把 *agon* 等同于 *agora* 的事例。③

　　值得注意的是，*agon* 和 *agora* 的这种关联性不仅体现在词义上，也体现在二者出现时间的先后和功能的分化上。考古研究表明，早期的体育比赛场地是不固定的，常常在 *agora* 中举行④，后来才有了比赛的专用场地⑤，也只有到了这个时候，*agon* 才开始用来指称专门用于体育比赛和各种祭祀活动的 *Altis*，即圣域。同时，我们也看到，即使在有了专门用于体育比赛的场地之后，*agora* 仍常常是圣域的组成部分。例如，在奥林匹亚赛会的举办地，在圣域里，除了运动场和赛马场等比赛场地外，还有用于供人们集会和经商的 *agora*，这里，不仅商人云集，也不乏政治家、哲学家、诗人、艺术家和历史学家的身影。同理，在一个城邦中，用于运动比赛的场所 *agon* 和用于政治、经济和文化活动的 *agora* 都是不可缺少的，从功能上讲，如果说前者主要承担着训练未成年公民的任务的话，那么，后者则主要是成年男性公民进行各种公共活动的场地。总之，正是这种公民的公共聚集地的功能把 *agon* 和 *agora* 紧密地联系在一起，二者都承担着公民的社会化的职能，这里，除了其具体的实用功能外，也是激发、交流和分享思想的地方。正如德罗美（Jean Delorme）所言：

---

　　① James Dennis Ellsworth, *Agon*: *Studies in the Use of a Word*, pp. 276 – 277.

　　② Thomas F. Scanlon, *Eros & Greek Athletics*, Oxford University Press, 2002, p. 51.

　　③ James Dennis Ellsworth, *Agon*: *Studies in the Use of a Word*, pp. 153 – 154.

　　④ Donald G. Kyle, *Athletics in Ancient Athens*, E. J. Brill, Leiden, The Netherlands, 1987, p. 5.

　　⑤ 例如，汤普森（James G. Thompson）在《阿戈拉：古希腊的一个运动中心》一文中指出，在出现专门的体育比赛和训练场地之前，体育运动很有可能经常在希腊的 *agora* 中举行，考古学家在雅典的 *agora* 中发现了公元前 5 世纪的带有起跑门的一条跑道。参看 Debra Hawhee, *Bodily Arts*, *Rhetoric and Athletics in Ancient Greece*, p. 113。

"体育场对雅典的少年和年轻人所发挥的功用就像 *agora* 对成年公民所起到的作用那样。"①

总之，在 *agon* 的上述四个含义中，"会"和"赛"构成了两个不可缺少的核心内容。而在这两者之中，"赛"的含义又要重于"会"的含义，因为带有"比赛"的"集会"只是"会"的一种特殊的形式而已，换句话说，"会"只是为"赛"提供了一种必要的条件，"赛"才是"会"的目的和归属。因此，"比赛的人"和"比赛的地点"的含义都是由"赛"而来的。也正是由于这种偏向，*agon* 才从"会"的最初的含义逐步抽离出来而成为一般意义上的"赛"的代名词。

在 *agon* 一词的演变史上，从公元前 5 世纪早期开始，即进入古典时代之后，是一个重要的转折点。如果说在此之前，*agon* 更多地被用来指称葬礼或宗教节庆中的体育比赛的话，那么从这时起，*agon* 开始得到了更为广泛的运用，可以指任何形式和类型的比赛，而不仅仅是体育比赛了。对此，我们可以把 *agon* 的这种运用大致划分为两类：一类虽然不是体育比赛，但仍然具有比赛的形式和特征；另一类则基本上脱离了比赛的形式，只能说是带有比赛特征的社会活动。

关于前一类，史料中有所记载的希腊人的比赛活动可谓丰富多彩，蔚为大观。在泛希腊赛会或城邦的赛会中，除了"马赛"和"裸体竞技"等体育项目之外，还会有音乐和诗歌比赛。希腊的戏剧演出活动也大都采取了比赛的形式，比赛的优胜者会被授予"桂冠诗人"的荣誉。此外，文献记载中还有医生、雕刻家、陶工、剪羊毛、跳舞的比赛，以及男孩和女孩的选美比赛等。② 在埃菲苏斯出土的八块石头记录了一场为期两天的医生的比赛，项目包括外科、工具的使用和医学论文。公元前 6 世纪他林顿的一个陶瓶上写着："我是美洛莎的奖品，她在梳毛比赛中打败了其他的女孩。"③ 可以说，希腊人是一个热衷于比赛的民族，观赛和参赛是其社会生活十分重要的一个部分。

---

① Debra Hawhee, *Bodily Arts, Rhetoric and Athletics in Ancient Greece*, p. 113.

② Mark Golden, *Sport and Society in Ancient Greece*, p. 28.

③ Michael B. Poliakoff, *Combat Sports in the Ancient World, Competition, Violence, and Culture*, New Haven and London: Yale University Press, 1987, p. 104.

说到后一类 *agon*，文献中也不乏大量的例证。比如，希腊人把两国之间的战争和两个人之间的打斗在内的一切冲突与对立都视为一场"比赛"，希罗多德曾经使用 *agon* 一词来指称希腊人和波斯人的战争，修昔底德也使用 *agon* 来指称雅典和斯巴达的冲突①，包括埃斯库罗斯在内的戏剧家们也经常把 *agon* 用在个人之间的冲突或者打斗上。② 此外，从古典时代开始，希腊人把所有的言辞上的辩论都看作一场 *agon*，这些比赛既包括法庭诉讼和公民大会的发言，也包括哲学上的争论。比如，修昔底德用 *agon suneseos* 指称公民大会上的言辞的竞赛，用 *agon doxes* 指大会上观点的不同。③ 公元前 5 世纪中叶兴起的智者学派很喜欢用 *agon logon*，即"言辞上的竞赛"（verbal contests）来指称一场哲学观点的辩论，在柏拉图的对话中，包括苏格拉底在内的谈话者们，不但经常在争论中自誉为体育比赛的参赛者，而且经常使用体育比赛的术语和策略，把 *agon* 的形式和精神全面运用到了哲学研究上面。

总而言之，从荷马时代和古风时代的"带有体育比赛的集会"最初含义，发展到古典时代之后，希腊人对 *agon* 的使用已经远远超出了体育竞技的范围，赋予了它一般意义上的"比赛"的含义。在这里，我们看到，*agon* 也有一种明显地被泛化为世间存在的一切"对立""冲突"和"斗争"的趋向。

对于世间的对立或斗争，古希腊人很早就有了深刻的思考。赫西俄德在《工作与时日》中，借用"不和之神"的说法，把世间的斗争分为两种：

> 大地上不是只有一种不和之神，而是有两种。一种不和，只要人能理解她，就会对她大唱赞辞。而另一种不和则应受到谴责。这是因为她们的性情大相径庭。一种天性残忍，挑起罪恶的战争和争

---

① James Dennis Ellsworth, *Agon*: *Studies in the Use of a Word*, p. 59.

② 在希腊的戏剧中，诗人们常常把人物之间的冲突、对抗和打斗称为 *agon*。此外，希腊的戏剧中还有一种独特的段落，往往是两个人物之间在观点上你来我往的直接交锋，被称为"对驳"或"对攻"，这也是 *agon* 的一种集中体现。

③ James Dennis Ellsworth, *Agon*: *Studies in the Use of a Word*, pp. 77 – 78.

斗；只是因为永生天神的意愿，人类不得已而崇拜这种粗厉的不和女神，实际上没有人真的喜欢她。另一不和女神是夜神的长女，居住天庭高高在上的克洛诺斯之子把她安置于天地之根，她对人类要好得多。她刺激懒惰者劳作，因为一个人因看到别人因勤劳而致富，因勤于耕耘、耕种而把家事安排得顺顺当当时，他会因羡慕而变得热爱工作。邻居间相互攀比，争先富裕。这种不和女神有益于人类。陶工与陶工竞争，工匠和工匠竞争；乞丐嫉妒乞丐；歌手嫉妒歌手。[①]

我们看到，一方面，希腊人无疑把战争也视为一种 *agon*，一种特殊类型的比赛。据鲍桑尼阿斯记载，在奥林匹亚，"战争之神"阿瑞斯（*Ares*）和"比赛之神"*Agon* 的神像比肩而立，安放神像的桌子上摆放着优胜者的桂冠[②]；另一方面，对于这两种不同性质的斗争，希腊人还是有着明确的区分和不同的评价的，包括战争在内的斗争是恶性的，因为其结果往往是流血和死亡，是双输，是"零和游戏"（zero-sum game），而包括比赛在内的另外一种斗争则是良性的，其结果是相互促进和提升，是双赢。从总体上看，以比赛为主要内容的 *agon* 显然应该属于后一种善的"不和女神"。哈维指出，赫西俄德这两种不同性质的竞争的划分还保留在今天的两个药理学的术语中，这两个词的字根都是 *agon*，一个是 antagonism，即对抗、敌对和破坏性的斗争，结果是运动的终止或死亡，另一个则是 agonism，即良性的竞争，会产生嫉妒和运动的加速。[③] 如果说，在英雄时代，以战争为主要形式的恶的"不和女神"占据了主导地位的话，那么，从古风时代开始，在战争之外，各种各样的比赛活动也逐步成为希腊人社会生活的重要组成部分，善的"不和女神"开始闪亮登场，虽然战争还在继续，但比赛无疑成为希腊人宣泄斗志和获取荣誉的新的出口。

---

① 赫西俄德：《工作与时日·神谱》，张竹明、蒋平译，商务印书馆1996年版，第1—2页。

② Mark Golden, *Sport and Society in Ancient Greece*, p. 25.

③ Debra Hawhee, *Bodily Arts, Rhetoric and Athletics in Ancient Greece*, p. 27.

二 *agon* 与古希腊人的社会生活

从 *agon* 的词源和含义的演变过程可以看出，这样一个起初仅仅用来指称"带有比赛的集会"的词后来成为"一般意义上的比赛"的代名词，其使用也就开始超出了体育比赛的范围，可以说，一切带有比赛特征或比赛性质的社会活动都可以用 *agon* 来指称。这种现象的出现，一方面是由于这个词本身的含义越来越集中在"比赛"上面，另一方面更是由于"比赛"的做法或理念开始超越体育的界限而渗透到希腊人社会生活的更多的面相中。下面，我们就选取希腊社会生活中比较有代表性的三个领域来加以说明。

agon 与戏剧表演　作为城邦重要的公共空间，体育场和剧院不仅同时出现，相伴而生，而且都成为展示"希腊性"的重要标志，从很早开始，体育比赛和戏剧表演就存在着极为密切的"共生关系"。从起源上看，二者都是从祭祀神灵的宗教仪式发展而来的，既是仪式的附属物，也是仪式的组成部分，因而始终带有明显的仪式性的特征。从形式上看，二者都带有超越于日常生活和实用目的的表演性质①，都是由"看者"（观众）与"被看者"（表演者）两个不可或缺的要素所构成②，在某个神圣的时间（即宗教节日）和空间（即圣域或剧院）中举办，只有城邦的公民可以参加，在娱乐观众的同时都承担着教育的功能，是城邦公民的公共生活的重要组成部分。

说到戏剧表演中所带有的"比赛"特征，至少表现在以下两个方面：第一，城邦的戏剧演出始终都是以比赛的形式进行的，戏剧家们使尽浑身解数带去最好的剧目，争取获奖。与体育比赛相仿，既有专业人士根据比赛的规则进行裁决，也有大量现场的观众进行观摩和监督，这样做既保证了比赛的公开、公平和公正，观众的反响也会成为决定比赛结果

---

① Simon Goldhill and Robin Osborne（eds.），*Performance Culture and Athenian Democracy*，Cambridge University Press，1999.

② Donald G. Kyle，*Sport and Spectacle in the Ancient World*，Blackwell Publishing，2007，p. 18

的重要因素。对于比赛的优胜者，剧作家将获得与体育比赛的优胜者同样的奖励，除了实物奖品外，也会得到象征着最高荣誉和神灵恩宠的桂冠，从而获得不朽的声名。可以说，戏剧比赛是与体育比赛最为接近的一种"赛会"（agon）形式了。第二，从戏剧表演的内容来看，也充斥了大量的"比赛"元素。戏剧家们往往把一些相互对立的人物、主题或观点通过剧中人物的行为和语言展示出来，在调动起观众的悲伤、同情或愤怒等情绪的同时，更促使他们对善恶和是非作出理性的评判与思考，剧中的人物或主题之间的"对攻"或"对驳"场面（agon）成为戏剧表演中不可缺少的重要环节和手法。陈中梅指出，在以阿里斯托芬的剧作为代表的旧喜剧中，"辩论"（agon）的环节是一个必要的组成部分。①例如，阿伽门农和他的妻子克利泰门涅斯特拉之间的对抗，奥列斯特和埃吉图斯之间的打斗，门涅劳斯和安德罗玛克之间的冲突，都被诗人赋予了 agon 的名称和性质。② 这种对立和冲突不仅可以是个人之间的，也可以是群体之间的，不仅是人物之间的，也可以是主题或观点之间的。例如，阿里斯托芬在《蛙》剧中用 agon sophias 来指称诗艺和灵活性上的竞争，欧里庇得斯在《请愿者》中用 agon 一词来表达"悲伤上的竞争"。③

1999 年，拉摩尔出版了他的著作《舞台和体育馆：古希腊的戏剧表演和体育运动》，对古希腊人的戏剧（除了戏剧演出，也包括音乐、诗歌、舞蹈等比赛活动）和体育这两种最重要的社会文化活动进行了全面与系统的比较，指出它们在宗教背景、场景设置、活动方式、奖励等方面存在着诸多惊人的相似之处。首先，就比赛的形式而言，二者都采用了"一对一""一对多"和"多对多"三种类型。其次，就参赛者和比赛的内容而言，至少有四对元素形成了一一对应的关系，它们是："诗人和运动员"，"戏剧比赛和体育竞赛"，"戏剧中的人物和运动员"，"戏剧冲突和体育竞赛"。最后，与体育运动和比赛相似的是，在古希腊的悲剧

---

① 参见亚里士多德《诗学》，陈中梅译注，商务印书馆 2010 年版，第 250 页。

② James Dennis Ellsworth, *Agon: Studies in the Use of a Word*, pp. 69 – 71.

③ Ibid., pp. 79, 82.

和喜剧中，同样蕴含着多层次和多种类的"竞赛"或"对抗"（*agon*）活动。此外，作者还发现，不仅在体育比赛中充满了戏剧的情节或场景，而且，在戏剧中同样也存在着大量与体育运动和比赛相关的内容，并且还经常使用体育运动和比赛的比喻或术语。① 总之，这部著作用历史资料和史实充分印证了，在古希腊人看来，戏剧表演也是一种重要的"赛会"（*agon*）形式。

此外，巴克尔在 2009 年出版的《进入 *Agon*：荷马，历史编纂和悲剧中的意见分歧与权威》一书中，对古希腊文学普遍出现的"争辩场景"进行了全面和系统的梳理与解析。他指出，争辩场景的普遍出现是古希腊文学最重要和突出的一个特征，通过对《伊利亚特》和《奥德赛》、希罗多德和修昔底德的历史著作以及索福克勒斯的《阿贾克斯》和欧里庇得斯的《赫库巴》中典型的争辩场景的研究，他指出，在包括公民大会在内的公共聚集地所进行的经常性的和制度化的公开争辩，既构成了对城邦政治权威的挑战，也激发了公民们潜在的意见分歧。正是这种文学现象的普遍出现，促使作为观众的公民们得以参与到这些争辩中，可以说，"每一次不同观点的展示都成为另外一次争辩"，对城邦公共文化的塑造起到了重要的推动作用。他还指出，其实，争辩场景不仅仅存在于上述作品中，在阿里斯托芬的喜剧和柏拉图的哲学著作中也是司空见惯的。② 可以说，巴克尔把表现为带有比赛特征的言辞争辩提高到了一个在希腊普遍出现的文学手法的高度，并试图结合城邦的政治和公共生活分析其产生的语境及功能。无独有偶，霍恩布劳尔在他的《修昔底德和品达：历史叙述和凯歌的世界》一书中也另辟蹊径，通过细致的文本分析，发现修昔底德除了深受希腊悲剧的影响，也受到品达的凯歌创作的影响，他指出，像凯歌那样，在修昔底德的历史著作中，不仅蕴含着对各种形式的"竞赛"（*agon*）的主题，而且对这些竞赛的优胜者及其取得的伟大

---

① David H. J. Larmour, *Stage and Stadium*, *Drama and Athletics in Ancient Greece*, Hidesheim: Weidmann, 1999, pp. 28 – 41.

② Elton T. E. Barker, *Entering the Agon*, *Dissent and Authority in Homer*, *Historiography and Tragedy*, Oxford University Press, 2009.

成就也充满了赞美之情。① 这些研究对于我们理解希腊戏剧表演（包括诗歌）中的 *agon* 元素和特征具有十分重要的启发意义。

agon 与道德教化 在古希腊，包括体育竞技在内的各项比赛活动不仅起到了强身健体、军事训练和娱乐大众的功能，同时也承担着公民素质的培养、健全人格的形成、高尚品质的塑造等道德教化的功能。说到道德教化，我们就要说到另外一个词 *arete*，可以说，*agon* 与作为希腊人普遍追求的人生理想和目标的 *arete* 是互为表里并且密不可分的。希罗多德就用 *agon peri aretes* 来指称"为 *arete* 而展开的 *agon*"。② 换句话说，竞赛的目的就是揭示和认可 *arete*，优胜者的奖励就代表了对一个人的 *arete* 的公开的认可。那么，*arete* 的意思是什么呢？

arete 一词在现代英语中没有对应的词汇，其内涵十分丰富，虽然常常出现在体育竞赛的语境中，但其使用却远远超出了体育比赛的范围，大致与现代英文中的"卓越"（excellence）相当。值得注意的是，除了在某种技能上的出类拔萃之外，比如跑得最快，跳得最远，这个词还有"善""勇敢""高贵"和"高尚"等含义，所以，"美德"或"品性"（virtue）也是 *arete* 的另外一个不可缺少的维度。就 *agon* 和 *arete* 这两个词的关系而言，可以说，*arete* 是 *agon* 所追求的一个最高目标，正如哈维所言，*arete* 的概念居于 *agon* 的中心位置，因为比赛的目的就是选出那些优秀者，换句话说，"一个人必须通过公开展示有道德的行为而成为卓越之人"，所以，"*arete* 是 *agon* 的一个必不可少的功能"。③ 可见，在比赛活动中，*arete* 的实现不仅关乎技巧，也关乎道德，"德艺双馨"才是 *arete* 的完整内涵。作为对实现了其 *arete* 理想的比赛优胜者的认可，在实物奖励之外，希腊人更看重的是荣誉，对荣誉的热爱（*philotimia*）也就成为对一个人道德品质的最高的褒扬和肯定。

如果说体育比赛主要是一种外在的运动体能和技能的展示的话，那么，包括勇敢、坚韧、遵守规则在内的道德品质则是一个人的内在灵魂

---

① Simon Hornblower, *Thucydides and Pindar*, *Historical Narrative and the World of Epinikian Poetry*, Oxford University Press, 2004, p. 374.

② James Dennis Ellsworth, *Agon*: *Studies in the Use of a Word*, p. 80.

③ Debra Hawhee, *Bodily Arts*, *Rhetoric and Athletics in Ancient Greece*, p. 18.

的体现，在这个问题上，希腊人认为灵魂和肉体是不可分的，对于一个实现了自身的 *arete* 的优胜者来说，*kalokagathia* 就成为一个极高的溢美之词，这个词字面上的意思是"美与善"，所表达的就是身体上的健美和道德上的卓越的一种完美的结合。这种结合被充分地展示在希腊的人体艺术中，正如赫尔舍所言："美好的身体作为最高的物质价值和伦理价值的化身，这一观点无处不在。它是希腊艺术的一个核心因素。"① 如果说身体上的健美主要关乎一种个人的品质或者说"私德"的话，那么，道德上的卓越则主要是一种公民素养或"公德"的体现，正是在这个意义上，*agon* 被赋予了对城邦公民的道德教化的功能。例如，亚里士多德认为运动员的身体是最为接近"美与善"的东西，在《修辞术》中，他指出，"身体方面的德性"包括"健康、健美、力量、体形、竞技能力、名声、荣誉、好运和德性"。② 在《政治学》中，他还提出建议，把对体育比赛的监管也列入城邦公共管理的范围，从而更好地发挥其道德教化的功能："某些城邦，当它繁荣的时候，还特别设置一些从事教化的职司，例如'妇女监护'、'法律（礼俗）监护'、'儿童监护'以及'体育训导'等性质较为闲暇的职司。在这一类中，我们也可以列入经办体育竞赛和戏剧竞赛（狄奥尼修斯节竞赛）以及其他相似的文化活动（观摩演奏）等职司。"③

　　在肯内尔的《德性的体育场：古代斯巴达的教育与文化》一书中，作者对斯巴达人的教育制度（*agoge*）作出了系统的考察。在斯巴达，公民的子弟从 7 岁起直到 30 岁都要接受各种严格的甚至严酷的身体上的训练，目标只有一个，就是为城邦培养出合格的军人。在这种斯巴达人所特有的教育体系中，各种运动和比赛也是必不可少的科目，其中最著名的就是忍受鞭打的比赛。这些体育运动在强健了斯巴达人的身体的同时，

---

① 托尼奥·赫尔舍：《古希腊艺术》，陈亮译，世界图书出版公司 2014 年版，第 9 页。

② 亚里士多德：《修辞术》，1360b20－22，颜一译，载苗力田主编《亚里士多德全集》第 9 卷，中国人民大学出版社 1994 年版，第 352 页。

③ 亚里士多德：《政治学》，1322b35－1323a3，吴寿彭译，商务印书馆 1997 年版，第 337 页。

也培养起了勇敢、坚韧和服从等各种公民应该拥有的美德。①

多姆布罗斯基则在《现代体育运动和古希腊人的理想》一书中，从体育哲学和伦理学的视角，结合有关历史文献和史实，通过对 *arete*（卓越）、*sophrosyne*（节制）、*dynamis*（力量）、*askesis*（纪律）、*kalokagathia*（美与善）等希腊体育比赛中常用的几个关键词的梳理和辨析，指出，古希腊的体育运动和比赛不仅仅是一种锻炼身体的活动，也承担着培育正确的伦理观、道德观和价值观的社会功能，不仅关乎个人对卓越的追求和达成，更关系到好公民的生成和城邦公正或正义的实现。作者认为，古希腊人的体育活动中所蕴含的这些道德理想同样也是现代体育竞技所追求的目标。② 对于这些体现在体育竞技中的美德，亚松·孔尼克称之为"赛会美德"（agonistic virtues）。③

***agon* 与哲学研究**　说到近代西方学者对古希腊的 *agon* 的重新发现和研究，就不能不提到德国哲学家尼采，应该说，最初指引他认识到这种竞赛精神的并不是体育竞技，而是哲学研究。他在《荷马的竞赛斗争》（*Homers Wettkampf*）中写道："所有的才能都必须通过战斗来展示自己：这就是希腊普通教育的要求，而现代的教育则没有比释放所谓的野心更叫人害怕的东西了……正如年轻人通过比赛来受教育，他们的教育者也致力于相互的竞赛。伟大的音乐大师品达和西蒙尼德，比肩而立，相互充满不信任和嫉妒；在竞赛精神的指导下，智者，也就是古代的高级教师，也相互展开了竞赛。"④ 对于这一"发现"，赫伊津哈评论说："一些尼采的专门作家责备尼采对哲学重新持古老的好争论的态度，如果真是

---

① Nigel M. Kennell, *The Gymnasium of Virtue*, *Education & Culture in Ancient Sparta*, the University of California Press, 1995.

② Daniel A. Dombrowski, *Contemporary Athletics & Ancient Greek Ideals*, The University of Chicago Press, 2009.

③ Jason Konig（ed.）, *Greek Athletics*, Edinburgh University Press, 2010, Introduction, p. 2.

④ 转引自 Michael B. Poliakoff, *Combat Sports in the Ancient World*, *Competition*, *Violence*, *and Culture*, p. 179, n. 53。

如此，那尼采就把哲学引领回了它的古代源头。"① 后来，尼采的这种看法不仅得到了包括布克哈特在内的很多学者的响应和认可，还开启了西方学界对古希腊赛会的全面研究。②

作为尼采观点的后继者之一，当代著名的古典学家劳埃德通过对古希腊的科学和哲学的综合研究，进一步阐发了希腊哲学研究所普遍具有的"热衷于论辩"的特点。在谈到米利都学派所开创的希腊哲学和科学研究传统的时候，他指出，米利都的哲学家们在提出自己的观点的时候，都具有"论争"或"论辩"的语境，"他们中的许多人处理的问题是相同的，探讨的自然现象也是相同的。但大家心照不宣的是，他们提出的各种理论和解释正好是互相竞争的。……他们的成就在于拒斥了对自然现象的超自然解释，并在那样的情形下开创了理性了批判和辩论活动"。对于这种哲学研究中所体现出来的鲜明的"论辩"色彩的来源，劳埃德把它归之于一种在当时已经普遍存在的社会氛围和背景③，也就是说，*agon* 的精神和理念已经开始渗透到体育比赛之外的各个领域。

当然，这种"热衷于论辩"的特点不仅为希腊早期的自然哲学家所具有，在哲学研究的对象从自然界转向人与社会之后，这种哲学研究中所普遍具有的论辩特征不但没有减弱，反而在新兴的智者学派那里得到了更为充分的发展，这一时期出现的论辩术（eristic）、修辞学（rhetoric）和辩证法（dialectics）无不具有"论辩"的背景，正是在这些新生事物的推动下，作为一种言辞的规则，以形式逻辑（formal logic）为主要内容的"逻辑学"也应运而生。这种"论辩"特征在智者之后的苏格拉底、柏拉图和亚里士多德的哲学研究中也得到了全面的展示。里德比较了智者和苏格拉底的哲学论辩的异同，他指出："苏格拉底和智者的竞赛都展现出了 *agon* 的基本特征：根据运动成绩选出优胜者的由规则统辖的活

---

① 赫伊津哈（Johan Huizinga）：《人：游戏者》（*Homo Ludens*），成穷译，王作虹、陈维政校，贵州出版集团·贵州人民出版社 2007 年版，第 150 页。该译本使用的译名是"胡伊青加"，为统一起见，引者改用更为通行的译名"赫伊津哈"。

② 参见王大庆《论雅各布·布克哈特的希腊文化史研究——兼评〈希腊人和希腊文明〉》，《史学理论研究》2009 年第 2 期。

③ 参见 G. E. R. 劳埃德《早期希腊科学：从泰勒斯到亚里士多德》，第 11—13 页。

动。"在言辞的竞赛（*agona logon*, verbal contest）中，基本的规则就是逻辑的一致性，不同的是，苏格拉底的目标是德性、知识和智慧，而智者的目标仅仅是胜利本身。[①] 柏拉图的哲学著作几乎全部采用了对话的形式，不仅针锋相对的对辩场面（*agon*）比比皆是，而且，谈话者们还常常使用体育比赛的术语为自己鼓劲，更是把体育比赛的战术运用到一场场"言辞的竞赛"中。亚里士多德的哲学著作虽然没有采用对话体，但依然带有很强烈的论辩色彩，他的许多观点都是在批驳或否定他人的看法的基础上提出的，其中最主要的论辩对手无疑就是他的老师柏拉图。

总之，古希腊哲学研究中所蕴含的竞赛特征是 *agon* 最富有成果的渗透和展现之一，不仅促进了修辞学和演说术的产生与发展，也催生了作为整个西方哲学重要基础的形式逻辑。1997 年 4 月，一次主题为 "*Agon*：公共空间，悲剧命运，古典时代的现代回归和民主未来" 的学术研讨会在美国俄亥俄州立大学召开，四年后，在斯特加特出版了该研讨会的论文集《*Agon*、*Logos* 和城邦：希腊的成就及其结果》。在该文集中，与会者从各自研究的角度出发，对作为希腊人独特的遗产之一的 *agon* 在希腊理性思维的建构中所发挥的重要作用进行了多角度和全方位的阐发，编者在前言中这样写道："在希腊历史中起到决定性作用的政治结构就是更为公开的对抗、辩论和推理，而不是建立在混杂了多种元素的王权和祭司权基础上的统治集团。换句话说，*agon* 和 *logos* 成了城邦不可缺少的组成部分。"[②]

古代希腊的赛会传统中断后，赫伊津哈指出，"哲学的竞赛特征保留在中世纪的大学中，用理性或词语的力量来击败你的对手，成为一种与比武相提并论的运动，竞赛是经院哲学与大学的整个发展过程的一个显著特征"。[③] 也就是说，古希腊的 "赛会精神" 在中世纪大学的学位论文答辩制度中得到了保存和延续，这种制度后来也被现代的大学所普

---

① Heather L. Reid, *Athletics and Philosophy in the Ancient World*, *Contests of Virtue*, pp. 45 – 46.

② Johann Arnason & Peter Murphy (eds.), *Agon*, *Logos*, *Polis*, *The Greek Achievement and its Aftermath*, Franz Steiner Verlag Stuttgart, 2001, p. 10.

③ 赫伊津哈：《人：游戏者》，第 153 页。

遍接受。

三　*agon* 是古希腊人所独有的吗

以上我们对 *agon* 的字源、含义以及在希腊的各个公共领域的渗透做了考察，从中可以看出，*agon* 在希腊人的社会生活中不但不可或缺，甚至可以说占据着中心的位置。那么，接下来的问题是，*agon* 的理念和习俗是古希腊人所独有的吗？对于这个问题，西方学界一直争论不断。

如果说德国哲学家尼采是古希腊 *agon* 精神的最早发现者，那么，他的同事和好友瑞士文化史家布克哈特则是对 *agon* 作出全面考察和论述的第一人，也正是布克哈特在他身后出版的名为《希腊文化史》的遗著中，首次明确地把 *agon* 的理念和习俗仅仅赋予了古希腊人，认为它是古希腊文化所特有的一种精神气质，可以说，*agon* 是把古希腊人和周边民族乃至古代其他文明区别开来的重要指标之一。在对希腊历史的概述中，他把英雄时代之后、古典时代之前的历史时期，即现在所谓的古风时代命名为"赛会时代"（Agonal Age），当中对赛会的理念及其独特性作出了全面的阐发：

> 这样就把我们带到了赛会这个话题。一方面，城邦是个人兴起和发展的推动力，另一方面，赛会则是其他民族所没有的一种动力——它成为最普遍的催化剂，为民主创造了条件，为每个人愿望的实现和潜能的发挥提供了可能性。在这个方面，希腊人堪称独树一帜。即使在原始的或野蛮的民族中，在战争之外，竞技活动可能都会有一定程度的发展。那里会有摔跤、骑马等诸如此类的活动，但总是局限于特定的部落和特定的社会阶层。在亚洲文化中，专制主义和等级制度与这样的活动几乎是完全对立的。但在希腊人的风俗中，每个希腊人都能够参加这样的活动，但在埃及人那里却是完全不可能的事情。在埃及的特权阶级中，类似于竞赛的任何活动都会完全遭到禁止，部分原因在于专制主义制度下的平等或等级的需要，部分原因在于不希望在较低的社会等级中出现竞争。对于埃及

人个人来说，其野心仅仅局限于行政或军事服务而希望从国王那里得到荣耀。即使现在，东方的习惯仍然不是在平等者中进行竞技，而是把打斗看作是由奴隶或收钱以供人们娱乐的人所进行的可笑的表演。只有少数自由的贵族可以在法官面前以平等者的身份表达出自己独特的意志，这些法官是被选举或是以其他公平的方式遴选出来的，只有像希腊人这样的民族做到了这一点；而罗马人，与希腊人的不同之处主要在于他们不喜欢"无用的东西"，也将永远不会建立起这种制度。①

在这段话中，布克哈特把 *agon* 的做法概括为"在平等者之间展开比赛"，一方面，把它提高到一种制度化的层面，视之为一种带有普遍性的社会活动，另一方面，在阐明了其为希腊人所独有的同时，也论证了这种活动在包括埃及等东方国家和罗马等后继者中不可能出现的原因。接下来，他追溯了赛会制度起源的过程，认为这种制度在君主制下的英雄时代并没有完全发展起来，只有到了城邦兴起的古风时代，随着各大赛会的创办，它才站稳脚跟，成为希腊人特有的一种社会活动和习俗。另外，与尼采相仿，他也认识到了这种比赛的制度不仅体现在体育竞技中，还被运用到社会生活的各个领域：

……当英雄时代的君主政体衰落之后，希腊人所有的高级生活，不论是身体上的还是精神上的，都拥有了赛会的特征。在这里，品质和自然的优越（*arete*）都被展示出来，在比赛中获得胜利是一种不带有任何敌意的高贵的胜利，就好像是一种古老生活方式的复活，一个人可以用这种和平的方式战胜另一个人。生活中很多不同的方面开始带上这种竞赛的特点。我们在宴饮上宾客们的交谈和轮流唱歌中，在哲学探讨和法律程序，直到公鸡和鹧鸪打斗……都可以看见它的身影。②

---

① 雅各布·布克哈特：《希腊人和希腊文明》，第 227—228 页。
② 同上书，第 231 页。

接着，布克哈特对体育比赛、艺术比赛以及公民教育等公共活动中展示出的"赛会精神"作出了具体的阐发。需要说明的是，布克哈特之所以把古风时代称为"赛会时代"，一方面是由于包括各大"泛希腊赛会"在内的体育竞技活动都是肇始于这个时期，另一方面，他也认为这种精神最为充分也最为集中地展现在社会上层的生活中，带有强烈的贵族色彩，随着城邦民主时代的到来，也就是说，随着体育竞技的平民化、专业化和职业化的出现，"赛会精神"就逐步衰落了。也就是说，"赛会精神"是与贵族制度相同步的。

对古希腊人的"赛会精神"及其独特性的阐述被后来的学者们普遍认为是布克哈特的希腊文化史研究中最伟大的洞见之一。它一方面开启了西方学术界对包括希腊体育竞技在内的各种比赛活动的更为全面和深入的研究的序幕，尤其是随着现代奥林匹克运动的复兴，赛会逐步成为20世纪希腊研究的一个特点问题；另一方面，对布克哈特的观点的各种讨论和回应也层出不穷，其中既有充分的肯定和执着的坚守，也不乏尖锐的批评乃至彻底的颠覆。回顾过去的一百年中对这个问题的争论的历史，笔者认为，时至今日，布克哈特的基本观点还是得到了大多数学者的认可，但同时，通过更多的和更为细致、具体的研究，尤其是，与布克哈特生活的时代相比，相关的考古资料得到了极大的丰富，学者们对古代世界中非希腊社会中的比赛活动也进行了更为充分的研究，布克哈特的这一观念虽然没有从根本上动摇，但还是得到了很多富有建设性和启发意义的修正。下面，我们就这一争论中的一些有代表性的观点做一个简要的回顾。

在布克哈特的《希腊文化史》出版后，在英语世界，最早对古希腊的体育赛会做出全面研究的是英国学者 E. 诺曼·伽丁纳尔。[①] 1910 年，他出版了第一本专著《古希腊的体育运动和节日》，结合大量的历史文献，对古希腊赛会的历史发展过程和主要的比赛项目进行了细致的述评，

---

① 参见路光辉《西方学者关于古希腊体育运动研究述评》，《武汉体育学院学报》2011 年 5 月。

在该书的开篇，他就对古希腊赛会的独特性作出了充分的肯定：

> 不久前，奥林匹克运动会的复兴，既是古代希腊对现代世界仍旧发挥着影响力的显著证明，也是体育比赛在希腊人的生活中占据着重要位置的显著证明。其他民族对年轻人的体育教育可能也给予了同等的关注；其他民族可能也同样喜欢运动；其他民族可能产生了作为个体的运动员，个人的体育表演与希腊人的体育活动不相上下，甚至有所超越，但是我们在其他地方没有看到任何可以与希腊的艺术和文献中所表达的体育理想或她的体育节日中所展现的超乎寻常的活力相媲美的东西。这种理想的发展以及体育节庆的历史将是本书的主题。①

1925 年，伽丁纳尔出版了他关于古希腊体育的第二本专著《奥林匹亚：它的历史和遗存》，在充分利用了对奥林匹亚遗址的考古资料的基础上，对古代的奥运会再次作出了具体的考察，他的这本著作是英语世界对奥林匹亚做出全面研究的第一本专著。② 1930 年，伽丁纳尔又出版了他的第三本论著《古代世界的体育运动》，在继续对古希腊的体育比赛进行深入考察的同时，也把研究的视野扩大到包括埃及在内的古代近东地区和罗马，通过与其他民族的体育活动相比较，他指出，古希腊的体育比赛和赛会精神是独一无二的：

> 古代体育运动的故事就是希腊体育运动的故事。就我们所知，希腊人是古代社会中唯一真正的体育民族。我们从他们那里不仅学到了"体育"这个词，还有它所表达的理想。这并不意味着希腊人是我们称之为体育运动的各项运动和竞赛的发明者，爱玩在所有年轻人中是很普遍的，跑、跳、投掷和打斗在所有时代和所有民族中

---

① E. Norman Gardiner, *Greek Athletic Sports and Festivals*, Macmillan and Co., Limited, 1910, p. 1.

② E. Norman Gardiner, *Olympia, Its History & Remains*, Oxford, 1925.

的孩子们当中是普遍存在的。但玩并非体育运动，尽管玩的本能无疑是他们的动机之一，当中娱乐是一个重要的因素。孩子玩累了就离开了。一个处于比赛中的竞技者即使累了也要继续向前，直到筋疲力尽为止。①

在这里，伽丁纳尔一方面把包括跑、跳、投在内的带有娱乐性质的活动赋予了所有的民族，也并不认为希腊人是最早进行这些体育运动的人；另一方面则把希腊人的体育运动和比赛与其他民族的体育活动截然分开，因为它是一种严肃的和制度化的社会活动。此外，伽丁纳尔不仅认为希腊人是古代世界"唯一的体育民族"，也注意到了"赛会精神"在希腊社会中的全面渗透：

> 没有哪个民族像希腊人那样如此沉湎于这种超越他人的热望，也没有哪个民族像希腊人那样如此热衷于比赛。竞赛进入了他们生活的所有领域中。他们有音乐、戏剧、诗歌、艺术比赛，甚至选美比赛。②

可以说，在英语世界中，伽丁纳尔是布克哈特观点的最早的也是最有说服力的继承者之一。时至今日，他的这几本专著仍旧是研究古希腊体育运动的经典著作。

除了伽丁纳尔，古典学界对布氏观点持赞同态度的不乏其人。例如，维克多·艾伦伯格（Victor Ehrenberg）在 1935 年出版的《东方与西方：古希腊历史疑难问题研究》一书中也把竞赛原则视为希腊人所独有的东西，他指出："对于东方人来说，这个原则还一直是陌生的、引起反感的"，"《圣经》中根本找不到运动比赛的证据"，虽然他也承认在希腊以外也有与希腊类似的竞赛活动，但在他看来，这种竞赛的冲动"很难在

---

① E. Norman Gardiner, *Athletics of the Ancient World*, p. 1.
② Ibid. , p. 2.

希腊之外成为一种社会的、超人格的力量"。① 对于布克哈特和艾伦伯格的观点，意大利著名史学家莫米利亚诺在 1955 年为《希腊文化史》的意大利文版撰写的序言中这样评论道："对希腊贵族政治的钦佩，让他对希腊文化竞争性的、个体化的阶段作出了界定，即使它被后世学者夸大了，但那真是布克哈特的一个发现。"② 这里的"后世学者"指的就是艾伦伯格。从中可以看出，莫米利亚诺一方面肯定了布克哈特对赛会的发现，另一方面，针对艾伦伯格对布氏观点的"夸大"也持有一些保留意见。

说到对布克哈特的观点较早的也是颇具影响力的全面反思和批驳，我们就不能不提到荷兰学者赫伊津哈（Johan Huizinga）。与伽丁纳尔的体育史研究不同，赫伊津哈主要是从人类学的角度对作为"游戏"的一种特殊形式的体育比赛进行研究的，他对布氏观点的讨论和回应最主要地集中在他出版于 1938 年的著作《人：游戏者》（*Homo Ludens*）中。应该说，从赫伊津哈这本书的内容来看，无疑受到了布克哈特的赛会研究的启发和影响，古希腊的 agon 即赛会文化成为一个贯穿全书的考察对象和研究范例。不过，与布克哈特不同的是，赫伊津哈试图从人类社会生活中更为普遍的"游戏"的视角对古希腊的赛会作出一种新的解释和定位。

赫伊津哈认为，"游戏"是一种十分古老且普遍存在的社会活动，不仅人类，而且动物也会有自发的游戏活动。不过，与动物不同的是，人类逐步发展起很多种高级形式的游戏活动，这些活动不仅能够给人带来乐趣，还成为文明发展的一种巨大的推动力量。由此，"游戏"被提高到了"文明的基础之一"的高度，包括政治、法律、商业、工艺、文学、科学、哲学，当然还有体育运动在内的社会活动无不带有"游戏"的特征。赫伊津哈归纳出了"游戏"的四个主要特征：第一，一切游戏都是一种自愿的活动；第二，游戏都脱离了"日常的"或"真实的"生活，带有"无功利性"；第三，游戏都是在某个相对封闭的被限定的时间和空间内进行的；第四，在游戏场地之内，规则统辖着一切，创造出某种秩

---

① 转引自赫伊津哈《人：游戏者》，第 68—69 页。
② 阿纳尔多·莫米利亚诺：《论古代与近代的历史学》，晏绍祥译，黄洋校，北京大学出版社 2015 年版，第 311 页。

序。① 如果用这四个标准来衡量的话，体育比赛无疑属于典型的游戏活动，而且是一种发展成熟的高级形式的游戏。

赫伊津哈考察和比较古希腊语、梵语和汉语等语言中的指称游戏与比赛活动的词汇之后②指出，对于希腊人来说，比赛既从属于游戏，但又有别于一般的游戏活动，在希腊语中，表示"游戏"的词有 *paidia*，*au-duro*，*adurma* 等，但都不能涵盖比赛与竞争的领域。"我们完全可以说，游戏概念的一个本质特征乃是隐匿在 *agon* 的运作领域中的。"用这种方式，希腊人把"游戏"和"竞赛"分开。"的确，'非严肃'的因素即游戏因素在 *agon* 一词中通常未被清楚地表达出来。"③ 也就是说，与一般的"非严肃"的和娱乐性质的游戏不同的是，*agon* 所指称的竞赛活动是一项十分严肃的游戏活动。实际上，不论是赫伊津哈在本书中所使用的泛指"游戏"的源自拉丁文的 *ludi*，还是现代英文中的 play，其本意都更加偏重于带有娱乐性质的"玩"，而不是希腊人心目中的严肃的和正式的竞赛活动。在这个意义上，希腊人的 *agon* 在从古至今各个民族的"游戏"活动中都具有其鲜明的独特性。对此，马克·戈顿也曾经表达过类似的看法，他说："现在的 sports 和 games 都带有某种休闲和娱乐的含义，用在古希腊是不恰当的。裸体竞技和马赛对于希腊人来说都是十分严肃的事业：他们称为 *agon*，这是最常用的表达竞技的词汇。'play the game'是一个现代的观念，在希腊和拉丁文中根本找不到像这样的说法：'good sport'的理想并不在希腊人中占据统治地位。"④ 古里奥尼斯也指出，现代人将古希腊的奥运会翻译成 games（游戏）显然是一个错误，因为对于

---

①　参见赫伊津哈《人：游戏者》，第7—10页。

②　例如，赫伊津哈指出，"就我所知，在梵语中没有一个游戏用语用来表达此种竞赛；很奇怪，并无一个特殊的词汇用来指称竞赛，尽管各类竞赛在古代印度已非常普遍"。"在汉语中用来指游戏的词是'玩'，但并不用来指称技能游戏、竞赛、赌博或者戏剧表演。凡与竞赛有关的，都是由'争'这个特殊词语来表达，而这个词相当于希腊语的竞赛（*agon*），此外还有一个词'赛'，指的是为了获得某一奖品而组织起来的争夺。"参看赫伊津哈《人：游戏者》，第30页。

③　赫伊津哈：《人：游戏者》，第28页。

④　Mark Golden, *Sport and Society in Ancient Greece*, Preface, xi.

古希腊人来说，运动会绝不是一种娱乐活动，而是一种神圣的行为。①

在这本书中，赫伊津哈无疑接受了布克哈特把赛会的形式和精神拓展到其他社会活动中的看法，不仅考察了古希腊的体育比赛，还对法庭诉讼、哲学研究、戏剧表演等社会生活中的 agon ——作出了细致的描述和分析。不过，赫伊津哈也试图修正甚至反驳布克哈特所认为的 agon 为希腊人所独有的认识，他指出，作为一种高级游戏形式的赛会不仅仅存在于古代希腊，而是一种带有一定的普遍性的社会活动，通过对包括古代中国的节日竞赛、罗马的竞技表演以及印第安人的体育比赛等在内的比赛活动的列举和考察，赫伊津哈对他的"精神导师"布克哈特关于希腊赛会文化独特性的观点提出了明确的质疑和反驳：

> 远在社会学和人类学知道一般比赛因素的极端重要性之前，雅各布·布克哈特就发明了一个新词 agonal，并把该词的含义描绘成为希腊文化的一个主要特征。然而，布克哈特的眼光尚不足以看到这一现象的广泛的社会学背景。他认为这种比赛的习惯只为希腊人所独有，并认为其范围只限于希腊史的某个特定时期（即古风时代）……布克哈特的观点甚至至今还得到不少学者的附和……②

接着，他针对布克哈特及"附和者"者艾伦伯格的观点进行了批驳。一方面指出，比赛的习俗绝非为希腊人所独有，而是普遍存在于其他很多民族的社会生活中；另一方面，认为把竞赛精神仅仅赋予古风时代也是错误的，"事实上，竞赛精神还主宰着这些世纪之前和之后的希腊文化"。③

总体来讲，赫伊津哈对"游戏"的社会学和人类学考察不仅开辟了一个新的领域，"游戏"甚至在后来成为包括伽达默尔和维特根斯坦等人

---

① 参见塞莫斯·古里奥尼斯《原生态的奥林匹克运动会》，沈健译，上海人民出版社 2008 年版，第 41 页。

② 赫伊津哈：《人：游戏者》，第 68 页。

③ 同上书，第 69 页。

在内的现代哲学家们的考察对象①，也为古希腊的赛会研究提供了一种新的研究视角和思考维度，加深了我们对古希腊的这种社会风俗的理解和认识。不过，笔者认为，尽管他对布氏观点提出了种种质疑和批驳，但他把作为一种"游戏"的比赛活动扩展到社会生活的各个领域的研究理路，也在一定程度上印证和深化了布克哈特的把赛会精神认定为希腊文化的根本特征之一的认识。

此后，西方学界对古希腊赛会的研究越来越向更为广阔的社会领域拓展，以希腊的体育竞技活动为出发点，或围绕着古希腊的赛会活动，包括政治、战争、文艺、哲学和科学研究、司法审判、修辞和辩论等活动在内的或采用了比赛的形式或弥漫着"赛会精神"的非体育领域的社会活动都得到了更为深入和具体的考察。这些新的研究从各个角度不仅证明了布克哈特所提出的古希腊"赛会精神"的存在，也说明了其基本观点的合理性和正确性。尽管如此，关于古希腊赛会独特性问题的争论仍旧没有结束，赞成与反对的观点至今仍然散见于学者们关于古希腊赛会的研究著作中。

与此前相比，20世纪的古希腊史研究的重大突破之一就是对古希腊文明的东方渊源的再认识，马丁·伯纳尔于1987—1991年出版的《黑色雅典娜》一书就是其中的代表性著作。这一认识上的突破在一定程度上动摇了传统上的"希腊中心主义"的观念，对作为"希腊性"的重要标志之一的赛会文化的研究也受到了这一突破的影响。可以说，继赫伊津哈之后，在20世纪下半叶，上述的这种新的研究路径构成了对布克哈特的希腊赛会文化独特性认识的最大挑战和冲击。对此，在《古代希腊的体育运动与社会》一书中，马克·戈顿这样写道：

---

①　陈忠指出，对于游戏和游戏者的关系问题，伽达默尔认为，游戏的真正主体不是游戏者，而是游戏本身，换句话说，不是游戏者的差别决定着游戏的差别，而是游戏的差别从本体论上决定着游戏者对游戏的兴趣和心境的差别。而维特根斯坦不仅把语言看作一种游戏，也把生活看作一种游戏，只有在感性的和经验的游戏过程中，人们才可以相互理解。参看陈忠《规则论——研究视阈与核心问题》，人民出版社2008年版，第78—85页。他们把游戏及游戏的精神提高到了一种世界观的高度的做法，对于我们理解渗透在各个生活领域中的古希腊的赛会和赛会精神无疑具有很大的启发意义。

希腊人是一个热爱比赛的民族……有些人把希腊人的竞赛精神（competitive spirit）和赛会冲动（agonistic impulse）判定为高于所有其他文化的特征……这种观点早在一百年前布克哈特在《希腊文化史》中就提出来的……然而，把独一无二的赛会精神（agonistic spirit）归之于希腊人的观点已经失去了吸引力，充其量是一种希腊中心主义的看法，甚至常常是种族主义者的看法……马丁·伯纳尔指出，即使还不太有说服力，大部分的希腊文化也是来自埃及，其他学者考察了近东的影响，尤其是腓尼基人和美索不达米亚人，对希腊神话、宗教和艺术的影响。在这种正在改变的环境下，即对希腊人与地中海其他民族的关系正在进行重新评估的时候，我们得到了一些新的启发：希腊铁饼奇怪的形状似乎来源于青铜时代腓尼基沉船上打捞上来的铜锭；斯塔特，即600尺的长度单位，希腊体育场的规划标准和所有赛跑的量度，还有一些运动项目都来自巴比伦。因此，对希腊赛会精神进行重新考察是必要的，尤其是：地中海的其他前古代民族举办过正式的体育比赛吗……如果有，这些运动对希腊人有影响吗？[①]

接着，戈顿对腓尼基、埃及人和青铜时代克里特的米诺斯人的社会生活中的体育运动做出了一一的考察。他指出，一方面，希腊人既不是最早进行体育运动与比赛的民族，更不是唯一拥有这种活动的民族；另一方面，从运动和比赛的方式来看，这些早期的和其他民族的体育活动与古希腊人定期举办，按照一定的规则在平等者之间展开竞技，并完全按照运动成绩来决定胜负和奖励的赛会活动还是存在着较大的差别的。例如，在埃及法老时代的壁画上有大量的运动和比赛场面，还有法老王跑步和射箭的场面，这些证据表明，埃及是最早开始体育运动的文明，但是，如果把这些运动看作希腊式的体育比赛就难以成立了。戈顿指出，"法老用来恢复活力的跑步明显地是一种象征性的行为，没有人与他同场竞技"。与近东的情况相仿，这些运动场面主要是为了展示统治者的健康状

---

① Mark Golden, *Sport and Society in Ancient Greece*, pp. 29 – 30.

况。同样，米诺斯人的斗牛和拳击运动，既不是定期举办的，也看不出比赛的具体规则，与城邦时代的希腊赛会相去甚远。① 从戈顿的这一考察可以看出，尽管布克哈特的观点受到了以伯纳尔为代表的"希腊文化的东方渊源说"的巨大冲击，但要从根本上否定希腊赛会的独特性绝非易事。

除了对古希腊文化的东方渊源的再认识，20 世纪下半叶，尤其是近些年来，对古代世界中的体育活动的研究还呈现出一个不同于以往的特点，那就是学者们在继续对古代希腊罗马的体育运动和比赛活动进行更为细致与深入的研究的同时，也开始把研究的范围逐步扩大到历史上不同的国家、地区和文明中，研究的时段也涵盖了从原始社会到前现代社会的各个历史时期。例如，曼德尔在他出版于 1984 年的著作《体育：一部文化史》中，把作为一种普遍出现的人类文化现象的体育放到整个世界文明史中进行了考察，上自初民社会和原始时代，下至 20 世纪 80 年代，在"希腊人之前的体育"一章中，作者描述了埃及、两河流域和希腊爱琴文明时代的体育，在"前工业文明高级文化中的体育"一章中，则重点考察了中国、印度、日本以及伊斯兰教国家、美洲地区的体育运动。② 再如，由麦奇科夫和艾斯特斯撰写、出版于 2004 年的《体育运动与体育教育的历史和哲学：从古代文明到现代世界》一书同样是一部贯通古今的著作，内容几乎涵盖了世界上所有重要的文明、国家和地区。在该书的第一个部分"古代文明"中，在讲述希腊和罗马的体育之前，作者首先考察了苏美尔、埃及、中国和中美洲的体育运动与体育哲学的发展历史。③ 此外，克洛泽尔在 2007 年出版的《古代的体育》一书中，虽然主要的篇幅仍然集中在古代的希腊和罗马，但却从包括中国、日本和朝鲜在内的远东地区的体育说起，接下来就是埃及和两河流域的体育。④ 这些著作无不表明，古希腊人既不是最早开始体育运动与比赛活动

① Mark Golden, *Sport and Society in Ancient Greece*, pp. 30 – 33.

② Richard D. Mandell, *Sport, A Cultural History*, Columbia University Press, 1984.

③ Robert A. Mechikoof & Steven G. Estes, *A History and Philosophy of Sport and Physical Education, From Ancient Civilizations to the Modern World*, The McGraw Hill Companies, 2004.

④ Nigel B. Crowther, *Sport in Ancient Times*, Lodon: Praeger Publishers, 2007.

的民族，更不是进行这种活动的唯一的民族。但不可否认的是，历史上不同时代和不同地区的体育运动与比赛活动，不但具有各自不同的特点，也有着不同的语境和意义。

那么，古希腊赛会的独特性主要表现在哪些方面呢？米歇尔·B.波利阿科夫在 1987 年出版的《古代世界的格斗运动：竞技，暴力和文化》一书中也对布克哈特的观点以及后来的种种质疑的声音作出了述评：

> 在将近一个世纪里，大家都在说希腊是一个喜欢竞赛的文明（agonistic civilization），比其他文明都要热衷于竞技。在最近的一些年，这种正统观念遭到了审查和攻击，尤其是来自人类学家和人种学家的攻击，他们追问，如何把希腊的竞技与其他文化中的竞技区分开来？显然其他的社会也喜欢并鼓励竞争，但是，我却认为，希腊人在竞技的数量和性质上是有别于其他文化的，更重要的是，他们建立起了制度化的奖励和确认优胜者的方式。①

波利阿科夫把希腊赛会的独特性归纳为以下四个方面：

> 在希腊体育非同寻常的特征中，有四个特点可以把它与大多数其他社会中的体育区分：第一，体育对希腊人来说是严肃的活动，体育上的成就给他们带来了荣耀和地位……第二，胜利是重要的，常常是超越一切的，四大赛会只设第一名。……第三，希腊体育运动几乎完全是个人的竞赛，只有很少的例外……第四，所有的社会阶层都可以参加竞赛。②

波利阿科夫还对包括赫伊津哈在内的布克哈特的批评者们的观点一一作出了反驳或回应：

---

① Michael B. Poliakoff, *Combat Sports in the Ancient World, Competition, Violence, and Culture*, p. 104.

② Ibid. , pp. 105 – 107.

　　对布克哈特最猛烈的批评落在了他把赛会精神（agonistic spirit）仅仅限制在希腊的看法上。事实上，他的确承认其他地方也有比赛，但他坚持认为，在平等者中和在客观的裁判下进行一场比赛的希腊式的超越他人的冲动是独一无二的。这种判断必定会遭到现代的和古代的民族学的批评（布克哈特对其中的大部分都一无所知）。赫伊津哈以此为基础对布克哈特提出了尖锐的和彻底的批评，因为希腊人并没有垄断严肃的体育竞技，但是他自己坚信"竞赛的原则"（agonistic principle）延续到了罗马文明的观赏性娱乐活动中，就像角斗士表演，这表明他的研究是为了获得一个游戏的普遍的共同特征，而不是达到对某个既定文明的特殊的和独特的特征的一种理解。赫伊津哈把（印第安人的）炫财冬宴（potlatch，即一种消耗财富的竞赛）当作非希腊世界也拥有像希腊人那样的相同的赛会精神（agonistic spirit）的一个佐证；至少我看不出，在希腊人对所有公民开放并一定要选出一名优胜者的竞赛与两个酋长面对面焚烧他们的物品来刺激其他人之间有什么相似之处。

　　最近，英格玛·维勒（Ingomar Weiler）发表了一系列论著来反驳布克哈特的关于 *agon* 的观点……但情况似乎是，维勒对一大帮种族主义学者的热情反击（例如，梅尔〈E. Mehl〉不仅否认了在非雅利安种族中有竞赛，甚至还否认了有体育运动），使他不能够把讨论的重点集中在希腊各个时代中的体育运动的独特性上面。……问题的关键不是是否存在体育运动，而是它的性质和意识形态上的语境，在这一点上，埃里克·西格尔（Erich Segal）注意到了……①

总之，他认为，布克哈特的基本观点到今天仍旧是正确的，即使在个别看法上需要进行修正：

　　总体来说，布克哈特的理论——即希腊的 *agon* 是独一无二的，

---

　　① Michael B. Poliakoff, *Combat Sports in the Ancient World*, *Competition*, *Violence*, *and Culture*, p, 178, n. 49.

在我们理解古代社会中处于中心地位——是正确的，尽管他给出的理由是可以商榷的……布克哈特把真正的赛会精神限制在"少数自由贵族"的范围内，因为荷马时代的英雄们并不需要这样的出口……民主制度感兴趣的是满足，而不是卓越。这种贵族的偏见与历史不符——民主制也对运动很感兴趣，不论是体育场的建设，还是更为关键的，对优胜者的奖励和鼓励；体育节庆的数量是增加了而不是减少了。①

笔者认为，波利阿科夫的这一结论是中肯的和符合实际的。谈到学者们对布氏观点的修正，他重点提到了艾伦伯格在《东方与西方》一书中对希腊重装兵改革的研究："艾伦伯格对布克哈特的理论进行了重要的修正，尤其注意到了赛会对后来的希腊人的影响，以及重装步兵使个人英雄主义失去了用武之地之后也填补了其空白。"② 看来，在"赛会时代"的问题上，布克哈特还是太过于局限了，虽然赛会活动的起源带有很强的贵族色彩，或者说一开始仅局限在社会上层，但始终没有禁止普通公民参加，随着城邦民主制度的进一步发展和完善，尤其是以中等财富的公民为主体的重装步兵在战争中发挥出越来越重要的作用，古希腊的赛会不但没有萎缩或衰落，反而得到了更大的发展，当然，平民化、专业化和职业化的趋势也日益显著，布克哈特不但注意到了这一点，还把它视作"赛会精神"衰落的迹象。

纵观从布克哈特肇始的这场关于希腊赛会文化的独特性的争论，表面上看似乎是终点又回到了起点，但实际上，经过了这样一个从被广为接受到质疑之声不断再到重新被肯定的过程，通过这些争论和新的研究，布克哈特的观点一方面得到了更为充分、全面和系统的论证与证实，另一方面也得到了十分有益的发展或修正。尽管关于这个问题的争论或许还会再继续下去，但希腊的"赛会"及"赛会精神"在古希腊社会和文

---

① Michael B. Poliakoff, *Combat Sports in the Ancient World*, *Competition*, *Violence*, *and Culture*, p, 178, n. 49.

② Ibid.

化中的重要地位与作用还是日益成为学者们的共识。

1998 年，由芬利和穆瑞等古典学家经过多年的整理与编译而完成的《希腊文化史》的英文选译本《希腊人和希腊文明》在布氏去世百年之际出版发行，在穆瑞为这本书撰写的长篇序言中，全面评析和充分肯定了布克哈特关于 *agon* 的伟大"发现"和系统研究：

> 毫无疑问，布克哈特和尼采对希腊世界所共有的最富有意义的独特认识就是希腊和现代文化（按照尼采的看法）中的"竞技"一面的重要性的认识。个人之间的竞技和对于追求卓越的渴望居于早期希腊人的世界观的中心位置，这一认识是他们共同的发现。甚至在巴塞尔之前，尼采似乎就已经认识到了竞技和竞赛的重要性；但布克哈特已经独立地对此作出了系统阐述，并开始忙于具体地论证这一发现对于理解希腊文化的各个方面所产生的影响了。这的确是布克哈特对希腊精神所有的洞悉中最重要的一点，这种认识至今在希腊历史的研究中还在不断结出硕果，希腊的伦理价值经常被看作是一种竞争与合作品德之间的冲突。①

最后，笔者想套用希腊人把"哲学"命名为 *philosophia*（即"热爱智慧"）的方式，推出一个新词 *philoagon*（即"热爱比赛"）。或许，这个词与"哲学"一词相仿，也能够概括出古希腊人的一种独特的生活方式和思想观念。正如埃里克·西格尔所言："对于古希腊人来讲，生命就是一场无休止的竞赛。"②

---

① 雅各布·布克哈特：《希腊人和希腊文明》，第 29—30 页。

② Waldo E. Sweet (ed.), *Sport and Recreation in Ancient Greece*, A Sourcebook with Translations, Oxford University Press, 1987, Foreword by Erich Segal, v.

第 二 章

古代希腊体育赛会概说

古希腊人是一个热衷于比赛的民族，比赛的形式和理念渗透到政治、法律、文艺、哲学研究等社会生活的方方面面，形成了其独特的"赛会文化"。不过，在所有这些比赛活动或带有比赛性质的社会活动中，体育赛会不但产生最早，也是影响最大的一种比赛，体育赛会甚至成了把希腊人与非希腊人区分开来的希腊性（Greekness 或 Hellenicity）的重要指标之一。可以说，正是在体育赛会的驱动下，提倡公平竞争的"赛会精神"才逐步为希腊人所普遍接受，并跨出体育领域，成为古希腊人的一种核心价值观念。

那么，古希腊的体育赛会起源于何时？有哪些种类？比赛设有哪些项目，规则如何，有哪些不同于现代体育竞技的特点？在古代的千年发展史中，又是一种什么力量造就了其如此持久和强大的生命力？古希腊体育赛会的核心价值有哪些，为什么它能够从一种地方性或地区性的习俗发展为世界性的盛会？应该说，要准确回答这些问题并不容易，主要原因在于，虽然体育运动和比赛是希腊人再普通不过的一种日常活动了，但在流传至今的古代文献中却几乎没有系统和全面的记述，大多为片言只语的提及，且相互矛盾之处颇多，这种并不理想的资料状况成为古希腊体育赛会研究的最大障碍。不过，从19世纪开始，随着包括奥林匹亚在内的古代赛会遗址的全面发掘，尤其是随着现代奥林匹亚运动的复兴，古希腊体育赛会的研究成为20世纪古典学研究的一个热点问题，学者们通过对古代文献资料的重新整理和解读，尤其是对大量与体育比赛有关的瓶画、雕刻、碑铭和纸草等实物资料的悉心研究，希腊体育赛会的轮廓日渐分明，细节逐步显现。尤其是，包括古代遗址、日常用品和艺术品在内的大量考古与实物资料，一方面极大地丰富了我们对古代希腊体育赛会的直观认识，另一方面也弥补了文献资料的不足，文献与实物资料的互证越来越成为一种重要的研究方法和趋向。

本章即试图在充分利用古代文献、实物和考古资料的基础上，结合中外学者的相关研究成果，从以下三个方面对古代希腊体育赛会的历史做出一些尝试性和概要性的描述与归纳。

一　古代希腊体育赛会资料综述

首先说一下文献资料的状况。虽然体育运动和比赛活动贯穿了古希腊人的日常生活，但关于这方面的记述却少得可怜，即便是最为盛大的奥林匹亚赛会也是如此。正如古史专家芬利所言："关于奥运会的原始资料，就像古代世界一般的运动会那样，是残缺不全的和零零散散的。"① 笔者认为，这种并不乐观的资料状况主要是由于运动和比赛太过普通了，古代的作家们大多更倾向于去记述那些不常发生的事情，比如城邦的政治斗争和邦际大战等。对于这样一种制度化和常规化的社会活动，有人推测，当时可能还是有官方档案之类的东西，但可惜没有保留下来。除了残缺不全之外，就保留到今天的有关运动和比赛的文献资料而言也十分不理想，主要表现在以下几个方面：

第一，除了品达的凯歌之外，很少有时人的记载，大多是后人的追述甚至编造，因此，就同一件事情而言，相互不一致甚至矛盾的地方比比皆是，这个问题在奥运会的起源过程和起源时间上表现得尤为突出。

第二，就文献本身而言，很少有体育运动和比赛的专门记述，大多是在记述其他事情的时候顺便提及，抑或是以体育比赛为喻或使用体育比赛的术语来说明自己对其他问题的看法，此类一鳞半爪的记述构成了

---

① M. I. Finley & H. W. Pleket, *The Olympic Games: The First Thousand Years*, Preface, v.

古希腊赛会文献资料的主体部分。不过，这类资料还是可以从一个侧面说明，体育运动和比赛为所有人熟知和热爱，而且，如果"集腋成裘"的话，还是可以得到一个较为完整的画面。

第三，资料的时段和地域分布十分不平衡。古希腊赛会的传统从形成到衰亡跨越了一千多年的时间，大致可以划分为古风时代的形成期、古典时代的鼎盛期、马其顿—亚历山大时代的拓展期及罗马时代的维持和衰落期四个阶段，地域上也大致经历了从希腊本土向东西两个方向的殖民地扩展，再向希腊化时代的各个王国和罗马帝国时代的行省地区传播的历史过程，但是，就保存下来的资料而言，从时段上看缺乏连续性，存在太多的空白和缺环。从地域上看，以奥运会为代表的"泛希腊赛会"的记述较多，更为普遍且数量更多的地方赛会则很少得到记载。① 此外，对于比赛的各个项目，也会由于在各个时代和族群中受欢迎与重视程度的不同而存在着记述的多少和详略上的明显差异。下面，我们就按照时间顺序，对古希腊体育赛会的主要文献资料作一个简要的综述。

荷马史诗无疑是关于古希腊体育比赛的最早记述，其中最重要的就是《伊利亚特》中阿喀琉斯为阵亡的好友帕特洛克鲁斯举办的葬礼运动会和《奥德赛》中奥德修斯受邀参加体育比赛的情节。史诗中所描写的包括马赛、摔跤、赛跑、投掷等比赛，基本上都成为后来体育赛会的主要比赛项目。总的来看，诗人对这些体育比赛的描述不仅十分详细，而且生动准确，可见其对体育比赛十分熟悉，虽然与后来制度化了的体育赛会还存在着很多不同之处，但其中反映出的游戏和比赛精神还是成为希腊赛会精神的滥觞。对研究古希腊赛会的起源，荷马史诗中的记述无疑是最为重要的资料之一。

在公元前 776 年第一届奥林匹亚赛会举办的大约两百年之后，在公元前 6 世纪最初的 25 年中，其他的三个"泛希腊赛会"才相继创

---

① 据统计，古希腊至少在 250 个地方有超过 300 个由城邦主办的宗教节日，有超过 400 位神灵受到祭拜。参看 Paul Cartledge, "The Greek Religious Fesitivals", in P. E. Easterling and J. V. Muir (eds.), *Greek Religion and Society*, with a Foreword by Sir Moses Finley, p. 98。

办。从古风时代晚期开始，到古典时代的早期，关于赛会的记载和描述也逐步增多，公元前 5 世纪形成了一个小高潮。从赫西俄德的散文作品和抒情诗人的诗歌到希罗多德、修昔底德与色诺芬的历史著作，从希腊的悲剧和喜剧作品到柏拉图的哲学对话中，都不时出现关于体育运动和体育赛会的记述，但这些记述大都属于上文所说的"偶尔提及"的类型，体育运动和比赛与其说是描述的主要对象，不如说是为了服务于其他的伦理、道德、政治或哲学等主题的需要。不过，除了这些附带性质的间接记述外，这一时期还是出现了一些关于体育比赛的直接记载，其中最重要的就是品达等抒情诗人专门为"泛希腊赛会"的优胜者撰写的凯歌作品和伊利斯人西庇阿斯撰写的有史以来第一部奥运会的编年史。

随着各大"泛希腊赛会"的创办，专门受人之托且收取费用的凯歌诗人也应运而生，赛会各个项目的优胜者有史以来第一次享受到了此前只有神灵才能享受的获得颂歌和塑像的礼遇。在这些专门为优胜者写颂歌的诗人中，产生了很多著名的抒情诗人，其中包括开俄斯的西蒙尼德（Simonides，公元前 556—前 467），底比斯的巴克里德斯（Bacchylides，公元前 505—前 450，西蒙尼德的侄子）和品达（Pindar，约公元前 518—前 438），他们都留下了一些写给赛会优胜者的"凯歌"（*epinician*）。在他们当中最重要的当数彼奥提亚的贵族诗人品达了，原因在于：一方面，他为四大"泛希腊赛会"撰写的 44 首凯歌作品被完整地保存下来，流传至今；另一方面，这些诗歌也堪称古希腊抒情诗的典范之作，品达以其热情奔放、文辞隽永和思想深刻的独特风格成为抒情诗时代最伟大的诗人。在今天看来，这些诗歌既是时人所写，又是关于体育比赛的直接描述，十分稀有和珍贵，无疑是古代希腊赛会研究最重要的历史资料。[①] 不

---

① 近年来，品达的凯歌诗越来越成为古典学家们关注和讨论的热点。2002 年，在美国的林肯大学专门召开了主题为"品达的凯歌诗与古希腊体育节日"的学术研讨会，与会学者对品达及其诗歌创作的时代背景、思想内涵和历史影响等问题展开了深入、细致的讨论，2007 年，该会议的论文集《品达的诗歌、主顾和节日：从古风时代的希腊到罗马帝国》在牛津大学出版社出版。参看 Simon Hornblower & Catherine Morgen（eds.），*Pindar's Poetry，Patrons，and Festivals，From Archaic Greece to the Roman Empire*，Oxford University Press，2007。

过，需要注意的是，作为付费写作的诗人，品达的诗歌带有强烈的个人倾向，"品达颂诗的特点是借颂人而颂神，即通过歌颂竞技得胜者而称颂胜者祖先的功德，进而颂扬赋予家族和城邦地位及荣誉的神灵"①，不仅具有浓厚的贵族色彩②，而且写作的目的也并非是客观地记述比赛，而是为了赞美优胜者的"神性"，进而对凡人与神灵的关系作出思考，从性质上讲仍然是"醉翁之意不在酒"，这一点在运用它来研究体育赛会的时候需要加以注意。正如芬利所言，品达的诗歌之所以被保存下来，"不是因为它们是关于运动的，而是因为它们的质量最高"。③ 品达不仅是伟大的凯歌诗人，也被认为是最后一位凯歌诗人，品达之后，此类诗歌几乎就绝迹了。

大约在公元前 5 世纪末或公元前 4 世纪初，出现了希腊有史以来第一部奥运会的编年史，作者是伊利斯人西庇阿斯（Hippias of Elis），他是一位哲学家和修辞学家。正是在这部作品中，他把第一届奥运会的举办时间定位在公元前 776 年。虽然这个时间在今天被广为接受，但从古至今异议不断，引发了无休止的争论。他提出，正是在公元前 776 年，伊利斯和斯巴达的国王结束纷争，握手言和，从而创办赛会。除了提出了一种影响颇为深远的关于奥运会起源的说法之外，这部著作最大的价值就在于提供了一个完整的奥运会优胜者的名录，一个世纪之后，亚里士多德对这份名录进行了补充和修订。因为奥运会的继续举办，这份名录在马其顿时代和罗马时代不但广为流传，且不断得到补充和完善，成为古代奥运会千年发展史中几乎唯一的有系统的和连续性的文献史料。尽管这个名录的来源不清，其真实程度仍旧存在争议，但还是为我们今天研究希腊体育赛会的运动项目的发展史、优胜者和运动员的地域分布与变化等问题提供了十分宝贵的第一手资料。

保罗·克里斯特森在 2007 年出版了他的《奥林匹克优胜者名录与古

---

① 陈村富：《古希腊奥林匹克赛会考》，《浙江大学学报》2008 年第 2 期。
② 比如，品达的诗歌中所歌颂的"马赛"优胜者最多，反映出富有者的价值体系。
③ M. I. Finley & H. W. Pleket, *The Olympic Games: The First Thousand Years*, p. 13.

希腊历史》一书，在这部近年来关于奥运会优胜者名录研究的集大成之作中，作者对西庇阿斯之后直到罗马帝国时期的此类名录作出了全面的搜集、整理和考订。克里斯特森指出，到了罗马帝国时代，至少有 200 个奥林匹亚年和超过 2000 名运动员的名字被记载了下来。之所以有如此多的记录，完全得益于在西庇阿斯之后，一直有人在不断对这个名录进行补充、修订和完善，如果从西庇阿斯算起，以下这个长长的编纂和修订者的名字（共有 17 人）贯穿了从公元前 5 世纪到公元 5 世纪将近一千年的时间，他们是：Aristotle, Cassius Longinus, Castor of Rhodes, Ctesicles of Athens, Dexippus of Athens, Diodorus Siculus, Dionysius of Halicarnassus, Eratosthenes, Eusebius of Caesarea, Hippias, Panodoros, Phiochorus of Athens, Phlegon of Tralleis, Scopas, Sextus Julius Africanus, Thallus, Timaeus of Tauromenium。作者指出，虽然他们做这件事的目的各异，且这些名录相互之间存在很多的偏向和差异，但从中还是可以看出古代人对这个名录的重视程度之高，这些名录既是当时的人们保存记忆和联通古今的重要桥梁，也成为今人研究古代奥运会最重要的文献资料。①

从公元前 4 世纪开始，关于体育运动与比赛的记述就进入了一个相对的空白期，直到罗马帝国时代早期，古希腊的赛会才再次引发起旅行者和作家们的浓厚兴趣。不过，在这几个世纪里，虽然大多数的资料仍旧都是零星的和间接的，但也呈现出一些不同以往的特点。首先，随着体育运动与比赛的日益专业化和职业化，出现了一些类似今天的训练手册的东西，不过，大多没有保存到今天。其次，体育运动越来越受到医学家们的关注，如何使运动员保持身体的健康，如何能够做到协调发展，成为他们普遍关注的问题，其中，"医学之父"希波克拉底（Hippocrates of Cos，约公元前 460—前 370）就有很多这方面的论述，亚里士多德也有不少的讨论。最后，从希腊城邦时代到希腊化时代再到罗马帝国时代，对希腊体育

---

① Paul Christesen, *Olympic Victor Lists and Ancient Greek History*, pp. 2 – 3.

运动和比赛的批评之声就不绝于耳，这些批评散见于哲学著作、戏剧和演说等文献中。有人认为运动员不能为国家作出什么实质的贡献，远不如军事训练更加实用，还有人认为过度的体育训练不但有害于人的身体健康，而且造成了世风日下，甚至道德沦丧。① 当然，这些批评主要来自社会上层中的一小部分人，并不是普遍的看法，运动和比赛照常举行，但这些批评也反映出时人对运动和比赛的一些负面影响及其社会价值的反思。

总体来讲，罗马人对古希腊的体育运动和比赛活动抱着一种又爱又恨的态度。一方面，他们对希腊的运动和比赛十分熟悉，包括一些罗马皇帝在内的希腊文化的崇拜者们更是不遗余力地资助、举办或参加

---

① 例如，最早的批评来自公元前 6 世纪后期的希腊哲学家色诺芬（Xenophanes），在大约写于公元前 525 年的残篇 2 中，他这样写道："即使一个人在奥林匹亚的宙斯祭坛赢得了赛跑，或五项全能，或摔跤，或痛苦的拳击，或人们称为希腊式搏击的可怕的打斗，即使他成了他的同胞公民们景仰的最荣耀的象征，赢得了运动会上的前排座位，免费的公餐，一些来自国家的特殊的礼物，即使他赢得了马赛，即使他能够完成所有这些事情而非其中之一，但他还是没有活得有价值。因为我的智慧是一种比人和马的力量更好的东西。现在力量比智慧更光荣的习俗既不恰当也不公正。因为一个城邦有了一个好的拳击手，或一个五项全能运动员，或一个摔跤手，或一个飞快的赛跑手的话一点也不更为守法，即使跑步在男人的运动会上是最荣耀的项目。当一个运动员在奥林匹亚赢得了优胜，对一个国家来说并不快乐，因为他并不能填补国家的金库。"古典时代对体育运动的批评，最为严厉也最为典型的当属悲剧诗人欧里庇得斯（Euripides）在大约创作于公元前 420 年的《奥托吕科斯》（Autolykos）残篇 282 中的一段话："在希腊的成千上万种邪恶的事情中，再没有比体育比赛更大的了。首先，它们不能正确地生活，或者学习正确的生活。一个是他的嘴的奴隶和他的肚子的仆人的人，能够比他的父亲更健康吗？而且，这些运动员不能忍受贫穷或理好自己的财产。因为他们没有养成好的习惯，他们困难地面对很多问题。他们闪闪发光，就像城邦自己的雕像那样，当他们处在壮年的时候，当痛苦的老年来临的时候，他们就像是扯成碎片的和破旧的地毯那样。因此，我谴责希腊人的这种风俗，他们聚在一起看体育比赛，给无用的快乐以荣誉，为了有一个盛宴的借口。有什么人曾经用赢得一项摔跤的桂冠，或跑得快，或把铁饼掷得很远，或用一个上勾拳打到对手的下颚上而保卫注了他父亲的城市吗？有人用他们手中的铁饼打仗，或向一排盾牌打出重拳，把敌人从他们的祖国赶出去吗？当他站在强大的敌人面前的时候，没有人傻到如此地步去干这些事情。我们应该把桂冠给予好人和有智慧的人，给予使城邦良好运作的公正的人，给予那些领导我们避免做出邪恶之事、打斗和内部斗争的人。这些才是对每个国家和所有希腊人有益的事情。"参见 Stephen G. Miller, *Arete, Greek Sports from Ancient Sources*, a Second and Expanded Edition, University of California Press, 1991, pp. 184 – 185。

赛事①；另一方面，大多数的罗马人对希腊的运动和比赛都抱有一种怀疑、排斥甚至鄙视的态度，尤其不能接受裸体竞技的习俗，虽然希腊城邦时代的和后来新创办的赛事在罗马帝国时代照常举办，遍布于帝国的各个角落，但罗马人更偏爱作为希腊竞技的变种的角斗士表演，当然还有赛车和赛马。尽管如此，在1—2世纪，还是出现了一个关于希腊运动和比赛的记述的小高潮，其中最重要的就是鲍桑尼阿斯（Pausanias）的《希腊纪行》（*Description of Greece*）和琉善（Lucian，约125—180）的《阿纳卡西斯》（*Anachrsis*）。

鲍桑尼阿斯是公元2世纪的一位希腊旅行家，在他保留到今天的十卷本的游记中，有两卷专门记述他到访奥林匹亚的见闻，他在公元160年到170年访问了奥林匹亚，于175年左右撰写了这篇游记。在这本被称为"世界历史上的第一本导游手册"中②，他不仅详细描述了奥林匹亚的布局和很多纪念性建筑，记载了当时能够看到的大约200尊雕像的情况，而且还追述了奥林匹亚赛会的起源和漫长的历史，当然还有很多逸闻趣事，对公元前6世纪到前4世纪的记载尤其详细。从近代以来对奥林匹亚遗址的发掘来看，鲍桑尼阿斯的记载和描述是较为真实准确的。这部晚出的"奥运史"被认为是继西庇阿斯的编年史之后关于古代奥运会的最重要的文献资料，不但更为详备，

---

① 罗马帝国的第一个王朝即朱利奥·克劳狄王朝（公元前30—公元68年）的历代君主都是希腊文化的赞助者和仰慕者。比如，屋大维为纪念公元前31年的亚克兴海战的胜利，于公元前28年、前27年亲自创办四年一次的亚克兴赛会，并把它列入到泛希腊赛会的"大满贯巡回赛"中。此后，各种以皇帝命名的"准奥运会"在罗马和地方城市不断被创办出来。除了创办赛会，皇帝参赛的记录也有很多。比如，提比略在继位前就曾经参加过公元前4年第194届奥运会的驷马赛车并获优胜。当然，其中最有代表性的就是罗马帝国的皇帝尼禄（公元54—68年在位）。尼禄渴望参加希腊所有的重要节日和比赛，包揽所有赛会的音乐和竞技奖项，为了实现他的这个愿望，公元67年，他打乱了所有赛会的规程，还在奥运会上设立音乐比赛。更有甚者，他不允许在他表演期间有人离开剧院，致使有孕妇把孩子生在了剧院里，车赛也成为一场闹剧。因此，尼禄的所作所为与其说是促进了古希腊赛会的发展，不如说是一种明目张胆的大肆破坏。在运用他的政治权力获得了大量优胜之后（据说在巡行希腊期间，他包揽了1808个奖项），他把罗马公民权和大量金钱馈赠给"希腊法官"。"在暴君淫威下，奥林匹克的规则和公平原则消失殆尽，严肃的比赛变成一场滑稽闹剧。"参看王以欣《神话与竞技——古希腊体育运动与奥林匹克赛会起源》，第73—75页。

② M. I. Finley & H. W. Pleket, *The Olympic Games: The First Thousand Years*, p. 113.

也很值得信赖。

琉善是罗马帝国时代的著名哲学家，他写于公元 170 年左右的作品《阿纳卡西斯》虽然是一篇虚构的"穿越"小说，但其中对希腊体育运动和比赛的价值做出了深入的思考。作品的主人公阿纳卡西斯是一个斯基台人，他从黑海附近到访雅典，时间被设定在公元前 590 年，因此他幸运地见到了立法者和改革家梭伦，但中心的话题却是体育。当面对涂油的运动员在尘土中搏斗的场景，浑身上下布满了汗渍和鲜血，阿纳卡西斯大为不解，尤其是听到他们这样做既没有实际的利益，也不是军事训练之后，他认为这些人都疯掉了。对此，梭伦回答说："你当然会这样看，因为他们做的事对你来说是陌生的，与你们斯基台的风俗十分不同……它并非疯狂，他们做的事不但有益，而且也不无快乐，可以强健他们的身体……他们运动的地方叫体育场，做的事情通称体育，比赛的胜者有奖。"梭伦还补充说，虽然不是军事训练，但体育运动和比赛还是有助于战争的。当然，这番话并不能让阿纳卡西斯信服，于是争论继续了下去。有趣的是，对于谁赢得了这场争论的胜利，琉善并没有作出明确的回答。[①] 不过，这场围绕希腊的体育运动和比赛而展开的争论，一方面说明了这种习俗的独特性，另一方面，体育运动和比赛也成为区分文明人和蛮族人的重要标志，争论的输赢也就并不重要了。

除了上述两部作品，我们还要提到菲罗斯特拉图斯（Philostratos，170—250），他留下了古代唯一的一部运动手册《论体育运动》（*On Gymnastics*），其中，他详细地叙述了各个项目的比赛对运动员的身体各个部分的要求。需要指出的是，这本书虽然是古代历史上少有的与体育运动直接相关的文献，但写作的目的也并非记述运动和比赛本身，而旨在运动美学和身体保养的知识与要领。此外，继希波克拉底之后的古罗马最伟大的医学家盖伦（Claudius Galenus of Pergamum，129—199）对体育

---

① Lucian, *Anacharsis* 1 – 8 and 28 – 29, Stephen G. Miller, *Arete, Greek Sports from Ancient Sources*, a Second and Expanded Edition, pp. 28 – 31.

运动和比赛也颇为关注，从医学角度留下了不少评论。①

　　实际上，在罗马时代，传统的和新兴的希腊式的体育运动与竞技活动不但如期举行，而且得到了社会各阶层的广泛关注和参与，就连并不喜欢这种活动的罗马人都对体育运动和比赛也极为熟悉，这一点从大量散见于这个时期留下的各种文献中的体育活动的描述可见一斑，比如，西塞罗（Cicero，公元前106—前43）虽说是希腊文化的热爱者，但他的热爱从未延伸到体育。他明确地反对这种习俗，但有人指出，在他书中经常提及体育比赛，比如多次提到了"起跑门"，对短跑比赛的细节的描述也极为准确。② 可以说，西塞罗对希腊体育的"不赞成但熟知"的特点在保守的罗马人中颇具普遍性。又如，奥维德（Ovid，公元前43—公元18）在《变形记》中对亚特兰大的摔跤比赛有着十分精准的描述，其专业和细致的程度连希腊文学中都极为少见。再如，虽然裸体竞技也遭到了生活在亚历山大的犹太人的抵制，但大多的犹太人还是可以接受体育运动本身的，亚历山大的犹太哲学家菲罗（Philo Judaeus，约公元前20—公元40）的书中充斥了大量的体育运动的术语，他不但赞成青少年参加体育运动，也很好地利用了希腊的传统来阐发他的哲学思想。

　　总之，1—2世纪既是罗马帝国的稳定和繁荣期，也是对古希腊赛会的记述比较多的一个时期，作家们不但对身边的希腊赛会十分关注，还试图追忆其城邦时代的辉煌历史，可以说，罗马帝国时代开启了对希腊体育赛会进行研究的序幕。不过，进入3世纪之后，随着帝国逐步陷入各种危机，尤其是基督教的兴起并成为国教，以多神教为背景和存在基础的希腊体育赛会也开始从根本上受到破坏，逐步走向衰亡。在这一时期，对赛会的记载再次陷入了沉寂，随着罗马皇帝下令终止了各大体育赛会，这种延续千年的社会活动寿终正寝，直到19世纪末才得以再生。

　　关于古希腊的体育赛会，除了文献资料之外，还有大量的实物资料

---

　　① 例如，盖伦在他的《医学劝诫》（*Exhortation for Medicine*）（9—14）中就对职业体育进行了全面而系统的批评，认为这种方式既不利于身体的健康，与城邦无益，也不会给人带来快乐。参看 Stephen G. Miller, *Arete, Greek Sports from Ancient Sources*, a Second and Expanded Edition, p. 174。

　　② H. A. Harris, *Sports in Greece and Rome*, Cornell University Press, 1972, p. 52, p. 70.

可供参考。这些资料极大地弥补了文献资料的缺失和不足，填补了诸多的记述空白，而且可以与文献资料相互对照，对赛会历史上那些相互矛盾和冲突的说法起到修正的作用。

就实物资料而言，首先要说到古希腊人存留至今的大量的青铜或石质雕像、浮雕和彩绘的陶瓶，它们遍布于世界各大博物馆，不论是从数量还是从质量上看都十分可观，它们以相对真实和客观的笔触，生动而形象地记录下了与古代希腊的体育运动和比赛的各种场景，同时，也承载着古希腊人的光荣与梦想，并展现出他们的审美观念。从雕像上看，从古风时代开始，一直到罗马帝国时代，男性的裸体雕像不仅普遍出现，而且成为希腊雕刻艺术的主流，其发展虽然经历了从神像到人像，从僵直拘谨到运动状态，从比例失衡到准确写实的过程，但自始至终都没有脱离体育运动的语境（context），这些雕像所普遍具有的健美的和匀称的体态都透露出雕刻家的模特就是运动场或赛场中的运动员，正是通过长期的观察、摸索和实践，他们不仅创造出了不同于其他文明的人体雕塑的式样和风格，而且还发现了人体美的固定的比例关系，并把这种具有普遍意义的美的比例运用到了更多的创作中。在这些雕像中，很多都是希腊体育运动和比赛的直接产物或真实的反映，它们或者作为比赛胜利的纪念物奉献给神灵，或者就是优胜者出资为自己打造的，塑像成为优胜者在羊毛缎带、桂冠和凯歌之外的获得像神灵一般的荣耀与不朽声名的另外一种重要手段。需要说明的是，我们今天所看到的人体雕像大多为罗马时代的复制品，且以大理石雕像为主，青铜雕像由于不易保存，留下的原件十分有限。

在古希腊，陶瓶的制作十分普遍，作为容器和炊具，是普通人家居生活必备的日用品。除了各种几何花纹之外，匠人们很早就开始了在陶瓶上绘制各种图画，题材十分广泛，手法写实逼真，从为人们所熟知和津津乐道的神话故事到普通人的婚丧嫁娶，从贵族与富人到奴隶和妓女，在瓶画上都有生动和细致的描绘，可以说，这些瓶画全方位地展示了希腊社会生活的各个方面，堪称希腊社会的"万花筒"。其中，作为希腊人日常生活不可或缺的组成部分的体育运动和比赛的场景不仅数量很大，而且品质颇高，包括赛马、赛车、赛跑、拳击、摔跤、跳远和投掷在内的几乎所有运动比赛项目得到了生动有趣的描绘。瓶画上，血从拳击手的鼻子里喷涌而出的场景使我们想起了青铜拳击手塑像上的伤痕累累的头颅。① 据粗略统计，仅仅在保存至今的雅典的陶瓶中，体育运动题材的瓶画的数量就在 1500 幅以上②，可以说，这些瓶画对体育比赛的全面关注和细致描绘与文献资料中的语焉不详和顺便提及形成了鲜明的对比，极大地弥补了文献记载的不足，瓶画因而成为文献记载之外的数量最大且品质最高的一类原始资料。不过，需要注意的是，这些瓶画的作者并不是艺术家而是普通的匠人，他们的名字甚至都没有保存下来，虽不乏传神和精妙之作，但也有大量的题材雷同甚至粗制滥造的作品（比如，在一个来自斯巴达的描绘"泛希腊赛会"的瓶画上有一匹五条腿的马③），且大多并不完全为了反映现实的情况，而采用了一种带有夸张、逗趣和变形的风俗画的技法，我们在把它们当作历史资料运用的时候要加以注意。

近年来，图像史学越来越受到学界的重视，通过图像资料复原或重现历史发生的语境成为一种重要的研究方法和研究趋向。例如，英国古典学家罗宾·奥斯本在其近著《写在古典时代希腊人身体上的历史》一书中，就把古希腊存留至今的人像、雕刻和瓶画作为主要的研究对象，从身体史的视角，对这些图像资料中所展示出来的公民和非公民（包括外国人、外邦人和奴隶）、雅典人和非雅典人、男人和女人、成年人和未成年人、凡人和神灵、纯净的和被污染的人体等社会区分作出了全面和细致的分析与解说，颇具启发意义。④

由于石料资料资源十分丰富，希腊人不仅把石头普遍用于建筑和雕刻，还习惯于把一些需要长久保存的文本刻写在石头上，这些碑铭资料有很多保留至今，且还在不断发现，由于其相对的真实性和客观性，无疑具有很高的史料价值。在古希腊的碑铭资料中，也不乏与体育运动和

---

① 参见李淼、刘方编绘《希腊瓶画》，工人出版社 1987 年版，第 234 页。

② Mark Golden, *Sports and Society in Ancient Greece*, p. 58.

③ Ibid. , p. 59.

④ Robin Osborn, *The History Written on the Classical Greek Body*, Cambridge University Press, 2011.

比赛相关的内容。① 其中，既有大量的赛会优胜者的墓志铭，刻写在雕像底座上的纪念性文字，也有一些赛会的规则或法律被刻写在石碑上。此外，近代以来发现的埃及纸草文献中也有不少有关体育运动和比赛的资料，年代上看大多属于希腊化或罗马时代，内容包括摔跤手册、优胜者名录以及涉及投资和回报的体育训练机构的通信等。②

说到考古资料，我们还要提到近代以来对包括四大"泛希腊赛会"举办地在内的古代体育运动和比赛场所的重新发掘、考察与研究，其中，对奥林匹亚遗址的研究尤其丰富。从1875年德国考古学家正式开启奥林匹亚的考古发掘工作以来，时至今日，取得了极为丰硕的成果，主要表现在以下几个方面：第一，通过对奥林匹亚及其周边环境的地形、地貌、气候、植被等方面的研究，从生态环境的角度考察了奥林匹亚之所以能够发展为全希腊的崇拜中心和赛会举办地的外部原因。第二，通过奥林匹亚及周边的古代地下埋藏的发掘和出土文物的研究，学者们试图对圣域的起源和早期发展的历史做出实证的研究。虽然在奥运会起源的时间上还存在争议，但通过对还愿贡品和水井在内的分析与研究，还是透露出大量重要的历史信息和线索，可以在很大程度上弥补从前只能依赖于相互矛盾和冲突的古代神话传说来构建奥林匹亚赛会起源历史的缺憾。第三，通过对地面上现存的建造于各个历史时期的建筑物或遗址的布局、式样和规模的历史学的、建筑学的与空间学的分析和研究，不仅可以较为清晰地勾勒出奥林匹亚圣域的历史发展过程，还可以对体育比赛与宗教崇拜的关系、圣域控制权的激烈争夺等具体问题作出更具实证性的分

---

① 例如，公元前264年的一篇碑铭详细记载了皮提亚赛会的准备情况，包括有哪些工作，承担者的名字，需要支付多少钱。又如，还有一个属于公元前28年的碑铭记载了在奥林匹亚宙斯祭坛上工作的所有官员和服务人员的名单，从中可以看出当时除运动员和观众外还有哪些工作人员。Stephen G. Miller, *Arete*, *Greek Sports from Ancient Sources*, a Second and Expanded Edition, pp. 63 – 65，87 – 89.

② Stephen G. Miller, *Arete*, *Greek Sports from Ancient Sources*, a Second and Expanded Edition, p. 8. 例如，在米勒的《资料集》中（第85—87页），就有一篇公元250年的纸草文献，记载了公元前5世纪以来的奥运会优胜者名单，说明这个名单在当时流传很广，且被普遍接受。

析和考察①，这些研究或印证或修正了文献中关于奥林匹亚的历史记述，比如，考古学的研究表明，鲍桑尼阿斯关于奥林匹亚的描述十分准确，是一位颇为可靠的游记作家。从 19 世纪下半叶开始，除了奥林匹亚，其他的"泛希腊赛会"或地方赛会的举办地也得到了不同程度的重新发掘和考古学研究。②

实际上，对古希腊的体育运动和比赛的古物学与考古学研究最早可以追溯到 18 世纪的美学家温克尔曼（Johan Joachim Winckelmann，1717—1768），正是他对希腊艺术史的开创性阐发揭开了古希腊赛会研究的序幕。在他之后，德国哲学家尼采（Friedrich Wilhelm Nietzsche，1844—1900）和瑞士文化史家布克哈特（Jacob Burckhardt，1818—1897）共同"发现"了"赛会"（agon）在希腊文化中的核心位置。可以说，古代遗址的发掘，"赛会"的重新发现和研究，法国人顾拜旦（Le baron Pierre De Coubertin，1863—1937）发起的现代奥运会的复兴运动，都大致上发生在同一个历史时期，它们之间互为推手，相互促进，共同推动

---

① 例如，2010 年，米歇尔·斯科特（Michael Scott）的专著《德尔斐和奥林匹亚：古风和古典时代泛希腊主义的空间政治学》（Delphi and Olympia, the Spatial Politics of Panhellenism in Archaic and Classical Periods）在剑桥大学出版社出版。在这本书中，他充分利用了近代以来对德尔斐和奥林匹亚圣所的建筑与布局的研究成果，在对这些代表性的建筑的静态的空间分布进行全面分析的基础上引进了动态的时间观念，运用"空间政治学"的概念，结合历史文献，全面考察了圣域控制权的争夺历史和"泛希腊主义"思想的形成，这一新的综合研究再次证明了考古资料的重要性及其巨大的开发与利用潜能，令人耳目一新。

② 就考古资料的研究和利用而言，在 20 世纪早期比较有代表性的就是英国学者伽丁纳尔（E. Norman Gardiner）的研究，从 1910 年到 1930 年，他出版了三本关于古希腊的体育运动和比赛的著作，即《古希腊的体育运动和节日》（Greek Athletic Sports and Festivals，1910）、《奥林匹亚，它的历史和遗存》（Olympia, Its History & Remains，1925）和《古代世界的体育运动》（Athletics of the Ancient World，1930），今天仍旧被视为该研究领域的经典和奠基之作。其中，出版于 1925 年的《奥林匹亚，它的历史和遗存》正是在奥林匹亚的考古发掘报告的基础上撰写而成的，是英语世界第一部考古资料和文献资料相结合对奥运会的历史做出系统研究的专著。此后，学者们在从宗教、社会、文化、性别等视角对古希腊的体育运动和比赛进行研究的时候，无不参考和利用了各种实物与考古资料。1984 年，美国加州大学洛杉矶分校召开了以"奥林匹亚的考古学"为题的国际学术研讨会，会后出版了论文集，来自欧美各国的学者对古代赛会的起源、"业余问题"、女性运动、罗马时代的体育运动等问题进行了探讨，其中有多篇文章还专门考察了古希腊各地的体育场馆、设施和出土的有关碑铭。参看 Wendy J. Raschke（ed.），The Archaeology of the Olympics, the Olympics and Other Festivals in Antiquity, The University of Wisconsin Press，1988。

了 20 世纪古希腊赛会研究的热潮。

综上所述，关于古希腊体育运动和比赛，虽然古代留下的文献记载十分有限，总体情况并不乐观，但近代以来，对更为丰富和多样的实物与考古资料的发掘、整理和重新研究，在相当大的程度上弥补了文献资料的不足。进入 20 世纪，在现代奥林匹亚运动的推动下，古希腊的体育运动和比赛日益成为古典学研究一个新的研究领域与热点问题。时至今日，虽然对很多具体问题仍旧存在不同的看法，但随着资料集的不断编纂，专著的大量出版①，新的研究方法的运用，新理论和新解释的提出，使我们对古希腊人的这种社会活动比以往任何时代都有了更多的了解和认识。②

二 古代希腊体育赛会历史简述

就像很多已经无法知晓其缘起的社会风俗那样，关于希腊体育运动和赛会的起源，也有太多的神话故事和传说，古人普遍倾向于把体育运动和赛会创始人归之于某位神灵或古代的英雄，不仅体育赛会本身，而

---

① 美国学者斯坎隆于 1984 年编辑出版了《希腊罗马体育运动研究参考书目》一书，全面收集和整理出了一份书单，时间范围从 1840 年到 1984 年，文种涉及英、法、德、意等，内容主要涉及希腊罗马运动的历史和项目等方面的重要研究成果，总计 1615 种。参看 Thomas F. Scanlon, *Greek and Roman Athletics, A Bibliography*, Ares Publishers, Inc., Chicago, 1984。就笔者搜集到的关于希腊体育运动和比赛的英文资料有以下几本：（1）Rachel Sargent Robinson, Ph. D. (ed.), *Sources For The History of Greek Athletics*, in English Translation, Ares Publishers, Inc., Chicago, 1955. （2）Waldo E. Sweet (ed.), *Sport and Recreation in Ancient Greece*, A Sourcebook with Translations, Oxford University Press, 1987. （3）Stephen G. Miller (ed.), *Arete, Greek Sports from Ancient Sources*, a Second and Expanded Edition. . 此外，还有两部根据史料整理而成的古代体育的专业词典：（1）David Matz, *Greek and Roman Sports, a Dictionary of Athletes and Events from the Eighth Century B. C. to the Third Century A. D.*, McFarland & Company, Inc., Publishers, 1991. （2）Mark Golden, *Sport in the Ancient World From A to Z*, London and New York：Routledge, 2004。

② 2010 年，由亚松·孔尼克任主编的《希腊的体育运动》一书出版，这本文集的作者均为该领域十分活跃且有重要影响的学者，内容亦涉及了从 1970 年到 2010 年学界围绕希腊体育运动而展开的诸多争论和问题，从中可以看出，与 20 世纪上半叶的研究相比，最近几十年对古希腊体育运动和比赛的研究不论从深度还是从广度上都有了较大的拓展。参看 Jason Konig (ed.), *Greek Athletics*, Edinburgh University Press, 2010。

且几乎所有的运动项目都有一位或一位以上的神灵作为开创者和保护人。希腊人普遍认为，大多的神灵是热衷于体育运动和比赛的，人的这种社会活动不仅是对神灵的模仿，也是向各路神灵致敬，比赛的优胜者自然被认为是受到了神灵的庇佑和宠爱，应该得到神一般的荣耀。值得注意的是，这些关于体育运动和比赛的神话传说大多晚出，且相互之间充满了矛盾和冲突，背后透露出编撰者自身的目的性和为了争夺圣域或赛会掌控权的激烈斗争。其中，作为希腊所有的体育赛会中创办最早、影响最大的奥林匹亚赛会的起源，就有宙斯[①]、赫拉克勒斯[②]、佩洛普斯[③]等许多种说法，虽然故事各异，但有一个共同点，那就是赛会是为了纪念某位神灵或英雄赢得了一项体育比赛的胜利而创办的，其他的"泛希腊赛会"或地方赛会的神话起源说也大抵如此。这些神话和传说虽然满足了当时人们的好奇心，并且起到了某种"宗教许可证"的作用，但几乎不能对我们今天确定赛会创办的具体时间提供多少帮助。

除了上述的说法，一种产生在公元前 5 世纪末或公元前 4 世纪初的奥林匹亚赛会起源的说法不仅得到了时人的广泛认可，而且被后人普遍接受，甚至影响至今。这就是伊利斯人西庇阿斯在他的第一部奥运会编年

① 根据鲍桑尼阿斯，宙斯（Zeus）与其父天神克洛诺斯（Cronus）为争夺王位在奥林匹亚进行了一场摔跤比赛，宙斯取得了胜利，不仅获得了天界的统治权，而且为了纪念这次胜利而创办了奥林匹亚赛会。

② 实际上，"赫拉克勒斯创始说"也存在着不同的版本。以下这个说法出自鲍桑尼阿斯在伊利斯的见闻，据说黄金时代的人类种族曾在奥林匹亚为宙斯的父亲天神克洛诺斯修建了一处神庙，宙斯之母瑞亚（Rhea）女神把刚出生不久的宙斯托付给克里特岛伊达山的库里特五兄弟照管，这五兄弟后来移居到奥林匹亚，五兄弟中最大的就是赫拉克勒斯（Heracles），他经常组织弟兄们赛跑，并为优胜者带上野橄榄枝编制的桂冠，后来的奥林匹亚赛会即由此而来。

③ 根据传说，在奥林匹亚附近的比萨城（Pisa），古代有一位统治者奥诺玛俄斯（Oenomaus），膝下只有一女名叫希波达美亚（Hippodameia），宠爱有加。美丽的希波达美亚长大后，引来了无数的求婚者。虽然神谕警告他将会死在未来的女婿手里，但奥诺玛俄斯还是决意与每位求婚者赛车来决定女儿的归属。此后，无数的求婚者因比赛失败而丧命。后来，小亚的王子佩洛普斯（Pelops）来到了比萨城，希波达美亚见到他之后一见倾心，在神灵和公主的帮助下，佩洛普斯在车赛中施以狡计，不仅取得了胜利，而且使老国王在比赛中丧命。佩洛普斯不仅赢得了美人，继承了比萨的王位，还取得了奥林匹亚的控制权，创办了赛会。"伯罗奔尼撒"（Peloponnese）的名字就源于"佩洛普斯"。

史中提出的说法。按照他的记述，奥运会的创办是为了纪念伊利斯国王伊菲托斯（Iphitos）和斯巴达国王来库古（Lycurgus）结束了长期的战争，签署了和平条约，从此，希腊人化干戈为玉帛，和平的体育赛会取代了血腥的战争。根据他的推算，签署合约的这一年就是公元前776年。应该说，这种说法和时间点的确定绝非偶然，有两个重要的参照物或坐标值得关注。一是公元前476年的奥运会，这一年的赛会拥有十分特殊的地位，因为此时刚刚结束了希波战争（或战争的第一个阶段），不久之前，希腊人在马拉松、温泉关和普拉提亚取得了抵御外敌的伟大胜利，故而，这届赛会几乎成了希腊人庆祝战争胜利的盛会，其团结一致、共享和平的象征意义自不待言。也正是在这个时期，在胜利过后各邦雄厚的资金的支持下，奥林匹亚开始了大规模的新建和扩建工程，位于圣域中心位置的宙斯神庙就是其中的代表性和标志性建筑。从时间看上，西庇阿斯把第一届奥运会召开的时间确定在公元前776年，这一推算的起点无疑就公元前476年的这届赛会，也就是说，奥运会创办在整整300年前，按照每代人30年计算，到公元前476年，大约经历了10代人，按照每四年召开一次计算，这一届恰好是第75届。"西庇阿斯起源说"的另外一个需要注意的时间坐标就是他撰写这部编年史的时候，正值伯罗奔尼撒战争（公元前431—前404）结束不久，经过这场长达几十年的几乎波及所有城邦的旷日持久的希腊内战，希腊人渴望和平，结束自相残杀的内部纷争的呼声日益高涨，希望超越"城邦本位主义"使希腊走向更大规模的联合的"泛希腊主义"思潮再次兴起，在这样的时代背景下，以结束纷争、签署合约为主题的奥运起源说可谓生逢其时，备受欢迎。其实，在其中所蕴含的明显的"泛希腊主义"思想观念的背后，也不乏编写者自身的目的性，有学者指出，西庇阿斯提出这一说法甚至编写这部编年史的直接目的，还是稳固和证明伊利斯人对奥林匹亚圣域和赛会的控制权。[①]

我们看到，一方面，西庇阿斯的编年史和"创始说"虽然带有明显

---

① Ulrich Sinn, *Olympia, Cult, Sport and Ancient Festival*, translated from German by Thomas Thornton, Princeton: Markus Wiener Publishers, 2000, p. 5.

的人为色彩与时代印记，但还是不胫而走，被包括亚里士多德在内的后世学者所广泛接受和传播，并且不断得到扩充和修订，成为我们今天关于古代奥运会年代学的最主要的依据；但另一方面，这种说法在古代就早已受到了人们的怀疑甚至否定，且仍旧存在着很多不同的版本和说法①，近代以来，对奥林匹亚圣域的考古发掘和各种遗存的年代学研究更是提供了很多新的重要线索。第一，从奥林匹亚地下出土的文物来看，其最早的宗教活动可以追溯到公元前 11 世纪中叶②，也就说，这里最初可能只是作为一个地方宗教崇拜的中心，后来才发展成为全希腊的宗教圣地，而且，先有宗教崇拜，后有体育竞技，至于从什么时候开始，为什么要设立体育比赛，则是众说纷纭。第二，按照西庇阿斯的说法，在奥运会创办之后，一直到公元前 724 年的第 13 届赛会，只有单程赛跑一个比赛项目，但从这一时期出土的较为丰富的各种陶器和青铜贡品来看，似乎与这种只有一项比赛的情形不符。第三，对于崇拜活动和运动比赛来说，水源的充足都至关重要，根据德国考古学家的发掘，圣域中发现了两百口水井，大多开凿于公元前 8 世纪末期，即公元前 700 年前后，这从一个侧面反映出了赛会规模的扩大和参与人数上的增多，也就说，只有到了这个时期，奥林匹克赛会可能才发展成为全体希腊人都可以参与的崇拜运动和体育盛会。德国学者马尔维茨（A. Mallwitz）还认为，最早的比赛可能是一年举办一次，从公元前 680 年增设了驷马赛车之后才改为四年一届。③ 因此，就目前掌握的资料而言，奥运会起源的时间仍旧是开放的。

说到奥运会的起源，我们不能不提到关于希腊运动和比赛的最早记述，即荷马史诗。在《伊利亚特》中有多处关于体育运动和比赛的描述，其中最著名的段落就是阿喀琉斯为阵亡的战友帕特洛克鲁斯举办的葬礼

---

① 例如，五项全能运动员埃拉托色尼（Eratosthenes）认为古代奥运会开始于公元前 884 年，即在特洛伊战争的 300 年之后，在他的纪年里，公元前 776 年只是开始记录优胜者的开端。参看 Mark Golden, *Sports and Society in Ancient Greece*, p. 63。

② 参见莱茵哈德·森弗《奥林匹亚》，载上海博物馆编《博物馆与古希腊文明》，北京大学出版社 2016 年版，第 93 页。

③ Mark Golden, *Sports and Society in Ancient Greece*, p. 64.

运动会。它不但提供了一种体育比赛的"葬礼起源说"①，而且对赛马、赛车、跑步、投掷、摔跤、拳击等运动比赛的过程和方式都有着生动与准确的描述。我们注意到，这些运动比赛既是最古老的项目，也基本上囊括了后来奥运会及其他赛会中最主要和最为稳定持久的所有比赛项目②，从这些身临其境和栩栩如生的叙述可以看出，这些描述绝不是想象出来的，而是来自现实的观察，也就是说，史诗的作者对这些活动是极为熟悉的。在《奥德赛》中，在奥德修斯受邀参加准阿喀亚人（Phaea-cians）的比赛的段落中，我们再一次看到了赛跑、摔跤等运动比赛的场景。我们知道，作为口头文学作品，荷马史诗大约形成于公元前 9 世纪到公元前 8 世纪，而这一时期恰恰就是西庇阿斯编年史中奥运会的创办时期，但令人感到困惑的是，史诗中不但没有提及此事，甚至都没有提到过奥林匹亚，但是，与奥林匹亚毗邻的派罗斯（Pylos）却得到了十分生动和准确的描述，因为那里是老将涅斯托尔（Nestor）的故乡。之所以出现这种情况，一个较为合理的解释就是，在史诗产生的时期，奥林匹亚仍旧是一个名不见经传的地方崇拜中心，尚未发展成为全希腊人都可以参加的宗教节日。因此，史诗还是可以成为探究奥运会起源时间的一个不容忽视的参照物。

更为重要的是，史诗展示出了"奥运会"的史前形态，也就是说，虽然这些运动项目和比赛都已经出现了，但还没有发展成为一种制度化的和规范化的社会风俗，与后来的体育赛会相比，荷马史诗中的运动比赛呈现出很多不同的特点。第一，运动比赛大多是即兴的表演，既没有固定的比赛时间，也没有固定的比赛场所，更谈不上有什么体育设施，比赛的规则和办法带有很大的随意性；第二，与奥运会不同，运动员既不需要裸体参赛，各项比赛也并非仅有一名优胜者，且比赛获胜的奖品大多为价值不菲的日用品或奢侈品，十分丰厚；第三，从参赛者来看，基本上集中在王公贵族的范围内，普通的士兵是不允许参赛的；第四，从比赛的项目看，"马赛"似乎更受到欢迎，后来居上的"裸体竞技"项

---

① 参见路光辉《葬礼与古代奥运会》，《体育文化导刊》2007 年 9 月。
② 参见陈思伟《古希腊前奥林匹克竞技会述论》，《体育科学研究》2016 年 3 月。

目仅占据了次要的地位。① 尽管如此,史诗中关于体育运动和比赛的这些最早的记述还是能够透露出很多重要的历史信息和线索,尤其是其明显的"贵族性"和"联谊性"既是这种社会风俗产生初期的特点,也在一定程度上揭示了其产生的过程。② 另外,尽管还不是制度化和正规化的活动,但在这些生动鲜活的描述中所呈现出来的活力四射的"游戏精神"和"竞赛冲动"正是我们称为希腊奥林匹克赛会精神的滥觞。

无论如何,西庇阿斯的编年史还是提供了一个关于古代奥林匹亚赛会的明确的时间起点,从此以后,各自为政、历法不一的希腊各邦才拥有了一个统一的时间坐标,即"奥林匹亚纪年"。从公元前776年第一届奥运会的举办,到公元393年最后一届奥运会成为绝唱,历时1169年,共293届。尽管其创办的确切时间还存在争议,但在希腊所有的赛会中,奥林匹亚赛会起源最早、持续时间最长和影响最大则是确定无疑的,甚至可以说,奥林匹亚赛会成为此后希腊所有赛会的范本和标杆。

古希腊的赛会就性质来讲,可以分为两大类:一是"泛希腊赛会",即所有希腊人都可以参加的赛会;二是各个城邦举办的地方赛会,一般来说只有本邦的公民可以参加,几乎每个城邦都有一个以上的此类赛会。除了参赛者的范围之外,这两类赛会还有一个重要的不同点,就是"泛希腊赛会"的优胜者只有象征性的奖励,即用某种带有地方特色的植物

---

① 例如,斯蒂芬·米勒指出,"马赛"的参赛者一直是富人,后来这种贵族品位一直保留下来,但"裸体竞技"从一开始这种品味就很淡,后来几乎完全消失了。这种差异在荷马史诗中就已经有所反映,例如,来自贫穷小国的奥德修斯只能依靠他的智慧而不是财富,甚至没有参加车赛,而只是参加了跑步和摔跤比赛。参看 Stephen G. Miller, *Arete*, *Greek Sports from Ancient Sources*, a Second and Expanded Edition, p. 28。

② 正如斯坎隆所言,奥运会的创办得益于三种因素的结合,即贵族体育比赛的习俗,宙斯崇拜的宗教节日,以及邀请其他的希腊城邦在奥林匹亚公共神祇的保护性赞助下来庆祝和比赛,其中前两个因素是旧有的,而第三个因素是后来才出现的。参看 Thomas F. Scanlon, *Eros & Greek Athletics*, 2002, p. 34。

枝叶编成的桂冠①，因而也被称为"桂冠赛会"（crown games）；而地方赛会的优胜者不但有实物奖励，而且十分丰厚，所以也被称为"奖金赛会"（money games）。实际上，二者的差别也并非绝对，因为在"泛希腊赛会"上获得优胜的选手虽然在赛场上只能得到象征性的奖励，但在返回家乡之后则会得到城邦给予的各种丰厚的物质奖励②，正如芬利所言，对于优胜者来说，虽然奥运会一直坚持无物质奖励，但可以提升市场价值。③因此，通过比赛而获奖——不论是精神上的还是物质上的奖励——也是希腊赛会的一个特点，现代英文中的运动员（athletes）一词就来自古希腊文，其原意是"一个为某种奖励（*athlon*）而参加竞赛的人"。④

  继奥林匹亚赛会之后，在公元前 6 世纪的第一个 25 年中，另外三个最有名的"泛希腊赛会"相继创办。公元前 586 年，在希腊另外一个重要的泛希腊宗教中心德尔斐的皮提亚节上率先加入了体育比赛，仿效奥运会创办了皮提亚赛会（the Pythian Games），不仅收纳了奥运会所有的比赛项目，而且也是每四年举办一次，赛会前三个月向各邦派出使节宣布"神圣休战协定"，赛程亦为五天。不同的是，德尔斐的主神太阳神阿波罗不仅也是很多体育项目的发明者，也是文艺和音乐之神，所以，体育比赛之外的音乐比赛成为皮提亚赛会的一大特色。优胜者的奖励起初

---

  ① 一种说法认为，奥林匹亚赛会优胜者的奖品起初也是三足鼎等实物奖励，还有人认为是苹果，从公元前 752 年的第七届（一说第六届）奥运会开始，才遵照德尔斐神谕的指示改为用橄榄枝做的花环。参看 Wendy J. Raschke（eds.），*The Archaeology of the Olympics*，*the Olympics and Other Festivals in Antiquity*，p. 11。上述说法有墓碑为证，参看 David Matz，*Greek and Roman Sports*，*a Dictionary of Athletes and Events from the Eighth Century B. C. to the Third Century A. D.*，p. 45。

  ② 据公元前 440—前 432 年的一篇雅典的碑铭显示，至少在公元前 5 世纪中叶以后，在"泛希腊赛会"上取得优胜的人就可以得到城邦给予的物质奖励。该铭文的内容如下："那些在奥林匹亚或德尔斐或地峡或尼米亚的体育比赛中获胜的人，可以在有生之年每天在主席厅吃一顿免费的餐食，其他荣誉也是如此。那些在奥林匹亚或德尔斐或地峡或尼米亚赢得驷马赛车和骑马比赛的人，可以在有生之年每天在主席厅吃一顿免费的餐食。"另据普鲁塔克《梭伦传》（23.3），梭伦的立法规定，雅典给地峡赛会的优胜者 100 德拉克马（约合 2200 美元），给奥林匹亚的优胜者 500 德拉克马（约合 11000 美元）。见 Stephen G. Miller，*Arete*，*Greek Sports from Ancient Sources*，a Second and Expanded Edition，pp. 181 - 182。

  ③ M. I. Finley & H. W. Pleket，*The Olympic Games*：*The First Thousand Years*，p. 74。

  ④ Stephen G. Miller，*Ancient Greek Athletics*，Yale university Press，2004，p. 243。

为贵重的实物，从公元前 582 年起改为月桂树的枝条编制的桂冠，因为月桂树传说是由阿波罗追求的对象达芙妮（Daphne）变成的，用来编制桂冠的月桂枝条也必须来自阿波罗曾流放的腾佩山谷（Vale of Tempe）。公元前 573 年，尼米亚赛会（the Nemean Games）创办，是四大"泛希腊赛会"中最晚出的，与奥林匹亚赛会相仿，尼米亚不仅是宙斯的崇拜中心，而且也只设立了体育比赛，据说是为了纪念大力神赫拉克勒斯打败尼米亚的狮子而创办的，其项目完全是奥运会的翻版，不同的是两年举办一次，用来编制桂冠的是当地出产的欧芹菜。创立于公元前 586 年的地峡赛会（the Isthmian Games），也是每两年举办一次，就比赛项目而言，如果说尼米亚赛会是奥林匹亚赛会的缩小版的话，那么，地峡赛会则被认为是小型的皮提亚赛会，除了"裸体竞技"和"马赛"之外，也设立了音乐比赛，优胜者的桂冠起初用松树，后来改用旱芹来编制。

　　值得注意的是，四大"泛希腊赛会"中的三个都创办于伯罗奔尼撒半岛，唯一一个不在伯罗奔尼撒半岛的皮提亚赛会的举办地德尔斐也是一个以多利亚人为主的地区，其中的"多利亚色彩"颇为浓厚；同时，也正是由于这一地理位置上的原因，这些赛会始终带有明显的地方性，不论是参赛者、优胜者还是观众，都大多来自伯罗奔尼撒及其周边地区，在赛会的早期尤其如此，只是到了公元前 5 世纪以后，随着来自雅典以及小亚细亚等东部地区的参赛者的逐步增多，这种"西部特征"才有所改变（表二）。

表二　　公元前 6—前 1 世纪四大"泛希腊赛会"优胜者的地区分布[①]

	奥林匹亚赛会	皮提亚赛会	地峡赛会	尼米亚赛会	合计
伯罗奔尼撒	175	31	67	102	375
中希腊和北希腊	115	37	68	61	281
西部地区的希腊人	78	20	12	17	127
东部地区的希腊人	76	28	113	59	276
利比亚和埃及	21	4	2	6	33
合计	465	120	262	245	1092

---

　　① Mark Golden, *Sports and Society in Ancient Greece*, p. 36.

四大赛会创办后，不仅使希腊人每一年都能够参加一个到两个"泛希腊赛会"，而且还形成了一个为期四年的"运动循环周期"（*periodos*），如果能够连续在四大赛会中获得优胜，就会成为"大满贯获得者"（*periodonikai*）。以公元前 480 年到公元前 476 年为例，一个周期包括以下六个节日：

表三　　　　　　　　　　　四大赛会循环周期①

时间	举办月份	赛会
公元前 480 年	7—8 月	奥林匹亚赛会
公元前 479 年	7—8 月	尼米亚赛会
公元前 478 年	4—5 月	地峡赛会
公元前 478 年	7—8 月	皮提亚赛会
公元前 477 年	7—8 月	尼米亚赛会
公元前 476 年	4—5 月	地峡赛会
公元前 476 年	7—8 月	奥林匹亚赛会

如果说我们对于四大"泛希腊赛会"了解较多，因为不仅留下了品达的凯歌等文字记载，还有优胜者的名录以及大量的碑铭和人体雕刻，那么，对于数量上超过 300 个②且更具日常性的地方赛会则所知甚少，只有一些零星的和片段的记载。其中唯一的例外就是雅典的"泛雅典人节"（Panathenaea）赛会。不过，正如克里所言，以雅典的"泛雅典人节"赛会为代表的这种地方赛会实际上更为普遍，绝不容忽视，因为这些赛会无疑与希腊城邦和普通公民的日常生活的关系更为密切，克里称之为"公民体育运动"（civic athletics）。③"泛雅典人节"是雅典城邦一年一度举办的地方宗教节日，起初也只对雅典公民开放，从公元前 566/5 年起，雅典人也把这个地方的节日发展成为向全体希腊人开放的四年一届的国

---

① Stephen G. Miller, *Ancient Greek Athletics*, pp. 111 – 112.

② M. I. Finley & H. W. Pleket, *The Olympic Games: The First Thousand Years*, p. 24.

③ Donald G. Kyle, *Athletics in Ancient Athens*, p. 169.

际性宗教节日，即升级为所谓的"大泛雅典人节"（The Great Panathe-naea），从而进入了"泛希腊赛会"的行列。① 不过，就赛会的举办方式而言，"泛雅典人节"赛会仍旧保持了地方赛会的基本特点：一方面，各项比赛的优胜者可以获得十分丰厚的实物奖励，其中很多项比赛也不止设立一名优胜者②；另一方面，除了传统的"马赛""裸体竞技"和音乐比赛之外，"泛雅典人节"赛会也设立了很多项颇具地方特色的比赛项目，比如以部落为单位的火炬接力比赛，骑马射箭比赛，三列桨舰船比赛，军事舞蹈比赛（*pyrrhiche*），甚至还有男子的选美比赛（*euandria*）。除了"泛雅典人节"赛会之外，我们所知道的地方赛会还有埃皮道鲁斯的阿斯克勒庇亚（Asklepeia）赛会、贴萨利的埃留特里亚（Eleutheria）赛会和斯巴达的卡尼亚（Karneia）赛会等，与泛雅典人节赛会相仿，这些地方赛会也会设立一些带有地方特色的比赛项目，实物奖励更是五花八门。③

在所有的"泛希腊赛会"和地方赛会中，我们了解最多的还是奥林匹亚赛会。除了上文提及的起源时间最早和影响最大之外，奥林匹亚赛会自始至终都有一些有别于其他赛会甚至特立独行的特点。第一，作为宙斯崇拜的中心，奥林匹亚赛会严格禁止已婚妇女参加甚至不能够观看

---

① 参看邢颖《论古希腊泛雅典人节中的城邦意识》，《历史教学》2014 年第 22 期。

② 例如，基塔拉琴演唱的成人组的第一名可以得到一项价值 1000 德拉克马的金冠和 500 德拉克马的白银现金，第二名到第五名的奖金额度分别为 1200、600、400 和 300 德拉克马，可谓十分丰厚，要知道 1 德拉克马在当时相当于一个技术工人一天的收入，第一名的奖励约合 33000 美元。赛跑和五项全能优胜者的奖励是一定量的装在陶瓶中的橄榄油。例如，少年组单程赛跑第一名的奖励是 50 瓶，第二是 10 瓶，青年组的第一和第二名的奖励分别是 60 瓶和 12 瓶，按照每瓶大约 38.9 升计算，50 瓶就是 1944 升，如果按照每升 5 美元计算，加上瓶子本身的价值就可以达到 10000 美元。这样估算，全部"裸体竞技"项目的奖励总共可以达到 50 万美元。在"马赛"中，奖励额度也很大，例如，两马赛车的优胜者的奖品是 140 瓶橄榄油，驷马赛车的奖励更多。参看 Stephen G. Miller, *Ancient Greek Athletics*, pp. 133 – 135。

③ 斯巴达重视军事训练，其卡尼亚赛会重视长距离奔跑；贴萨利以畜牧业而闻名，其埃留特里亚赛会不仅有马背上的火炬接力项目，还有牧牛比赛。参看 Stephen G. Miller, *Ancient Greek Athletics*, pp. 145 – 146。就奖品而言，如果说雅典以本地产的橄榄油为特色的话，那么，在埃留特里亚赛会，由于当地盛行德墨忒耳崇拜，所以优胜者的奖励是谷物。在阿卡狄亚的佩勒内，由于当地的畜牧业很发达，所以赛会优胜者的奖励为用地方羊毛制作的大氅。参看 Ulrich Sinn, *O-lympia, Cult, Sport and Ancient Festival*, p. 48。

比赛，鲍桑尼阿斯对此有着十分详细的记述，唯一的例外就是德墨忒耳的女祭司，此外，未婚少女可以观看但不能参赛，当然，不允许已婚妇女参加并非因为男运动员均裸体上阵，而是出于宗教禁忌的原因①；第二，从严格意义上讲，奥林匹亚赛会只设置体育比赛，因而，体育比赛成为这个四年一次的节庆活动的核心内容和传统项目，也就是说，赛会期间的祭神活动虽然十分重要，但体育比赛还是逐渐成为赛会的主角，人们从四面八方奔赴奥林匹亚是为了实现获得优胜的人生梦想，正如米勒所言，德尔斐的皮提亚赛会如果没有设立体育和音乐比赛的话，那么它仍旧是重要的宗教中心，其神谕仍然能够吸引来自希腊各地的人，但是，如果奥林匹亚没有体育比赛的话，那么它就难以为继了②；第三，就体育比赛的项目和规则而言，也严格限定在"马赛"和"裸体竞技"两大类传统项目上，很少增补新项目，且所有项目均为客观性比赛，或跑得最快，或跳得最远，几乎完全排除了裁决的主观成分，用社会学的词汇来讲，奥林匹亚赛会始终坚守着"理想型竞争"的原则和理念③，也正是因为这种保守主义的思想观念，极大地限制了比赛项目的数量，有限的客观项目，再加上完善的比赛规则和严格的执法，从根本上保证了比赛的公平和公正。另外，每个项目只有一名优胜者（"马赛"除外），象征性的非物质奖励，都成为奥林匹亚赛会不变的"名片"。总之，保守主义一方面限制了奥林匹亚赛会的更新和变革，另一方面也成就了它的持久性和优势地位。在古代奥运会一千多年的历史中，不论是在战争还是在和平年代，不论是在城邦时代、马其顿亚历山大时代还是罗马人统治时期，奥林匹亚赛会一直在坚守着上述那些古老的传统和竞技的理念，始终吸引着来自各个地方的人们的目光，虽然世事变迁，但它在人们心目中的崇高地位从来没有被撼动过。

当然，奥林匹亚赛会从创办到逐步完善，比赛项目从一个发展到多个，还是经历了一个较为漫长的发展过程，此后的历史也绝非没有任何

---

① 参看本书第五章和第十章。

② Stephen G. Miller, *Ancient Greek Athletics*, p. 97.

③ 参见陈通明、陈皆明、赵孟营《和平的角逐——关于社会竞争的社会学讨论》，宁夏人民出版社 1999 年版，第 7—10 页。

变化。根据西庇阿斯的编年史，从公元前776年到公元前724年，奥林匹亚赛会只有一个比赛项目，即单程赛跑，公元前724年增加了一个双程赛跑，此后，运动项目开始逐渐增加。在一开始只有成年组的比赛的基础上，后来逐步增设少年组的比赛。关于比赛项目的发展史参看表四：

表四　　　　奥林匹亚赛会比赛项目（按照设立时间的先后顺序）①

项目	设立时间（公元前）	备注
单程赛跑	776	
双程赛跑	724	
长跑	720	
五项全能	708	
摔跤	708	
拳击	688	
驷马赛车	680	
希腊式搏击	648	
赛马	648	
单程赛跑少年组	632	
摔跤少年组	632	
五项全能少年组	628	（随即取消）
拳击少年组	616	
重装赛跑	520	
驴车比赛	500	（公元前444年取消）
骡车比赛	496	（公元前444年取消）
两马赛车	408	
吹号手比赛	396	
传令官比赛	396	
驷马赛车（马驹）	384	
两马赛车（马驹）	264	
赛马（马驹）	256	
希腊式搏击（少年组）	200	

---

① Mark Golden, *Sports and Society in Ancient Greece*, p. 41.

对于这个以西庇阿斯的编年史为基础的年表，有以下几点值得注意：

第一，就可信度而言，中期和晚期的记载其可信度更高，早期的编年，尤其是奥林匹亚赛会最初的一两百年的历史，从古至今一直充满了争议。前文说到，按照西庇阿斯的说法，前 13 届奥运会只有一个比赛项目，但考古发掘却不能够提供证据，水井等遗存的情况则更支持奥林匹亚赛会起源于公元前 700 前后的看法，而且与西庇阿斯的年表也更为吻合，因为正是在这个时期才开始大量增设比赛项目，是奥运会历史上第一个大发展的时期。

第二，根据这张表格，总体上看，"裸体竞技"的设立要早于"马赛"，西庇阿斯把第一项"马赛"即驷马赛车的比赛放在了裸体竞技出现的一百年之后。这种看法即使在古代也没有得到广泛的认同。我们知道，希腊从很早的时候起就有了赛车和赛马的活动，关于奥运会的神话起源，有一种说法就是传说中的英雄佩洛普斯在赛车比赛中击败了比萨的国王而创办了奥运会，荷马史诗中也有关于马赛的记述，德尔斐还出土过青铜赛车和车手的雕像。关于"马赛"起源的时间，品达就有着不同于西庇阿斯的看法，他说赫拉克勒斯最早创办赛会的时候，除了后来的"裸体竞技"项目，就包括驷马赛车。[①] 实际上，之所以会出现两种截然不同的认识，根本上还是由于这两类比赛在性质上的明显差异。"马赛"自始至终都是贵族和富人们用以炫富与扩大影响力的重要手段，其参赛者的范围十分有限，而"裸体竞技"则面向所有阶层尤其是社会中下层的普通人，人们对这两类比赛的重要性的不同认识自然就反映了起源时间上的博弈和比拼。总体而言，"马赛"在贵族制占据主导地位的古风时代其受重视的程度是不言而喻的，而"裸体竞技"在城邦民主制度逐步完善的古典时代则后来居上，越来越受到人们的欢迎。正如克罗齐所言，"一切历史都是当代史"，如此看来，生活在古风时代晚期的品达强调"马赛"的古老和崇高地位，而生活在公元前 400 年前后的西庇阿斯则认为"马赛"的起源比"裸体竞技"要晚得多，其背后都有着现实的目的和

---

① Mark Golden, *Sports and Society in Ancient Greece*, pp. 43 - 44.

考量。

第三，在裸体竞技中，跑步被认为是最古老的运动项目，其重要性自不待言，其中单程赛跑位列第一，一种广为流传的说法认为，奥林匹亚纪年就是以那一届赛会的单程赛跑的优胜者来命名的。在所有裸体竞技项目中，如果说跑步被认为是"轻型项目"，那么包括摔跤、拳击和希腊式搏击在内的打斗项目则被归入"重型项目"之列，从起源时间上看，"重型项目"要晚于"轻型项目"，最后一个产生的"重型项目"是希腊式搏击。虽然起源较晚，但"重型项目"却受到了人们更为热烈的欢迎和喜爱。

第四，在成人组的"马赛"和"裸体竞技"项目已经发展齐全之后，从公元前632年起开始设立各项少年组的比赛。① 在希腊，体育运动作为各邦培育合格的公民的主要科目和重要手段之一，增设少年组的比赛理所当然，但是，我们看到，少年组的比赛不仅出现较晚，而且并非遍及所有的比赛项目，因为少年毕竟不同于成年，对于应不应该设立未成年人的比赛以及设立哪些比赛项目，希腊人还是有着不同的看法的。有人认为，未成年人的身心尚未成熟，过度锻炼有害无益。亚里士多德在他修订的奥运会优胜者名录中说，很少有人在赢得了少年组优胜后继续获得成人组优胜。② 也许正是由于这些原因，少年组的比赛既没有贯穿于奥林匹亚赛会的始终，也只是出现在个别项目中。

第五，在这张表中，除了传统的"裸体竞技"和"马赛"之外，我们还看到了一些出现较晚且比较特殊的比赛项目，比如"裸体竞技"中的重装赛跑与马赛中的驴车和骡车的比赛，这些非常设的项目的设立或者是出于现实的需要，比如重装赛跑无疑是为了服务于军事训练，或者是为了使比赛更加丰富多彩，但都没有进入常设传统项目的行列，有些项目在设立了一段时间之后干脆就取消了，其主要原因还是这些运动比

---

① 关于未成年人的参赛年龄和分组情况说法不一。从奥林匹亚未成年人优胜者的年龄看，最小的12岁，最大的17岁，分属少年组（paides）和青年组（ageneioi，即尚未长胡子的年轻人）。克里（Klee）认为，少年组的参赛年龄为12—14岁，青年组为14—17岁。参看 Mark Golden, *Sports and Society in Ancient Greece*, pp. 104 – 106。

② Stephen G. Miller, *Ancient Greek Athletics*, p. 74.

赛与奥林匹亚赛会的原则和观念存在冲突甚至抵牾①，从中再次透露出奥运会的保守主义的特点。此外，吹号手和传令官的比赛甚至不属于任何类型的体育比赛，这两项比赛的设立与其说是为了增设新的比赛项目，不如说是出于实际的需要，带有明显的服务性质。总之，这些另类比赛的设立，一方面说明了奥林匹亚赛会在其千年的历史中绝非没有变化，另一方面，其晚出、非常设性或被取消也从另外一个侧面凸显出赛会常设的传统项目的稳定性和重要性。

如果说奥运会起源之后的两百年的历史还充满了不确定性和争议的话，那么，从古风时代晚期到整个古典时代，随着比赛项目、程序和规则的不断完善与制度化，尤其是关于比赛的记述也越来越多，我们对奥林匹亚赛会的了解也就越来越准确和具体。虽然没有留下多少古代的官方文件和系统记载，但如果把这些零星的描述和片言只语连缀起来，还是能够得到一个较为完整的图画。下面，我们就以一届奥林匹亚赛会为例，对赛会举办的整个过程作出概要性的描述。②

奥林匹亚虽然地处偏远的伯罗奔尼撒半岛的西部，但自然环境很好。伽丁纳尔对这个希腊著名的宗教圣地作了如下的描述："或许在希腊没有一个地方像奥林匹亚那样拥有特殊的魅力。它距海大约 10 公里远……圣域坐落在比萨（Pisa）山、背后的克罗诺斯（Kronos）山和阿尔菲斯（Alpheios）河之间。奥林匹亚平原，被河流和郁郁苍苍的山所包围，与贫瘠的远山形成对比。植物多样而繁茂，有松树、橡树、野橄榄等。"③奥林匹亚赛会举办的日期被固定在每年夏至后的第二个满月，即阳历的 7 月下旬或 8 月上旬，通常为一年中最热的日子。也有学者认为，从季节

---

① 米勒指出，骡车和驴车等项目的设立无疑是为了增强马赛的多样性，但大多带有很强的地方性色彩，甚至受到西部一些僭主个人的推动。在希腊，人们还是普遍认为马是高贵的象征，而看不起骡和驴。参看 Mark Golden, *Sports and Society in Ancient Greece*, pp. 41 – 43。芬利也指出，在希腊人看来，"骡子是用来驮运的牲畜，不是一个骑士贵族的恰当的象征"，见 M. I. Finley & H. W. Pleket, *The Olympic Games: The First Thousand Years*, p. 42。

② 以下关于一届奥林匹亚赛会日程的描述，如不标明出处，均来自 Stephen G. Miller, *Ancient Greek Athletics*, pp. 113 – 128 和王以欣《神话与竞技——古希腊体育运动与奥林匹克赛会起源》，第 63—67 页。

③ E. Norman Gardiner, *Olympia*, *Its History & Remains*, Oxford, 1925, pp. 1 – 2.

上看，赛会举办的时候已经步入初秋，而最热的时候应该是 7 月中旬。之所以选择这个时间，还是与农业生产的时令有关，在这个时候庄稼的收获已经完成，而葡萄、橄榄的收获季尚未到来，也就是说，农闲时节为人们提供了充足的时间去参加这样的活动。① 与现代奥运会舒适的比赛场馆、优质的体育设施和巨大的观众看台相比，古代奥运会的条件可谓十分艰苦，不但要忍受酷热，而且赛场的环境也十分简陋和恶劣，绝大多数的到访者住在露天或帐篷中，主要靠小商贩来提供食物和水，炎热、嘈杂和尘土飞扬是古代作者们经常用来形容奥林匹亚赛会的用语。据说，一个不听话的奴隶曾经被他的主人威胁说，跟随他去一趟奥林匹亚作为惩罚。②

据记载，赛会最早只举办一天，从公元前 684 年的第 24 届开始增至三天，到了公元前 472 年，即第 77 届开始，增至五天，从此成为惯例。③ 赛会的裁判员从主办方即附近的小邦伊利斯人中遴选产生，通常为该邦的富人，因为这项工作不但没有薪俸，反而要承担起部分举办赛会的费用。根据鲍桑尼阿斯记载，裁判员起初为一人，后来由于比赛项目的逐步增多，增至 12 人，后来又减少到 10 人，并固定下来。从公元前5 世纪初开始，他们开始享有"希腊法官"（*Hellanodikes*）的尊称，身穿象征权力的紫袍，手执鞭杖，在比赛场上享有绝对的权威。除比赛的裁判工作外，这些希腊法官还要承担起组织运动员在伊利斯接受赛前集训的任务。芬利指出，与现代体育比赛的裁判员不同，这些希腊法官集现代的奥委会委员、法官和裁判员的功能于一身。④

虽然奥林匹亚赛会的会期只有短短的五天，但其各项必需的准备工作很早就开始了。首先，在赛会举办之年的春天，伊利斯会派出三位传令官或"圣史"，头戴橄榄冠，手持权杖，在众多伊利斯贵族的陪同下，到希腊各邦通报赛会举办的消息，要求各邦恪守"神圣休战协定"，即在赛会举办当月停止一切敌对行为，有效期为一个月，后延长至三个月。

① E. Norman Gardiner, *Olympia*, *Its History & Remains*, p. 72.

② M. I. Finley & H. W. Pleket, *The Olympic Games*：*The First Thousand Years*, p. 54.

③ 参见王以欣《神话与竞技——古希腊体育运动与奥林匹克赛会起源》，第 60 页。

④ M. I. Finley & H. W. Pleket, *The Olympic Games*：*The First Thousand Years*, p. 59.

王以欣指出，这种提前宣布赛会的做法可能是由于当时希腊各邦没有统一历法的缘故。关于"神圣休战协定"（*ekecheiria*）的功能和作用，只是为了保障来奥林匹亚的运动员和观众在奥运会期间能够获得一个安全的旅行通道，事实证明，这项协定远远不能够为全体希腊人带有永久的和平，其严格禁止的只是赛会期间伊利斯发动的或针对伊利斯的战争，历史上破坏神圣休战的事情还是时有发生的。因此，其促进和平的作用十分有限，不能期望过高。此外，赛会举办之前的准备工作还包括，所有参赛者按照规定须在本邦参加十个月以上的训练，且需提前一个月到达伊利斯城，接受长达一个月的赛前集训，了解比赛规则，然后方可参加比赛。可以说，伊利斯是现代奥运村的前身。

赛会前一天，所有的运动员、教练员和观众就要在伊利斯城集合了。按照惯例，包括运动员和观众在内的所有参加赛会的人均为自由的希腊人，且未犯有渎神罪和谋杀罪，严格禁止已婚妇女参赛和观赛。伊利斯城位于奥林匹亚西北约 36 公里处，路上距离 57—58 公里。所有人员到齐后，由数千人组成的游行队伍就开始沿着圣路向奥林匹亚圣域进发，大约经过一个白天和一个夜晚，于次日凌晨抵达圣域附近。队伍的前锋是由骑手或驭手组成的方阵，后面簇拥的是一群群步行的人，其中包括希腊法官、运动员、教练员，还有家仆、助手、"粉丝"和旅游者等其他的各种随行人员。

第二天早晨抵达奥林匹亚之后，在进入圣域之前，游行队伍还需要在一个叫皮里亚（*Pieria*）的泉水旁停留片刻，在希腊法官的主持下，所有人都要参加一个净化仪式，之后才能进入宙斯的圣地。如果说赛会举办之日是希腊人共同的"神圣时间"的话，那么，对希腊人来说，奥林匹亚圣域内所有的东西都是神圣的，圣域本身就成为一个统一的"神圣空间"。进入圣域后，也就开始了一项项的祭祀神灵的仪式活动，正是作为这些仪式的附属物和衍生品，各项体育比赛成为穿插于其中的固定节目。由此可见，奥林匹亚赛会从本质上说是一个全希腊人都可以参加的宗教节日。

进入圣域后，所有运动员要在希腊法官的引领下，进入议事会厅（*Bouleuterion*），在"保护誓言的宙斯"（*Zeus Horkios*）的祭坛下，举行庄严的宣誓仪式，鲍桑尼阿斯这样描述了这一仪式的场景："在所有的宙斯像中，议事厅里的宙斯是最威严的，他的每只手里都握有闪电，在他的旁边站立着运动员、他们的父亲和兄弟，还有训练员，在新鲜的野猪肉前面，发誓他们决不会做出任何有辱于奥林匹克运动会的事情。"宣誓完毕后，对所有运动员的年龄进行核准和注册，参赛马匹的年龄也需要得到确认，完成注册的运动员的名字会被写在一块白板上，放置在议事厅外面。接下来是赛会的第一项比赛即吹号手和传令官的比赛，在体育场附近的一个祭坛上举行，优胜者将得到在比赛期间吹号和宣布比赛项目与优胜者的殊荣，他们将组成赛会的"新闻中心"。这一天剩下的时间留给了个人，用来观光、献祭、与好友叙旧等活动。赛会的第一天就结束了。

赛会第二天拂晓，官方正式的祭祀活动开始了。在圣域西北角的主席厅（Prytaneion），圣火被点燃，在宙斯的祭司、希腊法官和其他官员的引领下，游行队伍一一走过圣域中的 63 个供奉着各路神灵的祭坛，逐一献祭。此后，游行队伍前往位于圣域东南面的跑马场，最受欢迎的各项"马赛"开始了。号手吹起号角以召集人群，在骑手和驭手按顺序入场的同时，传令官会依次宣布参赛者本人、其父和所在城市的名字，这实际上也是参赛者资格的一次检验，如果在族籍、年龄和品行上有问题，观众可以当场提出质疑，在所有比赛之前，参赛者都要经过这一关。在抽签决定赛道之后，参赛者各就各位，比赛开始。首先进行的是驷马赛车比赛，其次是骑马、两马赛车、骡车、驴车等比赛。在这一天的下午，"裸体竞技"中的第一项比赛即五项全能比赛在北面的运动场举行，运动员要逐一参加跳远、标枪、铁饼、赛跑和摔跤比赛。当天晚上，作为宙斯大祭的前奏，祭祀英雄佩洛普斯的仪式在佩洛普斯庙（Pelopion）举行。圣域内火光点点，优胜者和朋友开始了庆祝胜利的活动。

赛会的第三天是月圆之日，祭祀活动将达到高潮。这一天早晨，穿越圣域的游行再次举行，除了运动员、希腊法官和观众外，各邦的使者也纷纷拿出家乡的美食和特产款待奥林匹亚的客人，借以展示家乡的良好形象。游行的核心部分是伊利斯人主持的祭祀主神宙斯的"百牛大祭"，在宙斯庙附近的锥形大祭坛隆重举行，这些牺牲被杀死后，骨头等部分会被放到祭坛上焚烧，宙斯享用其烟，众人分食其肉，这是东道主为客人们准备的最大的盛宴。这一天的下午，会举行少年组的赛跑、摔跤和拳击比赛。不过，也有一种说法认为，宙斯大祭是这一天唯一的活动。

赛会的第四天举行成人组的各项"裸体竞技"。希腊法官带领参赛运动员进入体育场之前，需路过12尊宙斯神像，这些青铜神像是用违规者的罚金铸造而成的，无疑起到了警示作用。接着，法官和运动员进入更衣室，脱衣，涂油，法官进入既定位置后，传令官一一宣布参赛者的名字，比赛开始。首先进行各项赛跑。接着是摔跤、拳击和希腊式搏击等"重型项目"，比赛者需要抽签配对，整个过程都有人在旁边执鞭监督，随时惩戒违规者。这一天最后一项比赛是重装赛跑。到了晚上，大多数失败者及其支持者都会黯然离去，只剩下优胜者和他的朋友们等待参加最后一天的授冠仪式。

赛会的最后一天，所有的优胜者都会聚集在宙斯庙前，参加最后的颁奖仪式。此前，优胜者都会在比赛现场得到鲜花和系在头上的羊毛缎带，尤其是羊毛缎带，可以带回到家乡一直佩戴，成为优胜者的重要标志。在这一隆重的授奖仪式上，优胜者可以得到其梦寐以求的橄榄枝编成的桂冠。虽说这是一个象征性的奖品，但却非同一般，必须采自宙斯庙后边的一片野生橄榄林（其果实不能食用），且应由一位父母健在的12岁男童用一把金镰刀砍下，然后放置在赫拉庙中的一张用黄金和象牙制作的桌子上。授奖仪式开始后，还是由传令官在众人面前一一宣读优胜者、其父和所在城市的名字，优胜者们从希腊法官中的长者手里接受桂冠。这是所有希腊人都梦寐以求的人生的巅峰时刻，优胜者被视为神的宠儿，授冠仪式所体现的正是人与神之间的神秘交流。授冠仪式结束后，这一届奥林匹亚赛会以伊利斯人在主席厅为优胜者们举办的一次庆功宴而告结束。当然，赛会结束后，优胜者们在返乡之际会得到家乡父老为他们准备的各种欢庆仪式以及各种实物奖励，胜利的喜悦还会延续很久。

总体而言，进入古典时代之后，以奥林匹亚赛会为龙头的古希腊赛会经历了常规化和制度化的过程，成为希腊人日常生活不可或缺的组成部分。从地方赛会到"泛希腊赛会"，从少年组到成人组，体育运动和比赛成为所有希腊城邦的公民教育的重要内容，运动场也成为公民兵的军事训练基地。除了常规化和制度化，与古典时代之前的赛会相比，还有一个十分明显的变化，那就是平民化。如果说荷马时代和古风时代的赛会带有明显的贵族色彩，更像是王公贵族们联谊性质的聚会的话，普通人就只有观看的份儿，那么，到了古典时代，从社会上层到下层的所有人都有了平等的参赛机会，这种变化尤其体现在"裸体竞技"项目的比赛中。这种平民化的趋势在文献中最典型的反映就是雅典的政客亚西比德向他的儿子抱怨，自己不愿意与那些出身卑下者同场竞技，其子回忆说："尽管他在自然天赋和身体力量上并不逊色于他人，但他轻视'裸体竞技'，因为他知道，一些运动员出身寒微，来自蕞尔小邦，教育欠佳，于是把注意力放在养马上，只有最富有者才能胜任此事，非穷人所能企及……"①

　　造成这种变化的原因是多方面的，除了"裸体竞技"的重要性的逐步提升，更重要的是城邦民主制度的建立和完善在使广大的中下层普通公民有了更多的政治权利的同时，也使他们拥有了更多的在包括体育场在内的公共空间里展示自己的个人能力的机会。有学者还指出，发生在这一时期的"重装兵改革"也是赛会平民化的一个重要推手。经过这一改革，需要集体协同和配合的重装兵方阵逐步取代了个人的勇武，成为决定战争胜负的关键，而组成这些方阵的正是城邦中的普通公民。参赛机会的均等和增多，体现出普通人公共权利的提升，众多与军事生活密切相关的"裸体竞技"项目也成为日常军事训练的主要手段。② 随着赛会的逐渐平民化，尤其是出身卑微的优胜者们开始在地方赛会和"泛希腊赛会"获得越来越丰厚的直接或间接的物质奖励，职业化和腐败的出现也就在所难免了。正是在这个时期，我们开始听到对体育职业化所带来的种种问题的各种反思和批评的声音，并出现了希腊赛会历史上最早的

　　① Isocrates, *Team of Horses*, 32 – 34，转引自王以欣《神话与竞技——古希腊体育运动与奥林匹克赛会起源》，第 240—241 页。

　　② Mark Golden, *Sports and Society in Ancient Greece*, pp. 25 – 26.

腐败事件的记载。① 不过，有学者指出，这些反对之声仅仅代表个别人的观点，并不影响赛会的正常举行②，腐败也仅仅是极个别的现象，到了罗马帝国时期，才出现大面积的腐败的记录。③ 尤其是奥林匹亚赛会，有限的比赛项目和完善的比赛规则保障了赛会的公平与公正，这也正是它能够延续千年的主要原因。

古典时代后期，随着希腊城邦纷纷陷入危机，希腊北部边陲的马其顿迅速崛起，最终依靠其强大的军事力量入主希腊，成为新的统治者。在马其顿人征服希腊的过程中，不但没有对作为希腊人重要传统的体育赛会进行任何的破坏，而且从一开始就充分认识到它在获得希腊的民族认同和身份上的重要功能，从腓力二世的父亲亚历山大一世起，为了能够参加奥林匹亚赛会而成为希腊人的一员，马其顿王室就开始编造或续写古代的神话传说，以此获得了赛会的入场券。④ 在入主希腊之后，马其顿统治者们继续把希腊赛会当作获得希腊人的好感从而强化其自身统治的重要手段，不仅大力资助传统赛会场所的改建、扩建和新建⑤，还鼓励新赛会的创办，赛会的大量增生和一批"准奥林匹亚赛会"的创办，成为马其顿人统治时期的一道风景。这种繁荣景象不仅出现在希腊本土，

---

① 据鲍桑尼阿斯记载，在公元前338年的奥运会上，色萨利人欧波罗斯（Eupolus）向参赛的拳击选手行贿，结果，行贿和受贿者皆被处以罚款，罚金铸成六尊铜像，并刻有铭文。其中第一尊铜像基座上的两行诗文说明，"奥林匹亚的取胜之道不是靠金钱，而是靠捷足和体力"。这是古代奥运史上第一次丑闻的记载。参看 Stephen G. Miller, *Arete*, *Greek Sports from Ancient Sources*, a Second and Expanded Edition, p. 56。另外参看王以欣《神话与竞技——古希腊体育运动与奥林匹克赛会起源》，第 57 页。

② Ulrich Sinn, *Olympia*, *Cult*, *Sport and Ancient Festival*, p. 53.

③ M. I. Finley & H. W. Pleket, *The Olympic Games: The First Thousand Years*, p. 65.

④ 据希罗多德记载，马其顿国王亚历山大一世是最早参加奥运会的马其顿人。当时的马其顿人被希腊人视为蛮族人，为了取得参赛资格，马其顿王室不惜编造神话谱系，宣称他们是古代阿尔哥斯王族的后裔，赫拉克勒斯的子孙。参看王以欣《神话与竞技——古希腊体育运动与奥林匹克赛会起源》，第 62 页。

⑤ 马其顿征服时期，奥林匹亚最具代表性的新建建筑就是始建于腓力二世时期完成于亚历山大时期的腓力庙（*Philippeion*），它不仅位于圣域的中心区域，也是奥林匹亚第一座圆形建筑，成为奥林匹亚仅次于宙斯神庙的标志性建筑，里面有宝石镶嵌的腓力的父亲、母亲、妻子和儿子的塑像。米勒指出，腓力庙"所要表达的东西在奥林匹亚并不是什么新鲜的事物，但其规模、位置和装饰却远胜于其他的胜利纪念碑，代表的正是喀罗尼亚的胜利已经使马其顿人成为希腊的主人"。参看 Stephen G. Miller, *Ancient Greek Athletics*, p. 224。

随着亚历山大的东征和帝国的建立，赛会的习俗不仅被带到被征服地区，而且，在希腊人所到之处，作为古希腊人独特生活方式的外在展示的剧院和体育场等公共设置也被原样复制到异国他乡，成为希腊文化向外传播的重要佐证。总之，在马其顿人统治时期，古希腊的赛会开始逐步突破了古典时期仅限于希腊城邦的自由公民的狭小范围，从"泛希腊主义"向"世界主义"迈进。

不过，与希腊赛会风俗的向外拓展和赛会数量的不断增加形成鲜明对比的是，希腊本土的赛会，尤其是以奥林匹亚赛会为代表的那些传统的"泛希腊赛会"，不但照常举办，而且恪守传统，虽然参赛者中出现了很多非希腊人，但赛会本身还是原来的样子，几乎没有进行什么与时俱进的新派改革，罗马时代也大体如此。对于这种旗帜鲜明的保守主义，芬利充满惊异和赞叹地写道，一般而言，制度上的僵化往往会导致最终的衰亡，但奥林匹亚赛会却是个例外，"奥林匹亚从它的保守主义和稳定中获得了更新的力量，从一开始它就站在四大赛会的顶端，保持了一千年之久，对大众的时尚、复杂的政治和文化上的变化、帝国的怪念头以及所有或旧或新的相互竞争的吸引力的挑战都无动于衷"。①

继马其顿之后，罗马人在征服希腊化时代的王国的过程中，也把自己打扮成希腊的解放者，对希腊人的这一古老的风俗采取了相对宽容的保留和保护政策，与马其顿人相仿，对希腊赛会的广泛参与和大力资助再次成为罗马人加强和稳固统治的重要手段。② 除了现实的需要，罗马人在其历史的早期对希腊文化的普遍接受、与希腊人相同的多神教信仰以及对竞赛活动的热爱等因素都构成了罗马人统治时期希腊赛会风俗得以继续保留和发展的基础。与此同时，我们也要看到，罗马人从一开始对希腊的赛会习俗的态度就带有明显的两面性：一方面，他们大多会经常

---

① M. I. Finley & H. W. Pleket, *The Olympic Games: The First Thousand Years*, p. 46.

② 例如，在罗马皇帝哈德良在位期间（117—138），他不但授予希腊人完全的罗马公民权，并出资兴建了很多新的文化体育设施。他亲自在雅典创建了"泛希腊同盟"和"泛希腊赛会"。在他的推动下，有12座希腊城市创办了新的赛会，在他统治期间，奥林匹亚也得到了大规模的扩建，他的几位继任者也继续了这样的政策和做法。参见王以欣《神话与竞技——古希腊体育运动与奥林匹克赛会起源》，第75—76页。

参加或观看希腊人的体育竞技活动，因而十分熟悉，其中那些对希腊文化的热爱者更是如此；另一方面，就民族性格而言，罗马人对希腊式的赛会很早就表现出不屑甚至厌恶之情，尤其是对"裸体竞技"完全不能接受，认为此举不仅伤风败俗，甚至被认为是"作恶的开端"。① 有学者指出："罗马的道德哲学家们经常嘲笑那些对希腊式的体育有兴趣的人，希腊人身体上和谐发展的原则，追求身体上的优美和优雅的看法被罗马人看成是女里女气。"② 他们更喜欢残酷的打斗项目和各种"马赛"，因此，血腥无比的角斗士表演和场面宏大的赛车与赛马成为罗马人最热衷的赛事。正如芬利所言，"在拉丁世界，希腊式的运动会从未流行起来"。③ 另外，在罗马时代，早已开始的体育竞技中的专业化和职业化得到了更为充分的发展，各种体育行会纷纷建立，希腊城邦时代赛会的人人参与被专业运动员的职业表演所取代，大规模体育场馆和巨型看台的普遍修建见证了这一新的时代特点。总之，体育的赛会在罗马时代呈现出更为多元化的特点：一方面，传统的比赛仍旧在包括奥林匹亚在内的希腊城市和宗教中心按时举办，那些希腊文化的热爱者在这里可以尽情饱览、凭吊和回顾古代希腊城邦时代赛会的辉煌历史，鲍桑尼阿斯就是其中之一；另一方面，罗马人在传统希腊赛会的基础上发展出了属于自己的竞技项目和竞技式样，运动员（和角斗士）的职业化和表演赛逐渐成为主流。这种世俗化和娱乐化趋势的日益加强，也使罗马时代的赛会更接近于我们今天的奥运会，而不是希腊城邦时代的赛会。

"成也萧何，败也萧何"，与赛会的起源相仿，作为各大宗教节日的古代希腊赛会的衰亡也主要是由于宗教原因。公元 4 世纪末，随着罗马统治者接受了基督教信仰，基督教继而被奉为国教，以多神教为基础的宗教中心也就失去了存在的基础。391—392 年，罗马皇帝提奥多西一世（Theodosius I, 379—395 年在位）颁布诏令，禁止一切多神教祭祀活动，关闭所有异教神庙。就奥林匹亚而言，按照传统说法，393 年举办了古代

---

① 语出西塞罗，在一本哲学著作中，他征引并同意艾尼乌斯（Ennius）的说法，即"公开脱掉衣服是作恶的开端"。参看 H. A. Harris, *Sports in Greece and Rome*, p. 53。

② Allen Guttmann, *From Ritual to Record, the Nature of Modern Sports*, p. 24.

③ M. I. Finley & H. W. Pleket, *The Olympic Games: The First Thousand Years*, p. 11.

历史上最后一届奥运会。新的看法则认为，奥运会可能在提奥多西二世（Theodosius Ⅱ，408—450 年在位）的时候才真正停止举办。[1] 大约在5—6 世纪，一堵墙在圣域和居民点之间修建了起来。522 年奥林匹亚发生了两次大地震，534—540 年又遭遇洪水之灾，此后在这个地方就不能住人了。630 年，斯拉夫人开始大量迁到此地。从 9 世纪开始，奥林匹亚圣域被 13—16 英尺高的冲积沙所覆盖，也正是由于这些自然原因，遗址得到了较好的保护，一直到 19 世纪才被重新发掘。[2]

三　古代希腊体育赛会运动项目说略

应该说，在古代世界的几乎所有民族中，都存在着某种形式的体育运动以及比赛活动，但只有古希腊人，把它们提升到了一种制度化和民族性的高度。体育运动和比赛不仅成为全体希腊人普遍参与的社会活动，一种把希腊人和非希腊人区分开来的生活方式与社会习俗，还发展出了一套完善而严格的竞赛方式和比赛规则，在这种赛会制度设计的背后，所体现出的是希腊人所崇尚的包括平等、守法、公正、荣誉至上等核心理念在内的"赛会精神"。下面，我们就通过对希腊赛会主要的运动和比赛项目的竞赛方式与比赛规则逐一描述，来看一看它们是如何体现出希腊人的那些一以贯之的"赛会精神"的。

先说"马赛"（hippikos agon）。虽然关于在奥林匹亚赛会中是"马赛"还是"裸体竞技"更早成为比赛项目的问题还存着争议，但在赛马和赛车是一种十分古老而悠久的运动项目这一点上是毫无疑问的。在古代世界的很多民族中，马匹和马拉战车很早就被运用到战争当中，骑兵具有比步兵更强大的战斗力和优势，古希腊人也并不例外。在荷马史诗

---

① 参看王以欣《神话与竞技——古希腊体育运动与奥林匹克赛会起源》，第 79 页。另外，意大利学者约勒·法略莉在《论古代奥运会之"无声消亡"》一文（赵毅译）中也论证了上述观点，参看《体育与科学》2014 年第 1 期。不过，也有人指出，赛会在拜占庭帝国仍旧持续了一段时间，比如安条克的运动会一直举办到 520 年。参看 H. A. Harris, *Sports in Greece and Rome*, p. 42。

② Ulrich Sinn, *Olympia, Cult, Sport and Ancient Festival*, pp. 134 – 135.

中，就有关于骑马和马拉战车的描述与记载。不过，令人感到奇怪的是，在这些描述中，马匹尤其是战车与其说是一种先进的战争工具，不如说是一种好看的代步工具，英雄们在骑马或驾车到达战场之后，就会从上面下来投入地面上的搏斗。究其原因，还是因为希腊本土多山，平原少而狭小，这样的地形和地貌完全不适合骑兵与战车兵大显身手，步兵，尤其是后来发展起来的重装步兵方阵成为战争的主力和决定胜败的关键因素。即使到了古典时代，情况依旧如此，因此，所谓的"重装步兵改革"也受到了一些学者的质疑。①

虽说骑兵和马拉战车在希腊人的军事活动中派不上用场，但在日常生活中却十分重要。拥有马匹不仅是一个人的社会身份和地位尤其是富有的象征，名字中带有"马"（*hippo*）这个字也十分受欢迎②，能够个人出资出马代表自己的城邦参加"泛希腊赛会"的各项"马赛"，更是成为这些富贵人士提升自己的社会知名度和影响力当然也是炫富的大好时机。说到马在古希腊人日常生活中的地位和作用，罗宾·奥斯本指出：

> 要理解马匹为何如此重要，为了特别适合此类再现，我们就有必要了解马在当时的社会地位。古代，马在经济上用途很少，人们主要用牛、驴和骡子来牵引货物。马适合竞赛。不过，无论是载着骑手还是拉着战车，马通常只服务于个人快速运输。马在战争中可能也发挥些作用，虽然鲜有证明。但几乎毫无疑问的是，拥有马匹在公元前8世纪以及后来，成为地位、大手笔开销和权力的象征。③

"马赛"与"裸体竞技"存在着很多明显的不同之处，其最大的区别就是比赛的起点和条件的巨大反差。"裸体竞技"虽然也会在一定程度上

---

① 参见 Mark Golden, *Sports and Society in Ancient Greece*, pp. 25 – 26.
② 比如，希腊历史上名字中含有"马"的名字包括 Hippias, Hippokrates, Hippocles, Hippodameia, Hipposthenes, Philip 等，阿里斯托芬的喜剧《云》中主人公为他的儿子起的名字"俭德马"（Pheidippdes）更是令人啼笑皆非。
③ 罗宾·奥斯本：《古风与古典时期的希腊艺术》，胡晓岚译，上海人民出版社2015年版，第37页。

受到社会地位和贫富的影响①，但在理论上，所有自由公民都有均等的参赛机会，可"马赛"就不同了，从一开始且始终就是贵族和富人的领地，拥有马匹并负担得起昂贵的训练、雇用骑手或驭手和参赛的费用成为穷人们难以逾越的门槛，一直被社会上层所垄断。由此而产生出"马赛"与"裸体竞技"的另外几个不同点：

首先，如果说"裸体竞技"的参赛者主要以个人身份参加比赛，优胜的荣誉主要属于参赛者个人，其家族和城邦也会间接受益的话，那么，"马赛"则带有城邦选送的性质，主要代表城邦参赛，比赛的获胜不仅使马匹和赛车的主人名声大噪，也会给城邦带来巨大的荣耀。

其次，就比赛的规则而言，比赛的主体是马匹和赛车的主人及其车马，而不是驾驭马匹或赛车的骑手或驭手，他们往往只是马主或车主的附庸或雇工，身份和地位很低，甚至可以由奴隶来充任，几乎与获胜的荣誉无关。因此，与"裸体竞技"完全依赖于其个人的运动能力和运动技巧不同，"马赛"的参加者完全不受年龄②和性别的限制③，在赛场上比拼的是财力和运气，当然，马匹和赛车的品质和骑手或驭手的个人技能也是十分重要的因素。

再次，与"裸体竞技"项目的十分广泛的参与度不同，马赛的参加者虽说仅限于城邦中的少数富贵之人，但还是赛会中的重头戏，带有很强的表演性和娱乐性，受到人们普遍的欢迎和热烈的追捧。即使到了罗马时代，其热度还是有增无减。正是由于上述的种种特殊性，历史上关于"马赛"的记述颇多，从品达的凯歌到修昔底德的历史著作，从希腊

---

① 比如，昂贵的赛前训练费用，雇用教练的费用以及往返赛会举办地的路费和比赛期间的各种费用，也都是一笔不小的开支。

② 有人统计了有记录的四大"泛希腊赛会"（至公元前 100 年）的"马赛"冠军的年龄，60 岁以上的 3 位，50 岁以上的 7 位，40 岁以上的 9 位，30 岁以上的 15 位，30 岁以下的 11 位，显然平均年龄远大于"裸体竞技"的优胜者。参见 Mark Golden, *Sports and Society in Ancient Greece*, pp. 120 - 121。

③ 有趣的是，这种不合理的比赛规则却为妇女参加奥林匹亚赛会乃至获得冠军创造了机会。历史上不乏"马赛"冠军为女性的记载。例如，公元前 4 世纪初，斯巴达公主库尼斯卡两次赢得奥运会驷马车赛的冠军。公元前 268 年，埃及国王托勒密二世的情妇贝莉斯提克赢得驷马驹车赛的冠军，随后又赢得了下一届双马驹车赛的冠军。公元前 1 世纪，有六位伊利斯人相继赢得马赛冠军，其中有两位是妇女，最后一位已知的女性车赛冠军是 2 世纪中期的伊利斯妇女卡西娅。参看王以欣《神话与竞技——古希腊体育运动与奥林匹克赛会起源》，第 237—238 页。

的戏剧①到普鲁塔克的名人传记，留下了大量关于"马赛"的生动描述。城邦中的富人们，尤其是充满野心的僭主②、政客和征服者们，都非常善于利用这一难得的机会来提升自己在民众中的声望和地位，其中，关于雅典的政客亚西比德③、马其顿的国王腓力二世④和罗马皇帝

① 例如，在索福克勒斯的悲剧《厄拉克特拉》中（第 681—756 行），就十分细致地描绘了奥列斯特参加皮提亚赛会的"马赛"不慎发生事故而惨死的整个过程。

② 例如，抒情诗人们留下了大量关于西西里的希腊殖民城邦的僭主们参加"马赛"的记载。叙拉古的僭主格伦曾赢得公元前 488 年第 73 届奥运会的赛马冠军，他的弟弟希埃隆曾联公元前 476 年和公元前 472 年两届奥运会的赛马冠军，以及公元前 482 年和公元前 478 年两届皮提亚赛会的赛马冠军与公元前 470 年奥运会的赛车冠军。格伦的另外一个弟弟波吕泽罗斯曾赢得公元前 478 年皮提亚赛会的赛车冠军。西西里到另外一个殖民城邦阿克拉伽斯的僭主克赛诺克拉特斯曾赢得过公元前 490 第 24 届皮提亚赛会和公元前 477 年地峡赛会的赛车冠军，他的兄弟铁龙赢得过公元前 476 年奥运会的赛车冠军，格伦的姐夫克罗米俄斯赢得过尼米亚赛会的赛车冠军。参看王以欣《神话与竞技——古希腊体育运动与奥林匹克赛会起源》，第 241 页。

③ 修昔底德的《伯罗奔尼撒战争史》（6.16）中，亚西比德自夸道："雅典人啊，我比其他人更有权利出任指挥官——因为尼基阿斯攻击我，我不得不一开始就提出这个问题——同时我相信我自己是无愧于指挥官这个职位的。至于那些指责我的事情，那是给我的祖先和我本人带来荣耀，也是使国家从中受益的光荣之举。希腊人曾经认为我们的城邦已经被战争所摧毁，而今在希腊人的心目中，我们的城邦相当强大，甚至超出其实际情况，原因在于我在奥林匹亚竞技会（徐松岩注：可能是公元前 416 年，也有学者推定是在公元前 424 年或公元前 420 年）上代表城邦表现出的高贵和豪华，当时我有 7 辆双轮马车入选参赛者名单，过去从未有过私人用这么多的马车参赛，我赢得第一名、第二名和第四名，其他所有的仪式安排都与我取得的胜利相称。在习惯上，人们将这种事情视为一种荣耀，它给人们留下难以磨灭的印象。再有，我在国内所显示出的富丽豪华，如提供合唱队的花费或其他方面，自然引起我的公民同胞的忌妒，但在异邦人看来，这与其他事例一样，是邦国实力的一种表现。当一个人花费自己的金钱不仅仅为自己而且也为他的城邦谋利益的时候，这并非是徒劳无益的愚蠢行为。他自视高人一等而拒绝与其他人保持平等地位，这并非不公平。当他遭受挫折的时候，他得独自承受全部苦难，因为我们没有看见有人去与他共患难。按照同样的原则，一个人应该接受成功者的傲慢；否则，让他首先以平等的方式善待所有的人，然后才有权利要求别人以平等的方式对待他。我知道，这种人以及所有因获得各种荣誉而出名的其他人，虽然在他们的有生之年不受其同胞特别是同辈同胞的欢迎，但是到了后世，都竭力声称与他们有亲戚关系，甚至那些与他们没有任何关系的人也是如；我知道，他们所在的城邦还要尊奉他们为自己的同胞和英雄，而不把他们视为异乡客和作恶者。这就是我的抱负。"参见《伯罗奔尼撒战争史》，徐松岩译注，世纪出版集团·上海人民出版社 2012 年版，第 423—424 页。

④ 据普鲁塔克《亚历山大传》（3）记载："菲利普刚刚占领波蒂迪亚（Potidaea），同时传来三个消息：巴米尼奥（Parmenio）在一场大战中击败伊里利亚人；他派出的马匹在奥林匹亚竞技会的赛车中获得优胜；以及他的妻子平安生下亚历山大。这样一来使他感到非常高兴，那些占卜者的话更是锦上添花，告诉他说他的儿子和三个胜利同时降临，将来一定百战百胜所向无敌。"参见《希腊罗马名人传》，席代岳译，吉林出版集团有限公司 2009 年版，第 1197 页。

尼禄①参加马赛的记载最具代表性。②

最后，我们还要看到，虽说关于"马赛"的记述比较多，但我们关于比赛的具体方式和比赛规则、参赛者的数量等情况却不甚了了③，因为没有留下任何的官方档案。另外，就奥林匹亚圣域遗址的考古发掘而言，我们可以看到比较完好的"裸体竞技"的运动场以及其他附属建筑的遗存或地基，但是至今还没有找到赛马场的遗址。④ 不止在奥林匹亚，考古学家至今尚未发掘出一个完整的赛马场。⑤ 因此，考古资料的贫乏也极大地限制了我们对"马赛"如何进行和参赛数量与规模等情况的认识和了解。

说完"马赛"，我们再说说"裸体竞技"（*gymnikos agon*）项目。总体而言，"裸体竞技"项目的参赛门槛较低，理论上向所有符合条件的公民开放，因而有着较高的参与度。不过，就比赛的激烈程度而言却不亚于"马赛"，每项比赛一般只设置一名优胜者的比赛规则（first – only rule）近乎残酷，一方面使绝大多数的参赛者成为"失败者"（loser），另一方面更凸显出取得优胜的难能可贵和备受神恩，现代奥运会所推崇的"参与精神"在古代似乎并不存在。此外，裸体参赛既是古希腊"裸体竞

---

① 据苏维托尼乌斯的《尼禄传》（XXIV）记载："（尼禄）也曾在许多地方表演过驾车。虽然在自己的一首诗中他谴责米特拉达悌表演十马拉的战车，但在奥林匹亚，他也做了这种表演。他从战车上甩下来，然后又被扶上战车，后来实在坚持不住了，只好中途退场。但尽管如此，桂冠还是授给了他。后来，当他离别时，他把自由授给整个行省，同时把罗马公民权和许多金钱赠给裁判员。他的这些赏赐是在伊斯米亚竞技会（即地峡赛会——引者注）之日，他站在运动场的中间亲口宣布的。"参看《罗马十二帝王传》，张竹明、王乃新、蒋平等译，商务印书馆1996年版，第238页。

② 参见邢颖《论古代奥林匹克运动会中的城邦关系与城邦贵族——以公元前420年第90届奥运会为例》，《世界历史》2010年第1期。

③ 根据古代零星的记载可知，赛马场也呈长方形，德尔斐的场地允许40辆战车同时参赛，奥林匹亚甚至允许60辆战车同时参赛。与"单程赛跑"相仿，赛马场的中线两端也各设两个"折返柱"，骑手或驭手要在折返柱的地方转弯，从跑道另一侧返回，通常要往返多圈。不过，关于跑道的长度，参赛者的多少和要跑多少圈，均说法不一。参看王以欣《神话与竞技——古希腊体育运动与奥林匹克赛会起源》，第234页。

④ Alfred Mallwitz, "Cult and Competition Locations at Olympia", in Wendy J. Raschke (ed.), *The Archaeology of the Olympics, the Olympics and Other Festivals in Antiquity*, p. 95.

⑤ Stephen G. Miller, *Ancient Greek Athletics*, p. 80.

技"的根本特点之一，也由于这种风俗的前无古人、后无来者而独步于人类的体育运动史，为什么要采取裸体的方式进行运动和比赛，历来解释众多，涉及宗教、政治、社会、哲学和美学等诸多方面。① 希腊人把"体育馆"［gymnasion，即现代英文中的 gymnasium（即"体育馆"）一词，其词根 gymnos 即"裸体"］称为"裸体训练的地方"，显示出古希腊人对这种风俗的普遍接受和广泛认同。② 不论出身和贫富，所有运动员均裸体、赤足参加比赛，这种极端平等的比赛方式昭示出，运动员只能依靠自身的运动能力和拼搏精神来争取优胜，而不是任何其他外在的因素。

就"裸体竞技"的常规比赛项目而言，大致可以划分为两大类：一类是没有身体接触的竞技项目，主要包括赛跑、跳远、掷铁饼、掷标枪等，较低危险性，被称为"轻型比赛"（koupha）；另一类是有身体接触的打斗项目，包括摔跤、拳击、希腊式搏击等，颇具危险性，被称为"重型比赛"（bareai）。另外，还有一种特殊的综合项目，即五项全能比赛，运动员要先后在跳远、掷铁饼、掷标枪、赛跑和摔跤五个项目中进行角逐，在这五项比赛中，投掷和跳远项目不设单项比赛，只在五项全能中进行比赛。需要说明的是，以上项目构成了希腊所有体育赛会的主体部分，除此之外，还会因时因地有一些颇具特色的地方项目和非常设项目，除了成人组之外，其中的很多项比赛还设置了不同级别的少年组比赛。下面我们就逐一对各项比赛进行详细的介绍。

赛跑（dromos）是世界上最古老的运动项目。在所有的赛跑项目中，单程赛跑（stadion）是最早设置的比赛项目，按照西庇阿斯的编年史，最初的 13 届奥林匹亚赛会只有这一项比赛。一种说法认为，起初，这项比赛不仅只在圣域的中心举行，而且与点燃宙斯祭坛的圣火的仪式密切相关，换句话说，其本身就是一种祭神仪式，由此可以看出体育比赛与宗教仪式的伴生关系。由于希腊人形成了用单程赛跑

---

① 参看本书第五章。
② 参见王以欣《神话与竞技——古希腊体育运动与奥林匹克赛会起源》，第322页。

的优胜者来命名"奥林匹亚年"的传统，所以，几乎每届单程赛跑的优胜者的名字都流传了下来，从中也凸显出这项赛事的重要地位。单程赛跑的距离是 1 斯塔特（stadia），本来是古希腊的一个基本的长度单位，来源于农民犁地一趟的距离，后来成为最短距离的赛跑比赛的代名词，现代英文中的 stadium 即"有看台的露天体育场"就由此而来。单程赛跑的长度约 200 米，但由于当时希腊各邦没有统一的度量单位，所以其实际长度稍有不同。比如，在奥林匹亚，单程赛跑的跑道长度为 192.27 米，德尔斐为 177.5 米，厄庇道鲁斯为 181.3 米，而帕加蒙为 210 米。与现代相仿，用于单程赛跑的运动场一般为长方形，长度为 1 斯塔特的距离，宽度为 30 米左右。由于古代的很多运动场较好地保存到今天，所以我们对单程赛跑的比赛方式有着比较准确的了解。以奥林匹亚为例，起跑线（balbis）为一排石板，上有两道平行凹槽，用于前后两个脚趾，此外，有些地方还使用了一种被称为"起跑门"（husplex）的装置，形状像一道柱廊，起跑线和起跑门的设置都是为了使比赛更为公平。[1] 比赛的终点设在跑道的另一端，两旁立有赫尔墨斯等神灵的雕像，运动员在神灵的监督下展开比赛。从瓶画等资料上看，运动员的起跑姿势五花八门，没有统一的规定，希腊法官的助手们会站立在运动员的旁边，手持鞭杖，随时准备对犯规的运动员发出警戒甚至鞭打。[2] 由于比赛的距离较短，站立在终点的希腊法官们有时候仅凭肉眼难以辨明第一名是谁，遇到这种情况，就要再跑一次，如果再出现这种情况，比赛就要继续进行下去，直到分出胜负为止。之所以有这样的比赛规则，是因为那时候完全没有现代的计时设备，所以比赛仅仅是决出当场比赛的优胜者，由于没有比赛的成绩，更没有现代所谓的"纪录"，因此，一个人的优胜仅适用

---

① 参见王以欣《神话与竞技——古希腊体育运动与奥林匹克赛会起源》，第 142—143 页。

② 在希罗多德的《历史》（8.59）中，记载了一个科林斯人这样警告泰米斯托克利斯："泰米斯托克利斯，在竞技会比赛的时候，抢跑的人是要挨棍子揍的。"泰米斯托克利斯随即反唇相讥，他说："对啊，可是起跑太迟的人是无法赢得桂冠的。"参看徐松岩中译本，第 438—439 页。

于一次赛事，其运动成就是按照比赛中获得优胜的场次来决定的，这种情况同样也出现在跳远和投掷等项目中，这是古代赛会与现代体育比赛的一个明显的不同点。"纪录"和"数字化"是现代竞技体育的重要特征之一。[①] 古希腊人关注的是谁在哪天取胜。这样，我们就能够更好地理解修昔底德的这句话了，在其史著的开篇，他就声称自己的著作并非只是为了参加一场同时代人关注的比赛，而是为了更为持久的价值。[②]

在单程赛跑之后，从公元前 724 年的第 14 届奥运会开始增设双程赛跑（diaulos），其距离即两个斯塔特。与现代的弯道跑不同，双程赛跑以及更长距离的赛跑都采取了"折返跑"的形式，即在赛道的另一端竖立起多个"折返柱"（kampter），运动员在跑完一个斯塔特的距离之后要绕过这些柱子再进行下一段赛跑，这种突然折返的方式会使现代的赛跑运动员十分不适应，有人指出，其比赛的方式类似于现代的游泳比赛。[③] 之所以如此，可能还是与自然环境的限制有关。希腊境内地小多山，尤其是在"泛希腊赛会"的举办地及其附近，很难找到面积较大的平坦场地用于运动比赛。[④]

除了单程和双程赛跑，后来又逐步设立了更长距离的赛跑，从 7、12、20 到 24 斯塔特不等，最短不到 1 英里，最长不超过 3 英里。[⑤] 需要说明的是，1896 年，为纪念希波战争中马拉松战役的胜利，尤其是纪念传说中从马拉松一口气跑回雅典而倒地牺牲的英雄腓力皮德斯（Philippides），第一届现代奥运会设立了超长距离的跑步项目，即马拉松比赛，但这项比赛与其说是发源于古代希腊，不如说是一个全新的现代竞技项目，因而是一个典型的"被发明的传统"。古代既无这样的比赛项目，就连马拉松战役中那位英雄的传说也很可能是后人

---

① Allen Guttmann, *From Ritual to Record*, *the Nature of Modern Sports*, p. 54.

② 修昔底德，1. 22. 4. 参看 Mark Golden, *Sports and Society in Ancient Greece*, p. 62.

③ Ulrich Sinn, *Olympia*, *Cult*, *Sport and Ancient Festival*, p. 33.

④ H. A. Harris, *Sports in Greece and Rome*, p. 18.

⑤ 参见王以欣《神话与竞技——古希腊体育运动与奥林匹克赛会起源》，第 144 页。

附会出来的，其可信度不高。① 马克·戈顿指出，马拉松运动完全是一个现代的运动比赛项目，只不过借用了古人的典故而已，其创始者是现代的英国人。1879 年，英国诗人罗伯特·布朗宁（Robert Browing）率先在诗歌中讲述了上述故事，正是在这个故事的启发下，法国教育家米歇尔·布列尔（Michel Breal）向顾拜旦提议设立该比赛项目。1908 年，有史以来第一次马拉松比赛在伦敦奥运会举行，为了照顾英国王室观看比赛的需要，比赛的起点设立在温德索尔城堡，终点则在怀特城体育场的王家包厢，其间的距离 42.195 公里后来也成为马拉松比赛的标准长度。②

说到赛跑，奥林匹亚赛会还有一项正式的比赛项目，即公元前 520 年第 65 届奥运会设立的重装赛跑（*hoplites dromos*）项目。参赛者要身穿盔甲，手持盾牌，负重完成 2—15 斯塔特不等的跑步比赛。如果说跑步一直是希腊各邦军事训练必不可少的内容的话，那么，重装赛跑项目的设立有着更为直接和明确的军事背景与要求，其显而易见的军事目的"可能反映了赛会举办者力图恢复竞技的军事实用功能的努力"。③ 在缺乏统一的中央权力和城邦分立的状态下，在希腊，邦际的和各大军事同盟之间的战事十分频繁，以至于成为常态。为了保持自身的独立和自治，争夺土地、人力和资源，如何在战争中立于不败之地是所有城邦努力的目标。希腊各邦均实行公民兵制度，尤其是进入古典时代之后，作为军队主力的重装兵组成的方阵的战斗力成为决定战争胜负的关键。在这一大背景下，军事训练必然成为各邦公民最重要的日常活动，也是培养出合格公民的城邦教育的主要内容。可以说，重装赛跑项目的设立正是这一普遍而重要的社会需求的一种直接反映。不过，值得注意的是，也正是从古典时代开始，人们对体育运动与比赛的批评之声也逐渐多了起来，其中最大的诟病就是体育运动与比赛活动与军事训练完全是两码事，无益于培养出合格的军人，不过是"花拳绣腿"而已，完全无法满足军事活动

---

①　Stephen G. Miller, *Ancient Greek Athletics*, p.46.

②　Mark Golden, *Greek Sport and Social Status*, University of Texas Press, 2008, p.109.

③　王以欣：《神话与竞技——古希腊体育运动与奥林匹克赛会起源》，第 145 页。

和军事生活的需要。① 当然，持相反观点的人也不在少数。此后，这一争论一直就没有停息。② 笔者认为，即使存在着这样的争论，体育运动和比赛对军事生活的作用还是不能否认的，甚至可以说，二者始终存在着极为密切的关联，正是在这些常规性的地方和泛希腊的体育运动与比赛中，希腊人从小到大都受到了大量的体能训练，既强健了体魄，更磨炼了意志，运动场和体育场成为训练士兵的学校。与此同时，我们还是要看到，体育运动和比赛与军事活动毕竟有很多不同之处，如果说体育运动和比赛以和平的方式进行，其危险性相对较小的话，那么，在战场上的搏斗则需要流血牺牲，故而事关生死。在这个意义上，体育运动和比赛对军事生活的作用与其说是直接的，不如说是间接的。况且，二者的关联性还会因比赛项目而异，除了重装赛跑之外，投掷和各种重型的打斗项目无疑都带有更强烈的军训色彩。

除了这些常规的赛跑项目，还有一些颇具地方特色的跑步比赛，比如，在雅典举行的"泛雅典人节"上，会举行以部落为单位的火炬接力赛跑。参赛者分成 10 队，代表 10 个部落参赛，每队 40 人，头戴各自部落的头饰，裸体参赛，起点设在雅典西北郊的学园，终点就是位于卫城山顶的帕台农神庙前的祭坛。全程 2.5 公里，每个接力者大约要跑 60 米，要求是保持火炬不灭，第一个跑到祭坛前点燃火种的部落就会获得优胜。③ 与早期的单程赛跑相仿，这个赛跑项目也带有十分明显的仪式性表演的特征。不仅在当时深受欢迎，还是现代奥运会火炬接力传递活动的源头。

五项全能（*pentathlon*）设立于公元前 708 年的第 18 届奥运会，是一

---

① 例如，普鲁塔克在《菲罗波欧曼》（*Philopoemen*, 3.2 – 4）中讲到，菲罗波欧曼（约公元前 253—前 182 年）很适合摔跤，他的朋友们劝他从事体育运动。他就问他们，体育会不会破坏他的军事训练。他们就说体育运动的身体和生活方式在所有方面都与军事的不同，饮食和训练尤其不同，为强化身体，运动员要睡很多，吃很多，在固定的时间运动和休息，军人要面对各种的冒险和不规则，尤其要忍受饿肚子和少睡眠。于是他不但不再参加体育运动和从中获得乐趣，而且在他后来成为一位将军的时候禁止所有的体育活动。参见 Stephen G. Miller, *Arete*, *Greek Sports from Ancient Sources*, a Second and Expanded Edition, pp. 166 – 167。

② 参看本书第七章。

③ 参见王以欣《神话与竞技——古希腊体育运动与奥林匹克赛会起源》，第 147 页。

个十分有利于身体的全面发展的竞技项目，亚里士多德①和菲罗斯特拉图斯等人都曾在著作中对该项目大加赞扬，认为它最符合体育运动的目标和真谛，旨在培养出体态匀称、身材优美的人。因此，五项全能运动员也成为雕塑家们的最爱，被称为"体育运动之神"的雕塑家米隆（Myron）的《掷铁饼者》（diskobolos）所刻画的正是一位五项全能运动员，其适中的体型和优雅的身姿与现代体育比赛中的投掷项目的运动员臃肿的身体形成了鲜明的对比。可以说，五项全能运动也最符合希腊人的"中庸"的伦理道德和理想美的法则。不过，也有人认为，从事五项全能运动的大多是不能在单项比赛中获得优胜的人，不如跑步或摔跤专业性强，希腊化时代的科学家埃拉托色尼（Eratosthenes）因为在每个研究领域都名列第二而被讥讽为"五项选手"和"Beta"。② 五项全能的比赛顺序和规则至今不清，说法很多。一种看法认为，运动员先要进行铁饼、跳远和标枪的比赛，如果某个人在前三项比赛中均获得第一，那么比赛就可以结束了，如果出现并列第一的情况才会进行最后两项角逐，即赛跑和摔跤。③ 赛跑和摔跤均有单项比赛，但前三项均不设单项，只在五项全能比赛中进行。

掷铁饼（diskos）运动早在荷马史诗中就已经出现了，是帕特洛克鲁斯的葬礼运动的八项比赛之一，神话中太阳神阿波罗就是一位投掷铁饼的健将。不过，有学者指出，与掷标枪相比，掷铁饼运动是一种奇怪的和不合逻辑的运动项目，可能与早期战争中的投掷石块有关。④ diskos 的字义就是"一件被用来扔的东西"。⑤ 从文献和出土文物来看，早期的铁饼为石质，从6世纪起开始使用金属，多为青铜，鲜有铁质，偶有铅质，

---

① 在《伦理学》（Rhetoric，1361b）中，亚里士多德写道："每个年龄都有每个年龄的美，在年轻的时候，美在于拥有一个能够经受所有类型的比赛的身体，不论是赛跑还是身体力量的比赛，年轻人自身就会很好看。因此，五项全能运动员是最美的；他们既适合于身体的用力，跑得又快。"参见 Stephen G. Miller, *Arete*, *Greek Sports from Ancient Sources*, a Second and Expanded Edition, pp. 39 – 40。

② H. A. Harris, *Sports in Greece and Rome*, p. 33.

③ Ulrich Sinn, *Olympia*, *Cult*, *Sport and Ancient Festival*, p. 41.

④ H. A. Harris, *Sports in Greece and Rome*, p. 38.

⑤ E. Norman Gardiner, *Athletics of the Ancient World*, p. 26.

重量上也无统一的规格。①

跳远（halma）也是十分古老的运动项目，经常出现在希腊的瓶画上。与现代的跳远运动相仿，希腊的跳远也采取助跑的方式，不同的是，运动员一般都会双手持有一种被称为 halters 的重物，一般为石质或金属制，形状酷似现代的哑铃（有学者认为就是现代哑铃的前身②），用来加强身体的惯性（图一）。此外，在瓶画中，我们还看到，跳远运动员的身边常常有吹笛手来伴奏，大概是因为这项运动十分需要节奏的把控。尽管多有描述，但跳远的比赛方式至今不清，古代为我们留下了多个令人匪夷所思的运动纪录，最远的一个竟达到了 55 英尺，大约 17 米③，在排除了记录错误的可能性之后，学者们推测，首先，这项比赛一定采用了多级跳远的方式，现代的三级跳远项目即来源于古代希腊；其次，跳远的场地可能存在着一个较大的坡度。④

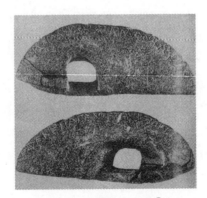

图一　石质的 halters⑤

① 参见王以欣《神话与竞技——古希腊体育运动与奥林匹克赛会起源》，第 165—166 页。

② 参见 E. Norman Gardiner, *Athletics of the Ancient World*, p. 145。

③ 资料来源于公元前 3 世纪的斯库里翁（Schlion）为阿里斯托芬的《阿卡奈人》（*Acharnians*）所写的一个注释，其中说到一个名叫法洛斯（Phayllos）的人在跳远比赛中跳出了 55 英尺。参见 Stephen G. Miller, *Arete*, *Greek Sports from Ancient Sources*, a Second and Expanded Edition, p. 45。

④ 参见王以欣《神话与竞技——古希腊体育运动与奥林匹克赛会起源》，第 174 页。

⑤ 一个石质的 halters 的正面和反面，上面的铭文是："拉栖代梦人 Acmatidas 为了他的胜利奉献此还愿贡品。他在五项全能中赢得了'无尘'的胜利"，参看 Ludwig Drees, *Olympia*, *Gods*, *Artists*, *and Athletics*, New York: Frederick A. Praeger, Publishers, 1968, p. 72。

　　掷标枪（*akontisis*）运动与军事活动的关系十分密切，因为在古代希腊，标枪是装重步兵必备的辅助性武器，是远距离杀伤敌人的利器。因此，从技术要求上讲，不仅要投得远，精准也是很重要的。为了更好地掌控方向和角度，在比赛中，运动员的手指要套在标枪中部的一个有弹性的皮圈上（图二）。此外，标枪运动带有一定的危险性，投掷目标的失准会造成人员的伤亡，历史上不乏这样的记载。①

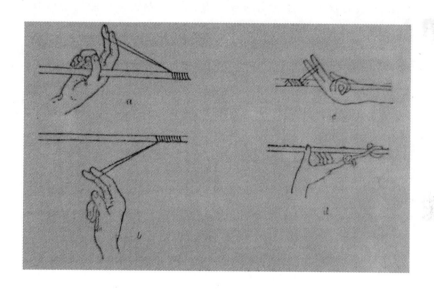

图二　标枪上的皮圈②

　　最后说一下"重型项目"。包括摔跤、拳击和希腊式搏击在内的重型项目由于其激烈的对抗性和颇具危险性与刺激性而广受关注和欢迎。与现代的同类比赛不同的是，在希腊，这些项目既无重量级的区分，也无比赛的时间限制或回合的设置，其简单明了的比赛规则使得运动员先天

---

　　①　例如，大约公元前425年，在雅典智者安提丰（Antiphon）的一篇演说（*Second Tetralogy* 2）中，就记载了一个体育事故纠纷的官司，一位少年不慎被标枪扎死。参见 Stephen G. Miller, *Arete*, *Greek Sports from Ancient Sources*, a Second and Expanded Edition, pp. 47 – 48。

　　②　E. Norman Gardiner, *Greek Athletic Sports and Festivals*, p. 314.

上的身体优势成为获得胜利的最重要的前提条件，如个头的高大，体型的壮硕，还有手臂较长等。因此，"重型项目"成为最早出现专业化和职业化倾向的比赛项目，此类项目的运动员也由于食量惊人、体型扭曲或性格暴戾而饱受非议和诟病。此外，古代希腊的这类项目普遍带有现代同类比赛中所很少有的暴力倾向，社会学家埃利亚斯认为，这是由当时的社会发展阶段所决定的，总的来看，"大多数人对身体暴力的承受能力比今天的人要高得多"。① 亚松·孔尼克指出，希腊重型比赛项目中这种明显的暴力倾向以及社会较高的容忍度，究其原因，可能还是体育训练与军事生活的密切关系使然。②

作为最古老的运动项目之一，拳击（pyx）可以追溯到爱琴文明时代，也颇受神灵们的喜爱，传说中阿波罗神最擅长拳击。就比赛规则而言，运动员或赤手空拳，或手臂上缠腰绷带，或佩戴软手套，可以击打包括对方的头部在内的任何部位，其危险性自不待言，头部被打得伤痕累累甚至面目全非是拳击运动员普遍而真实的写照。③ 按照规则，比赛期间不能休息，直到一方伸出一指或三指以示服输为止。公元前 1 世纪锡拉岛的一篇铭文中赞美了一位优秀的拳击手，其中的一句话是：一个拳击手的胜利是用鲜血赢得的。当一个获得优胜的拳击手被问到在一场绝望的比赛中如何避免失败，他的回答是：通过嘲笑死亡。④ 历史上不乏在

---

① 约瑟夫·马奎尔、凯文·扬主编：《理论诠释：体育与社会》，陆小聪主译，重庆大学出版社 2012 年版，第 153 页。

② Jason Konig（ed.），*Greek Athletics*，Edinburgh University Press，2010，p. 5.

③ 除了拳击运动员的雕像，历史上也有很多此类的记载。例如，一位出生地和年代不详的拳击手阿波罗法尼斯（Apollophanes），他的头被描述成一个筛子或被虫子吃过的书，到处是洞洞和疤痕。另外一位出生地和年代不详的拳击手奥鲁斯（Aulus）留下了一段充满幽默色彩的格言，描述了拳击的残忍，后人把他的有裂缝的头骨献给了宙斯。还有一位出生地和年代不详的拳击手斯特拉丰（Straphon），在比赛结束后回到家里，已经没人能认出他来了，甚至他家的狗也认不出他。一个少有的例外是，1 世纪卡利亚的一位拳击手马兰克马斯（Melancomas），打遍各大赛会均无敌手，使他更为骄傲的是，其英俊的脸庞毫无损伤，据说他掌握了高超的躲避对方打击的技巧。参看 David Matz，*Greek and Roman Sports*，*a Dictionary of Athletes and Events from the Eighth Century B. C. to the Third Century A. D.*，pp. 28，34，94，70 – 71。

④ Michael B. Poliakoff，*Combat Sports in the Ancient World*，*Competition*，*Violence*，*and Culture*，pp. 68，88.

拳击比赛中死亡的记录。①

摔跤（pale）比赛也是神灵们的最爱，传说中的英雄赫拉克勒斯和提修斯都是摔跤的高手。在所有的重型项目中，摔跤的普及率最高，甚至被认为是竞技之首②，是军事训练的常设内容，遍及希腊各邦的运动学校都被称为"摔跤学校"（palaistra）。在鲍桑尼阿斯的书中提到最多的奥林匹亚赛会的优胜者就是摔跤冠军。③ 与其他两项"重型比赛"相比，摔跤不仅需要蛮力，更需要技巧，因而被视为一种体力与智力相结合的运动项目，荷马史诗中身材矮小的奥德修斯正是用自己的灵巧和聪慧在摔跤比赛中战胜了身材高大和力大无比的埃阿斯。在古典时代，有人还编写过论述摔跤比赛的技巧的小册子，瓶画上也颇多生动的描绘。就比赛规则而言，运动员主要依靠上身和双臂使对方就范，胜负由对方摔倒在地的次数来决定，一场比赛下来，没有被对方摔倒过一次的"无尘"（akonniti）的状态是一件非常值得骄傲的事情。

希腊式搏击（pankration）字面上的意思是"全部的力量"，是摔跤和拳击比赛的结合，传说中这项运动的发明者是赫拉克勒斯，正是用这种无所不用其极的方式，他空手战胜了尼米亚的狮子。可以说，这项比赛是一种最为原始的格斗活动的复归。希腊式搏击既是希腊人发明的一项独特的运动项目，也是所有"重型项目"中最为激烈和残酷的比赛项目。可以说，希腊式搏击既是力量、体能和技巧的比拼，也是耐力、意志和品质的较量。就比赛规则而言，几乎可以使用包括摔跤和拳打脚踢

---

① 例如，公元前5世纪早期阿斯提帕拉亚的拳击手克里奥米德斯（Cleomedes），在公元前492年第72届奥运会上杀死了他的对手埃庇道鲁斯的伊库斯（Iccus），被判过度残暴，取消了桂冠。此人脾气不好，回到家，为了撒气，把学校房屋的一根立柱打坏了，造成60个孩子死伤，孩子的家长追击他到雅典娜神庙，他把自己藏在一个大箱子里，但打开箱子后，却不见了踪影。又如，拳击手狄奥格内图斯（Diognetus），时代不详，克里特人，在比赛中杀死了对手赫尔库勒斯（Hercules），随即被取消资格，逐出了奥林匹亚，其显然违反了不允许过度伤害的规则，但仍受到他的国人的崇拜。见 David Matz, *Greek and Roman Sports, a Dictionary of Athletes and Events from the Eighth Century B. C. to the Third Century A. D.* p. 41, p. 50。

② 据说，天神宙斯就是通过摔跤比赛打败了自己的父亲克洛诺斯而获得统治权的。实际上，摔跤不仅是希腊，也是很多古代民族的神话传说中最受推崇的比赛项目。古代两河流域的英雄吉尔加美什，古代犹太民族的族长雅各等都是以摔跤见长。

③ Mark Golden, *Sports and Society in Ancient Greece*, p. 38.

在内的一切手段，唯一被禁止的是咬人和挖眼，危险性极大，历史上不乏"杀人"的记录，也只有在这个项目中，可以最充分地体现出希腊人的"要么花环，要么死亡"（either the wreath or death）[1] 的人生理想，作为有死之凡人的优胜者由于比赛的胜利而获得了不朽的声名，因而战胜了死亡，用品达的话说就是："一如我们所料，必死与凯旋同时繁盛，但是凯旋消解了死亡。"[2]

文献中就记载了这样一位把获得比赛的优胜看得比生命还要重要的希腊式搏击运动员，从中能够透视出"总是争取第一并超越其他人"（语出荷马史诗）的赛会精神。公元前564年，在奥林匹亚赛会的搏击比赛中，在比赛的最后一个回合中死去的阿瑞琪翁（Arrichion），在死去之前，他看到了对手伸出一个手指表示认输，菲洛斯特拉图斯生动地描述了其取得胜利时的情景：

> 你来到了奥林匹亚节的举办地，参加了奥林匹亚最好的运动项目，在这里有男子搏击的比赛。为了追求胜利而死去的人，得到了它的桂冠……让我们再看看阿瑞琪翁的事迹，他似乎征服的不仅是他的对手，而是整个的希腊民族……他们跳下座位欢呼雀跃，挥动着他们的双手和大氅。一些人跳上空中，一些人疯狂地与旁边的人摔在一起……尽管他已经赢得两次奥运会的优胜的确是一件很伟大的事了，但现在发生的事情更伟大：他以生命为代价赢得了比赛，带着打斗的尘土去了天堂福地。不要认为这是机运的结果！……勒住他的那个人被描绘成就像一具尸体，他用手表示他的退却，但阿瑞琪翁被描述成所有胜利者都有的样子——他红光满面，汗流浃背，

---

[1] 语出自奥林匹亚发现的一块墓志铭，属于亚历山大的一位拳击手阿伽托斯·达蒙（Agathos Daimon），绰号"骆驼"，曾经获得尼米亚赛会的优胜，铭文如下："在这里（奥林匹亚）他去世了，在体育场参加拳击比赛，他曾经向宙斯祈祷，要么桂冠，要么死亡。"无独有偶，公元前3世纪晚期伊利斯的一块墓志铭上也有类似的话："你站在这里，卡罗尼德斯，列于前排的斗士中，祈祷说，'啊，宙斯，给予我战斗中的死亡或者胜利'。"参见 M. I. Finley & H. W. Pleket, *The Olympic Games: The First Thousand Years*, pp. 124–125。

[2] 刘小枫、陈少明主编：《奥林匹亚的荣耀》，华夏出版社2009年版，第125页。

他笑着，活着，当他们看到他的胜利的时候。①

结　语

1896 年，第一届现代奥林匹克运动会在希腊的雅典举办。从此，这种中断了一千多年的古代传统得以复兴。现代奥运会的定期举办既成为 20 世纪人类历史的一道独特的风景，也为全世界各国人民提供了一个增进了解和加强友谊的平台。2008 年，奥运会有史以来第一次在中国北京成功举办。不久前，北京和张家口又赢得了 2022 年冬季奥运会的举办权。

纵观奥林匹克运动从古代希腊起源到现代世界复兴的全过程，我们不禁要问，这种古代希腊人的习俗是如何从一种地方性或地区性的社会习俗发展成为一种世界性的盛会的？究竟是一种什么样的力量促成了这种巨大的飞跃？通过以上的论述，我们看到，虽然古代和现代的奥运会存在着诸多差异，但其中所蕴含的奥林匹克精神却是从未改变且一以贯之的，其中最为重要的和最具根本性的核心价值与理念就是公平竞赛的理想，正是这种理想使体育竞技活动成为古今社会中几乎唯一的一种"理想型竞争"的形式，更为重要的是，这种理念还深刻地影响和渗透到包括政治、经济、文化等社会生活在内的其他各个领域，成为人们不懈追求的一个普遍的和共同的目标。正如多姆布罗斯基所言："'公平竞赛的意识'和'按照规则进行比赛'，不仅对于一个有道德的运动员，而且对于一个有道德的公民来说都是至关重要的理念。"②

本章的最后，笔者想引用两位西方的社会学家在其主编的《理论与诠释：体育与社会》一书的中文版前言中的一段话作为结束，其中充分阐发了体育比赛的精神和价值：

如果可以把社会生活看作是一场比赛，通过这场比赛，社会认

---

① Michael B. Poliakoff, *Combat Sports in the Ancient World*, *Competition*, *Violence*, *and Culture*, p. 91.

② Daniel A. Dombrowski, *Contemporary Athletics & Ancient Greek Ideals*, The University of Chicago Press, 2009, p. 126.

同得以形成，并得到检验和发展，那么体育便可以看作是社会生活的理想形式。体育比赛的规则和章程要求比赛的公平和对能力的真实检验。在真实可靠的比赛中获得"真正的"冠军就是对此最好的表达。在这样的场景中，有可能建立起比现实社会中更加一致、更加可靠的确定性。我们强调比赛的真实性和可靠性——坚持严格的规则和公平的实施——因为我们希望各种不同的价值都建立在美德的基础上。在现实生活中，等级、种族、性别和宗教相互干涉，控制着现实生活中的比赛和结果。如此一来，比赛的胜利者和失败者都成为亵渎的假象。但是，在比赛场上，体育比赛的结果是神圣不可侵犯的，它们是真实的、可靠的，那也是冠军总试图击败同类冠军的原因所在：这是真正的比赛。事先就知道你将会打败级别低的对手是不会赢得荣誉和尊敬的。

……如此看来，体育运动是一场象征性的对话：它象征着对话应该如何严格按照要求进行。因此，体育涉及我们是谁以及我们可能会是谁的戏剧性表演。体育场就像一个剧场，在这里我们可以体会到一系列不同的情感愉悦和兴奋：在比赛中，兴奋随着结果的变化而变得不确定，但它的意义在于我们从情感上、精神上和社交上进行了投入和付出。作为我们的英雄，冠军既体现了其神奇的一面和受人尊敬的社会价值，也体现了构成体育参与基础的体育道德。[1]

---

① 约瑟夫·马奎尔，凯文·扬主编：《理论诠释：体育与社会》，中文版前言，III-IV。

第 三 章

"神圣"与"世俗"之间

——试论古希腊奥林匹亚赛会的宗教性

众所周知，奥林匹亚赛会既是古希腊最盛大的体育比赛，也是古希腊人最重要的宗教节日之一。故而，希腊的体育竞技活动从一开始就与古希腊的宗教结下了不解之缘，希腊赛会活动所具有的"宗教性"特征已经成为学界的共识。但问题并非如此简单，希腊体育比赛实际上还有着十分明显的"世俗性"的一面，这既使希腊的竞技活动有别于作为纯粹的宗教仪式而存在的原始体育活动，也成为古希腊的赛会与现代奥林匹克运动的接合点。学者们虽然大都并不否认奥林匹克赛会的"世俗性"因素的存在，但与其"宗教性"相比，则较少受到人们的关注。因此，在希腊体育赛会的性质上出现不同的看法就在所难免了。

大致说来，在这个问题上有三种代表性的观点。首先，大部分学者认为，古希腊的赛会在本质上是一种宗教的活动。例如，多内指出："古希腊的奥林匹克运动会是一个神圣的运动会，在一个神圣的地点和神圣的节日举行，它们是一种向神灵表达敬意的宗教行为……奥运会植根于宗教中。"① 这是一种比较传统的观点。第二种观点认为，古希腊的各类赛会，尽管其起源和内容与古典宗教有着千丝万缕的联系，但本质上却是世俗的，赛会满足了古希腊人的竞争天性、追求荣誉与利益、培养民族的团结精神和认同感以及审美等世俗的要求。② 第三种观点是上述两种

---

① Ludwig Deubner, *Olympia: Gods, Artists, and Athletes*, New York, 1968, p. 24.

② 参见王以欣《神话与竞技——古希腊体育运动与奥林匹克赛会起源》，绪言，第 2 页。

看法的折中，认为古希腊的体育和宗教的确有一些关联，但不能过于夸大，很多现象的解释依赖于我们的看法，宗教的影响力是很大的，但绝不是全能的。[①]

可见，在古希腊赛会的"宗教性"的问题上还是存在不同的看法的，之所以出现这样的不同，从根本上讲，还是由于希腊赛会中既有无可辩驳的"宗教性"的一面，也存在着不容忽视的"世俗性"的一面。那么，古希腊赛会中的"宗教性"有哪些具体表现？其"世俗性"又是如何体现出来的？这两种看似相互对立、互不相容的因素到底是一种什么样的关系，二者又是如何有机地结合在一起的？就古希腊赛会的"宗教性"而言，它在从原始体育到现代体育的历史发展中到底应该处于什么样的位置？本章就以古希腊的奥林匹亚赛会为主要的考察对象，结合古希腊体育竞技活动的具体方式和历史演变从以下三个方面对上述问题作出一些尝试性的回答，以期对古希腊赛会活动中的"宗教性"有更为深入的理解和认识。

一　奥林匹亚赛会的"宗教性"

正如马克·戈顿所言："古希腊的节日把那些最能够表现出希腊宗教特征的行为集中在一起，是希腊宗教最重要的公开展现。"[②] 作为古代希腊最重要的宗教节日之一，奥林匹亚赛会不论从起源和历史发展，还是从赛会本身的举办过程来看，随处都体现出其本身所具有的"神圣性"的一面，可以说，奥林匹亚赛会中的"宗教性"是贯穿始终和无处不在的。

在希腊人的观念中，奥运会的起源本身就与很多神灵或带有神性的英雄存在着十分密切的关系，而且在历史上有着很多不同的版本。其中，关于来自小亚细亚的王子佩洛普斯（Pelops）为赢得比萨城美丽的公主在车赛中战胜了自己未来的岳父的故事最为家喻户晓，希腊人认为，正是

---

① Mark Golden, *Sport and Society in Ancient Greece*, p. 17, p. 23.

② Ibid. , p. 15.

在这次伟大的胜利之后，佩洛普斯创建了奥林匹亚的赛会，后来伯罗奔尼撒半岛（Peloponnesos）的名称就来源这位传说中的英雄。此外，奥运会还存在着赫拉克勒斯、宙斯等多种版本的神话起源说。从考古发掘上来看，大约在公元前 7 世纪末或公元前 6 世纪初，奥林匹亚最早兴建的是赫拉神庙。① 后来随着奥林匹亚成为宙斯崇拜的中心，在公元前 460 年左右兴建的宙斯神庙很快成为圣域的中心。②

奥运会不仅在起源上与希腊的多神教传统的形成相伴随，在经历了一千多年的发展之后最终的衰亡也主要是由于宗教上的原因。正如米勒所言，奥林匹克赛会的终结"不是因为基督教对体育的偏见，而是由于体育运动一直是附属于宗教的；每一位运动员都是为了向旧希腊的某位男神或女神表达敬意的。在新宗教的压力下，这些神灵不再受到人们的欢迎，运动也就衰亡了"。③ 因此，不论是从古代奥运会的起源还是其衰亡，都可以清楚地看出它与希腊宗教之间极为密切的伴生关系。

在每届奥运会举办的具体过程中，其"神圣性"的一面则体现得更为全面和充分。

在赛会举办之年的春天，赛会的主办者伊利斯城邦就会派出三位被称为"圣使"（theoroi 或 spondophoroi）的传令官，到各个城邦去通报赛会举办的消息，要求各邦遵守"神圣休战协定"（ekecheiria），即在赛会举办当月停止一切敌对行为，协议的有效期为一个月，后来延长到了三个月。

按照惯例，奥运会都在每年夏至后的第二个或第三个满月之时举办，在希腊人看来，这个时间本身就带有不同一般的"神圣性"，奥运会举办期间，希腊人日常的"世俗"生活会被打破。有学者指出，在雅典，赛会之前 120 天的公民大会都是不正常的，但不是非法的。④ 更为重要的是，这个节日是希腊人特有的活动，只对希腊人开放。与此同时，奥运会的纪年使希腊人确定了一种时间上的坐标，他们通过这样一个节日来

---

① 参见王以欣《神话与竞技——古希腊体育运动与奥林匹克赛会起源》，第 36 页。

② Stephen G. Miller, *Ancient Greek Athletics*, p. 90.

③ Ibid., p. 6.

④ Mark Golden, *Sport and Society in Ancient Greece*, p. 16.

建构和记录时间，定位他们的历史。① 因此，对于每个希腊人来讲，"奥运时间" 由于其自身所带有的这种 "神圣性" 而从 "世俗时间" 和 "普遍时间" 中被分割出来了。

奥运会不仅在一个 "神圣的时间"（节日）里举办，而且也是在一个 "神圣的空间" 里举办的，奥运会举办过程中的各种仪式和规则无不体现出这一空间的 "神圣性"。作为奥运会承办者的伊利斯（Elis）城邦位于奥林匹亚西北 36 公里的地方，路上距离 57—58 公里。伊利斯在当时起到了现在的奥运村的作用，也是运动员的训练场所。因此，赛会举办之前，运动员、裁判员以及观众需要从伊利斯出发进入 "圣域"。8 月 6 日早晨，游行队伍从伊利斯出发，经过一夜的行程，7 日早晨抵达奥林匹亚。在进入 "圣域" 之前，需要在一个叫皮里亚（pieria）的地方停下来，在泉水旁边，由希腊法官主持举办一个净化仪式，然后才可以进入 "圣域"。7 日的主要活动是运动员在 "发誓的宙斯"（Zeus Horkios）雕像前面宣誓，并核准身份，然后是参赛者个人的献祭，接下来就是第一项比赛，即吹号手和传令官的比赛，比赛后还要举行一些献祭活动。8 日早晨，举行点燃圣火的仪式，队伍中领头的是宙斯的祭司和身着紫袍、手拿鞭子的作为比赛裁判员的 "希腊法官"（Hellanodikai），队伍要一一走过圣域中的 63 个祭坛，逐一献祭。接着就是马赛、车赛和裸体竞技的第一项 "五项全能" 的比赛，8 日的最后一个活动是作为宙斯大祭前奏的向佩洛普斯献祭活动。9 日，也就是赛会第三天的月圆之日，宗教祭祀活动达到了高潮，要在宙斯神庙附近的锥形大祭坛举行盛大的 "百牛大祭"（hekatombe），这是奥运会最重要的核心部分。当天下午是少年组的单程赛跑、摔跤和拳击比赛。10 日是成年组的各项比赛。赛会的最后一天，所有比赛的优胜者会聚集在宙斯神庙的前面，等待希腊法官中的长者授予桂冠，当晚是主席厅的盛大宴会，赛会结束。② 我们看到，在奥运会举办的过程中穿插了众多的祭神活动，这些活动无不通过各种方式告诉赛会的参加者，这是一个神圣的宗教节日，体育比赛正是这个节日的派生物和附属

---

① Paul Christesen, *Olympic Victor Lists and Ancient Greek History*, pp. 5 – 6.

② Stephen G. Miller, *Ancient Greek Athletics*, pp. 113 – 128.

物，而不是相反，也就是说，体育竞技仅仅是祭神活动的一种外在的表现形式而已。

在比赛的过程中，这种"神圣性"也是无所不在的。比如，按照惯例，在奥运会上，除了德墨忒耳（Demeter）的女祭司之外，成年妇女既不允许参加比赛，也不允许观看比赛，原因并不在于参加比赛的男运动员是裸体的，有碍于妇女观瞻，而是因为奥林匹亚是宙斯的圣地，奥运会是男人们的节日，女孩们可以在自己的节日比如赫拉节参加比赛。① 可见，这一基本的规则无疑也是出自奥运会的神圣性质。

再比如，奥运会上的奖惩规则也体现出了神灵的"在场"和"参与"。对于即将参赛的选手来说，在宙斯的神像面前发誓要遵守比赛的规则是必经的仪式。在体育场的入口处矗立着一排宙斯的铜像，这些铜像是用对收受贿赂者所处的罚金铸造的，鲍桑尼阿斯（Pausanias）说，这些雕像是要告诫世人，"要明白奥林匹克的胜利不是金钱得来的，而是靠腿脚敏捷和身强力壮"。② 对于在严格遵守规则的情况下产生的各个项目的优胜者，赛会也会毫不吝惜地给予极高的荣誉。在比赛刚刚结束的时候，首先是在胜利者的头上系上羊毛缎带，最为激动人心的是在全部赛程结束之后授予橄榄枝编成的桂冠，这些橄榄枝不是一般的橄榄枝，而是取自奥林匹亚宙斯祭坛背后的一片野生的橄榄林（其果实不能食用），并且需要一个父母健在的男孩用一把金质的镰刀砍下来的。之所以这样做，原因就在于，希腊人认为，这样的胜利不仅取决于运动员自身，更重要的是得到了神灵的助佑，授予橄榄桂冠的仪式就是人与神之间神秘交流的象征。除了桂冠之外，优胜者还会得到一般情况下只有神灵才能享受到的赞美诗和塑像的荣耀。总之，正如伽丁纳尔所指出的："运动被确定地置于神明庇护下，胜利的运动员会觉得，他是神明所钟爱的，他的成功有赖于神明。此外，运动员们会觉得，任何违反赛会规则的行为，尤其是不公正和腐败的行为，是一种渎神行为，是诸神所不悦的。"③

---

① 参见王以欣《神话与竞技——古希腊体育运动与奥林匹克赛会起源》，第62页。

② Stephen G. Miller, *Ancient Greek Athletics*, p.93.

③ E. Norman Gardiner, *Athletics of the Ancient World*, p.33, 转引自王以欣《神话与竞技——古希腊体育运动与奥林匹克赛会起源》，第29页。

另外，有学者指出，对希腊人来说，即使是竞技运动本身也或多或少的是一种献祭行为，也就是说，竞技者既是贡献者也是贡献本身①，尤其是在奥运会创办的初期，很难把运动比赛和献祭活动清楚地分开。比如，作为奥运会最早设立的竞技项目，单程赛跑（*stadion*）最初就是一种祭礼行为，可能与点燃宙斯祭坛圣火的仪式有关，后来才演变成为比赛项目。祭坛上摆满了大量的祭品，选手们站在克洛诺斯山上或东面约 200 米处，号令一响，大家就冲向祭坛，最先抵达的优胜者从裁判手中接过火炬，点燃了祭品。② 此外，赤膊上阵的运动员都要在身上涂上橄榄油，这种涂油的做法既有诸如热身、护肤及美观等实用的功能，也具有宗教的功能，人们发现，古希腊人不仅在比赛和训练的时候往身上涂油，也在宗教仪上为神像涂油。③ 如果这种宗教功能可以成立的话，也从另外一个角度印证了竞技者试图通过涂油将自己奉献给神灵的说法。

二　奥林匹亚赛会的"世俗性"

从以上的论述可以看出，奥林匹亚赛会首先是作为全体希腊人都可以参加的一个宗教节庆活动而出现在历史舞台上的，向神表达敬意的愉神仪式无疑是其中的重头戏和主旋律，贯穿其中的体育竞技活动或者最初本身就是祭神仪式，或者是从祭神仪式演变出来的派生物。④ 总之，如果不了解古希腊的宗教，也就不能够对赛会中的竞技活动作出正确的理解和解释。但是，体育比赛和古代世界普遍存在的宗教祭祀活动毕竟存在着很多明显的差别，这主要表现在奥林匹亚赛会中还是存在着一些"世俗性"的因素的，正是这些因素把奥林匹亚赛会与一般性的祭祀神灵的活动分开，从而带有了一

---

① Mark Golden, *Sport and Society in Ancient Greece*, p. 17.
② 参见王以欣《神话与竞技——古希腊体育运动与奥林匹克赛会起源》，第 142 页。
③ 同上书，第 341 页。
④ David Sansone, *Greek Athletics and Genesis of Sport*, University of California Press, 1988, p. 130.

定程度上的"现代色彩"。

说到奥林匹亚赛会的"世俗性",最重要的表现就是祭礼与比赛的分开了。前面讲到,奥林匹亚并不是一个城邦,而是一个希腊宙斯崇拜的中心和宗教圣地。负责承办奥运会的是它附近的一个小城邦伊利斯,包括赛会前的神圣休战通知、赛会过程中的各项组织工作都是由伊利斯承担的,祭司、裁判以及赛会需要的各种服务和工作人员都是从伊利斯人当中选拔出来或委派的。因此,伊利斯和奥林匹亚之间就存在了一种紧密的共生关系。① 近代以来,通过考古发掘,在奥林匹亚的"圣域"中发现了公元前 6 世纪中晚期制定的"圣法"。按照希腊人的习俗,法律铭文通常存放在神庙中,为的是让神明来见证和监督法律的执行。学者们发现,这些"圣法"的大部分内容是伊利斯城邦本身的法律,有些铭文自然就涉及了与节日和赛会有关的内容,但祭礼和比赛的规则是彼此分开的。② 不仅规则分开,在赛会的组织工作中,神职人员和比赛的裁判工作也是泾渭分明,互不影响,有关的祭祀活动均由专门的祭司引领或主持,体育比赛的执法权则交给"希腊法官"全权负责,值得注意的是,这些"希腊法官"都不是祭司或神职人员③,也就是说,在体育比赛中,"希腊法官"完全按照事先制定好的比赛规则,仅仅根据运动员的比赛成绩来进行裁决,在这里,比赛的结果就完全取决于运动员个人的能力了,从而摆脱了宗教的管辖和约束。

有学者指出,奥林匹亚赛会的"世俗性"还体现在其神话的起源上面,这些众多的神话起源说实际上"反映了不同集团的各自利益和相互之间的竞争"。④ 更加值得注意的是,尽管有很多种版本,但佩洛普斯还是脱颖而出,最终成为奥林匹亚的核心神祇,这是非常耐人寻味的,因为"一个有死的英雄占据了主导的定位,从而获得了不朽,并在其他的赛会中纷纷效仿。这些英雄及其崇拜代表了运动会的一个永远的目标,

---

① 关于伊利斯城邦在奥林匹亚赛会中所发挥的作用,参看邢颖《希腊城邦与奥林匹亚节》,《世界历史》2013 年第 6 期。

② 参见王以欣《神话与竞技——古希腊体育运动与奥林匹克赛会起源》,第 57 页。

③ Mark Golden, *Sport and Society in Ancient Greece*, p. 15.

④ 参见王以欣《神话与竞技——古希腊体育运动与奥林匹克赛会起源》,第 52 页。

就是通过超人的努力而获得不朽，佩洛普斯为他们树立了一个榜样"。①
也就是说，尽管奥运会的创办可以归功于某位神灵，但体育比赛毕竟是
一种有死的凡人进行的活动，人还是要通过自己的努力而超越自我，成
为比赛的优胜者，这种观念与赛场上的以运动成绩来决定谁将获胜的原
则是相吻合的。此外，还有些学者从军事训练、教育和成年礼仪等角度
论证了作为一个宗教节日的奥林匹亚赛会背后的种种世俗的或实用的
功能。②

最后，对于奥林匹亚赛会，除了"共时性"的分析，我们更要看到
"历时性"的演变，古代的奥运会在其延续了上千年的历史发展过程中，
如果说创始之初带有十分明显和强烈的"宗教性"与"仪式性"特征的
话，那么随着时间的推移，这种"宗教性"就开始逐步受到削弱，与此
同时，"世俗性"则日渐增长，人们开始把越来越多的注意力集中在了运
动和比赛上面。这种逐渐显露的"世俗性"最为集中、也最为典型地体
现在宗教圣域和体育比赛的赛场的逐步分离上面。近代以来，通过对奥
林匹亚的全面发掘和系统研究，考古学家们发现，最早的体育场（一期）
就建在奥林匹亚圣域的中心地区，靠近宙斯祭坛，而且二者并不存在明
显的分界线。但到了古典时代，大约建于公元前 450 年的体育场（三期）
与圣域的中心已经拉开了相当的距离，三期与它的建于公元前 6 世纪晚
期的前辈二期相比，与"圣域"的距离之差距达到了 75 米。最终，在三
期兴建的一百年之后，体育场与圣域中心区被一组柱廊完全隔开了（图
三和图四）③。

---

① Stephen G. Miller, *Ancient Greek Athletics*, p. 90.

② 参见王以欣《神话与竞技——古希腊体育运动与奥林匹克赛会起源》，第 352—353、
322—327 页。

③ Mark Golden, *Sport and Society in Ancient Greece*, pp. 21 - 23. 图中显示，尽管体育场一
期的位置还存在着争议，但二期和三期还是清楚的，从中可以明显地看出体育场与圣域中心区逐
步分离的过程。我们看到，如果 Dree 复原的体育场一期成立的话，那么单程赛跑的终点就正对
着宙斯祭坛，恰好符合上文讲到的单程赛跑起源于祭祀仪式的观点。

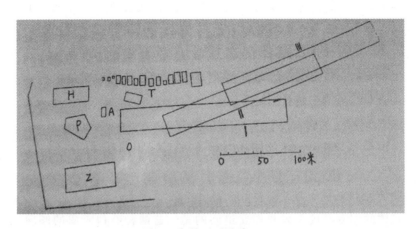

图三 奥林匹亚圣域（一）

H（赫拉神庙）　　P（佩洛普斯庙）　　Z（宙斯神庙）

T（财宝库）　　A（宙斯祭坛）　　　O（奥诺玛斯柱廊）

Ⅰ（Dree 复原的体育场一期）　Ⅱ（体育场二期）　Ⅲ（体育场三期）

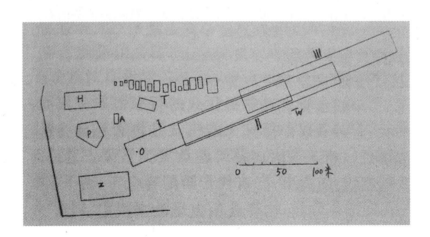

图四 奥林匹亚圣域（二）

H（赫拉神庙）　　P（佩洛普斯庙）　　Z（宙斯神庙）

T（财宝库）　　A（宙斯祭坛）　　　O（奥诺玛斯柱廊）

Ⅰ（Brulotte 复原的体育场一期）　Ⅱ（体育场二期）　Ⅲ（体育场三期）

　　有证据表明，这样一种分离的过程不仅仅出现在奥林匹亚，同时也出现在地峡赛会、尼米亚赛会等其他几个泛希腊赛会的举办地，虽然有人认为可能是由于观众的增加大有侵犯圣域之势，"出现这种趋势的原因可能在于，随着体育比赛越来越发展成为一种娱乐性的事业，需要为观众提供更大的和更完善的场地"①，但还是不能否认这种变化中所体现出来的希腊赛会的"世俗化"倾向。

三 "神圣性"与"世俗性"之间的相互关系

我们在上文中分别对奥林匹亚赛会中的"神圣性"和"世俗性"作出了具体的阐发。接下来我们要追问的是，这两种看似矛盾的倾向之间到底是一种什么样的关系，二者又是如何统一起来的呢？

著名的宗教史家伊利亚德（Mircea Eliade，1907—1986）在《神圣与世俗》一书中指出，"神圣和世俗是这个世界上的两种存在模式"。与被"去圣化"（desacralized）了的现代世界相比，"古代社会中的人们倾向于尽可能地生活在神圣之中，或者尽可能地接近已被奉为神圣的东西……对于早期人类而言，神圣就是力量，而且归根结底，神圣就是现实。这种神圣被赋予到现实的存在当中"。这种被赋予了某种"神圣性"的"现实的存在"就是"显圣物"（hierophany）。② 他还进一步指出，实际上，这样一种宗教性的思维方式不仅存在于古代世界的宗教徒身上，同样也存在于现代世界的非宗教徒的生活和观念里，也就是说，不论古今，人们只有通过把"神圣性"赋予现实生活中的某种"显圣物"的方式才能够获得生活的意义。因此，"我们决不能找到一个纯粹状态的世俗存在。不管一个人对这个世界的去圣化达到多大程度，他根据世俗的生活所作出的选择绝不可能使他真正彻底地摆脱宗教的行为"。③

笔者认为，伊利亚德的上述观点对于我们理解古希腊奥林匹亚赛会中的"宗教性"和"世俗性"之间的关系是非常富有启发意义的。实际

---

① Stephen G. Miller, *Ancient Greek Athletics*, p. 105.

② 米尔恰·伊利亚德：《神圣与世俗》，王建光译，华夏出版社 2002 年版，序言，第 2—5 页。

③ 同上书，第 3 页。

上，所谓的"神圣性"，是要通过现实中存在的"显圣物"显现出来的，而这个"显圣物"的出现则要通过人的主观选择和判断，也就是说，"神圣性"归根结底还是由人本身根据自身的需要创造出来的。因此，"神圣性"与"世俗性"之间不仅存在着相互对立和相互排斥的一面，也同样存在着相互统一和相互依存的一面，即具有"神圣性"的事物总是要通过"世俗性"的事物得到展现，而"世俗"的事物也可以通过人的赋予而成为"神圣"的事物，这就是所谓"即凡而圣"。作为最重要的宗教节庆活动之一的奥林匹亚赛会正是古希腊人打破世俗的日常生活而创造出来的一种具有"显圣物"特征的社会活动，在这个活动中，"通过对神圣历史的再现，通过对诸神行为的模仿，而把自己置于与诸神的亲密接触中，也即是置自己于真实的和有意义的生存之中"。① 因此，跑步、跳远、投掷这些带有"世俗性"的体育竞赛活动也就被赋予了"神圣"的意义。

与此同时，我们也要看到，古希腊的宗教还处于比较原始的多神教时代，既没有统一的宗教经书，也缺乏系统和完备的教义，是一个行动的宗教，希腊人主要是通过带有仪式、表演特征的外在的行为（包括各种比赛）来向神表达敬意，神和人之间还没有拉开距离，在希腊人看来，神灵不但有着人的外观，还有着人的性格特征甚至七情六欲，同时，人也可以通过自身的努力追求卓越（*arete*）② 而接近神性，所以"人性"和"神性"之间形成了一种"你中有我，我中有你"的交相辉映的关系。在公元前7世纪到公元前6世纪前后普遍出现的用作神像的青年男子石头雕像（*kouroi*）中，我们看到的就是一个个体态健美的运动员的形象，而这些神像也的确是以赛会中取得优胜的运动员为模特雕刻而成的。通过这些雕像，我们看到了"神圣性"与"世俗性"的一种完美的结合。

最后，对于奥林匹亚赛会所具有的"宗教性"的定位问题，我们还可以把目光放得更为长远一些，看一看古希腊的赛会与在它前面的更为原始的体育比赛和其后发展出来的现代体育比赛之间的联系与区别。对

---

① 米尔恰·伊利亚德：《神圣与世俗》，第118页。

② 米勒指出，在希腊文中，*arete* 一词的道德含义是与 *hubris*（傲慢）相对应的，经常被使用在体育运动的语境中，用来描绘运动员，常常被翻译成 excellence（卓越）或 virtue（美德），带有严格意义上的体育内涵。参看 Stephen G. Miller, *Ancient Greek Athletics*, pp. 236 – 238。

于这个问题，美国学者阿兰·古特曼在他的《从仪式到纪录：现代体育的性质》一书给出了很好的回答。①

首先，他指出，古希腊的赛会既包含了宗教性和世俗性两种因素，也经历了从宗教到世俗的演变过程，"奥林匹亚赛会和其他的桂冠运动会的确都是宗教性的，但我们也要看到希腊的体育运动或多或少也是一种世俗的现象。体育的世俗化并不是完全由一个宗教性的活动转变为世俗的，而是越来越集中于它的那些基本要素——游戏、锻炼和竞技。体育运动逐渐成为了城邦的普通公民日常生活的一个部分，这种活动同时也是宗教崇拜的一种方式"。②

其次，他认为，如果把希腊的赛会放到从古到今的体育运动的整个发展史上来看，就会发现，它既与原始时代的体育存在着明显的区别，带有更多的"世俗化"特征，同时，也与现代的体育运动有着本质上的不同，具体的表现就是带有强烈的"宗教性"特点。他指出，传统社会是一种"根据人们的身份来决定其地位"或"先赋地位"（the ascribed status）为主导的时代，而现代社会中，"根据人们的成就来决定其地位"或"自致地位"（the achieved status）成为基本的原则，体育运动由仪式（ritual）到纪录（record）的发展变化正是这种转变的典型体现。不过，同样作为一种仪式行为，古希腊的体育运动还是与原始体育存在着明显区别的，这主要表现在，在原始体育中占支配地位的是"身份"或"地位"（ascription），而不是"成就"（achievement）。属于哪个阶层的成员比跑步的速度或手的力量更为重要，因为这样的体育在通常情况下完全不是什么真正意义上的竞赛，结果多是由宗教的需要决定的，而不是运动的水平，在原始体育中，由于常常没有对胜负的关注，所以监管者通常是仪式的行家而非裁判员。对此，古特曼以印第安人的仪式性体育运动为例，来说明仪式本身比比赛的胜负更为重要。通过这样的比较，他指出，在古代希腊的赛会中，由于祭祀与比赛基本分开，比赛胜负由运动来决定，因而"成就"的因素比原始民族多，而"身份"的因素则比

① 参看本书第一章表一。
② Allen Guttmann, *From Ritual to Record, the Nature of Modern Sports*, p. 23.

原始民族少。另外，如果我们把古希腊的赛会与现代的体育比赛相比较的话，又会发现两者最大的区别就是希腊的赛会所带有的强烈的"宗教性"因素，也就是说，与现代的体育运动相比，古希腊的赛会虽然具有了"成就"的因素，但"身份"的因素还是较为明显的，这一方面表现为并不是所有人都可以参加比赛（仅限于成年和未成年的希腊男性公民），另一方面则是这种比赛仍旧带有宗教仪式的性质。在这个意义上，"尽管希腊体育被看作是现代体育的始祖，但奥林匹亚和德尔斐的比赛从文化中更接近它们的那些原始的祖先，而不是我们现在的奥运会"。不过，古特曼认为，希腊时代就已经出现的体育的世俗化趋势到罗马时代又有了进一步的加强，带有了更多的娱乐和表演的性质，越来越与宗教仪式拉开了距离，成为一种独立的社会生活。因此，"就世俗化而言，现代的体育运动更接近罗马而不是希腊的模式"。①

通过古特曼的上述分析，既可以使我们能够用历史发展的眼光看待古希腊奥林匹亚赛会中的"宗教性"因素，同时也可以使我们更加准确地认识到它在整个体育运动发展史上的位置。

结　语

在两千多年以前，古代希腊人开创了奥林匹克运动，这种古希腊人所特有的社会活动从一开始就与他们的宗教信仰存在着不可分割的密切关系，并且伴随着这种信仰经历了起源、发展和衰亡的过程。在希腊人看来，体育竞技既是一种向神灵表达敬意的宗教仪式，同时也满足了其超越自己、追求卓越的世俗需求，正是这种宗教性与世俗性的伴生和结合使得希腊人的体育运动走出了原始时代的纯粹的宗教仪式阶段，从而带有了一些"现代"特征，成为现代奥林匹克运动的先声。与此同时，作为宗教仪式活动的一个组成部分，其本身所带有的"神圣性"和"宗教性"又是现代的体育比赛所缺乏的，正如荷兰学者赫伊津哈（Johan Huizinga，1872—1945）所言："运动与宗教仪式的这种联系在今天已被

---

① Allen Guttmann, *From Ritual to Record, the Nature of Modern Sports*, pp. 17–28.

完全切断了；运动完全变成世俗的、'非神圣的'东西。"① 在这个意义上，处于"神圣"与"世俗"之间抑或是正处于从"神圣"向"世俗"转变过程中的古希腊奥林匹亚赛会成为我们认识和理解人类宗教与社会发展史的绝好个案。

不过，正像上文中所指出的，"神圣"与"世俗"既是相互对立的，也是相互依存、相伴而生的，不论是古代的宗教信徒还是现代的非宗教徒，一方面他们有着"世俗"的生活，另一方面他们都希望通过追寻某种"神圣"的东西而赋予生活以某种意义，在这一点上是共同的，因此，世界上既不存在纯粹意义上的"世俗的人"，也不存在纯粹意义上的"宗教的人"。

在古希腊的奥林匹亚赛会中断了一千多年之后，1896 年，在法国人顾拜旦（Baron Pierre de Coubertin，1863—1937）的倡导和努力下，创办了现代奥林匹克运动，从而揭开了人类体育运动发展史的新的一章。与古希腊的奥林匹亚赛会相比，尽管宗教的背景没有了，但人们对体育运动的热情、期待和向往却不减当年，奥运会俨然成为一种新时代的"显圣物"。正如古特曼所言，从原始仪式到世界纪录，体育经历了世俗化的过程，但现代体育又创造出了"新的宗教"，人们开始崇拜现代的体育英雄，新闻界把体育称为"大众的宗教""世俗的宗教"，顾拜旦则恭敬地称之为"体育的宗教"（religio athletae）。② 此外，与古代希腊的体育赛会相仿，现代的运动会不仅保留了很多仪式活动，而且还是深受现代宗教的影响。例如，有学者指出："现代体育不仅保持了很多宗教仪式的特点，同时深受新教文化的影响。现代体育所具有的严格组织结构、清晰的管理制度和明确的奋斗目标等特征与新教的价值观有异曲同工之处。"③

---

① 赫伊津哈：《人：游戏者》，第 194 页。

② Allen Guttmann, *From Ritual to Record, the Nature of Modern Sports*, p. 25.

③ 熊欢编著：《身体、社会与体育——西方社会学理论视角下的体育》，当代中国出版社 2011 年版，第 35 页。

第 四 章

略论古希腊赛会中体育竞技活动的
仪式性特征

人类所有的宗教活动，都可以大致划分为两个部分，即"信仰"（faith）和"仪式"（ritual）。前者主要表现为系统的教义和经书，后者则表现为表达或实践这些信仰的行动。所谓"仪式"，就是一套带有程式性的和可以重复的象征性行为。仪式又可以划分为世俗仪式和神圣仪式两大类，宗教活动中的仪式大多属于后一类。

众所周知，古希腊的各种"赛会"（agon）本身就是祭祀神灵的宗教节庆活动，带有强烈的宗教背景，而贯穿其中的体育比赛则是各种宗教祭祀活动的附属品和衍生物。其中，作为宗教祭祀活动主体部分的仪式，不仅贯穿了体育比赛活动的始终，而且就连体育比赛本身都带有明显的仪式性特征。那么，古希腊赛会中体育竞技活动的这种仪式性是如何展现出来的？随着时间的流逝，这种仪式性又出现了哪些变化？体育竞技活动的这种仪式性特征具有什么样的意义和内涵，它又反映出了古希腊宗教的何种特点？本章想从仪式的角度，以古希腊最盛大的奥林匹亚赛会为主要的参照物，对上述问题做出一些尝试性的探讨。

一 赛会中贯穿始终的仪式

在奥林匹亚赛会举办的过程中，穿插了各种各样的仪式，这些仪式大致可以分为三类：（1）纯粹的祭祀神灵的仪式；（2）与体育比赛有关的仪式；（3）体育比赛本身就是某种仪式或由仪式演变而来的。下面，我们就按照举办一次赛会的时间顺序，细数一下都有哪些仪式。

在赛会的前一天，包括运动员、马赛队伍、教练员、裁判员以及众多观众在内的数千人就要在奥林匹亚附近的伊利斯城（Elis）汇集，然后沿着"圣路"向奥林匹亚进发。这支游行队伍需要在途中过夜，次日凌晨达到奥林匹亚圣域附近。在进入圣域之前，所有人都要在一个叫"皮里亚"（Pieria）的泉水旁停住，在"希腊法官"（Hellanodikes）① 的主持下，举行一个"净化仪式"，然后才可以进入宙斯的圣地。

在赛会第一天的早晨，运动员和教练员进入"议事会厅"（Bouleu-terion），对运动员和马的年龄进行确认，并由希腊裁判主持，在"保护誓言的宙斯"（Zeus Horikos，Zeus of the Oath）面前举行传统的"宣誓仪式"，这个仪式是庄严和神圣的，鲍桑尼阿斯（Pausanias）这样描述道："在所有的宙斯像中，议事会厅里的宙斯是最威严的，他的每只手里都握有闪电，在他的旁边站立着运动员、他们的父亲和兄弟，还有教练员，面对着新鲜的野猪肉发誓，他们绝不会做出任何有辱于奥林匹亚赛会的事情。"② 接着就是在体育场入口附近的一个祭坛上举行第一项预备性质的比赛，即遴选"吹号手"（salpinktes）和"传令官"（keryx）的比赛，优胜者将在赛会期间宣布赛事、运动员和优胜者，他们组成了类似于今天的"新闻中心"。这一天剩下的时间，用来观光、叙旧和进行个人的献祭活动。

赛会的第二天拂晓，官方的祭祀活动正式开始，游行队伍从圣域西北角供奉着永不熄灭的圣火的"主席厅"（Prytanerion）出发，在宙斯的祭司和身着紫袍的希腊法官的率领下，走过圣域中的供奉着各路神灵的63 个祭坛，逐一献祭。献祭完毕后，就前往圣域东南面的赛马场，举行最受欢迎的各项"马赛"。比赛之前，传令官要一一报出参赛者的姓名及所代表的城邦，观众可以对其参赛资格和道德品行提出质疑。下午，在赛马场背后的运动场举行"裸体竞技"中的五项全能的比赛，包括赛跑、

---

① 即由主办赛会的伊利斯的十个部落中选出的十人组成的裁判团，全盘负责赛会的组织和裁判工作，具有绝对的权威。

② Pausanias, *Description of Greece*, V. ELIS I, xxiv. 7 – 10, with an English Translation by W. H. S. Jones and H. A. Ormerod, Harvard University Press, Loeb Classical Library, 2006.

跳远、标枪、铁饼和摔跤。当天晚上，在佩洛普斯神庙举行祭祀英雄佩洛普斯（Pelops）的仪式，可以看作宙斯大祭的前奏。

赛会的第三天是"月圆之日"（panselions），宗教祭祀活动将达到高潮，赛会的参加者从一大早就开始了穿越圣域的大游行，各城邦的使节们会拿出家乡最好的金银器皿和美食来款待奥林匹亚的客人，游行的核心部分是伊利斯人在"宙斯神庙"附近的锥形大祭坛举行的百牛大祭，这些牲口被杀死之后，不能食用的骨头被放到祭坛上燃烧，其烟被宙斯享用，鲜美的牛肉则由参加活动的众人所分食。这是东道主为客人们献出的最大的盛宴，当天下午，举行少年组的赛跑、摔跤和拳击三个"裸体竞技"项目的比赛。

赛会第四天举办各项成人组的"裸体竞技"，比赛项目包括赛跑、摔跤、拳击和希腊式搏击等，最后一项是重装赛跑。赛事结束后，一些失败者整理行装，陆续离开，但多数人会留下来，等待参加最后一天举行的隆重的"授冠仪式"。

在赛会的最后一天，所有的优胜者都聚集在"宙斯神庙"的前面，在希腊裁判的主持下，举行授予橄榄桂冠的仪式。这些用于编制桂冠的橄榄枝非同一般，必须采自宙斯神庙后面的一片野生橄榄林（其果实不能食用），由一位父母健在的12岁男童用一把金质的镰刀砍下，编好后事先存放在赫拉神庙中的一张用黄金和象牙做成的特制的桌子上面。"授冠仪式"简单而隆重，传令官在众人面前宣布优胜者的名字、其父的名字及其所在的城邦，优胜者们身披缎带，在希腊裁判面前一一走过，接受象征最高荣誉的桂冠，这是所有希腊人梦寐以求的最光荣的时刻，"人们普遍相信，优胜者是神的宠儿，其胜利离不开神灵襄助，授予橄榄冠的仪式是人神之间神秘交流的象征"。[①] "授冠仪式"结束之后，优胜者们还可以在主席厅享受一次伊利斯人举办的盛大宴会。不过，"授冠仪式"并不是赛会的最后一项仪式，在优胜者回到家乡的时候，除了可以获得城邦提供的终身的免费食物之外，还会得到家乡父老的隆重欢迎，这就是优胜者们凯旋的"入城仪式"（eiselasis），在希腊文中，这个词本

---

① 王以欣：《神话与竞技——古希腊体育运动与奥林匹克赛会起源》，第66页。

身的意思就是"进入"或"入口"。

在这里，我们还要重点说一说既是仪式又是比赛的两种活动。在众多的"裸体竞技"项目中，"单程赛跑"（*stadion*）既是最古老的比赛项目，也是最重要的比赛项目之一。在第 13 届奥运会举办之前，单程赛跑一直是唯一的比赛项目①。后来，希腊人就是用单程赛跑的优胜者来命名"奥林匹亚年"（Olympiad），因而使 250 多个短跑运动员得以名留青史。据历史记载，这个最古老的赛跑项目，起初可能与点燃宙斯祭坛圣火的仪式有关。选手们站在克洛诺斯山上或东面的大约 200 米处，起跑号令一响，大家就争先恐后地向祭坛冲去，最先到达祭坛的选手会从裁判手中接过火炬，点燃祭坛上的祭品，因此，早期的跑道就设在奥林匹亚圣域中，终点就是宙斯祭坛，后来才移至圣域东面的运动场。② 对此，马克·戈顿认为，单程赛跑起初就是一场通向神灵祭坛的比赛，比比看谁第一个到达祭坛，它本身就是一个献祭仪式，而比赛者本身也就扮演了"献祭者"和"牺牲"的双重角色。③ 还有学者指出，运动员身上涂油的习俗④、比赛结束后优胜者获得的羊毛缎带（*tainia*）⑤ 以及授奖仪式上的橄榄桂冠，都可以看作这种双重角色的体现。

另外一种带有仪式表演特征的体育竞技项目是火炬接力赛跑。这一古老的运动项目据说是为了纪念为人类盗取圣火的神灵普罗米修斯而设立的。不过，在包括奥林匹克赛会在内的"泛希腊赛会"中并没有设立这个项目，一般在地方赛会中举行，如在雅典举办的"泛雅典人节"的赛会上，火炬接力赛跑就是一个非正式的比赛项目，起点是雅典西北郊

---

① 参看本书第二章表三。

② 最初的记载来自菲洛斯特拉图斯（Philostratos）的《论运动》（*On Gymnastics* 5）。转引自 Stephen G. Miller, *Ancient Greek Athletics*, 2004, pp. 94 – 95。另外参看王以欣《神话与竞技——古希腊体育运动与奥林匹克赛会起源》，第 142 页。

③ Mark Golden, *Sport and Society on Ancient Greece*, pp. 17 – 18.

④ 王以欣指出，古希腊人不仅在比赛和训练前在自己的身上涂油，也在宗教仪式上为神像涂油；或许涂油有将自己奉献给神明的意味，"基督"（*christos*）在古希腊文中即指"受膏者"，参看《神话与竞技——古希腊体育运动与奥林匹克赛会起源》，第 341 页。

⑤ 在比赛刚刚结束之后，优胜者就会得到缎带和鲜花。这种用羊毛制成的缎带可以佩戴在头上、胳膊上或大腿上。有趣的是，希腊人也会把这样的缎带佩戴在奉献给神灵的牺牲的身上。

的"学园"，终点是雅典卫城山顶帕台农神庙前的祭坛，参赛者分成 10 个队，代表雅典的 10 个地域部落，每队 40 人，裸体参赛，全程 2.5 公里，途中要保持火炬不灭。① 与单程赛跑相仿，将纯净的圣火尽快地带到祭坛，既可以看作一个神圣的仪式，也不失为一项引人入胜的比赛。古希腊人的这种比赛活动也成为现代奥运会的圣火点燃和传递活动的原型。从以上这两项体育比赛中，我们可以更为深切地体会到古希腊的宗教仪式和体育比赛之间的共生关系。

最后，需要指出的是，希腊赛会中体育竞技活动的这种仪式性特征不仅体现在其举办的过程中，而且，赛会本身就被认为是起源于古代神话或传说中的某种仪式，其中一种广为流传的看法就是赛会起源于葬礼仪式。说到葬礼仪式，最典型的记述就是《荷马史诗》中所描绘的阿喀琉斯为阵亡的战友帕特洛克鲁斯举行的葬礼运动会了。在这里，庄严肃穆的葬礼仪式与气氛紧张热烈的各种体育竞技活动被有机地结合在一起。

二 赛会仪式的"常"与"变"

作为一套程式化的象征性行为，仪式既具有十分明显的重复性和稳定性，也会随着时间的推移而发生种种变化。古希腊的宗教仪式以及带有强烈的仪式性特征的古希腊赛会也体现出了这种"常"与"变"的统一。

首先，我们来看一下希腊赛会仪式的稳定性。上文讲到，从一开始，古希腊人就把带有健身和娱乐目的的竞技体育与庄严的宗教活动结合起来，使之成为一种神圣的仪式行为，附属于葬礼和各种宗教节日，定期举办，"而一旦转化为神圣仪式，各种竞技项目也就随之获得持久的地位，不再随社会生活的需要而变化"。② 从根本上讲，赛会中的仪式与希腊人日常举行的各种宗教仪式活动并没有本质上的区别。说到仪式的稳定性和不变性，法国学者古朗日在《古代城市》中指出，古代希腊人认

---

① 参看王以欣《神话与竞技——古希腊体育运动与奥林匹克赛会起源》，第 147 页。
② 同上书，绪言第 2 页。

为，"必须保持仪礼的丝毫不变。祭祀者的举止、衣冠都必须严守规定，不得有丝毫的改变……牺牲的品种、毛发的颜色、宰杀的方式，甚至刀的形状以及用来烤肉的木材种类等等，所有的一切都因家内宗教或城市宗教的不同、祭祀神灵的不同而有所不同。如果疏忽了祭祀时的仪式，虽有诚心、且献上丰富的牺牲，其祭祀也是无效的。举行圣礼时，哪怕是最小的失误也是一种大不敬。即使是最小的变动也会扰乱、混淆国家的宗教，且会将保护神变成凶恶的敌人。正是由于这个原因，雅典人才会严禁祭司对古代仪式做任何改动"。① 同样，上面讲述的在奥林匹亚赛会上举行的各种仪式也都是古老而悠久的，历时数百年甚至上千年也没有太大的改变。总之，宗教仪式的稳定性也就决定了体育竞技活动的稳定性。

与此同时，我们也要看到，从古风到古典时代，奥林匹亚赛会中具有仪式性特征的体育竞技活动也在发生着一些明显的变化。一方面，祭祀仪式中穿插的体育竞技项目由少到多②；另一方面，赛会中竞技活动的仪式性特征也出现了明显的减弱趋势。如果说前一个变化主要是一种量变的话，那么后一种变化则带有某种质变的性质。也就是说，奥林匹亚赛会中的体育竞技活动的宗教性和神圣性正在逐步减弱，而世俗性和娱乐性则呈现出明显的增强趋势。这种趋势最集中地表现在祭祀场所和比赛场地的逐步分离上面。通过考古发掘，我们发现，在奥运会最初举办的 200 年中，体育场就处于宙斯祭坛的周围，最早的单程赛跑，其终点就是宙斯祭坛本身，也就是说，圣域和体育场是合一的，没有明显的分界。到了公元前 6 世纪，奥林匹亚开始陆续修建包括宙斯庙和赫拉庙在内的新的建筑物，体育场也进行了一定的扩建。这样，举行祭祀活动的神庙和举办体育比赛的场地之间就出现了某种程度的分离。到了公元前4世纪的时候，体育场被彻底东迁到了今天的地方，并修建起了一道柱廊，将

---

① 古朗日：《古代城市：希腊罗马宗教、法律及制度研究》，吴晓群译，世纪出版集团·上海人民出版社 2006 年版，第 197 页。

② 参看本书第二章表三。

圣域和运动场完全隔开了。① 虽然这种分离并不能完全说明体育比赛已经成为一种独立于宗教活动的世俗活动了，但至少表明了宗教祭祀活动和体育比赛的一种明显的分离趋势。此外，随着体育比赛项目的增多，比赛的规则也日益完备，这些规则不但表现出明显的世俗化色彩，而且其制定者和执行者也都是非神职人员。也就是说，从管理和有关人员的职责上看，宗教祭祀活动和体育比赛也是分开的。② 正如有学者所指出的，"希腊体育的世俗化并不是由一种宗教性的活动转变为世俗的，而是越来越集中于它的那些基本要素，即游戏、锻炼和竞技"。③ 总之，从"愉神"到"自娱"成为古希腊赛会中体育竞技活动的一个明显的变化趋势。

　　不过，古希腊赛会中体育竞技活动的这种"世俗性"也不能够过分夸大。阿兰·古特曼在《从仪式到纪录——现代体育的性质》一书中，全面和系统地比较了印第安人的仪式性的原始体育、古希腊赛会中的体育比赛和现代体育三者之间的异同，指出：一方面，古希腊赛会中的体育比赛虽然和印第安人的仪式性体育都带有明显的宗教性特点，但也存在明显的区别，在印第安人的体育运动中，仪式本身比比赛的胜负更为重要，而希腊人的比赛则更看重胜负，因此，其世俗性明显高于前者；另一方面，与现代体育相比，古希腊赛会中的体育比赛最明显的区别和特征就是其带有很强的宗教性与仪式性，它在一个神圣的时间和神圣的地点举办，本质上是一种宗教活动。因此，他认为，"尽管希腊的体育被看作是现代体育的始祖，但是奥林匹亚和德尔斐的体育比赛从文化中更接近它们的那些原始的祖先，而不是我们现代的奥运会"。④ 笔者认为，这一分析是颇有道理的，古希腊赛会中的竞技体育活动一方面已经走出

---

　　① Mark Golden, *Sport and Society in Ancient Greece*, pp. 21 – 23. 另外参看王以欣《神话与竞技——古希腊体育运动与奥林匹克赛会起源》，第 67 页。需要指出的是，比赛项目的增加和观众的增多也是一个不容忽视的原因。

　　② 在伊利斯发现的"圣法"铭文中，有关祭礼的规定和比赛的规则是完全分开的。作为赛会组织者和裁判员的"希腊法官"并不是神职人员，而众多负责宗教事务的祭司也只负责祭祀活动，二者分工明确，各司其职。希腊法官仅仅依据运动员的成绩来进行裁判。参看王以欣《神话与竞技——古希腊体育运动与奥林匹克赛会起源》，第 56—58 页。

　　③ Allen Guttmann, *From Ritual to Record, the Nature of Modern Sports*, p. 23.

　　④ Ibid. , p. 20.

了纯粹的宗教仪式的发展阶段，带有了一些世俗性的特征，而另一方面，它仍旧是宗教祭祀活动的组成部分，与基本上是一种世俗活动的现代体育有着本质的区别。只要以多神崇拜为特点的希腊宗教没有被新的宗教所取代，作为宗教活动的一个附属物的体育竞技活动就会继续举办下去，奥林匹亚赛会的起源、发展和衰亡的历史也证明了这一点。

三　赛会仪式的意义和古希腊宗教的特点

在《人：游戏者》（*Homo Ludens*）一书中，荷兰学者赫伊津哈（Johan Huizinga）把人类的行为分为两类：一类是具有现实目的和实用功能的活动，比如生产活动、进食、性交等；另一类行为则不具有这样的目的和功能，他把这种活动统称为"游戏"，因为"它超出了纯粹的肉体活动或纯粹生物活动的范围……它具有某种意义。在游戏中，有某种超出了生活直接需要并将意义赋予行动的东西'在运作'，一切游戏都意指着这种东西"。[1] 赫伊津哈把"游戏"的范围扩大到人类的政治、法律、文化、艺术以及社会生活很多层面上，甚至把"游戏"看作人类文明的主要基础之一。

按照赫伊津哈的"游戏理论"，人类社会生活的各种仪式无疑也属于"游戏"的范畴，他还指出了"仪式"和"游戏"之间诸多的相似之处，主要包括：都发生在日常生活之外的某个时空当中，有着场所上的封闭性和时间上的限定性；都具有非功利性的特点，不以直接的需求和生理的满足为目的；都是有某种固定不变的规则和秩序的重复性活动；都是带有表演（performance）和扮演（enactment）性质的一套行为。[2] 因此，在他看来，古希腊的仪式和与之伴随的体育竞技活动归根结底都是人类的"游戏"活动的一种。法国人类学家列维·斯特劳斯也说过："仪式就像一场令人心旷神怡的游戏。"[3] 不过，笔者认为，一般性的游戏与希腊

---

① 赫伊津哈：《人：游戏者》，第 1 页。

② 同上书，第 9—14 页。

③ 转引自彭兆荣《人类学仪式的理论与实践》，民族出版社 2007 年版，第 16 页。

赛会仪式之间的区别也是十分明显的，如果说一般性的游戏更注重娱乐性和趣味性的话，那么希腊的赛会仪式则是一种严肃的和神圣的祭神活动，作为仪式衍生物的体育比赛也同样是一项庄严而肃穆的事业。这种差异甚至反映在古今体育活动的用词上面，马克·戈顿指出，现在英文中的"运动"（sports）和"比赛"（games）都带有明显的休闲与娱乐的含义，这种含义是希腊人用来表达"竞赛"的 agon 一词所没有的，因此，在希腊文和拉丁文中，根本找不到像今天的 play the games（"做运动"，也有"做游戏"的意思）和 good sports（"运动健将"）这样的说法。① 实际上，不仅是希腊的赛会仪式，人类所有的宗教仪式都带有这种严肃性和神圣性的特点。

在本章的开头，我们提到，人类的宗教活动大致包括两个部分，即"信仰"和"仪式"，二者侧重点不同，但缺一不可，且相辅相成，如果说宗教是一枚硬币的话，那么"信仰"和"仪式"则构成了硬币的两面。总的来说，"信仰"是"仪式"的根据、前提和基础，而"仪式"则是"信仰"的展示、实现和外化。通过"手段与目的并非直接相关的一套标准化行为……仪式的真正意义在于表达一种愿望、一种企图、一种对人生意义终极关怀的追求"。② 因此，归根结底，仪式是一个社会群体的价值观念的重要反映，正如莫妮卡·威尔逊所说："仪式能够在最深的层次揭示价值之所在……人们在仪式中所表达的，是他们最为之感动的东西，而正因为表达是囿于传统和形式的，所以仪式所揭示的实际上是一个群体的价值。"③ 对于希腊人来说，能够参加奥林匹克赛会并取得优胜是获得神灵的恩宠和实现自身价值的重要途径之一，正是通过赛会中的仪式以及带有仪式性特征的体育比赛，他们可以通过模仿诸神④而向神靠近，

---

① Mark Golden, *Sport and Society on Ancient Greece*, Preface, xi.

② 李亦园：《说仪式》，载《宗教与神话》，广西师范大学出版社 2004 年版，第 36—37、48 页。

③ 转引自维克多·特纳《仪式过程：结构与反结构》，黄剑波、柳博赟译，中国人民大学出版社 2006 年版，第 6 页。

④ 古希腊人认为，奥林匹斯众神大多是十分热爱体育运动的，有很多这方面的传说和故事，在雕塑和瓶画等艺术品上也经常出现这样的场景，有学者甚至认为赛会中的体育竞技活动最初就是起源于对诸神的模仿。

与神交流，实现追求"卓越"（arete）[1] 的人生理想。这才是希腊赛会仪式中的体育竞技活动背后的价值和意义所在。

最后，通过赛会中的带有仪式性特征的体育竞技活动，我们也可以从中透视出古希腊宗教的特点，那就是它是一种偏重于"仪式"而非"信仰"的宗教，是一种行动的宗教。法国学者古朗日在谈到古今宗教的异同的时候指出，"对于今人而言，宗教是一套教义、与上帝相关的学说以及与人类自身及周围世界有关的信仰符号。对古人而言则意味着仪式、节庆和种种外在的祭祀行为。教义不是为他们所重视的，行为才是最重要的"。[2] 从中道出了古希腊宗教的特点。不过，需要指出的是，"仪式"和"信仰"的划分是现代宗教学创立之后的产物，在古代的宗教中，二者并没有明确的界限，往往是混合在一起的。此外，在这里之所以使用"偏重"一词，旨在说明各种宗教的不同也只具有相对的意义，即注重"信仰"的宗教也不缺乏与之相伴的"仪式"，而注重"仪式"的宗教也必然以背后存在的"信仰"为依托。笔者认为，对于世界历史上的各种宗教而言，这种"偏重"也只关乎不同，而非高低。

---

① 米勒指出，在希腊文中，arete 一词的道德含义是与 hubris（傲慢）相对应的，经常被使用在体育运动的语境中，用来描绘运动员，常常被翻译成 excellence（卓越）或 virtue（美德），带有严格意义上的体育内涵。参看 Stephen G. Miller, *Ancient Greek Athletics*, pp. 236–238。

② 古朗日：《古代城市：希腊罗马宗教、法律及制度研究》，第 196 页。

第 五 章

现实与理想之间

——古希腊体育竞技中的裸体习俗探析

古希腊人的竞技体育运动被认为是把希腊人和非希腊人区分开来的"希腊性"（Greekness 或 Hellenicity）的重要标志之一，在这种社会活动中，裸体竞技是其独特性的最重要的体现，这种前无古人、后无来者的风习，既让同时代的其他民族感到震惊和不能接受，甚至在整个人类文明史上也堪称独步。正如有学者指出的那样，"穿得少"与"裸体"之间有着本质的差别①，而且，裸体本身对体育运动来说也并不是一种必需的前提条件。那么，古希腊人的这一风俗是如何起源的？他们为什么要采取这样一种竞技体育的方式？它对希腊人到底意味着什么呢？

对希腊生活和艺术中的"裸体问题"真正意义上的理论探讨开始于18 世纪，其中，温克尔曼（Johan Joachim Winckelmann，1717—1768）和黑格尔（Georg Wilhelm Friedrich Hegel，1770—1831）最先把古希腊的裸体习俗当作一个问题来看待，并且从美学的角度提出了自己的解释。到了 19 世纪下半叶，在布克哈特（Jacob Burckhardt，1818—1897）和尼采（Friedrich Wilhelm Nietzsche，1844—1900）重新"发现"了古希腊赛会的重要性和价值之后②，一直到今天，学者们纷纷从希腊人的现实生活出发，对希腊竞技体育中的裸体风俗的起源和历史发展钩沉索隐，并试

---

① Andrew Stewart, *Art*, *Desire and Body in Ancient Greece*, Cambridge University Press, 1977, p. 31.

② 参看奥斯温·穆瑞为布克哈特的《希腊人和希腊文明》所撰写的"序言"。

图从历史学、宗教学、社会学、伦理学、哲学和美学等角度对这一独特的社会风俗产生的原因、意义和内涵作出解释。其中，争论的一个焦点问题是，这种风俗是一种现实生活，还是只是一种带有象征性质的理想？本章将从相关的历史资料和已有的研究成果出发，从"裸体竞技"本身的特点及其独特性、"裸体竞技"的历史起源以及"裸体竞技"的意义和内涵三个方面，对这种社会风俗作出一些尝试性的探讨。

一 "裸体竞技"本身的特点及其独特性

在古希腊文中，"体育馆"（*gymnasion*）一词的词根就是"裸体"（*gymnos*），现代英文中的 gymnasium（体育馆或健身房）就由此而来。"体育馆"被称为"裸体的地方"，而不是诸如"跑步的地方"，这本身就反映了希腊人对"裸体竞技"风俗的一种广泛的接受与认同。唐纳德·库勒指出，古希腊竞技有两个最显著的特征，第一是"裸体"，第二是"领奖"。① 不过，在希腊，裸体参加比赛与其说是一种带有普遍性的和无条件的做法，不如说在"语境"（context）上有着极其严格的限定性。首先，并不是所有的竞技比赛都是需要裸体上阵的。在希腊的赛会中，比赛分为两大类：一类被称为"裸体竞技"（*gymnikos agon*），包括跑步、投掷、跳远、摔跤、拳击等项目，即今天的体育比赛；另一类被称为"马赛"（*hippikos agon*），即各个种类的车马比赛。在这两类比赛中，裸体上阵的仅限于前者，后者是无须裸体的。② 其次，在各种正式的赛会中，"裸体竞技"的参加者，甚至观看者也只限于未成年和成年的男性③，女性，尤其是成年女性是禁止参加的。最后，在"裸体竞技"中，跑步项目不仅是最早采用裸体方式的，而且始终都是最纯粹的裸体比赛项目，有一些特殊的体育项目还是需要佩戴一些防护用具的。④ 以上的这些特点都可以得到文献记载和实物资料的确证。因此，对希腊竞技中的

---

① 转引自王以欣《神话与竞技——古希腊体育运动与奥林匹克赛会起源》，第358页。

② 在古希腊，驾驶马车的传统服装是长达膝盖的束腰外衣（*tunic*）。

③ 在希腊的赛会中，除了成年组的比赛外，一般还会设立未成年组的比赛。

④ 比如在拳击和搏击比赛中，有时需要佩戴腰带，还有皮帽和护耳。

"裸体问题"的研究，我们始终不能够离开上述种种"语境"上的限定，甚至可以说，对这些限定背后所蕴藏的含义的发掘和解释，正是理解这种风俗的关键，对此，我们将在下文中作出详细的阐述。

说到希腊"裸体竞技"的独特性，我们可以从纵向和横向两个方面来讲。从体育运动的历史上来看，希腊人并不是最早进行体育活动的民族，在希腊人之前，两河流域和埃及已经留下了体育运动的记载，但在这些活动中，"既没有平等人之间竞技的观念，也没有与希腊相一致的那些比赛项目，更为明显的是，那些看上去在进行体育运动的人是穿着衣服的"。[1] 在希腊，"裸体竞技"也并不是一种古已有之的传统。在克里特时代的斗牛运动中，斗牛者是穿衣服的。在荷马时代的竞技比赛中，参赛者也需要穿戴一种保护生殖器的"缠腰布"（*perizoma* 或 *diazoma*）。从现有的文献资料和艺术作品来看，"裸体竞技"大致上肇始于希腊的古风到古典时代的某个地区，此后才成为一种所有希腊人都普遍接受的社会风俗。在希腊化时代，希腊式的"裸体竞技"运动也随着希腊文化传播到了地域广阔的东方地区。在希腊文明衰亡的过程中，罗马人开始崛起，并且全面接纳了希腊的文明成就，但是，"希腊式的体育运动却不那么受欢迎和不那么成功，原因就在于罗马人对裸体的极为排斥"。[2] 这种排斥一直持续到了帝国时代。公元前 1 世纪的罗马建筑家维特鲁维（Vitruvius）在设计理想的体育场的过程中，专门考察了奥林匹亚的遗存，但在实际的设计中，完全没有提到"脱衣间"（*apodyterion*），米勒指出，这可能就反映了罗马人对裸体的偏见。[3] 罗马人对"裸体竞技"的抵触还体现在对希腊人过分重视身体上的优美的反感上，甚至贬斥希腊人"女里女气"。[4] 在此后的历史中，希腊人的这种习俗也没有再出现在体育比赛当中。直到今天，"裸体竞技"仍旧是古希腊体育和现代体育比赛之间最明显与最惊人的区别。

---

① Stephen G. Miller, *Ancient Greek Athletics*, p. 20.

② Ibid., p. 201.

③ Ibid., p. 178. 另外参看维特鲁维《建筑十书》，高履泰译，知识产权出版社 2010 年版，第 151—153 页。

④ Allen Guttmann, *From Ritual to Record, the Nature of Modern Sports*, p. 24.

　　从横向上讲，当时的人十分有限的记述也说明了这种风俗的独特性。正是在与外族人的接触、交往和战争中，希腊人第一次获得了民族的认同感，并认识到了自身的独特性，体育竞技和各种赛会的定期举办就是这样的"发现"之一。虽然在希腊之前，埃及已经有了关于体育运动的记载，但到埃及游历的希罗多德却惊讶地发现埃及只有一个赛会，而且还是从希腊人那里传过来的。[①] 在希波战争中，"像其他蛮族族人一样，波斯人对公开裸体深表震惊。在希腊人看来，这种风俗则当然是至高无上的"。[②] 那么，这种"至高无上"是如何体现出来的呢？有学者解释说："在希腊人看来，裸体是为了使运动员充分展示出他们控制身体的能力，与此相反，蛮族人必须穿衣服以避免引起别人的注意，从而暴露出自我控制能力的缺乏。"[③]

　　可以说，体育赛会的定期举办是使希腊人从当时的地中海周边各个民族中脱颖而出的主要参照物之一，而希腊体育赛会的最独特的一面恐怕就是"裸体竞技"的风俗了。它不仅在希腊人和非希腊人之间，也在希腊人内部制造出了各种无形的分界。一方面，希腊人竞技，非希腊人没有竞技，希腊人参加，非希腊人不能参加，希腊人"裸体竞技"，这是其他邻近的民族所无，甚至所厌恶的；另一方面，在希腊人内部，公民可以参加，奴隶和外邦人不能参加，且只限于成年和未成年的男性，而非女性。只有把"裸体竞技"的风俗放到这样一种民族、社会、性别和文化分界的大背景中，我们才能够对它作出历史的和恰当的理解与解释。

---

　　① 原文如下："埃及人反对采用希腊人的风俗习惯，简单地说，他们是反对采用任何其他民族的风俗习惯的。这种想法在全体埃及人中间是很普遍的。但是，在底比斯诺姆，在尼阿波里斯附近的一个叫做凯密斯大城市，有一座供奉达奈的儿子柏修斯的四合院……在院子里有一座神庙，神庙里有柏修斯的神像……在崇拜柏修斯的时候，他们采用了希腊的仪式。在节庆活动的时候举办包括各种竞赛在内的竞技会，奖品为家畜、外衣和皮革。我调查过此事，询问过凯密斯人，为什么柏修斯只在他们这里现身，而不在埃及的其他地方现身；为什么他们要举行竞技比赛，而与其他埃及人有所不同。他们回答说，因为柏修斯就出身于他们这座城市……他们说，柏修斯命令他们举办竞技会以纪念他，这就是他们保持这个习俗的原因所在。"希罗多德：《历史》，II. 91，徐松岩译注，上海三联出版社 2008 年版，第 110—111 页。

　　② Mark Golden, *Sport and Society on Ancient Greece*, p. 67.

　　③ Ibid.

二　"裸体竞技"的历史起源

在对"裸体竞技"的意义作出分析之前，我们先对希腊人现实生活中的裸体，尤其是体育竞技中的裸体现象进行一些历史的考察。

对于希腊人现实生活中的裸体，有人把这种情况的出现划分为两类：一是在私人生活中，裸体仅局限在会饮的过程中；二是在公共生活中，只有两个场合是允许裸体的，即洗浴和运动。总的来看，在会饮和洗浴的场合里，基本上属于私人性质，或者是隔离的，自然而然也就无可厚非，而体育竞技中的裸体则是公开的，因而是一种人为的设置。关于体育运动中的裸体的起源问题，由于资料有限、模糊和前后不一致，学界一直充满了争议。①

前文说到，荷马时代的英雄们参加体育比赛都是穿"缠腰布"的。对于什么时候开始裸体竞赛，一个被希腊人普遍接受的看法是开始于公元前720年的第15届奥林匹克运动会。据说麦加拉人奥尔西普斯（Orsippus）在参加"单程赛跑"时突发奇想，觉得不穿缠腰布可以跑得更快一些，于是裸体参赛，最终真的赢得了第一名②，于是后人群起模仿，遂成此俗。实际上，这种看法是基于在麦加拉发现的一篇铭文，内容是生活在公元前7世纪到前6世纪的诗人西蒙尼德的一首诗，后来，鲍桑尼阿斯也记载了这件事，是因为看到了这个材料。与这个说法接近的还有哈利卡那苏斯的狄奥尼修斯的看法，他认为第15届奥运会上的"双程赛跑"冠军斯巴达人阿堪托斯（Acanthos）是此种做法的开创者。此外，还有人认为奥尔西普斯不是麦加拉人，而是斯巴达人，不是第15届奥运会。而是第14届，且不是为了快跑故意脱掉缠腰布的，而是不小心滑落的。甚

---

① Andrew Stewart, *Art, Desire and Body in Ancient Greece*, pp. 26 – 27.

② 原文如下："在科洛布斯附近埋葬着奥尔西普斯，他以裸体跑步的方式赢得了奥林匹亚赛跑的优胜，当时他的其他的竞争者都根据古代的风俗穿着缠腰布……我自己的看法是，在奥林匹亚，他是故意地让缠腰布从他的身上滑落的，因为他认识到了一个裸体的人比一个穿着缠腰布的人跑得更轻松一些。"Pausanias, *Description of Greece*, 1. 44. 1, Loeb Classical Library, Harvard University Press, 1918, p. 237.

至还有人说，这种习俗实际上源于一次事故，奥尔西普斯不慎被缠腰布绊倒致死，于是此后就规定运动员全裸参赛。① 看来，这些说法不仅存在差别，而且看上去都有一些传说的成分。② 不过，有一点是共同的，即这种风俗的起源可能与赛跑项目的关系最为密切。

关于"裸体竞技"的起源，在文献中有两条比较明确的记载。修昔底德指出：

> 拉栖代梦人是最早按照近代的风尚身着简便服装的，富人也尽可能地按照平民的方式生活。他们也是最早开展裸体竞技运动的，公开地脱掉衣服，在裸体运动后用橄榄油遍擦身体。此前，就是在奥林匹亚竞技会上，参赛选手也要系一条腰带；就在数年以前，这种习惯才被摒弃。现在，在某些蛮族人尤其是亚细亚的异族人当中，当悬赏进行拳击比赛和摔跤比赛时，选手们也要系这种腰带。还有很多其他特征可以说明古代希腊世界的生活方式和现在的蛮族人是相类似的。③

无独有偶，在《理想国》中，柏拉图在谈到女子的体育教育时，也说到了这种风俗的起源问题，其记述如下：

> 回顾一下希腊人，在并不太久以前，还像现在大多数野蛮人那样，认为男子给人家看到赤身裸体也是可羞可笑的呢。当最初克里特人和后来斯巴达人开始裸体操练时，你知道不是也让那个时候的才子派的喜剧家们用来开过玩笑吗？……但是，既然（我认为）经验证明，让所有的这类事物赤裸裸的比遮遮掩掩的要好，又，眼睛

① 以上说法参看王以欣《神话与竞技——古希腊体育运动与奥林匹克赛会起源》，第156—157页。

② 保罗·克里斯特森通过对优胜者名录的比对和研究，对这种习俗的起源时间进行了梳理和分析，参看 Paul Christesen, *Olympic Victor Lists and Ancient Greek History*, pp. 353 – 359。

③ 修昔底德：《伯罗奔尼撒战争史》，I.6，徐松岩译注，第39页。

看来可笑的事物在理性认为最善的事物面前往往会变得不可笑。①

从这两段材料中可以看出，两个人都认为，这种习俗起源的时间与他们生活的时代相距不远，而且都给予了这种习俗以正面的肯定，认为它是使希腊人超越于蛮族人的一种严肃的和有意义的社会风尚。二者的分歧也很明显，就是修昔底德认为此风源于斯巴达，而柏拉图则认为开始于克里特，后来才传到斯巴达。不过，这两条文献还是可以证明，这种风俗不仅在现实中是存在的，而且在古典时代已经普遍为人们所接受了。这样的话，就起源时间而言，他们所说的起源于不久之前的说法就与上述的起源于公元前 720 年的传说存在着较大的差距了。

我们知道，希腊的裸体艺术与"裸体竞技"存在着十分密切的关联，那么，包括雕塑和瓶画在内的艺术品中的裸体的出现时间又能够为我们提供什么线索呢？就雕塑而言，在公元前 600 年之前，还没有以真人为摹本的雕像，但在这以后就出现了大量的所谓"青年男子像"（kouroi），这些雕像虽然在姿态和技法上带有明显的埃及风格，但有一个十分明显的突破，就是希腊的"青年男子像"都是裸体的，而且也更为写实。这场革命也几乎同时出现在希腊的瓶画上，不论是"青年男子像"，还是瓶画上的裸体运动的场面，都可以看出，这些作品的模特和主要参照物正是现实中进行"裸体竞技"的运动员。② 不过，有学者指出，瓶画上出现的裸体最早的可以追溯到公元前 650 年，仅公元前 6 世纪出现在瓶画上的"裸体竞技"的场面就超过了 800 幅，但与此同时，有一些年代为公元前 6 世纪最后 10 年的陶瓶上的确描绘了系有缠腰布的运动员，似乎又可以印证修昔底德的说法。③ 虽然科林斯和阿提卡的瓶画上普遍出现"裸体竞技"分别是在公元前 570 年和公元前 550 年前后④，但还是要比修昔底德的说法早了很多。对于这种时间上的差距，有人认为，修昔底德说了假

---

① 柏拉图：《理想国》，452C－D，郭斌和、张竹明译，商务印书馆 1986 年版，第 182 页。
② 需要指出的是，不论是雕塑还是瓶画，从古风到古典时代，女性裸像不但出现的时间较晚，而且数量很少，在技法上也远远落后于男性裸像。
③ Mark Golden, *Sport and Society on Ancient Greece*, p. 66.
④ Andrew Stewart, *Art, Desire and Body in Ancient Greece*, p. 33.

话，他是要以此适应古典时代由奢入俭的需要。① 也有人提出，希腊艺术中的裸体可能要早于运动比赛中的裸体。② 看来，就起源时间而言，艺术品中对"裸体竞技"的描绘与文献的记载不但存在着较大的时间差，而且学者们就其是否反映了现实的情况也存在着不同的认识。

其实，任何一种习俗都不是一夜之间形成的，而是经历了从一时一地到普遍为人们所接受的发展过程，就像古希腊奥运会的起源一样，"裸体竞技"的起源也充满了很多未知的因素，但这并不妨碍我们对这种习俗本身的了解和认识。大致说来，从公元前 6 世纪开始大量出现的雕塑和瓶画上的裸体运动员与竞技场面，还是为这种习俗的现实存在提供了明证，艺术家们正是在对体育运动中的人体进行大量观察和研究的基础上，才创作出如此生动形象的人体艺术作品。尽管我们仍然难以确定其起源的具体时间，但可以肯定的是，到了古典时代，"裸体竞技"已经发展成为一种被希腊人普遍接受的风俗，从而把他们自身与所谓的"蛮族人"分开，成为希腊人引以为豪的一种社会活动。

三 "裸体竞技"的意义和内涵

与"裸体竞技"的起源问题相比，其意义和内涵更为重要，也更加引人关注。希腊人为什么要采用裸体的方式进行体育比赛？对于这个问题，近代以来，历史学家、宗教学家、社会学家、哲学家和美学家们纷纷从各自的角度进行了全方位的解释，尽管有些"事后诸葛亮"的味道，且不乏牵强的"过度诠释"，但还是极大地深化了我们对这种独特的社会风俗的认识。应该说，除了希腊温和的气候提供了一种外部条件之外，"裸体竞技"运动的形成是许多种因素共同作用下的产物。下面我们就分别从"裸体竞技"与古希腊的宗教、社会、政治和哲学的关系四个方面，

---

① Andrew Stewart, *Art*, *Desire and Body in Ancient Greece*, p. 33.

② Ibid. , p. 25.

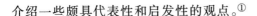

介绍一些颇具代表性和启发性的观点。①

（一）"裸体竞技"与宗教

古希腊的赛会不论从起源还是从举办过程来看，都带有很强的宗教性，可以说，赛会本身就是希腊各种宗教节日的衍生物和附属品，这是古代的奥运会与现代的奥林匹克运动最大的不同点。② 因此，人与神之间的交流和沟通也就成为古希腊赛会的主题与必不可少的内容，其中，"裸体竞技"也被披上了种种神圣的色彩。

首先，有学者指出，运动员裸体参赛以及遍身涂油本身就可能具有宗教仪式的特征，赤身裸体的运动员因而以这种非同寻常的方式扮演了"献祭者"和"祭品"的双重角色。③ 据研究，最古老的同时也是最早采用裸体方式的运动项目"单程赛跑"，其本身就是由点燃宙斯祭坛圣火的仪式发展而来的。④ 从品达为比赛的优胜者们所写的凯歌可以看出，在比赛中获胜的运动员都被认为是得到了神的恩宠，常常被说成是神话中曾经进行同一种运动的神灵或某位英雄的后代。为了表达对胜利者已经从凡人中脱颖而出，克服了衰老和死亡向神靠拢的不朽业绩，除了凯歌之外，胜利者的另一项殊荣就是可以得到只有神才能够享有的塑像的荣耀。这些雕像或者作为神庙的附属物和装饰物，或者摆放在各大赛会的举办地，供人们膜拜和欣赏。有趣的是，希腊的神像，尤其是男神的雕像，也始终大多采用裸体的式样，而且都是身材健美或者就是处在运动中的

---

① 在学者们对"裸体竞技"的意义所进行的种种阐发中，笔者认为，这四个方面的解释是其中最能够自圆其说的，也是比较有说服力的。当然，除此之外，有人还试图从青少年的成年仪式与教育、性爱等角度对这种风俗进行解释，参看本书的第九章和第十章。毫无疑问，不仅体育运动中的裸体可以激发同性或异性之间的性的吸引，就连体育和比赛本身也不乏性的意味和面相，古希腊的体育运动也不例外。对此，阿兰·古特曼在他的《体育运动中的性爱》一书中对从古至今的体育运动中所含有的性爱的因素进行了全面的梳理和分析。参看 Guttmann，Allen，*The Erotic in Sports*，Columbia University Press，1996。

② 参看本书第三章和第四章。

③ 王以欣指出，古希腊人不仅在比赛和训练前涂油，也在宗教仪式上为神像涂油；或许涂油还有将自己奉献给神明的意味，"基督"（christos）在古希腊文中即指"受膏者"，参看《神话与竞技——古希腊体育运动与奥林匹克赛会起源》，第 341 页。

④ 参见王以欣《神话与竞技——古希腊体育运动与奥林匹克赛会起源》，第 142 页。

运动员的样子。原因在于，"希腊艺术追求的是制造出一个完美的人的抽象的形象，它植根于经验的观察，但却去除掉了人类的生存状态中的不那么合乎要求的方面。裸体的神代表了这种理想的完美的典型"。① 在这里，人和神之间形成了一种交相辉映的关系：一方面，神的形象就是一个集中了凡人的所有优点的完美的人；另一方面，人也可以通过身体的锻炼和自身的塑造而接近于神灵。正是在这种宗教热情的驱动下，古希腊的竞技者们脱掉衣服，裸身上阵，这既是对神灵的模仿，也为竞赛本身赋予了神圣的光辉。

对此，美术史家克拉克比较了古希腊的体育与现代英国的体育以及中世纪骑士的竞技活动的异同，他指出："从裸像研究的角度看，古希腊的竞技运动与英国的有极大的不同，并不单单是因为希腊运动员不穿衣服（虽然这并不具有真正的重要性），而是因为有两种强大的激情支配着古希腊运动员，而我们的运动会中却没有这种激情：宗教的奉献和爱。这种激情使肉体美的崇拜变为崇高的，并带有一种从未体验过的销魂感。希腊运动员以一种与中世纪骑士类似的诗意般的、勇武的精神，在他们所爱的人们面前比赛，在竞技场上角斗。中世纪的竞技者是以闪光的、象征性的奖章来表达他们的自豪和虔诚；然而在古代运动会上，这种自豪和虔诚全都集中在一个物体上：赤裸的身体。"② 在这段话中，通过古今对比，克拉克揭示出希腊"裸体竞技"背后的宗教内涵和意义。

（二）"裸体竞技"与社会

上文提到，在希腊，"裸体竞技"活动的参加者仅限于男性，不论是各大泛希腊赛会，还是城邦本身的赛会，都是严格禁止女性参加的。这种限制在裸体艺术上也得到了充分的体现，从公元前 8 世纪开始的艺术主流是，在希腊人所描绘的自身的形象中，只有男人是裸体的，女人是

---

① Andrew Stewart, *Art*, *Desire and Body in Ancient Greece*, p. 28.

② 肯尼斯·克拉克：《裸体艺术——理想形式的研究》，吴玫、宁延明译，中国青年出版社1988年版，第25—26页。

穿衣服的。① 其原因在于，在希腊的城邦制度下，拥有公民权的成年男性垄断了包括政治、经济、文化和宗教等权利在内的几乎所有权利，制度化的男性统治权是社会生活的基础。女性居家，与竞技等公共事务无关。在这里，"裸体"也就自然成为男性权力的某种符号和象征。朱龙华指出，希腊人体雕像艺术中占据主流的男性中心的特点，一方面反映出希腊人对人体美的推崇和热爱，另一方面也凸显出希腊社会中不平等的性别观念：

> 希腊人相信人的自身，也就是人的肉体是人的美质体现的主要渠道，推而广之，人体也是神的美质之所系……于是，神像首先是男性神像必须采用裸体来表现，从此裸体雕像就具有了神圣意义。天神宙斯、太阳神阿波罗，以及海神、战神、商神、酒神等无不采用裸体来表现，英雄人物、奥运会冠军的雕像也照例都是裸体。由于裸体被视为神圣高贵，所以最初是不让妇女采用裸体创作雕像的，甚至女神像也多着装。到希腊艺术盛期，这一禁例才开放，有了裸体女神像。②

奥林匹亚是宙斯崇拜的中心，奥运会也就成为男人的节日，除了得墨忒耳的女祭司之外，所有女性，尤其是已婚妇女是严格禁止参加的。一项法律规定，承办奥运会的伊利斯人可以对任何出现在奥林匹亚赛会上的女人发起攻击。③ 据鲍桑尼阿斯记载："伊利斯的法律规定，不允许有妇女出现在奥林匹亚赛会上……不过，他们说，只有一个叫卡利帕特拉的妇女被抓到过……她是一个寡妇，把她自己装扮成一个体育训练员，把她的儿子带到奥林匹亚参加比赛。他的儿子名叫皮西洛多斯，获得了

---

① 需要补充的是，在希腊，虽然也存在着女性自己的节日和体育赛会，尤其是斯巴达的未婚少女也有与男孩子同等的进行体育锻炼的机会，但这些毕竟是地方性的、例外的和非主流的。女性的裸体雕像不仅发展较晚，而且很少处在体育竞技的"语境"中，在女神的雕像中，只有爱与美之神阿芙洛狄忒经常采用裸体的方式，显然不能够和男神雕像普遍采用裸体形式相抗衡。

② 朱龙华：《艺术通史：文艺复兴以前的艺术》，上海社会科学院出版社 2014 年版，第 153 页。

③ Mark Golden, *Sport and Society on Ancient Greece*, p.132.

胜利，卡利帕特拉于是跳出了训练员的围栏，暴露了她的身份。所以她的性别被发现了，但出于对她父亲、他的兄弟和他的儿子的敬佩，他们所有人都在奥林匹亚获得过优胜，他们放了她，使她免于惩罚。但是通过了一项法律，从此以后，训练员入场之前也要脱光衣服。"①

因此，这样一种"裸体竞技"的习俗使赛场成为包括勇敢、力量、速度和适度在内的男性品质得以展现的舞台，其主题就是实现了"阿瑞特"（arete）（即"卓越"或"美德"）②的男人。正如克拉克所言："对于公元前5世纪的希腊人来说，人体意味着一套价值观。它的克制、平衡、谦虚、比例和其他一些东西既可以用于伦理学范畴，也可以用于美学范畴。"③也正是在"裸体竞技"的过程中，希腊人首先发现和欣赏到的是男性的人体之美，裸体的男人可以在"同性爱"的意义上令人兴奋，于是，"在这个风俗中，两个年轻男人间的爱情被认为比异性的爱情更崇高，更符合自然"④，这样一种性倾向的出现也就不足为奇了。⑤

总之，正是通过裸体与着衣，希腊人重新建立起自身的性别形象，如果说男人的"自然"状态是"裸体"的话，那么一个"真正的"女人则首先是一个"文化"的产物，是由男人塑造和观看的，一个女人必须穿衣，着衣是一个社会化的和适应文化习俗的女人的指标。⑥因此，"裸体"俨然成为某种形式的"外衣"，正如有学者所言，"到了古典时代，裸体已经成为男性公民世俗的'服装'，他们在身体上区别于奴隶，在身体和'服装'上区别于妇女和蛮族人"。⑦从这个意义上讲，男性中心主义的性别权力结构是"裸体竞技"得以产生的最重要的社会基础。学者

① Pausanias, *Description of Greece*, 5, I. VI. 7 - 8.1, Loeb Classical Library, Harvard University Press, 1918, pp. 411 - 413.

② 米勒指出，在希腊文中，*arete* 一词的道德含义是与 *hubris*（傲慢）相对应的，经常被使用在体育运动的语境中，用来描绘运动员，常常被翻译成 excellence（卓越）或 virtue（美德），带有严格意义上的体育内涵。参看 Stephen G. Miller, *Ancient Greek Athletics*, pp. 236 - 238。

③ 肯尼斯·克拉克：《裸体艺术——理想形式的研究》，第32—33页。

④ 同上书，第57页。

⑤ 参看本书第九章。

⑥ Andrew Stewart, *Art, Desire and Body in Ancient Greece*, p. 41. 另外，参看本书的第十章。

⑦ Ibid. , p. 26.

们还发现，在古代埃及和两河流域等其他古代文明的图像史料中，包括国王在内的"高贵者"很少采用裸体的形式，而总是穿着华美的外衣，只有包括劳作中的普通人、奴隶、妓女、仆役、战俘和罪犯在内的"低贱者"才会出现裸体的形象，这种情形与古代希腊人形成了鲜明的对比。[①]

（三）"裸体竞技"与政治

作为古希腊人最重要的和最普遍的社会活动之一，"裸体竞技"的精神与原则也渗透到了城邦的政治生活中，其中，参赛者的平等意识和比赛规则的公平与公正，无疑对希腊的城邦民主制度的产生和完善起到了推动作用。

对此，美国学者米勒进行了全面的阐发。他在《裸体的民主》一文中指出，"裸体竞技"的参赛者有很多是卑微的平民，也只有在"裸体竞技"中，所有的阶级才能够而且确实在同等的前提下展开竞赛，裁判的鞭打是基于是否犯规，而不是贫富。有钱可能有一些优势，但自然的运动天赋并不局限在上层阶级，刻苦训练更为重要。米勒认为，"裸体竞技可以被看成是促进了民主制度形成的消除差别的推动力"。裸体正是服务于这种消除差别的目标的因素，一旦脱了衣服，就很难区分穷人和富人，聪明和笨拙，是贵族、国王还是民主派了。[②] 因此，裸体本身就成为一种最显而易见的平等形式。

与"裸体竞技"相比，希腊赛会中的另一类比赛"马赛"就不同了，参赛者从起点上就有着较高的财产和身份上的要求，且优胜者并不是驾驭马匹或赛车的人，而是其主人。因此，这类比赛也就成为各邦的有钱有势者获取声望和捞取政治资本的舞台。例如，雅典的亚西比德就曾经多次赢得过"马赛"的胜利，他的儿子回忆说："尽管他在自然天赋和身

---

① Andrew Stewart, *Art, Desire and Body in Ancient Greece*, p. 25.

② Stephen G. Miller, "Naked Democracy", in *Polis & Politics*, *Studies in Ancient Greek History*, *Present to Morgen Herman Hansen on his Sixtieth Birthday*, *August 20, 2000*, edited by Peruille Flensted-Jensen, Thomas Heine Nielsen, Lene Rubinstein, Copenhagen University Press, 2000, p. 283.

体力量上并不逊色于他人，但他轻视'裸体竞技'，因为他知道，一些运动员出身寒微，来自蕞尔小邦，教育欠佳，于是把注意力放在养马上，只有最富有者才能胜任此事，非穷人所能企及……"[①] 与他的想法形成鲜明对比的是，苏格拉底在为自己所作的法庭辩护中，曾经把自己比作"裸体竞技"的运动员，与"马赛"的胜利者们区别开来，以说明自己卑微的地位[②]，因为"裸体竞技"对每个人都是平等的和开放的。

对于"裸体竞技"与民主制度的关联，有一些历史现象十分值得注意。首先，据说在希腊最早建立起民主制度的城邦之一克罗顿（Kroton），"裸体竞技"一直是这个城邦的强项，而且，最早使用"平等"（iso-nomia）一词的就是克罗顿的物理学家阿尔卡麦翁（Alkmaion）。在赛会的历史上，克罗顿人多次取得过"裸体竞技"的优胜，但从未有过获得"马赛"优胜的记载，对此，米勒指出，"克罗顿的裸体竞技的众多优胜正是植根于克罗顿人的民主观念"。[③] 其次，通过对阿提卡瓶画上的"裸体竞技"场面的研究，米勒发现，其出现的时间与发展过程竟然和雅典民主制度的盛衰基本吻合。他指出，瓶画上突然出现全套的"裸体竞技"运动员的描绘是在公元前 520 年和公元前 510 年之间，在大约公元前 460 年达到了顶峰，接着就减少了，但在公元前 400 年以后再次盛行，之后又再次减少，在公元前 4 世纪 40 年代的十年中又一次出现了高潮，因此，

---

① Isocrates, *Team of Horses*, 32 - 34, 转引自王以欣《神话与竞技——古希腊体育运动与奥林匹克赛会起源》，第 240—241 页。

② 原文如下："我试图逐个劝说你们不要把实际利益看得高于精神和道德的良好状态，或者更广义地说，把国家或其他任何事物的实际利益看得高于保持它们的良好状态。我这样的行事方式该受到什么样的回报？先生们，如果一定要说自己配得上什么样的回报，那么我得说我应该得到某种奖励，得奖对我来说才是恰当的。一个穷人成为公众的恩人，把时间花在对你们进行道德训诫上，怎样对待他才是恰当的？只能由国家出钱养他，此外没有更恰当的方法。他比奥林匹亚会的胜利者更配得上这种待遇，无论是骑一匹马进行比赛，还是驾两匹马或四匹马拉的赛车。这些人给你们带来了表面上的成功，而我给你们带来了实际上的成功；他们不需要生活费用，而我却需要。所以，如果我严格地按照公正提出对我的恰当惩罚，那么我建议由国家出钱养我。"柏拉图：《申辩篇》，37C - E，《柏拉图全集》第 1 卷，王晓朝译，人民出版社 2002 年版，第 26 页。需要说明的是，按照习俗，在奥林匹亚会上取得优胜的人，可以得到城邦提供的终身免费餐食。对于这样的嘉奖，与富有的"马赛"优胜者相比，出身贫寒的"裸体竞技"的优胜者显然更为需要。

③ Stephen G. Miller, *Ancient Greek Athletics*, p. 233.

这些描绘"裸体竞技"场面的瓶画出现的高峰期恰恰与雅典民主制度的盛期相吻合，他认为，"或许这就是裸体与民主存在直接关联的最明显的证据"。①

另外，我们还要看到，公元前 6 世纪初期既是雕塑和瓶画中开始大量出现裸体艺术的时期，也是四大"泛希腊赛会"中的三个相继创办的时期②，同时也是希腊民主制度最重要的创始时期，比如，建立起雅典民主政治的梭伦改革就发生在公元前 594 年。这些情况的同期出现恐怕绝不仅仅是历史上的巧合，也就是说，"裸体竞技"运动已经在民主制度最初创立的那一代希腊人中开始普及开来了。由此，米勒提出了一个问题："裸体是民主制度的外衣吗？"他的回答是："在民主的配方中，裸体是不可缺少的配料。"③ 不过，我们也要看到问题的另外一面，就是与古希腊的民主制度相仿，体育竞赛中体现的"平等"和"公正"同样存着很大的局限性，公民之间的"平等权利"的实现是建立在十分明显的社会不平等的基础上的，包括奴隶、妇女、外邦人在内的城邦中的大多数人是完全没有这种"平等权利"的。④

（四）"裸体竞技"与哲学

乍看起来，"裸体竞技"似乎与哲学并没有直接的关联，但如果把希腊人的"裸体竞技"与它所开创的西方的裸体艺术传统联系在一起的话，就可以看到两者的密切关联了，由此再反观希腊的"裸体竞技"，就会发现这种风俗实际上从根本上表达了希腊人对人本身的看法以及对理想的人体美的追求。也就是说，在这种风俗的背后，还蕴含着希腊人的哲学思想。近代以来，康德在《判断力批判》中首先提出了只有人体美才具

---

① Stephen G. Miller, "Naked Democracy", p. 284.

② 按照创办的时间顺序，四大"泛希腊赛会"包括：奥林匹亚赛会，创始于公元前 776 年；皮提亚赛会，创始于公元前 582 年；地峡赛会，创始于公元前 581 年；尼米亚赛会，创始于公元前 573 年。

③ Stephen G. Miller, "Naked Democracy", pp. 284 – 285.

④ 参看本书第八章。

有理想美的说法。① 此后，黑格尔也曾经指出，与"吕底亚人和几乎所有的野蛮民族都以被人看到自己裸体为耻"不同，希腊人"在运动会里竞赛时，却把裸体看作是最体面的事"，在雕刻中也经常采用裸像，其原因在于："希腊民族性格的特点在于他们对直接呈现的而又受到精神渗透的人身的个性具有高度发达的敏感，对于自由的美的形式也是如此，这就使得他们必然要把直接呈现的人，即人所特有的受到精神渗透的躯体，作为一种独立的对象来雕塑，并且把人的形象看作高于一切其它形象的最自由的最美的形象来欣赏……所以他们有意地把许多雕像都雕成裸体。"②

近来，法国学者于连在《裸体或本质》一书中，站在东西方哲学和艺术传统的高度，对裸体的哲学内涵做出了深入的思考。他首先坦言，之所以对"裸体问题"进行思考，完全是被这样两种相互对立的传统所激发的，即西方从希腊开始到今天形成了一脉相承和一以贯之的裸体艺术的传统，而"在中国的传统中，我们不只看不到裸体，更激进的是，这个传统到处都诉说着裸体的不可能存在"。③ 在展开自己对这种对立背后的原因的追问之前，他先对法文中的"赤裸"（ *la nudité* ）和"裸体"（ *le nu* ）两个概念作出了区分，指出前者是一种动物性的和欠缺的状态，而后者则是一种超越性的和自足的状态。也就是说，"赤裸"是被迫的和令人窘迫的，而"裸体"则是一种有意为之的行为，有着明确的目标和意义，比如说，动物只有"赤裸"，只有人才有"裸体"。他指出，"裸体"的根本意义在于本质的不变，或"事物本身"（ *res ipsa* ）。④ 也就是说，裸体"在此意味着把所有附加或移植之物去除，不再有覆盖和混合，因此能达到终极的真实，并不再改变；已经达到本质的固定，具有存有学上的价值"。⑤ 这样，他就把"裸体"与追求"本质"和"真实"的希

① 参看弗朗索瓦·于连著《本质或裸体》，林志明、张婉真译，百花文艺出版社 2007 年版，第 149 页。

② 黑格尔：《美学》第 3 卷上册，朱光潜译，商务印书馆 1994 年版，第 157—158 页。

③ 弗朗索瓦·于连：《本质或裸体》，第 9 页。

④ 同上书，第 7、41 页。

⑤ 同上书，第 24 页。

腊哲学和西方哲学的特征联系在了一起，并进一步指出："欧洲艺术之固守裸体，正如其哲学之固守真实；裸体在艺术教学的过程中之具有养成地位，有如哲学中的逻辑。"① 而在中国，与西方的不变的"逻各斯"相对应的"道"则更加注重变化的过程，他认为这就是在中国艺术中裸体从来没有成为一种绘画的类别的原因。另外，他还指出，与西方作为最严肃的题材的裸体艺术不同，虽然在中国、印度和日本的艺术中也存在着一些裸露的身体，但大多是服务于情色目的的"肉体"，而不是"裸体"。②

笔者认为，抛开于连对东西方艺术的比较不谈，他对希腊的裸体艺术与希腊哲学对不变的"本质"和理想美的"形式"的追求之间的密切关联的思考还是十分富有启发意义的。他指出，希腊人并不问哪个事物是美的，而是问美是什么③，这就需要从现实中的和个别的美的事物中抽象出具有普遍性的美的本质和美的法则，在对人体美的探索中，正是体现出了这样一种对理想的和普遍的完美形式的不懈追求。对此，温克尔曼指出，"经常性地观察人体的可能，驱使希腊艺术家们进一步形成对人体各个部位整体比例美的确定的普遍观念，这种观念应该高于自然"。④需要指出的是，希腊的"裸体竞技"运动虽然与哲学之间存在着某种内在的关联，但这种关联与其说是直接的，不如说是间接的。由于篇幅所限，在这里无法展开论述，需要另辟专文加以讨论了。

结　语

曾几何时，人类因为穿上了衣服而与动物界彻底分离，开始进入文明社会。但在后来，生活在地中海东部的希腊半岛、小亚细亚半岛以及附近岛屿上的古希腊人又开始脱掉所有的衣服，投入各种体育比赛当中，在阳光和烈日之下，尽情地展示他们健美的身姿，但这种做法并不是对

---

① 弗朗索瓦·于连：《本质或裸体》，第 17 页。

② 同上书，第 36、41—45 页。

③ 同上书，第 147 页。

④ 温克尔曼：《希腊人的艺术》，邵大箴译，广西师范大学出版社 2001 年版，第 7 页。

动物界的回归，而是一次对人性的新的提升，这种风俗不仅使希腊人得以向他们所崇拜的神灵和英雄靠近，使人性向神性靠近，而且也使他们从周边的民族中脱颖而出，成为古代世界一道独特的风景。虽然由"裸体竞技"所催生出来的裸体艺术在后来的西方文明中被传承了下来，其开创的奥林匹克运动在中断了一千多年之后又得到了复兴，但真正意义上的"裸体竞技"却在人类文明史上成了永恒的绝响。

从以上三个方面简要的分析可以看出，"裸体竞技"运动不仅是古希腊人最独一无二的创造，而且还有着极为丰富的意义和内涵，远远超出了强身健体的目的，是希腊人留给后世的一笔宝贵的精神财富。对于文章开始提出的问题，即希腊人的"裸体竞技"是一种现实的生活，还是仅仅是一种理想，通过上述的探讨，我们现在可以做出一个比较明确的回答了。一方面，"裸体竞技"运动的确是希腊人现实生活中的一个重要的组成部分；另一方面，它也承载着希腊人许许多多的光荣与梦想，通过这样的竞技运动，希腊人得以向他们的神灵致敬，实现追求卓越和获得不朽的人生理想，政治家们从中吸取了养分和精神，力图把平等竞争的理念和公平竞赛的精神贯彻到城邦的政治活动中去，哲学家和艺术家们则试图从中发现了超越于现实存在的永恒的真理和美的法则。对于现实和理想之间的关系，笔者认为，两者之间既有相互排斥的一面，存在着十分明显的差距，也有相互统一的一面，现实构成了理想的来源和基础，甚至可以说理想本身也是一种现实，与此同时，理想并没有仅仅停留在现实的层面上，而是帮助人们设法去超越现实，赋予了人生更多的价值和意义。因此，在"裸体竞技"中，现实和理想之间形成了一种无形的张力，二者既相互依存，又相得益彰，现实中的和艺术作品中的裸体之间形成了一种相互模仿和相互促进的关系，正如温克尔曼所言，在希腊，"竞技场成了艺术家的学校"。[1]

---

① 温克尔曼：《希腊人的艺术》，第 6 页。

第 六 章

"桂冠" 与 "奖金"

——关于古希腊体育赛会的 "专业" 与 "业余" 之争

在现代奥林匹克运动会创始的过程中，曾经出现过一场持续了数十年的关于体育竞技中的 "专业" (professional) 和 "业余" (amateur) 的争论，现代奥运会也由此经历了从倡导 "业余主义" (amateurism) 到 "专业主义" (professionalism) 最终取得胜利的曲折历程。在这个过程中，作为现代奥运会的源头的古希腊的体育赛会始终是这场争论时隐时现但不可或缺的出发点，参与这场争论的既有很多专业的和权威的古典学家，也有以顾拜旦 (Le baron Pierre De Coubertin, 1863—1937) 为代表的大量现代奥运会的倡导者和创办者。值得注意的是，虽然他们在观点上针锋相对，但都自觉或不自觉地把自己的观点建立在了古希腊人的体育运动和比赛的实践活动之上，或者说都以古希腊人的体育赛会为依据，现代的和现实的问题就这样被投射到了遥远的古代。

那么，这场争论是如何产生的？古代希腊的赛会是否真的存在类似于现代奥运会的专业与业余之分？随着专业主义的胜利，虽然这场争论暂时告一段落，但问题似乎依然存在，那就是除了古史被现实的需要而 "现代化" 之外，是否还存在着深层次的原因？通过研究，我们发现，古希腊人的赛会或许没有现代意义上的 "专业" 与 "业余" 之分，但还是带有强烈的 "非功利" 色彩，这一点通过古希腊人的财富观念、职业观念以及伦理道德观念而凸显出来。本章即试图对上述问题做出一些尝试性的探讨和回答，以期获得我们对古希腊体育赛会活动的性质的更为准确和客观的认识。

一 问题的提出:古希腊"专业主义"神话的产生和终结

关于这场争论的缘起,美国学者大卫·C.杨在其发表于 1984 年的题为《业余爱好者是如何赢得奥运会的》的文章中作出了较为全面和系统的述评。[①] 文章开篇,他首先指出,"业余主义本身是一个十分严格的现代概念,诞生在不到一个世纪之前。起初它是作为一种精英主义者的体育体系寻找合理性的意识形态上的手段,这种体系试图把工人阶级阻挡在竞赛之外"。由此可见,"专业主义"与"业余主义"不仅是现代的概念,这个问题本身也完全是一个现代问题,从一开始,其出发点就是现代而非古代。换句话说,它的提出者们在论证之前不仅已经有了明确的观点,即业余主义是体育运动和比赛的核心价值与宗旨,而且也有着旗帜鲜明的现实需要和目标,那就是现代体育应该始终坚持业余主义的原则,把一切与获取金钱有关的"职业主义"排除在体育运动的大门之外。为此,他们不惜把自身的这种原则和理念强加到古代希腊人的身上,同时也为证明自己的观点找到了一个强有力的理论上和历史上的依据。

接下来,杨较为全面和系统地梳理了"业余主义"的倡导者们长达半个多世纪的推行其信条的实践活动和理论建构的历史发展过程,用事实印证了上述的基本观点。应该说,这场现代体育诞生初期的"业余主义运动",一开始就沿着这样现实的(实践的)和学术的(理论的)两条脉络齐头并进,二者之间的关系十分紧密,且互为表里,既相互支撑,也相互促进,势头十分强劲,曾经成为主导的力量,直到 20 世纪中叶之后才逐步退出历史舞台。

先说现实的和实践的层面。杨指出,现代的竞技体育运动诞生在 19

[①] David C. Young, "How the Amateurs Won the Olympics", in *The Archaeology of the Olympics, the Olympics and Other Festivals in Antiquity*, edited by Wendy J. Raschke, the University of Wisconsin Press, 1988. 本章第一节的内容如不单独作注,皆摘引自该文。

世纪初期率先完成工业化进程的英格兰、苏格兰和美国等国家，其主体是英国贵族出身的绅士们及其子弟。当这一时期的体育竞技中开始出现金钱奖励、现金报酬的"职业主义"的苗头时候，就立即遭到了这些资产阶级精英人士的强烈反对，原因在于：一方面，"绅士们发现自己很不情愿与工人们并肩比赛"；另一方面，当这些挣取工资的人进入比赛之后，"他们也难于赢得比赛了"。于是，为了应对这样的新情况，他们打出了反对"职业主义"的"业余主义"的大旗，并在这种原则的指导下组织起会员有限的俱乐部，各种业余体育俱乐部正是在这样的背景下应运而生的。

历史上第一个业余体育俱乐部就是 1866 年在伦敦成立的"业余体育俱乐部"（AAC），杨指出，它的成立宣告了"绅士"和"业余"成为同义语，"职业"则只能意味着"工人阶级"。1880 年，"业余体育俱乐部"被规模更大的"业余体育联合会"（AAA）取代，"业余"也得到了更为明确的界定，即禁止所有体育竞赛中的金钱。之后，这场"业余主义运动"迅速传播到了美国，从前比赛中的现金奖励被金牌所取代，1888 年，美国的"业余体育联盟"（AAU）成立，也禁止一切类型的体育金钱的使用。不过，由于美国的阶级界限远没有英国那么明显，业余俱乐部会雇用职业运动员在其旗下参赛，所以，美国的业余运动很快就濒临破产了。作为现代奥林匹克运动的倡导者和创始人，法国的顾拜旦爵士也始终是这种"业余主义"原则的积极的倡导者和执着的坚守者。1883 年，他到访了英格兰，亲身体验了英国的业余体育运动，回到法国后他如法炮制。实际上，在这场"业余主义运动"正轰轰烈烈地开展的时候，也有人在做着不一样的尝试，只不过影响甚微。例如，早在第一届现代奥运会在雅典举办之前，从 1859 年到 1870 年，雅典就曾经举办过一系列恢复古代奥运会传统的赛事，由于普通人也可以参赛，因而遭到了主流思想的否定和批判，以至于后来被人彻底遗忘了。业余主义原则暂时获得胜利的标志就是 1896 年第一届奥运会在雅典的召开，官方不提供任何奖金，大部分运动员是希腊人。1900 年的第二届奥运会在巴黎召开，由于依然遵循"没有钱的原则"（no money rule），所以只能与同一年在巴黎举办的世界博览会捆绑在一起，赛程长达几个月之久，巴黎奥运会被后人称为

"一场灾难"。此后的现代奥运会艰难前行，直到 20 世纪后半叶才逐步走出了"业余主义"的泥沼，"职业主义"取得了最终的胜利，这种坚守了数十年的指导原则也宣告破产。对于顾拜旦爵士在创办现代奥林匹克运动的过程中对古代希腊的利用及不恰当的"理想化"，曾经担任过国际体育史协会副主席的德国学者曼弗雷德·拉梅尔作出了如下的评价：

> 毫无疑问，如果没有彼雷·德·顾拜旦在十九世纪末期公开地凭借古典模特儿，适当地利用了古希腊文化对欧洲知识界迷人的影响，他很难成功地创立现代奥运会，并使之得到国际公认。然而，在许多方面，法国的贵族以及他们的追随者，没有以公正的客观历史观点来看待古希腊。相反，他们设计出看待过去历史的现代见解和方式，并把这些理想化的见解和方式用来美化自己的教育思想，以取得人们的信任。①

再说学术的和理论的层面。伴随着体育实践中的"业余主义运动"的产生和发展，学术研究中的古希腊"业余主义"神话也应运而生。1875 年，英国古典学家约翰·马哈菲（John Mahaffy）提出，田径运动不够贵族，不适合于绅士。为了证明这一点，他认为古希腊人最初的体育比赛是为了运动而运动的业余表演，只是到了后来才被职业精神腐化了，他因而成为古希腊人持有"业余"体育观点的"希腊业余主义神话"的始作俑者。继马哈菲之后，古典学家佩西·加德纳（Percy Gardner）不但继承了马哈菲的看法，而且有所发展。杨指出，如果说马哈菲并没把希腊体育理想化的话，那么，加德纳则创造出了古希腊业余体育的整个理想化的图景，更有甚者，不但希腊的体育运动被视为"业余"的，而且他还把这种"业余"原则推而广之，认为索福克勒斯是一位"业余"的剧作者，而修昔底德则是一位"业余"的历史学家，古希腊史按照这位英国学者的方式被改写了。然而，加德纳的观点得到了很多人的认可，

---

① 曼弗雷德·拉梅尔：《古代奥运会思想与现代奥运会思想之比较》，刘岳冶译，《体育文史》1987 年第 1 期。

顾拜旦曾经写道，古希腊的奥林匹亚赛会最好的时期就是所有参赛者均来自贵族的时期，他还引用品达和西蒙尼德的诗歌为证，原因就在于这个时期被视为古希腊业余体育的极盛期。

古希腊体育是"业余主义"的源头和典范，这种产生于学术界的观点不但没有受到质疑，其影响反而还在不断扩大，日益成为正统的看法。1895年，美国古典学家保罗·绍瑞（Paul Shorey）在费城论坛上也阐发了加德纳的观点，论证了品达时代的"业余体育"被后来的"职业化"的体育所取代，而导致了希腊体育精神的蜕化的过程。实际上，这种认识在当时的影响并不仅仅局限在古典学专家的范围内，而且似乎成了一种普遍的共识。例如，被认为是古希腊赛会最早的发现者和系统阐发者的瑞士文化史家布克哈特在其去世后于1898年出版的遗著《希腊文化史》中，虽然对古希腊的"竞赛精神"大书特书，赞美有加，但也仅仅把这种精神的全盛期限制在贵族政治占据主导地位的古风时代，甚至把这个时代就命名为"赛会时代"（Agonal Age）。①

继绍瑞之后，英国古典学研究的权威，也被认为是古希腊体育运动史奠基者之一的E. N. 伽丁纳尔（E. N. Gardiner），在20世纪上半叶出版的几本著作中②更为全面和系统地阐述了古希腊体育的"业余"原则与特征，成为这种学术观点最具影响力的阐发者。伽丁纳尔指出，希腊的体育运动，也像英国一样开始于大学和公立学校，古风时代的希腊体育都是属于真正的业余爱好者的，参赛者都来自有地位的贵族。他引用品达的诗歌来证明自己的观点，他这样写道："出身好的年轻人和君主们，受到品达歌颂的人，没有任何钱的驱动，而是受到了对体育和竞赛的纯爱的驱动。"只是到了公元前5世纪末才出现了体育运动的专业化和职业化，于是，"体育越来越成为较低的阶级所垄断的一项活动"，因而，在

---

① 参看雅各布·布克哈特《希腊人和希腊文明》，第225页。

② 从1910年到1930年，伽丁纳尔出版了三本关于古希腊的体育运动和比赛的著作，即《古希腊的体育运动和节日》（*Greek Athletic Sports and Festivals*, Macmillan and Co, Limited, 1910）、《奥林匹亚，它的历史和遗存》（*Olympia, Its History & Remains*, Oxford, 1925）和《古代世界的体育运动》（*Athletics of the Ancient World*, Oxford, 1930），今天仍旧被视为该研究领域的经典和奠基之作。

伽丁纳尔看来，古希腊的体育也就从一个好东西变成了一个坏东西。为此，伽丁纳尔还谴责意大利的两座城市克罗顿和西巴里斯为运动员提供金钱奖励，实际上是杀死了体育精神，而这些邪恶的东西在公元前 6 世纪之前是不存在的。

我们看到，学界的研究也得到了奥运会组织者们的认可和赞同，两条脉络最终汇聚在了现代奥林匹克运动会的举办中。例如，杨指出，1948 年，美国的国际奥委会委员阿福瑞·布隆德奇（Avery Brundage）这样写道："古希腊的奥运会……是严格意义上的业余爱好者的……在很多个世纪里，只要它们继续是业余爱好者的，它们就是重要的和有意义的……然而，逐渐的，滥用和过度发展起来……最初是有趣的娱乐，注意力的转移，是一种消遣，变成了一个买卖……运动会衰落了，失去了它们的纯洁性和高高在上的理想主义……运动必须为了运动的目的。"

与现代奥运会逐步接受了"职业主义"原则并开始了商业化运作大致同步的是，对古代奥运会的"业余主义神话"的全面反思和彻底打破也就是最近几十年的事情。杨在上文中指出："希腊的业余主义的神话渗透到了所有古典时代体育的研究中，即使是最有学术性的著作。十年之前甚至没有一位古典学家质疑它。"按照杨的说法，对业余主义的质疑和反思开始于 20 世纪 70 年代之后。这一时期中比较有代表性的著作就是著名的古史学家 M. I. 芬利与荷兰学者普莱克特共同撰写的出版于 1976 年的《奥林匹克运动会：第一个一千年》。在该书中，作者注意到，在古代希腊，"既不存在对竞争精神和那些充满暴力和血腥的重型项目的批评，也没有对通过运动来挣钱的职业主义的攻击"，原因在于，现代社会中的"职业主义"和"业余主义"的区分在那时是不存在的，"因为所有运动员都期待并获得由于胜利而带来的物质奖励，无论阶级或个人的财产多少。把职业运动员的兴起与贵族垄断的终结联系在一起是现代人对古代记录理解上的一个错误"。[1] 正是在该书的基础上，杨撰写了上述文章，对这个曾经被广为接受甚至在数十年中占据统治地位的古希腊体育的"业余主义神话"进行了彻底的清算。对此，王以欣指出，"杨的观点得

---

① M. I. Finley & H. W. Pleket, *The Olympic Games: the First Thousand Years*, p. 71.

到了学术界的广泛支持，尤其是当国际奥委会为提高奥运会质量而考虑对'业余原则'放宽界限之时，可谓适逢其时"。[1] 应该说，这种学术研究与现实需要的再次合流是颇为耐人寻味的，正是对职业化和商业化的接受与认可，使1984年的美国洛杉矶奥运会成为现代奥运会创办以来第一次"扭亏为盈"且极为成功的体育盛会。

二 争论的问题与焦点：如何看待希腊体育竞技中的"奖励"与"金钱"

时至今日，在提到这场已经成为"过去时"的古希腊体育赛会中的"专业"与"业余"之争的时候，学者们都普遍认为，古希腊体育竞技曾经存在过一个"业余主义"占据主导地位的时代只不过是维多利亚时代的人们为了现实的需要而强加给希腊人的一个幻觉罢了，是一个典型的"时代错乱"（anachronism）。那么，这些反思者是如何对古希腊的"业余主义神话"进行反驳的？双方争论的焦点又是什么呢？总体而言，包括芬利、杨在内的学者们在论证的过程中，都会普遍强调，历史的事实表明，古希腊的赛会不仅自始至终都是有奖励的，而且金钱的因素从未缺位，一直发挥着不容否认的重要作用。就这两者而言，如果说业余神话的创造者们一般还并不完全否认前者的存在的话，那么，他们大多极力否认后者的作用，因为它直接与他们所倡导的现代奥运会应遵循的"无钱原则"相冲突，因而"金钱"无疑成为这一争论的焦点。下面，我们就从这两个方面分别加以论述。

首先说"奖励"。应该说，通过比赛而获奖是古希腊体育竞技活动的一个一以贯之的特点。现代英文中的"运动员"（athlete）和"体育运动"（athletics）两个词都来源于古希腊文，其词根 *athlon* 指的就是比赛中的某种奖品，因此，在希腊人看来，所谓的"运动员"，就是"参加某种比赛而获得奖励的人"。希腊人不仅把通过比赛而获奖看作理所应当，天经地义，而且向来都很看重比赛的奖品，从来没有对这种做法有什么

---

① 王以欣：《神话与竞技——古希腊体育运动与奥林匹克赛会起源》，第358页。

异议。正如唐纳德·库勒所言："希腊竞技最显著的特征之一，除了裸体，就是颁奖了……希腊人难以想象没有竞技的生活，也难以想象没有奖品的竞技。"① 可以说，从荷马史诗中记载的最早的体育竞技，到古典时代的泛希腊和地方赛会，一直到罗马帝国时代的运动比赛，只要有比赛就会有奖励。当然，就奖品而言则是多种多样的，大致可以分为两大类，一类偏重于精神奖励，另一类则偏重于物质奖励。前一类以四大"泛希腊赛会"为代表，奖品均为取材于当地的某种具有神性的植物的枝条编制的桂冠，没有实用价值，只有象征意义。在整个希腊的体育赛会中，这种只设精神奖励的比赛十分稀少，这一类赛会亦被称为"桂冠赛会"（*stephaitic crown*）。数量上占据绝对多数的地方赛会则均有物质奖励，且大多十分丰厚，奖品也颇具实用价值，"含金量"颇高，故而被称为"奖金赛会"（*chrematitic games*）。其实，有学者指出，早期的桂冠赛会的奖品也多为实物奖励，后来才改用象征性的桂冠。② 另外，虽然在赛会举办地只能授予羊毛缎带和桂冠，但这些比赛的优胜者在回到家乡之后，则可以得到很多物质性的奖品甚至奖金③，正如芬利所言，虽然奥运会一直坚持无物质奖励，但它"不仅承诺了最大的荣耀和声名……而且可以提升一个竞技者的市场价值"。④ 由此可见，这两类奖励的区分也并不绝对，而是相对的，纯粹的"精神奖励"在现实生活中是不存在的。

就物质奖励的具体内容而言，也并无固定的设置，奖品的多少和价

---

① 转引自王以欣《神话与竞技——古希腊体育运动与奥林匹克赛会起源》，第 358 页。

② 例如，皮提亚赛会优胜者的奖品起初为贵重的实物（如黄金三足鼎），后来才改用月桂树枝条编制的桂冠。参看王以欣《神话与竞技——古希腊体育运动与奥林匹克赛会起源》，第 90 页。

③ 例如，公元前 440—前 432 年雅典的一条铭文中就规定了在"泛希腊赛会"中获得优胜的人可以获得的城邦的物质奖励："那些在奥林匹亚或德尔斐或地峡或尼米亚的体育比赛中获胜的人，可以在有生之年每天在主席厅吃一顿免费的餐食，其他荣誉也是如此。那些在奥林匹亚或德尔斐或地峡或尼米亚赢得驷马赛车和骑马比赛的人，可以在有生之年每天在主席厅吃一顿免费的餐食。"参看 Stephen G. Miller, *Arete*, *Greek Sports from Ancient Sources*, a Second and Expanded Edition, pp. 181 – 182。另外，据普鲁塔克的《梭伦传》记载，雅典给地峡赛会的优胜者 100 德拉克马奖金，给奥林匹亚的优胜者 500 德拉克马奖金。《梭伦传》，23.3，参看《希腊罗马名人传》上册，陆永庭、吴彭鹏等译，商务印书馆 1995 年版，第 191 页。

④ M. I. Finley & H. W. Pleket, *The Olympic Games*: *the First Thousand Years*, p. 77.

值会因时因地而有所不同，甚至可以说五花八门。例如，在荷马史诗中，阿喀琉斯为阵亡的战友帕特洛克鲁斯举办的葬礼运动会上，优胜者的奖品包括三足鼎、大炊鼎、马匹、骡子、肥牛、黄金、女奴、铁锭①等，均为很实用且价值不菲的实物奖励。再如，在希腊各邦举办的不计其数的地方赛会中，比赛优胜者的奖励均为由城邦或富人提供的产自本邦或带有本邦特色的奖品。作为为数不多的历史上有着比较详细的记述的地方赛会，在雅典的"泛雅典人节"赛会上，基塔拉琴伴唱比赛的冠军可以获得价值 1000 德拉克马的金冠和 500 德拉克马的白银现金奖励，据米勒估算，大约相当于今天的 33000 美元，第 2 名到第 5 名的奖励则分别为 1200、600、400 和 300 德拉克马，1 德拉克马大约相当于手艺人一天的收入。"裸体竞技"的优胜者的奖品更具使用价值，即盛放在双耳细颈大陶罐中的橄榄油。雅典是古典时代著名的制陶中心，陶瓶的质量上乘，闻名遐迩，不仅是居家必备的日用品，上面一般都绘有神话或日常生活为题材的精美图画，其本身就是拥有一定价值的手工艺品，再加上里面盛满的大约 38.9 升的橄榄油，价值就更为可观了。据记载，少年组单程赛跑冠军的奖励是 50 罐橄榄油，据米勒估算，50 罐总共有 1944 升，如果按照每升 5 美元计算的话，加上瓶子本身的价值，可以达到 10000 美元，亚军为 10 罐橄榄油。青年组单程赛跑的冠军为 60 罐，亚军为 12 罐。马赛冠军的奖励更多，比如，两马赛车冠军的奖励就高达 140 罐橄榄油，驷马赛车的奖励则更高。② 据粗略统计，大约有 300 个这样的陶罐保留至今。③ 如果说橄榄油和陶罐是雅典的地方特产的话，那么，在其他城邦举办的地方赛会中，奖品也同样带有强烈的地方特色，比如，据记载，献给农神德墨忒耳的埃留西斯赛会给优胜者的奖励是谷物，阿卡狄亚畜牧业发达，其举办的佩勒内赛会优胜者的奖品是羊毛大氅。④

可见，在古希腊的赛会中，奖励或奖品是一直存在的，似乎并不能

---

① 荷马：《伊利亚特》，23.256—24.6。

② Stephen G. Miller, *Ancient Greek Athletics*, pp. 133 – 135.

③ 参见西蒙·普莱斯《古希腊人的宗教生活》，邢颖译，晏绍祥校，北京大学出版社 2015 年版，第 48 页。

④ Ulrich Sinn, *Olympia, Cult, Sport, and Ancient Festival*, p. 48.

说明"业余主义"到"职业主义"的发展或蜕变,这样的话,我们自然就会过渡到第二个问题的探讨,即"金钱"与"赛会"的关系。对于业余神话的制造者们来说,这个问题似乎更为关键,因为他们极力反对以金钱目的比赛活动,甚至排斥一切金钱因素的介入。的确,古希腊确实存在着没有现金甚至物质性奖励的赛会,即以四大"泛希腊赛会"为代表的"桂冠赛会",但是,这类赛会毕竟是少数的例外,并不能代表希腊全部的赛会。况且,正如上文所言,这些仅仅具有象征意义的桂冠其实还是有着很高的"含金量"的,"泛希腊赛会"的优胜者们在回到家乡之后都会得到各种极为丰厚的物质甚至现金奖励,历史上没有人对这种做法表示过异议,更没有人拒绝接受这些奖励。

其实,说到"金钱"与"赛会"的关系,除了优胜者的奖励之外,还有一个不容否认的事实就是,"金钱"的因素不但从来没来缺位于各类赛会,恰恰相反,金钱一直是赛会举办的必要的甚至最重要的因素之一,"没有钱的原则"(no money rule)从未被遵循过,也是完全不能实现的"梦想"。就古希腊的赛会而言,首先,主办者需要筹集资金,伊利斯和各邦的富人们承担着高昂的建设体育设置、组织比赛和提供奖品等费用,这一点与现代的体育比赛别无二致;其次,就参赛者来说,也需要承担体育训练、聘请教练员、往返于赛会举办地以及比赛期间的生活费等费用,要代表城邦参加"马赛"的人更需要自费负担起十分可观的买马、买车等费用。虽然,从古典时代开始,由于"裸体竞技"项目的逐步增多,大量出身较低和较为贫穷的普通人有了更多的参赛与获胜的机会,但上述情形并未得到根本性的改变,大量的闲暇时间和参赛者必须承担的各种费用还是把大多数较为贫穷的人排除在了运动比赛之外,家资中等以上的有钱人仍旧构成了参赛者的主体,这一点从历史文献中所普遍出现的那些"体育世家"的记载中可见一斑。[①] 如果说"裸体竞技"的

---

① 历史上记载了很多著名的运动世家。例如,公元前 5 世纪的罗德斯拳击手狄奥格拉斯,不但自己赢得过奥林匹亚赛会、地峡赛会等多个优胜,他的三个儿子也都以拳击和希腊式搏击等重型比赛而闻名,两个儿子获得过同一届奥运会冠军,两个孙子也是奥运会拳击比赛的优胜者。参见 David Matz, *Greek and Roman Sport, A Dictionary of Athletes and Events from the Eighth Century B. C. to the Third Century A. D.*, pp. 48 – 49。

参赛门槛还相对较低的话，那么，"马赛"则一直是僭主、王公贵族和富人们的领地，其"贵族性"和完全由金钱来操纵的特点从未改变，即便如此，在古代既没有人质疑过其鲜明的不平等的性质，也没有人对其背后的金钱因素指手画脚，提出批评，普通人不但坦然接受，而且十分热衷于观看这类运动比赛，乐此不疲。

在这里，我们看到，在这场涉及古希腊和现代体育运动和比赛的"专业"与"业余"的争论中，有两组——一对应且相反的概念，第一组是"专业"与"业余"和"职业"与"爱好者"，第二组是"有奖"与"无奖"和"有钱"与"无钱"，这两组概念之间存在着十分密切的相互关联，总体看来，第二组概念似乎成了第一组概念的依据和存在的基础。也就是说，如果说"业余爱好者"的出发点是为了运动而运动，并非为了获得"奖励"和"金钱"而参赛，抑或是与"奖励"和"金钱"无关的话，那么，"专业"或"职业"运动员则是为了"奖励"和"金钱"而参赛。但是，通过上述分析，我们却发现，在古希腊的体育运动和比赛中，"奖励"和"金钱"的因素一直是存在的，因而并不能够构成区分"业余"和"专业"以及"爱好者"和"职业"的标准，正如有学者所指出的，如果硬是要以有无"奖励"和"金钱"作为区分"业余"和"职业"的标准的话，那么，古代希腊的运动员和参赛者都可以被看作"专业"或"职业"运动员了。阿兰·古特曼在《从仪式到纪录——现代体育现代性质》一书中，从七个方面系统比较了古代体育和现代体育会的异同，其中的一个指标就是专业化，经过分析，他的结论是，与原始体育和中世纪的体育不同，古希腊罗马与罗马的体育运动和现代体育都具有"专业化"的特点。[1] 那么，这种看法也就完全背离了那些古代的"业余"神话的制造者的期望了。

笔者认为，之所以造成这种"悖论"，主要有两个原因。

第一，"业余"与"专业"和"职业"和"爱好者"的概念和区分完全出自现代社会和现代体育的经验，其产生的基础与其说古已有之，不如说完全是现代社会和工业文明时代的产物，"理性化"和"专业化"

---

[1]　参看本书第一章表一。

不仅仅出现在政治和经济领域，也同样出现在了社会生活中。就体育运动和比赛而言，虽然经历了种种曲折，但职业主义和商业化还是取得了最终的胜利，其本身就反映了这种趋势的不可逆转性。应该说，不论是"专业"和"业余"的划分，还是"业余"最终被"专业"所取代，在古代社会都是不存在的，至少不如现代社会那么泾渭分明，有着十分明晰的发展路径。因此，这种试图从现代的概念和实践出发到古代社会去寻找依据的做法本身就是存在问题的，是注定不会成功的。正是有这种先入为主的和明确的目的性，对古代社会的曲解和误读，以现代社会之"履"去削古代社会之"足"就成了必然的结局。总之，这种方法本身所带有的先天缺陷正是业余神话的制造者们注定要陷入自身矛盾的根本原因，也就是说，他们的出发点和结论均来自现代社会的经验，而不是古代的历史事实。

第二，从逻辑上讲，上述两组概念也并完全不构成相互对立的关系，也就是说，二者存在着一定程度上的错位。具体而言，"业余"或"爱好者"与"无奖"或"无钱"之间，"专业"或"职业"与"有奖"或"有钱"之间，并不存在着绝对的和充分的对立关系。斯蒂芬·米勒通过对现代英文中的"业余"和"职业"等词的词源与语义的考察，对这种"错位"现象产生的原因做出了令人信服的分析。他指出，现代体育中的业余爱好者（amateur）是与职业运动员（professional）是对应的概念，业余爱好者是没有金钱作为补偿的，而职业选手则为了钱而比赛，但这并不是这两个字的确切含义，因为很难看出这两个词本身与金钱有什么直接的关系。米勒指出，这两个词都来自拉丁文，而非希腊文。在希腊文中并没有一个字与 amateur 相对应，尽管有时候会用 idiotes（白痴）来翻译这个词，但这个词是指一个不参与公共事务的人，并没有不用付钱这样的意思。Amatuer 是个法语词，来自拉丁文 amator，其动词 amo 的意思就是"爱"，而 amator 的意思就是一个人出于热爱而做某件事情，因此就其本身的意思来说与金钱无关，且并不排除可以由此获得报酬。同样，professional 来自拉丁文 professio，其动词 profiteor 的意思是"公开宣告"，所以这个词里面也没有金钱的含义，而且它与 amateur 亦并不构成反义词，因为一个从事某种职业的人同样也可以是出于对这种职业的热爱。

米勒还进一步指出，之所以产生这种误解，是因为另外一个词的缘故，即英文中的 profit（利益），这个词也来自拉丁文 *proficio*，意思是获得好处或取得进展。米勒最后总结说："当我们认识到了至少在体育运动的意义上使用的 amateur 和 professional 是现代概念，希腊人没有与之对应的词汇，我们就能够发现体育运动中有金钱报偿本身并不是问题了。"不过，米勒还指出，虽说有无金钱的获取与职业化并不能够画上等号，但"如果我们把一个从事某项运动作为收入的唯一来源来定义一个职业选手的话，那么发生在亚历山大时代的变化却是预示了一个是职业化时代的到来"。[1]

从以上的种种分析可以看出，古希腊的体育运动和比赛被卷入了现代体育竞技尤其是奥林匹克运动的实践和理论建构中，先后成为"业余主义运动"和职业化体育的来源与依据，经历了从被"理想化"（或纯洁化）到"去理想化"的过程。历史学家们普遍认为，不论如何，我们都不能够把现实的需要强加在错误的历史认识的基础上。正如马克·戈顿在他的《古希腊的体育运动与社会》的姊妹篇《古希腊体育与社会地位》的序言中所言："奥林匹克运动会从来没有被限制在业余爱好者的范围内，在赛会进行期间战争也从未停止过。……如果我们想改变这个世界，我们必须要把我们的论点建立在我们相信是正确的事物上面，而不要根据希腊人曾经做了什么或没有做什么而试图去提升他们的地位或者去限定我们的目标。"[2]

那么，古希腊体育运动和比赛的"现代化"是如何发生的，业余主义的神话为什么能够统治现代体育的理论和实践将近一个世纪之久？除了上述的神话制造者们的出发点、方法论和事实运用上的明显偏颇乃至错误之外，还有没有其他的和更为深层的原因激发了或促使他们产生了这样的"历史幻觉"？笔者认为，古希腊的体育竞技运动就像古人的经济生活一样，同样也是"嵌入"（embeded）当时的社会中的一个领域，与

---

[1] Stephen G. Miller, *Ancient Greek Athletics*, pp. 212 - 213.

[2] Mark Golden, *Greek Sport and Social Status*, University of Texas Press, 2008, Preface, xi.

现代社会不同的是，古希腊的体育竞技并没有成为一种独立运作的和专门化的社会活动，而是与希腊人的宗教、政治、道德和伦理等非体育领域有着极为密切的相互关联。就体育运动和比赛而言，虽然古希腊人从不忌讳领奖和从中获利，但自始至终还是带有十分明显的"非功利性"，而且希腊人也认识到了专业化和职业化所带来的种种弊端，对于希腊体育赛会的这一面相，我们今天在反思业余主义的神话与还希腊体育运动和比赛其本来面目的过程中还是不能够视而不见的，因为正是这个面相的存在构成了这场争论得以产生的深层原因，我们也只有把它放入当时的时代和社会背景中去加以分析，才能够获得一幅关于古希腊体育运动和比赛的更为完整与客观的历史图景。下面，我们就从古希腊人的财富观、职业观、道德观和伦理观等方面对古希腊赛会的另一面即"非功利性"作出一些辨析。

三 古希腊赛会的另一个面相："非功利性"及其产生的原因

说到古希腊体育运动和比赛的"非功利性"，我们首先就要列举两条最为典型的历史资料，一条是时人的记述，另外一条是后人的追忆。

希罗多德在《历史》中，透过一个阿卡狄亚人之口，记载了波斯人眼中的奥林匹亚赛会，在这一记载中，我们看到，使这些"蛮族人"颇感惊异甚至大为不解的并不是比赛本身，而是优胜者的奖品：

> 这时，来自阿卡底亚的几个逃兵来到波斯人那里。他们是穷人，由于无法维持生活，而想找些事做。波斯人把他们带去见国王，然后问他们希腊人正在做什么，其中一个代表大家来提问。阿卡底亚人回答说："希腊人正在举行奥林匹亚竞技会，正在观看竞技比赛和赛车。"那个波斯人又问："希腊人比赛所得的奖品是什么？"阿卡底亚人回答说："优胜者所得奖品就是橄榄枝冠。"听到这里，阿塔班努斯的儿子特里坦泰克麦斯发表了一番堪称真知灼见的讲话，但是国王薛西斯却因此而称他为胆小鬼。原来，当特里坦泰克麦斯听到

奖品不是金钱而是一顶橄榄枝冠的时候，再也无法保持沉默了，他向在场的所有人说："天哪！马尔多纽斯，原来你统帅我们来征伐的竟是这样的一些人——他们相互竞赛并不是为了金钱，而是为了荣誉啊！"①

可能就是受到了这条资料的影响，几百年之后的公元 2 世纪，一位罗马时代的哲学家琉善在其虚构的一篇历史穿越小说《阿纳卡西斯》中，同样是透过一个到访雅典的蛮族人的眼睛，再次重申了上述的主题，且更为详细和生动。这篇小说所设定的时间更早，故事发生在梭伦改革时期，斯基台人阿纳卡西斯从黑海附近的家乡到访雅典，见到了立法者梭伦，当他看到雅典人在飞扬的尘土中正在奋力搏击的时候颇为不解，于是两人的话题就开始围绕着运动比赛而展开。梭伦解释说，这些人在做的事情被称体育比赛，阿纳卡西斯似懂非懂地接着追问，这种活动有什么实际的好处吗？梭伦给予了否定的回答，这让阿纳卡西斯更为不解了。在这篇小说的第 9—14 小节，专门讨论了"奖品"的问题。当听说获胜的人只能够得到一顶橄榄桂冠的时候，阿纳卡西斯表现出完全不能理解，认为纯粹是浪费时间。梭伦说，桂冠是胜利的象征，虽然在比赛中经受痛苦，但得到它的人会感到无比的快乐。不但参赛者，连观众也会由于看到了人们尽情地展示阿瑞特（arete，即"卓越"或"善"）和身体的健美、技巧与对胜利的渴望而获得快乐。对此，阿纳卡西斯的回答是：你说的这些事情都是没用的东西，因为它们没有任何目的。因此，这种活动是十分荒谬的。接着，他还问道：这些年轻人忍受了这么多痛苦却一无所得，把自己弄得脏兮兮和惨兮兮的就是为了获得一个橄榄桂冠，奖品倒是不错，但所有人都能得到吗？梭伦回答说，完全不是，只有一个可以得到，就是优胜者。听到此言，阿纳卡西斯的不屑和不解不但没有缓解，反而加剧了，于是争论又继续了下去。②

---

① 希罗多德：《历史》，Ⅷ.26，徐松岩译注，第 430—431 页。

② Lucian, *Anacharsis*, 9 – 14. 参看 Stephen G. Miller, *Arete, Greek Sports from Ancient Sources*, a Second and Expanded Edition, pp. 75 – 77。

我们看到，在这两条史料中，作者都有意无意地回避了在现实生活中希腊的体育运动和比赛的优胜者是有实物甚至现金奖励的这一历史事实，其心目中的希腊体育比赛的代表就是"泛希腊赛会"或"桂冠赛会"，其目的性是显而易见的，就是为了强调"荣誉至上"的价值观念，应该说，这样的观念颇具典型性和代表性，这种"非功利"的主题时常会出现在希腊的诗歌、散文、戏剧和哲学著作中，体现出了古希腊人对体育运动和比赛的价值评判与思考，其背后所透露出的核心理念是，在体育优胜者所获得的奖励中，最重要的和最值得珍视的当属胜利本身和胜利所带来的荣耀与声名，其次才是各种形式的物质或金钱奖励。汤因比在谈到古希腊运动比赛的这两类奖励的时候说，"成为一个泛希腊运动会优胜者的荣誉如此之高，以至于有无物质报酬都无足重轻了"[1]，可谓一语中的。借用马克斯·韦伯（Max Weber）的理论来讲，对于古希腊人来说，体育运动和比赛的"价值合理性"（Value Rationality）永远高于其"工具合理性"（Instrumental Rationality）。下面，我们就从古希腊人的财富观、道德观等方面加以进一步的说明。

作为受雇拿钱为赛会的优胜者们撰写"凯歌"（*epinician*）的桂冠诗人品达，在其诗作中，充满了对荣誉和财富乃至对财富本身的深刻思考，甚是成为一个时常出现的主题。虽然品达的"凯歌"的赞美对象绝大多数是家财万贯的富贵之人，但他从来不把对财富的称赞放在荣誉和美德之上，有诗为证，例如，"有美德点缀的财富，才是人的真正光彩"（《奥林匹亚凯歌》2，53 行以下），"伴有美德的财富已为各种事情带来良机，点燃成就的内在激情，点燃星光，人类最真实的光辉……"（《奥林匹亚凯歌》2，53—56 行）。品达的确会赞美优胜者的富有和慷慨，但他更看重的是他们不仅富有，而且懂得如何用正当的和好的方式来使用财富，只有这样才能使其财富成为值得称颂的东西。换句话说，奥林匹亚的胜利使他的财富显得更为高贵，因为，"高贵的心灵重于财富"（《尼米亚凯

---

① 汤因比：《希腊精神：一部文明史》，乔戈译，商务印书馆 2015 年版，第 8 页。

歌》9，32 行)。[①] 在品达看来，有钱且能够在体育比赛这样的活动中舍得花钱的富人是值得称道的，通过公平的比赛而获得优胜的富人应当得到其应得的奖励，除了胜利和荣誉本身之外，还有赞美诗和雕像。言下之意，胜利本身虽然得益于他的财富，但从根本上讲则来自他本身的美德和运动技能。在希腊人看来，这同样也体现出神灵的宠爱和眷顾；反之，违反比赛的规则，一切用金钱买来的胜利都是可耻的，也是对神灵的亵渎，正如希腊诗人索西比乌斯（Sosibius）所言："公正的裁判胜过黄金。"[②] 总之，品达的诗歌中所反映出的观念是，对于古希腊人的运动比赛来说，虽然并不忌讳谈及金钱和财富，甚至也承认其有用性和作用，就像并不排斥比赛的优胜者可以获得奖品那样，但他们更看重的是钱财使用方式的正当和正确与否，在遵守公平的比赛规则的前提下而获取的胜利本身和无法用钱财来衡量的无上的荣耀永远是所有参赛者追求的最高目标，永远会排在第一位的。套用中国古人的话来说，那就是"君子爱财，取之有道，用之有道"。

如果说品达的诗歌带有强烈的贵族色彩，基本上反映出的是古风时代晚期的贵族观念，那么，希腊体育运动和比赛的这种"非功利性"也从普通人的职业观念中反映出来。对此，马克·戈顿在《体育运动和古希腊社会》一书中作出了系统的阐发。他指出，古希腊人有一个根深蒂固的观念，那就是只有奴隶或雇工才会为了得到报酬而劳作，为了钱而出卖体力是不自由的和卑下的，这种观念在古希腊的神话中就清楚地反映出来。例如，在赫拉克勒斯的神话中，对运动和雇佣劳动之间作了比较，前者是身体上的比赛，胜利者得不到任何实物上的回报，只有不朽的荣耀，因此，赫拉克勒斯的劳动被称为 *athoi*（比赛），而雇工则不然，是为了钱而劳作。神话中的神匠赫淮斯托斯虽然能制造出精美的工艺品，但他是个瘸子，身体上的缺陷表现出了他与其他神灵的不同，其他神灵身体上的健美来自免于劳作的自由的生活，而赫淮斯托斯则是一个匠人，

---

① 以上三处品达的诗歌引自刘小枫、陈少明主编《奥林匹亚的荣耀》，第 13 页，第 39—40 页，第 70 页。

② Mark Golden, *Sport and Society in Ancient Greece*, p. 87.

因而受到神灵们的蔑视，宙斯甚至把他赶出了奥林匹斯山。戈顿指出，神话中经常出现的一个主题就是"没有工钱的工作"。在荷马史诗中，同样在挣取工钱的劳动者和自由的参加比赛的人之间在身体使用上的不同做出了区分。这种观念一直延续到古典时代。亚里士多德对奴隶的定义是"使用身体（soma）的人"，包括工匠、商人在内的依附性的劳动被认为是不适合自由人的工作，是十分低下的。正是由于有这样一种职业观念的存在，比赛中的所有物质奖励就会被看成与劳动报酬相类似的东西，一种被普遍接受的看法认为，四大"泛希腊赛会"的优胜者之所以没有物质奖励，只有象征性的奖品，就是为了模仿赫拉克勒斯在劳动中为人类谋利益而不求回报的精神，胜利者得到了比任何人工制品都要更为长久的东西，即不朽的声名。① 与此同时，我们也要看到，这种观念与其说反映了古希腊社会生活的现实，不如说主要是社会上层、贵族和富人们普遍持有的一种理想，从某种意义上讲，也正是这种理想的存在，造成了现代"业余"神话制造者们的错觉，成了其理论的重要依据和出发点，正如拉斯科在其主编的《奥林匹亚的考古学》一书的序言中所言："理想化了印象不是从古代社会是什么样的当中产生的，而是从希腊人他们自己希望它是什么当中产生的。"②

除了不朽的声名和荣耀，对于奖品或奖励的性质和目的，古希腊人也有着明确的认识，那就是奖品是为了揭示或展示胜利者的"阿瑞特"（arete），即卓越的品质，比赛也就成为检测 arete 的一种重要的方式。正如米勒所言，arete 经常被使用在体育运动的语境中，而优胜者获得的奖品所代表的正是对一个人 arete 的公开的认可。③ 在古希腊语中，arete 一词的内涵十分丰富，在现代语言中很难找到对应的词汇，除了某种能力（比如运动体能和技巧等）上的卓越外，这个词还带有道德品质上的"善"或"好"的意思，也就是说，运动比赛的优胜者不仅具有超乎寻常的能力，也具有优秀的道德品质。换言之，运动比赛也成为对一个道德

---

① Mark Golden, *Sport and Society in Ancient Greece*, pp. 149 – 150, 156.

② *The Archaeology of the Olympics*, *the Olympics and Other Festivals in Antiquity*, edited by Wendy J. Raschke, Introduction, p. 4.

③ Stephen G. Miller, *Ancient Greek Athletics*, p. 238.

品质的检测与认定,不仅比赛的优胜,还有身体上的美,都被赋予了道德的含义,希腊语中经常用于形容比赛优胜者的一个复合词"美与善"(*kalokagathia*)正是这种观念的集中反映。正如肯尼斯·约翰·弗里曼在其名著《希腊的学校》中所言,希腊人认为:"身体的美是道德美的符号。也正是这种潜在的思想使角力学校系统的身体训练以及展示男子汉健美的竞赛在整个希腊十分流行。……体育训练目的中只有一小部分是为了保持身体的健康状态,其主要目的在于养成学生的决心、意志力、忍耐力、勇敢精神以及朝气蓬勃的活力。"①

我们看到,公元前5世纪之后,随着平民化的出现,在一些"裸体竞技"项目中,尤其是以摔跤、拳击和希腊式搏击为代表的"重型项目"中,一些人为了赢得比赛的胜利,不惜暴饮暴食,刻意加强身体的某项机能,也就是从这个时候开始出现了大量的对运动比赛的批评之声。值得注意的是,这些批评的出发点和视角大多是基于伦理道德的维度,即这种恶性的发展趋势既不符合于灵与肉相互统一、全面发展的伦理道德上的要求,也有悖于体育运动所追求的身体上的和谐优美的目标。悲剧诗人欧里庇得斯在《奥托吕科斯》中对体育运动的批评最具代表性:

> 在希腊成千上万种邪恶的事情中,再没有比体育比赛更大的了。首先,他们不能正确地生活,或者学习正确的生活。一个是他的嘴的奴隶和他的肚子的仆人的人,能够比他们的父母更健康吗……我们应该把桂冠给予好人和有智慧的人……②

再比如,医学家盖伦在《医学劝诫》中,对当时流行的对体育运动的一些看法做出了全面的反思和批评,他说:"我怀疑的是体育误导了年轻人,认为它是一项艺术,它不仅承诺身体的强壮,在大众中获得荣誉,还可以从公共财政中获得金钱。"接下来,他对这些看法逐一作出了反

---

① 肯尼斯·约翰·弗里曼:《希腊的学校》,朱镜人译,山东教育出版社2013年版,第222—223页。

② Euripides, *Autolykos*, 残篇 282, 参看 Stephen G. Miller, *Arete, Greek Sports from Ancient Sources*, a Second and Expanded Edition, p. 185。

驳，其结论是，体育运动既不能够给人们带来健康，也没有什么快乐可言，更不能够从中获得长期而稳定的收益。其中，他指出，自然既赋予了人类身体，也赋予了人类精神，但是，"体育运动完全没有精神的赋予了，完全没有头脑。体育运动甚至不能带来健康。希波克拉底说，健康的训练是饮食的适当，睡眠的适当……但体育却训练过度，吃得太多，睡眠无规律，像猪一样的生活……"① 显然，盖伦心目中的批评对象就是上面说到的这些违背了健、美和善相互统一与和谐发展的伦理道德原则的人。因此，在所有的运动比赛的项目中，五项全能运动的评价最高，得到了包括亚里士多德、菲罗斯特拉图斯等人的充分肯定，其原因就在于它最符合身体全面和协调发展的原则，即亚里士多德所倡导的中庸（*mesotes*）之道。

还需要指出的是，在古希腊，*arete* 不仅是一种人们普遍认同和追求的个人的品质，也是一个良好的城邦培养合格的和优秀的公民的目标所在，体育作为城邦公民的教育的重要组成部分之一，也承担着十分重大的职责。对此，亚里士多德在《政治学》中作出很好的阐发，其中尤其强调了体育和音乐在培养公民的健康的身体与和谐的灵魂上所发挥的关键性作用。他指出："教育是公共事务，要为教育立法……教育的目标是 *arete* 还是好的生活，学习应该是面向智力的还是人格的发展，有很多不同的看法。教育的作用是学习那些对生活有用的东西还是那些引向 *arete* 或理论性的东西，每种看法都有支持者。"总体而言，亚里士多德还是倾向于 *arete* 是可以教授的，能够通过训练而获得。他把训练分为两类，一类是有实用目的的，另一类则是"自由的科学"："年轻人教授那些实用的事物绝对是必要的，但不能所有的事物都是实用性的。要对哪些追求是自由的，哪些是不自由的作出区分。不应该参与那些导致粗俗的实用的目标。粗俗的就是对自由人的身心践行 *atere* 无用的技艺，破坏身体，以挣钱为目的，使精神沉迷和蜕化。目标是内在的快乐、友谊和 *arete* 的，就是自由的科学，否则就是仆人和奴隶。"他开列出了四个基本的科目，

---

① Galen, *Exhortation for Medicine*, 9–14, 参看 Stephen G. Miller, *Arete*, *Greek Sports from Ancient Sources*, a Second and Expanded Edition, p. 174。

即读写、体育、音乐和绘画，其中音乐是最无实用目的的，但会使人的灵魂得以高贵。他认为，一个总的原则是人的全面发展，不能仅仅注重一个方面的学习和训练而不计其余，以此标准来衡量的话，斯巴达的教育就是不成功的，"教育的目标是多元的，多种美德，斯巴达只注重一种美德，即身体的强壮了。高贵高于勇猛，没有一只狼能够冒一种高贵的危险，只有一个人才可以。一个只注重体育训练的民族会把他们的孩子变得粗俗，只适合于一种工作"。[①] 在这里，亚里士多德试图把体育运动提升到城邦培养和训练的公民的 *arete* 的高度，因而，一方面期望它不要沦为以赚钱为目的的"粗俗的技艺"，另一方面也要把体育运动与其他实用技能的训练和灵魂的培育有机地结合起来。可以说，这种认识与中国古代儒家所提倡的"君子不器"的精神有明显的相合和相通之处。[②]

最后，说到古代希腊的体育运动和比赛所具有的"非功利性"特征，我们还要提及古代和现代体育竞技的一个重要的差别，那就是，如果说古代希腊的体育比赛大多依附于某种宗教节日，带有很强烈的仪式性特征，甚至可以说有一部分比赛本身就是某种祭神仪式，自始至终都带有明显的"宗教性"，是一种庄严而神圣的社会活动，那么，现代的体育比赛则基本上是一种世俗性质的活动，人们更注重于运动成绩的比拼，尤其是标准化和普遍化的运动"纪录"成为运动员追求的主要目标。例如，有学者指出，作为现代奥林匹克运动座右铭的用拉丁文写成的"更快，更好，更强"（*citius*, *altius*, *fortius*）的口号并非来自古代希腊，它表达的也只是一种现代的精神和理念，在古代希腊，不论是运动员、教练员还是官员，最关心的绝不是比赛的成绩，而是赛会的公平性，这一点从赛前的宣誓仪式和誓言中可见一斑。[③] 对于这种差异，阿兰·古特曼在《从仪式到纪录——现代体育的性质》一书中进行了充分的论证和全面的阐发。当然，古希腊的体育运动和比赛并不是完全意义上的宗教仪式，

---

① Aristotle, Politics, 1337a – 1339a, 参看 Stephen G. Miller, *Arete*, *Greek Sports from Ancient Sources*, a Second and Expanded Edition, pp. 147 – 150。

② 参看王大庆《"君子不器"辨析》，《北京师范大学学报》（社会科学版）2007 年第 2 期。

③ Mark Golden, *Greek Sport and Social Status*, p. 108.

运动员在身份平等的状态下，根据统一的比赛规则，完全凭借自身的运动技能去争取优胜，这种对运动成绩的认定和肯定还是有别于一般意义上的宗教仪式，其具有的世俗性因素是不容否认的，但从本质上讲，它毕竟还是一种具有宗教性的仪式活动，这种十分明确的宗教语境是现代体育所没有的。①

正是古希腊体育比赛和运动所具有的这种仪式性特征，使其有别于一般的以获取生活资料为目的的社会活动，在一定程度上限制和削弱了其"功利性"的一面。说到"仪式"，李亦园把人类的行为分为两大类，一类是实用行为，另一类就是仪式（ritual）行为，他把后者界定为"手段与目的并非直接相关的一套标准化行为"，也就是说，仪式中所表现的行为是另有更深远的目的和企图的，往往具有象征性而非实用性的目的。他以喝酒为例，如果说喝酒本身属于实用行为的话，那么举起酒杯则是一种以人与人之间的以沟通为目的的仪式行为，当然，如果这种喝酒行为是某种祭神仪式的组成部分的话，它还要承担起人与神之间沟通的功能。② 以此为标准来衡量的话，大多以祭祀神灵为目的和背景的古希腊的体育运动与比赛无疑应该被归入仪式行为之列，这种性质使其带有了所有仪式行为所具有的"无意义但有意蕴"（pointless but significant）③ 的特征，笔者认为，这也是古希腊人希望赋予这种社会活动以"非功利性"的理想目标的一个重要来源和思想基础。

---

① 参看本书第三章。
② 参见李亦园《宗教与神话》，第36—37页。
③ 赫伊津哈：《人：游戏者》，第18页。

第 七 章

略论古希腊人的"体育与战争之争"

众所周知，古希腊人是一个热衷于体育运动和比赛的民族，同时，古希腊文明的历史也自始至终被大大小小的战争所贯穿，可以说，体育运动和打仗都是古希腊人日常生活中最重要的活动，而且，从很早的时候开始，这两种社会活动就建立起极为密切的关联，甚至成为一种互为表里的关系。一方面，体育运动和比赛满足了军事训练的需要，运动场成为训练士兵的学校；另一方面，战争方式的变化也推动了体育运动和比赛的蓬勃发展，其中，"重装兵改革"就成为希腊的地方和"泛希腊赛会"纷纷创办的重要推手，这一点已经成为学界的一种共识。对于两者的这种"共生"关系，不仅古代希腊人有着明确和全面的认识，现代的希腊史研究者们也有很多的研究和论证。不过，问题依然存在，我们知道，从古典时代后期起，古希腊人对体育运功和比赛的社会价值与功能也开始了全面的反思，除了肯定和赞扬之外，其中也不乏批评甚至否定的声音。在这些反对声中，除了对身体健康的影响和伦理道德上的考量之外，最为激烈也最具颠覆性的就是这样一种极端的看法，即认为体育运动和比赛不仅有损于人的身体健康并戕害人的道德品质，而且也无益于战争和军事生活的需要，如果说前者的负面影响主要还停留在运动员个人品质的层面的话，那么，后者则关系到国家的安危、生存与发展，其严重性自不待言。因此，对体育运动和比赛的这股质疑与否定的思潮并没有完全停留在思想意识的层面，甚至还被一些国家和将领接纳，成为现实的政策。

那么，古希腊人是如何看待体育竞技和军事活动的关系的？为什么

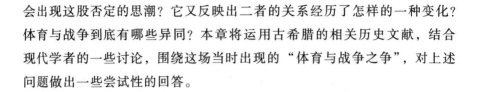

会出现这股否定的思潮？它又反映出二者的关系经历了怎样的一种变化？体育与战争到底有哪些异同？本章将运用古希腊的相关历史文献，结合现代学者的一些讨论，围绕这场当时出现的"体育与战争之争"，对上述问题做出一些尝试性的回答。

一 正方观点：体育场是训练士兵的学校

从古希腊体育运动和比赛的产生与发展历史来看，始终都带有强烈的"军训"的色彩，其培养合格的战士和公民以及服务于战争的目的与功能是不言而喻的，这一点从城邦和"泛希腊赛会"的常设项目中也得到了充分的体现。王以欣在《神话与竞技——古希腊体育运动与奥林匹克赛会起源》一书中对此做出了全面的总结和论述：

> ……很多项目起源于狩猎和战争的实际需要。各种距离的赛跑，尤其是重装赛跑，是对战士的速度和耐力的训练，是行军、追击敌人和传递情报的必备素质；射箭、标枪和铁饼是远距离投掷作战的利器；跳远是训练翻越壕沟等障碍物的能力；拳击、搏击和摔跤则是徒手格斗的必备技能；战车赛是上古战争的遗存形式；赛马是骑兵训练的必备技能；游泳和划船则是水手的必备技能，也是擅长海战的希腊人所务须培养的；球类活动旨在培养集体协作精神，这是战场上作战，尤其是步兵方阵作战所必须的；五项全能项目起源于对武士综合素质的需要。古希腊城邦兴起和繁荣的时期，各邦普遍实行兵民一体的"公民兵制度"。每位成年公民，和平时期务农做工经商，战时当兵，而且自备武器装备，因而，公民们必须有平时军事训练的基础，这样才能做到招之即来、来之能战、战之能胜。因而，军事训练是公民教育的重要组成部分，是从少年时期就要重点培养的。古希腊青少年接受身体教育的目的是健身强体，培养军事技能，培养勇敢的品性和服从命令的习惯，只有这样才能做合格公民，胜任未来保卫国家的任务。体育为军事服务的观念是古典世界

是根深蒂固的。①

　　当然，在这些常设项目中，其军事色彩和目的还是有着强弱之分的，其中，如果说包括赛跑、跳远、投掷在内的"轻型项目"主要是为了训练运动员的体能和运动技能的话，那么，由摔跤、拳击和希腊式搏击组成的"重型项目"则具有直接的身体接触和激烈对抗的特点，更接近于战争的方式，因而尤其受到军人和将领们的青睐。在公元前520年的奥林匹亚赛会上，增设了一个十分特殊的比赛项目即"重装赛跑"，其军事目的更是昭然若揭，王以欣认为，"可能反映了赛会举办者力图恢复竞技的军事功能的努力"。② 此后，这个项目也被列入皮提亚赛会、尼米亚赛会等其他的"泛希腊赛会"中，成了一个重要的常设比赛项目。据说这个项目起初需要参赛者全副武装，后来改为只佩戴头盔和手持盾牌，各地的比赛距离也不尽相同，在奥林匹亚和雅典为2斯塔特，在尼米亚为4斯塔特，在普拉提亚的赛程最长，达到了15斯塔特，相当于大约两英里的距离，普拉提亚的优胜者还会获得"最杰出的希腊人"的光荣称号。③

　　体育运动和比赛与军事活动的密切关联不仅反映在运动项目的设置上，也反映在其起源和早期发展的整个过程中。荷马史诗中出现了关于体育运动和比赛的最早记述，史诗作者对这些活动的记述不仅生动鲜活，而且十分准确，体现出对这些活动的熟悉，就比赛项目而言，也基本上囊括了古典时代的几乎所有运动和比赛项目。虽然作为对这种社会活动的"初始形态"的最早描述，荷马史诗中的运动和比赛还带有强烈的即兴色彩，既无固定的比赛场地，更无制度化的裁判制度和明确的比赛规则，且参加者基本上局限在王宫贵族的狭小范围内，但其中呈现出来的游戏精神、竞赛冲动以及对胜利和荣誉的强烈渴求则是后来发展成熟的"奥林匹亚精神"的滥觞。我们注意到，荷马史诗中的运动比赛都是作为战争间歇期的游戏活动而展开的，与其说是一种独立的社会活动，不如

---

① 王以欣：《神话与竞技——古希腊体育运动与奥林匹克赛会起源》，第352—353页。
② 同上书，第145页。
③ 同上书，第145—146页。

说是战争的一个组成部分，在运动场上，国王和贵族个人之间的竞技与角逐既在一定程度上反映出了当时的战争方式，即双方最勇武的大将之间的拼杀在决定战争胜负的过程中发挥着十分关键的作用，与此同时，赛场上的这种对抗和比拼也成为一种实战的预演和训练。正如里德所言，"在荷马史诗中，体育比赛就是一种备战"。① 另外，荷马史诗中的体育运动和比赛也透露出了一个重要的信息，那就是这种活动的起源可能与战争存在着极为密切的关联，抑或就是从战争的需要中产生出来的，阿喀琉斯为阵亡的战友帕特洛克鲁斯举办的葬礼运动会正说明了这一点，因为葬礼是为伟大的阵亡战士举办的，是附属于战争的纪念性仪式的组成部分。

古风时代晚期，占公民人口大多数的中下层的普通公民获得了更多的政治权利，城邦民主制度逐步建立和完善起来，其中的一个重要的推动力就是战争方式的演变，即从前以贵族将领个人之间的比拼来决定战争胜负的作战方式逐步被由集体协同配合的"重装兵方阵"越来越起关键作用的战争的新常态所取代。这场发生在这一时期的所谓的"重装兵革命"不仅推动了政治上的权力下移的过程，也使作为重装兵主体的普通中产公民获得了越来越多的社会权利，其中，从前被王公贵族所把持甚至垄断的体育运动和比赛也开始向全体自由人与公民开放。我们看到，古希腊的四大"泛希腊赛会"中的三个都创办于公元前6世纪初期，与上述的"重装兵革命"大致上处于同一个时期，这种时间上的同步性绝非偶然，正如马克·戈顿所言，奥林匹亚赛会之外，"其他桂冠运动会的创办时间以及作为希腊生活的典型设置的运动场，似乎与希腊人占主导地位的战争气质同步形成。皮提亚、地峡和尼米亚赛会都是在公元前6世纪的最初25年创办的，最早的一个被文献记载下来的体育场也出现在这个时期；它记录和反映了那些依赖于公民兵的自由的希腊城邦中体育比赛和战争的密切关系。这个时期正是称为'重装兵革命'发生的时期：荷马中记载的个人或贵族斗士在战争中的决定作用现在被重装兵方阵所

---

① Heather L. Reid, *Athletics and Philosophy in the Ancient World*, *Contest of Virtue*, p. 58.

取代"。① 也就是说，正是在希腊各邦训练重装士兵的现实需要的推动下，以众多的地方赛会和四大"泛希腊赛会"为代表的"赛会制度"才得以建立并完善起来，"赛会传统"才得以最终形成。

此外，"重装兵革命"对体育运动和比赛活动的内在推动作用不仅体现在参赛人数的增多上，也体现在参赛机会的均等上，理论上对不论贫富的所有自由公民开放的"裸体竞技"项目取代了仅仅局限在富人的范围内以炫富和增强个人影响力为目的"马赛"项目逐步成为赛会的主角，虽说个人财富的多少还是会对参赛者能否负担得起包括旅费、训练费在内的各种费用具有一定的影响，但参赛机会的均等和参赛者范围的扩大确实是不争的事实。尤其值得注意的是，各邦中家资中等且有一定闲暇的中产阶级，既构成了地方和各大"泛希腊赛会"参赛者的主体与较为稳定的受众，也是重装步兵的主要来源。② 有学者指出，公元前520年在奥林匹亚赛会增设"重装赛跑"项目虽说在时间上晚于"重装兵革命"，但反映出的是这样一个事实，即"步兵已经取代了骑兵成为希腊军队的主力"③，而且，"巡回赛和地方赛会的设置，有很充足的理由，主要的动力来自军事上的发展。贵族失势，重装兵方阵取而代之，对旧式的武士贵族来说，战争、狩猎和运动是主要的生活方式。摔跤、拳击、跑步、掷标枪、五项全能等很容易被看作是准备让青年人投入肉搏战的最理想的方式"④，因此，体育场成为训练士兵的基地。

正如希腊所有的城邦都有公民兵组成的军队那样，体育场也是所有城邦必备的公共设施，它不仅承担着教育的功能，更重要的是作为军事训练的场所。在一切以军事训练作为公民日常生活之轴心的斯巴达，早

① Mark Golden, *Sport and Society in Ancient Greece*, p. 25.
② 参看 Nick Fisher, "Gymnasia and the Democratic Values of Leisure", in Paul Cartledge, Paul Millett & Sitta von Reden (eds.), *Cosmos*, *Essays in Order*, *Conflict and Community in Classical Athens*, Cambridge University Press, 2002。
③ M. I. Finley & H. W. Pleket, *The Olympic Games: the First Thousand Years*, p. 41.
④ Ibid., pp. 83 – 84.

在传说中的来库古改革时期，就通过立法把体育比赛放到教育的中心位置①，公民的军事训练从 7 岁就开始了，一直到成年并成为正式的军人为止，不仅持续时间长，而且训练也最为严格和艰苦。雅典最著名的教育机构"学园"（academy）既是最古老的一座体育场，也是一个骑兵演练的场所，还定期举办以部落为单位的骑兵比赛。② 公元 3 世纪的希腊作家菲罗斯特拉图斯（Philostratos）坚持认为，是斯巴达人第一个发明了以军训为目的的拳击运动，他还说，希腊人在马拉松和温泉关的肉搏战中发现了希腊式搏击和摔跤的军事用途，因此他得出结论，希腊人用战争来加强体育训练，用体育训练来备战。持有类似观点的还有普鲁塔克，他指出，希腊人的所有这些体育训练都是战争的模仿和练习，人能够在打斗中战胜对方，其作用就像城市的城墙那样，他认为斯巴达在留克特拉败于底比斯就是因为底比斯在摔跤学校训练有素。③ 公元 2 世纪的古罗马的作家琉善（Lucian）在他撰写的一篇"历史穿越小说"《阿纳卡西斯》（Anachrsis）中，通过雅典的立法者梭伦和一位来自斯基台的蛮族人阿纳卡西斯的虚拟对话，对古希腊人的体育运动和比赛的价值作出了深刻的思考，其中，培养出合格的军人被认定为是体育训练的重要目标，文中指出："这就是我们要年轻人进行体育运动的原因，把他们训练成我们的城市的最好的护卫者……"④

在城邦的现实生活中，通过一些历史记载，尤其是为城邦捐躯的英雄人物的墓志铭，我们也可以看到体育运动和比赛与战争的这种密切关联，其中不乏伟大的运动员在战场上奋勇杀敌立下战功的事迹：

---

① "对于那些已经成熟的男人，来库古斯给予了最为深切的关怀。他认为，他们一旦成为优秀男人，就会大大增进城邦的善业。他发现，哪里的竞争最激烈，那里的合唱队就最动听，竞技比赛就最好看。因此，他相信，如果他能设法让这些青年男子都置于勇气和胆量的竞争中，他们将会更多的展示男人的优秀品质。"参看色诺芬《斯巴达政制》IV1—2，载色诺芬《希腊史》，徐松岩译，上海三联书店 2013 年版，第 380 页。

② Mark Golden, *Sport and Society in Ancient Greece*, p. 27.

③ Michael B. Poliakoff, *Combat Sports in the Ancient World, Competition, Violence, and Culture*, p. 97.

④ Ibid. , p. 96.

阿尔哥斯的欧瑞巴特斯，尼米亚赛会五项全能的优胜者，是他所在城市的一位将军，在一场一对一的搏斗中英勇抗敌，在希腊的战争中出现这样的将领之间的对攻战已经很久以前的事情了。菲勒内的普罗马科斯，奥运会希腊式搏击的优胜者，在对科林斯的战争中表现神勇；德尔斐的提马西特斯曾经在希腊式搏击比赛中获得过两次奥林匹亚赛会的优胜，三次皮提亚赛会的优胜，立下赫赫战功。在所有这些事例中，材料中都明确地注意到了体育与军功的并立关系。在这里，雅典的狄奥西普斯的神奇的故事也很值得关注。在亚历山大大帝在军营中举办的一次酒会上，一个名叫克拉古斯的马其顿人向狄奥西普斯发出了挑战要进行一场决斗，狄奥西普斯是公元前336年奥运会希腊式搏击的优胜者。亚历山大指定了决斗的这一天，数千名士兵前来观战。这个马其顿人把自己打扮成战神阿瑞斯，全副武装，狄奥西普斯则赤身裸体，身上涂油，只是拿了一根棍子。克拉古斯先是猛掷出了一只标枪，狄奥西普斯躲开了，接着用长矛刺向他，狄奥西普斯用棍子挡住了。最后，克拉古斯掏出匕首，狄奥西普斯用奥运会优胜者的身手用其左手抓住了克拉古斯的右手，用他的另外一只手轻推了他的脚，接着从他的下方用脚把他踢倒在地。狄奥西普斯用脚踹倒他的对手的脖子而完成了他的胜利，同时举起了棍子面向观众。①

在希罗多德的《历史》中也有这样一位运动健将，在公元前480年对抗波斯人的战斗中，唯一一个住在希腊本土以外的部族克罗顿人出兵援助了处于危机中的希腊："比他们住得更远的居民当中，只有克罗顿人在希腊人的危难时刻前来援助他们，他们提供了一艘舰船，舰长是费卢斯，他曾经在皮提亚竞技会上三度获得优胜。"② 据鲍桑尼阿斯记载，历史上还有一位公元前4世纪的摔跤手奇隆，他曾经多次赢得"泛希腊赛

---

① Michael B. Poliakoff, *Combat Sports in the Ancient World*, *Competition*, *Violence*, *and Culture*, p. 98.

② 希罗多德：《历史》，Ⅷ.47，徐松岩译，第436页。

会"摔跤比赛的优胜，最终战死于喀罗尼亚（公元前 338 年）或拉米亚（公元前 323 年）的战役中。他被葬在奥林匹亚，墓碑上的铭文如下："在摔跤比赛中，只有我两次在奥林匹亚和皮提亚，三次在尼米亚，四次在靠海的地峡，征服了其他人：帕特亚的奇隆，奇隆之子，我战死疆场，由于我的勇敢，阿凯亚人将我埋葬。"①

在罗马时代，当希腊式的体育运动和比赛对战争的促进作用遭到了普遍的怀疑乃至否定的时候，仍然有人为之辩护，旗帜鲜明地亮出体育运动和比赛高于战争的观点。例如，公元 1 世纪，迪奥·克利索斯图姆（Dio Chrysostom）在为卡利亚的拳击手美兰科玛斯（Melancomas）撰写的悼词中指出，运动员比战士强，体育中最优秀者同样也可以在战争中表现优秀，因为战争中常常与一个未经训练的或不如自己的对手比赛，而比赛中的对手则是百里挑一的，体育好的人可以证明自己比别人强，但在战争中则不一定，可以依靠武器和装备。②

二　反方观点：体育运动和比赛无益于军事生活

说到"体育运动和比赛并不适合军事生活的需要"这种与上述认识截然相反的看法，其实早在古风时代就已经出现了，不过，起初只是个别人的观点，到了古典时代才大量出现，并成为一种强劲的反思和质疑体育的军事功能的社会思潮，甚至还成为现实的政策，体育运动和比赛有被赶出军事领域的危险。从古典时代之后，经历了马其顿人统治时期，一直到罗马时代，虽然希腊人的赛会传统一直延续下来，但反方的这种观点却不绝于耳。下面，我们就列举其中的一些有代表性的说法。

有趣的是，对体育运动和比赛的质疑之声率先出现在十分重视体育运动的城邦斯巴达。公元前 7 世纪，斯巴达的"战争诗人"提尔泰（Tyraeus）在诗歌中表达了这样的看法，即一个勇敢的运动员不见得是一

---

① David Matz, *Greek and Roman Sport*, *A Dictionary of Athletes and Events from the Eighth Century B. C. to the Third Century A. D.*, p. 40.

② Ibid., p. 114.

位勇敢的战士，他说："我不会去理会或赞美一个精通跑步或摔跤的人，即使他有居克罗普斯的块头和力量，在与'色雷斯的北风'的比赛中遥遥领先……即使他拥有所有的荣耀，除了勇气。因为一个人是不会在战场上表现卓越的，除非他能够直面血腥的屠杀。"① 我们看到，虽然斯巴达所在的伯罗奔尼撒半岛包括奥林匹亚、尼米亚和地峡运动会三大泛希腊赛会的举办地，"泛希腊赛会"的"多利亚因素"十分明显，斯巴达人在奥林匹亚赛会的早期历史上也不乏辉煌的纪录，但这个以军事力量的无比强大而闻名于世的希腊城邦却始终与希腊式的体育运动和比赛保持着一定的距离，其原因就在于他们意识到了体育运动和比赛与军事生活既有相互契合之处，也有明显的差异，提尔泰的诗歌所表达的正是这样的一种认识。正是出于对军事生活的重视，斯巴达人更看重能够用于实战的包括摔跤、拳击和希腊式搏击在内的"重型项目"，据说，在斯巴达举办的地方赛会的搏击比赛中，甚至允许其他的赛会所禁止的咬人和挖眼等危险动作。更有甚者，斯巴达由于不能够容忍在这类打斗项目中败给其他城邦的人，就干脆禁止本邦公民出国参加拳击或搏击比赛。② 此外，斯巴达还拥有一些其他城邦所没有的比赛项目，比如重装兵负重长跑、团体的格斗项目和忍受鞭打的比赛。所有这些无不表明，斯巴达人认为军事训练高于体育比赛，军事生活的需要以及战场上的胜利总是排第一位的，其次才是体育比赛中的优胜。在古希腊，坊间流传着关于斯巴达人的这样一些故事：一个母亲听说儿子战死沙场，她这样说道：他在战场上胜利地战死也比他在奥林匹亚胜利地活着要好。在一场摔跤比赛中，一个斯巴达人因为咬对方而犯规，于是有人叫嚷说：斯巴达人，你怎么像一个女人那样咬人呢？这个斯巴达人却回答说：不是像女人，而是像狮子那样。③

在提尔泰之后，公元前 6 世纪的一位哀歌诗人、哲学家色诺芬（Xenophanes）也被认为是对体育运动和比赛的最早的批评者之一，在他创作

---

① M. I. Finley & H. W. Pleket, *The Olympic Games: the First Thousand Years*, p. 117.

② Michael B. Poliakoff, *Combat Sports in the Ancient World*, *Competition*, *Violence*, *and Culture*, p. 102.

③ Ibid. , p. 102.

于公元前 525 年前后的诗歌中，批评了重装赛跑以外的奥运会的优胜者，认为他们不配得到荣誉和赞扬，因为他们不能为国家提供所需的技艺或品质：

> 即使一个人在奥林匹亚的宙斯祭坛赢得了赛跑，或五项全能，或摔跤，或痛苦的拳击，或人们称为希腊式搏击的可怕的打斗，即使他成为他的同胞公民们景仰的最荣耀的象征，赢得了运动会上的前排座位，免费的公餐，一些来自国家的特殊的礼物，即使他赢得了马赛，即使他能够完成所有这些事情而非其中之一，但他还是没有我活得有价值。因为我的智慧是一种比人和马的力量更好的东西。现在，力量比智慧更光荣的习俗既不恰当，也不公正。因为一个城邦有了一个好的拳击手，或一个五项全能运动员，或一个摔跤手，或一个飞快的赛跑手的话，一点也不更为守法，即使跑步在男人的运动会上是最荣耀的项目。当一个运动员在奥林匹亚赢得了优胜，对一个国家来说并不快乐，因为他并不能填补国家的金库。①

虽然色诺芬意在高扬智慧而贬低力量，但他提出问题的方式和目的却与提尔泰如出一辙，那就是国家应该把更多的奖励和荣耀给予那些对国家有益的人，应该用这样的标准去衡量体育运动和比赛的价值，并给予其相应的荣誉和地位。

正是沿着这样的思路，一百年之后，悲剧诗人欧里庇得斯在其创作于公元前 420 年前后的作品《奥托吕科斯》（*Autolykos*）中，对希腊人的体育运动和比赛的"军事价值"作出了最为有力和致命的一击，在这段可以看作"反方观点"的总结陈词中，诗人旗帜鲜明地亮出了"体育运动和比赛无益于军事生活和国家利益"的观点：

> 在希腊的成千上万种邪恶的事情中，再没有比运动员的比赛更

---

① Xenophanes, Fragment 2, in Stephen G. Miller (ed.), *Arete*, *Greek Sports from Ancient Sources*, a Second and Expanded Edition, p. 184.

大的了。首先，他们不能正确地生活，或者学习正确的生活。一个是他的嘴的奴隶和他的肚子的仆人的人，能够比他的父亲更健康吗？而且，这些运动员不能忍受贫穷，或理好自己的财产。因为他们没有养成好的习惯，他们困难地面对很多问题。当他们处在壮年的时候，他们闪闪发光，就像城邦自己的雕像那样，当痛苦的老年来临的时候，他们就像是扯成碎片的和破旧的地毯那样。因此，我谴责希腊人的这种风俗，他们聚在一起看体育比赛，给无用的快乐以荣誉，为了有一个盛宴的借口。有什么人曾经用赢得一顶摔跤的桂冠，或跑得快，或把铁饼掷得很远，或用一个上勾拳打到对手的下颚上而保卫注了他父亲的城市吗？有人用他们手中的铁饼打仗，或向一排盾牌打出重拳把敌人从他们的祖国赶出去吗？当他站在敌人的铜墙铁壁面前的时候，没有人傻到如此地步去干这些事情。

我们应该把桂冠给予好人和有智慧的人，给予使城邦运作良好的公正的人，给予那些领导我们避免做出邪恶之事、打斗和内部斗争的人。这些才是对每个国家和所有希腊人有益的事情。[1]

应该说，欧里庇得斯在《奥托吕科斯》中对体育运动和比赛的这些看法绝不仅仅是其个人的"吐槽"，而是代表了当时很大一部分城邦公民的认识。

城邦后期，随着公民兵制度的衰落，体育运动和日常的军事训练都出现了日益松弛与荒废的迹象，喜剧作家阿里斯托芬在《蛙》剧中就有这样的抱怨。柏拉图在《理想国》中虽然把体育运动放在公民教育的必备科目中，但对其在军事上的作用仍然是有保留意见的，例如，他曾经批评安塔乌斯河塞库昂的摔跤技巧以及埃皮乌斯河阿米库斯的拳击计策在战争的时候是派不上用场的。[2] 据普鲁塔克记载，底比斯的名将伊帕米农达允许他的军队进行摔跤比赛，但要他的军队保持队形以备战斗，他

---

① Eurypides, *Autolykos*, Fragment 282, in Stephen G. Miller (ed.), *Arete, Greek Sports from Ancient Sources*, a Second and Expanded Edition, p. 185.

② Mark Golden, *Sport and Society in Ancient Greece*, p. 28.

对他的同胞建议说："如果你想成为希腊的领袖的话，使用军营，而非摔跤学校。"① 他的崇拜者菲洛波曼（Philopoemen，约公元前253—前182）走得更远：

> 菲洛波曼很适合摔跤，他的朋友们劝他从事体育运动。他就问他们体育会不会破坏他的军事训练。他们就告诉他说，体育运动员的身体和生活方式与在所有方面都与军事的不同，饮食和训练尤其不同，为强化身体，运动员要睡很多，吃很多，固定时间运动和休息，军人要各种的冒险和不规则，尤其要忍受饿肚子和少睡眠。于是他不但不再参加体育运动，从中获得乐趣，而且在他后来成为一位将军的时候禁止所有的体育活动……②

正如斯巴达人对体育训练的严格限定那样，同样把战争作为国家最重要的任务的罗马人也表现出对希腊式的体育运动和比赛的不屑，虽然体育赛会在罗马人统治时期照常举办，但罗马人似乎更喜欢打斗性质的"重型项目"和"马赛"，还有就是热衷于观看用奴隶来充任的血腥的角斗士表演。而对于希腊人的"裸体竞技"比赛，罗马人不仅不能接受裸体的风俗，认为它伤风败俗，还把希腊人对身体上的和谐与优美的追求视为"女里女气"。③ 罗马的诗人们经常会嘲笑希腊的年轻人，认为他们整天泡在摔跤学校里偷懒，甚至都拿不动武器了。④ 显然，罗马人对希腊体育运动和比赛的排斥还是出于这样的一种认识，即这样的活动不但无益于军事生活，甚至是有害的。更有甚者，罗马人干脆把希腊的衰落归咎于这种体育运动的风俗，对此，普鲁塔克在《道德论集》中这样写道：

---

① Mark Golden, *Sport and Society in Ancient Greece*, p. 28.

② Plutarch, *Philopoemen* 3.2 – 4, in Stephen G. Miller（ed.）, *Arete, Greek Sports from Ancient Sources*, a Second and Expanded Edition, pp. 166 – 167.

③ Allen Guttmann, *From Ritual to Record, the Nature of Modern Sports*, p. 24.

④ Michael B. Poliakoff, *Combat Sports in the Ancient World, Competition, Violence, and Culture*, p. 102.

在罗马人看来，体育场和摔跤学校恰恰就是希腊人被奴役和堕落的原因，它们提供了大量的懒散的时间在城里来消磨，还有放荡，少年爱，以及通过睡觉、闲逛、和谐的锻炼和恰当的饮食来毁坏年轻人的身体，因为这个他们停止了带武器的训练，很高兴地被叫作身手敏捷的人和摔跤手和英俊之人，而不是重装兵和好骑手。[1]

三　几点分析

对于体育运动和比赛是否有利于军事生活的需要，在古希腊人以及罗马人中有着不同的看法，以上列举了正方和反方的一些具有代表性的观点。接下来的问题是，为什么会出现这样两种不同的认识？应该说，这种分歧的出现首先拥有其明显的时代背景，我们注意到，"体育运动和比赛并不符合军事活动的需要"这一看法并不是从来就有的，而是率先出现在古风时代后期到古典时代。在这一时期，一方面，军事活动和战争日益频繁，尤其是重装步兵逐步成为战争胜负的决定力量，这就为日常的军训提出了更高的要求，不但士兵个人的体能、意志、品质和作战能力需要加强，而且战争集体的步调一致和协同配合更为重要了。另一方面，随着泛希腊赛会和地方赛会的大量创建，在赛会规则日益完备和赛会制度逐步完善的同时，所有普通公民都能够参加的"裸体竞技"项目成为赛会的主角，由此而在体育运动和比赛中出现了前所未有的平民化与职业化的趋向。总体而言，军事生活和体育比赛中出现的这样两种新的发展趋势既有相互契合的地方，也存在着诸多明显的分歧，也正是在这种情况下，体育运动和比赛与战争开始"分道扬镳"。换句话说，正是这种专业化趋势的出现和社会分工的要求从根本上造成了上述两种不同认识的产生。对此，王以欣在《神话与竞技——古希腊体育运动与奥林匹克赛会起源》中有如下的分析和解释：

---

① Michael B. Poliakoff, *Combat Sports in the Ancient World*, *Competition*, *Violence*, *and Culture*, p. 103.

随着泛希腊赛会的兴起及其荣耀和地位的与日俱增，随着以政治宣传和物质利益为目标的地方赛会的普及，随着竞技体育的职业化程度越来越高，竞技与军事就逐渐分道扬镳了。竞技训练，尤其是职业运动员的训练，已同军事训练完全脱节，有着不同的目标、功能和内容。……正是由于竞技体育与军事关联密切，但又呈现出彼此脱节的倾向，因而招致很多社会精英的批评。[①]

笔者认为，这一分析是合理的。我们注意到，凡主张体育运动和比赛有利于军事活动的人大都强调二者的相同或相似之处，而持有相反观点的人则认为体育运动和比赛与战争是两种不同性质的社会活动。正是这种"求同"和"存异"上的偏向导致了争议的出现。那么，体育运动和比赛与战争究竟有哪些相同和相异之处呢？结合上面的种种观点，我们对这个问题做一个粗略的归纳。

先说"同"。从很早开始，古希腊人就把体育竞技与战争都看作一种有规则、有胜负、有奖励的"赛会"（agon）活动。说到规则，如果说体育比赛有一整套所有参赛者都要遵循的规则的话，那么对希腊人来说，战争也同样如此，正如马克·戈顿所言："古风和古典时代的希腊战争是十分保守的，有神圣的传令官，而埋葬死者进行的休战，装备和战术循规蹈矩，甚至超过体育比赛的规则。"[②] 同时，古希腊人把体育比赛和战争都看作一种对神意的检测，荷兰学者赫伊津哈在其名著《人：游戏者》中指出，古希腊人认为，战争与体育竞技都属于一种有规则且复杂的高级游戏，"一个人发动战争，目的是要取得具有神圣合法性的某种解决。胜利抑或失败，乃是对神祇意志的检测"。[③] 由此，我们就不难理解以下的这个历史事实了，那就是包括德尔斐和奥林匹亚在内的诸多"泛希腊赛会"的举办地，从很早就一直是各邦公民求取神谕之地，其中涉及最多的事情就是战争，包括战利品和各种贵重物品在内的战争胜利之后的

---

① 王以欣：《神话与竞技——古希腊体育运动与奥林匹克赛会起源》，第 353—354 页。

② Mark Golden, *Sport and Society in Ancient Greece*, p. 24.

③ 赫伊津哈：《人：游戏者》，第 87 页。

还愿贡品，自然也就成为这些宗教圣地近代以来早期出土文物的很大一部分。我们通常对德尔斐的神谕所知甚多，但奥林匹亚也莫不如此，实际上，"在古代，奥林匹亚的神谕仅次于德尔斐的神谕"。① 对此，西恩指出："希腊人认为战争胜负的决定权在神的手里，所以战前的献祭和祈祷必不可少，于是奥林匹亚成为一个得到神助的地方。从公元前 8 世纪开始，新的来访者拿来了各种各样的还愿贡品……武器和盔甲构成了奥林匹亚发现的主要部分。"② 斯科特也发现，在奥林匹亚，从公元前 6 世纪起，赫拉庙接受的主要贡品是雕像，运动场上悬挂的是包括头盔和盾牌在内的作为战利品的武器，并指出，人们来到这里，主要有两个目的，一是祭神，二是庆祝运动和战争的胜利。③ 有趣的是，战争之前求取神谕的这种传统并没有因为体育比赛的设立而中断，而是一直被延续了下来，不仅战争之前需要这样做，体育比赛之前也是如此，甚至会被"混为一谈"。对于这样的事情，最著名的事例就是修昔底德对梭伦改革之前雅典的政客基隆的记载，他不仅是一位失败的暴动组织者，也是一位曾经获得"泛希腊赛会"优胜的运动健将：

> 从前有一位叫基隆的雅典人，他是奥林匹亚竞技会的一位优胜者，出身于显贵家族，是一位很有势力的人物。他娶麦加拉人塞阿根尼斯的女儿为妻，塞阿根尼斯是当时麦加拉的僭主。这位基隆到德尔斐神去问神，神告诉他，在"宙斯大庆节"之时夺取雅典卫城。因此，他从塞阿根尼斯那里获得一支军队，劝说他的朋友和他一起，在伯罗奔尼撒的奥林匹亚庆节到来之时，夺取了雅典卫城，想自己做僭主，因为他认为这就是"宙斯大庆节"，这也是有利于奥林匹亚竞技会优胜者的一个机遇。神谶中所说的"宙斯大庆节"指的是阿提卡的或其他地方的，他却从未考虑到，神谶中也未予以说明。因

---

①　莱茵哈德·森弗：《奥林匹亚》，载上海博物馆编《博物馆与古希腊文明》，北京大学出版社 2016 年版，第 103 页。

②　Ulrich Sinn, *Olympia, Cult, Sport, and Ancient Festival*, p. 13.

③　Michael Scott, *Delphi and Olympia, the Spatial Politics of Panhellenism in the Archaic and Classical Periods*, p. 158.

为雅典人也有一个宙斯大庆年，名叫"美里奇奥斯的宙斯"（"仁慈的宙斯"）即狄亚西亚节。这个节日是在城外庆祝的，全体人民都在这里以一些本地区所特有的不流血的祭品来祭祀，而不用真正的牺牲来祭祀。可是，基隆自认为选择了一个不恰当的时间，便开始行动了。①

在这条史料中，修昔底德把基隆暴动失败的原因归之于对德尔斐神谕的误读，从而说明了其失败的必然性，印证了上述的希腊人把战争和比赛都看作一种对神意的检测的看法。同时，我们注意到，基隆本人既是一位奥运会优胜者，又得到了他自认为是在奥林匹亚赛会采取行动的指令，在一定程度上也就给出了这一解读错误之所以产生的原因。从这一阴差阳错的事件中，透露出的正是古希腊人常常把军事行动也看作一种特殊类型的"赛会"（agon）。无独有偶，希罗多德也记载了公元前5世纪伊利斯的一位失败的运动员，他也误读了神谕，把"战争"错误地理解成了"比赛"：

当提萨门努斯因没有子嗣而前往德尔斐求神问卜的时候，皮西亚女祭司向他宣布，说他将赢得5项竞赛的胜利。由于他误解了神谕的寓意，以为他将在体育竞技会上赢得桂冠，从而立即投入体育锻炼。他自己进行了五项全能的训练，在奥林匹亚竞技会上，他却功亏一篑，未能赢得最后的胜利；原来，他在各个项目上都取得了胜利，就是在和安德罗斯人希耶罗尼姆斯比赛摔跤时败北。在这方面，拉栖代梦人察觉到，神谕所说的比赛，并非指竞技场上的比赛，而是指战场上的较量。因此，拉栖代梦人用金钱贿赂提萨门努斯，试图要他为他们效力……既然他们非常需要提萨门努斯助他们一臂之力，因而答应了他所提出的各项要求……帮助斯巴达人赢得了五次辉煌的胜利。②

---

① 修昔底德：《伯罗奔尼撒战争史》，1.126.3—6，徐松岩译注，第111页。
② 希罗多德：《历史》，IX.33—35，徐松岩译注，第481—482页。

把体育比赛与战争等量齐观还反映在诗人品达为"泛希腊赛会"的优胜者们撰写的"凯歌"(*epinician*)当中,他常常用战争的词汇来赞美获胜的运动员,把获胜者的回归与士兵得胜还朝相提并论。① 在奥林匹亚和德尔斐,到处都可以看到战争的胜利者们建造的纪念碑,旁边就矗立着体育比赛中获胜的运动员的塑像。鲍桑尼阿斯还注意到,希腊的战神阿瑞斯(*Ares*)和竞技之神(*Agon*)的神像也比肩而立,而安放神像的桌子上摆放着优胜者的桂冠。② 所有这些都无不显示出,古希腊人倾向于把体育比赛和战争归入同一类社会活动,对于一位自由的希腊公民来说,在战场上杀敌立功与在赛场上获得优胜都体现出神的恩宠和眷顾,都应该获得丰厚的奖励和无上的荣光。正如亚松·孔尼克所言,在古代希腊,"赛会美德在其他社会生活中也十分看重,尤其是在军事活动中"。③

接下来我们再说说"异"的一面。

首先,从古风时代后期开始的对体育运动和比赛的种种反思与批评中可以看出,一些人认识到了体育运动和比赛与军事生活的需要还是存在着明显的差距的,比如,运动员为了在比赛中获得优势,会强化身体的某个部分的训练,尤其在"重型项目"中,由于当时没有重量级的划分,增加体重成为普遍的做法,于是一些运动员不惜采取增加睡眠和暴饮暴食的做法,这显然有悖于军人经常要在野外忍饥挨饿和不能按时睡觉的需要。此外,有些人还认识到,在战场上,更需要的是不怕牺牲的勇敢品质和奋勇杀敌的坚强意志,体育运动的技巧和技能上的优势反而并不十分重要,甚至完全派不上用场。例如,有学者指出,作为奥运会比赛项目的重装赛跑乍看起来类似于军事训练,但又有别于军事训练,因为参赛者只需奔跑有限的距离,而且不用全副武装,不带长矛和短刀这些进攻性的武器,只戴头盔和手持盾牌,"与其说是进攻,不如说更像是逃跑"。④ 上文说到,虽说所有的体育竞技项目都或多或少地与军事活

---

① Mark Golden, *Sport and Society in Ancient Greece*, p. 24.

② Ibid. , p. 25.

③ Jason Konig (ed.), *Greek Athletics*, Introdction, p. 2.

④ Stephen G. Miller, *Ancient Greek Athletics*, p. 149.

动有关，会对成为一个合格的军人起到促进的作用，但体育和战争毕竟是两种不同的社会活动，在训练方式和目标上存在着诸多明显的差异，体育运动和比赛对战争的促进作用与其说是直接的，不如说是间接的，事实也表明，是军事生活的需要促进了体育竞技的产生和发展，而非相反。

其次，从体育比赛和战争的方式上来看，也存在着一个明显的不同，那就是古希腊的体育竞技始终都是以个人项目为主，不论是"裸体竞技"还是"马赛"，城邦的自由公民都是以个人身份参加比赛，且普遍是一对一的比拼，集体项目只出现在一些地方赛会的非常设项目中。① 虽然获得优胜会给自己的家人和城邦带来荣誉，但个人的"卓越"（arete）的实现始终是体育比赛的目标，更是赛会精神最为集中的体现。而与此形成鲜明对比的是，战争始终采取的是集体协同对抗的形式，尤其是在"重装兵革命"之后，士兵之间的相互配合、相互保护和协同作战就更为重要了，这就要求士兵不但要具有良好的体魄、坚强的意志和实战的技能，而且要有强烈的集体主义观念和集体作战的意识，如果说前者可以在一定程度上通过体育运动和比赛而获得的话，那么，后者则需要专门的军事训练而得到加强。正如马克·戈顿所言，在古代希腊，把战争比作一场团体比赛是老生常谈。② 应该说，古希腊人对于这种不同有着十分清楚的认识，从历史记载上看，如果说希腊人从不吝于给予作为个人的体育比赛优胜者以丰厚的奖励和至高的荣誉，同时也完全能够接受他们把自己的名字刻在碑上并自我夸赞的做法，那么，从古典时代以后，在战争胜利的问题上却远远不能做到这一点，他们总是把集体的荣誉放在第一位，对获胜将领个人的赞颂则难于接受，甚至充满了警觉。例如，公元前490年，由于运兵得当，在马拉松战役取得辉煌胜利的指挥者米泰雅

① 史实表明，在古希腊的地方赛会中，除了个人项目，还存在着一些集体项目。比如，在雅典的泛雅典人节赛会上，有以部落为单位进行的火炬接力赛跑；在斯巴达，既有格斗项目的团体比赛，也有团体的球类比赛。不过，在所有"泛希腊赛会"的常设项目中，均不设团体项目。即使在地方的赛会中，在个人之间展开的这些常设项目也一直是赛会的主体。总体来看，团体比赛虽然存在，但在古代希腊并不占据主流，这也是古代与现代体育竞技运动的一个明显的不同之处。

② Mark Golden, *Sport and Society in Ancient Greece*, pp. 24 – 25.

德，劝说雅典人把他的名字刻写在柱廊的战争画上的努力就以失败告终。在斯巴达，当将军鲍桑尼阿斯在普拉提亚的胜利之后把自己的名字刻写在德尔斐的三足鼎上的时候，斯巴达人却把它抹掉了，重新刻写了铭文。[1] 这些事例不仅反映出了希腊人从战争中的英雄个人有很大影响到重装兵集体发挥关键作用的作战方式的转变，也从一个侧面说明了战争与体育运动和比赛的不同。

最后，体育运动和比赛与战争最大的不同就是前者主要以和平的方式进行，而后者则要流血乃至于牺牲生命；从结果上看，前者会使参与的双方都得到锻炼和提高，是"双赢"，而后者则会造成一方的伤亡，甚至两败俱伤，很可能是"双输"。虽说运动比赛也有一定的危险性，时而也会有伤人乃至丧命的事情发生[2]，但总的来看，战场上的比拼还是要比赛场上残酷得多，血腥得多，失败常常意味着生命的丧失。对于这两种"比赛"的不同，古希腊人有着十分明确的认识，古风时代的作家赫西俄德在《工作与时日》中一开篇就把人间所有的竞争归纳为两种，一种是好的竞争，另一种则是坏的竞争：

> 大地上不是只有一种不和之神，而是有两种。一种不和，只要人能理解她，就会对她大唱赞辞，而另一种不和则应受到谴责。这是因为她们的性情大相径庭。一种天性残忍，挑起罪恶的战争；只是因为永生天神的意愿，人类不得已而崇拜这种粗厉的不和女神，实际上没有人真的喜欢她。另一种不和女神是夜神的长女，居住天庭高高在上的科洛诺斯之子把她安置于大地之根，它对人类要好得多。她刺激怠惰者劳作，因为一个人看到别人因勤劳而致富，因勤

---

[1]　Michael B. Poliakoff, *Combat Sports in the Ancient World*, *Competition*, *Violence*, *and Culture*, p. 114.

[2]　例如，马克·戈顿指出："体育比赛和战争同样存在危险。伊利斯人拒绝参加地峡运动会搏击和摔跤，其中的一个解释就是在去那里的路上一个人意外地在比赛中死去了。对抗性运动的确能够导致伤亡。最著名的例子就是阿瑞奇翁（Arrichion），赢得了公元前564年奥运会希腊式搏击的冠军，但在最后一场比赛中却窒息而死，他断气的时候对手正举起一个手指表示认输。安提丰的一场法庭演说就是关于一个年轻人被标枪扎死的事故。"参看 Mark Golden, *Sport and Society in Ancient Greece*, p. 24。

于耕耘、栽种而把农事安排得顺顺当当时，他会因羡慕而变得热爱工作。邻居间相互攀比，争先富裕。这种不和女神有益于人类。陶工与陶工竞争；工匠和工匠竞争；乞丐忌妒乞丐；歌手忌妒歌手。①

在这两类竞争中，显然战争属于前者，体育运动和比赛则属于后者，赫西俄德认为，前者是消极的和破坏性的，会造成人与人的自相残杀，应该受到谴责，而后者则是积极的和建设性的，有益于人类，应该受到赞美。在这个意义上，古希腊人所开创的体育运动和比赛活动不仅为城邦时代的各邦公民提供了一个增进友谊与切磋技艺的和平的舞台，在这里，上演着一场又一场"没有伤亡的战争"，而且也成为无休止的战争的间歇期的实现普通人的光荣与梦想的一个重要的途径。

不过，赫西俄德对两种"不和女神"的思考虽然代表了希腊普通公民对战争的厌恶和对和平的渴望，但在现实生活中，尤其是希腊城邦和国家的层面上，这种伦理学上的反思却苍白无力，其影响十分有限，在战争频仍的希腊城邦时代，所有城邦的执政者无不把加强军事力量并在战争中立于不败之地放在政治生活的首要地位，"国之大事，在祀与戎"，人们发现，体育运动的理想与战争的现实需要既有相合之处，也存在着不可调和的矛盾，随着时间的推移，两者之间的差距也在日益加大，渐行渐远。正是在这样的历史语境下，才产生了上述的"体育与战争之争"。

普理查德在其近著《古典时代雅典的体育运动、民主和战争》中，对古典时代的雅典人对体育比赛和战争的看法以及相互之间的影响做出了系统的研究，他指出：一方面，在雅典的普通人看来，体育和战争有很多相似性，都是一种为获得奖励或荣誉而进行的比赛活动，因而对两种活动都给予了很好的评价和重视；另一方面，由于种种条件上的限制，体育比赛一直带有很强的"精英"色彩，昂贵的训练和参赛费用使这种社会活动始终局限在贵族和富人的范围内，而战争则很少有这种限制，因而更多地受到社会下层的欢迎和青睐。值得注意的是，作者还指出，

① 赫西俄德：《工作与时日·神谱》，第1—2页。

正是基于雅典普通人对体育和战争的相似性的认识，体育运动和比赛活动才会一直受到人们的关注和喜爱，基本上没有受到来自社会上层和知识精英的强烈批评的影响。①

从希腊罗马文明衰亡到 21 世纪的今天，战争仍在继续，古希腊人开创的体育运动和比赛活动也在现代奥林匹克运动中得到了复兴，虽然时过境迁，但上述的"是体育，还是战争"的问题似乎依然存在。当我们今天再次回顾两千多年前的那场"体育与军事之争"的时候还是有种似曾相识之感，应该说，那场争论中所蕴含的对体育运动与战争的性质和价值的深入思考在今天仍然具有启发意义。

---

① David M. Pritchard, *Sport, Democracy and War in Classical Athens*, Cambridge University Press, 2013.

第八章

从奥林匹亚赛会看古希腊人的平等观念

　　奥林匹亚赛会是古希腊人创办的众多体育赛会中最为古老、持续时间最长、影响最大的赛会，是现代奥林匹克运动的源头，在希腊社会生活中拥有至高无上的地位。虽然古希腊人关于奥林匹亚赛会的直接记述十分有限，但我们还是能够通过大量流传至今的历史、诗歌、哲学和戏剧等作品看到很多有关古代奥运会的零星描述。更为重要的是，奥林匹亚赛会的精神早已深入人心，其影响渗透到希腊社会生活的方方面面，成为希腊文明有别于其他古代文明的核心特征之一。在这样一个值得我们去"深描"（thick description）①的领域中，"平等"的观念占据了一个中心的位置，实际上，正是在体育赛会的领域，希腊人最早发现了这种理念，并把它付诸实施。可以说，"平等"的观念是古代希腊赛会的基本理念之一，它既是古希腊奥林匹亚赛会长生不衰的原因，也是现代奥林匹克运动得以复兴的根本动力。正如多姆布罗斯基在《现代体育运动与古希腊人的理想》一书的序言所言："实际上，规则（或法律）之下人人平等的观念是古希腊的体育运动对世界文明作出的最伟大的贡献。"②

---

　　① 美国文化人类学家格尔茨（C. Geertz,）在《文化的解释》（*The Interpretation of Culture*）一书中提出了"深描"的概念，他指出，"文化不是一种引致社会事件、行为、制度或过程的力量（power）；它是一种风俗的情景，在其中社会事件、行为、制度或过程得到可被人理解的——也就是说，深的——描述。"见该书的中译本，韩莉译，译林出版社2008年版，第16页。虽然这一概念是针对于民族学调查而提出来的，但这种通过对某种风俗习惯的详尽描述来凸显文化的本质特征的方法也同样适用于古代奥林匹亚赛会的研究。

　　② Daniel A. Dombrowski, *Contemporary Athletics & Ancient Greek Ideals*, The University of Chicago Press, 2009, p. 3.

通过古代奥林匹亚赛会的实践，我们可以十分清楚地透视出古希腊人对于"平等"问题的种种思考。

毫无疑问，参赛机会的均等、比赛条件的划一和竞赛规则的一致是体育比赛得以展开的前提条件，在以往对希腊赛会的研究中我们也十分注重对赛会中的"平等"一面的强调，但种种迹象表明，希腊赛会中还存在着十分明显的"不平等"的一面。那么，奥林匹亚赛会中的"平等"表现在哪些方面？"不平等"又表现在哪些方面？这两个相互矛盾的方面之间是一种什么关系？又是以一种怎样的方式有机地结合在一起的呢？对于这个问题，古希腊人已经作出了很多深入的思考，希腊哲学家柏拉图和亚里士多德所提出的"数目上的平等"（numerical equality）和"比例上的平等"（proportional equality）两种不同性质的"平等"的思想就是其中的代表。本章即以奥林匹亚赛会为主要的参照系，结合古希腊人关于"平等"问题的看法对"平等"观念的内部结构进行一些尝试性的分析和思考。

一　奥林匹亚赛会中的"平等"

古代希腊的体育赛会种类多样，从参赛者的范围来看大致可以分为两类：一类是由某个城邦举办的地方性赛会，一般仅限于本地公民参加；另一类是面向全体希腊人的赛会，称为"泛希腊赛会"。这两类赛会既有很多相同或相似之处，也存在着十分明显的差异，其中最大的区别是地方性赛会的优胜者都有丰厚的实物或现金奖励，而"泛希腊赛会"的奖品则主要是象征性的奖励，通常是用当地的一种具有某种神性的树木的枝条编制的花冠①，所以前者通常被称为"奖金赛会"，后者则被称为"桂冠赛会"。作为四大"桂冠赛会"之首，奥林匹亚赛会在地理位置、项目设置乃至于竞技规则等很多方面具有很多不同于其他三个"桂冠赛会"的特点，更与地方赛会存在着较大的差别，可以说，这些特点和差

---

① 奥林匹亚赛会用橄榄树（olive）叶，皮提亚赛会用月桂树（laurel）叶，地峡赛会和尼米亚赛会用欧芹（parsley）和旱芹（celery）叶。

别的产生无一不是围绕着一个核心的理念，那就是在最大程度上保证比赛的公平和公正，也就是我们所谓的"平等"。

从地理位置上看，奥林匹亚位于伯罗奔尼撒半岛的西部边陲，远离尘世，人烟稀少，与最近的一个小邦伊利斯（Elis）的路上距离约有60公里。与其他三个"泛希腊赛会"的举办地相比，奥林匹亚在地理位置上的劣势一目了然。由于远离希腊城邦的密集地区，参赛者大多需要长途跋涉、翻山越岭才能到达此地。但是，正是这种地理上的劣势却在一定程度上使它成为希腊所有赛会中最为公正的一个，而公正的比赛规则正是奥林匹亚赛会长盛不衰的重要原因之一。作为主办者，伊利斯城邦负担起奥运会的组织工作，不论是主持奥林匹亚赛会的宗教祭司活动的神职人员还是体育比赛的裁判均来自该邦。由于没有大邦的直接干预，希罗多德记载，伊利斯人曾经在埃及人面前自诩奥林匹亚赛会是全希腊最公正的体育赛会，即便如此，埃及人还是提议，要伊利斯人退出比赛。[①] 现在看来，这个担心是多余的，因为通过历届奥运会和其他几个"泛希腊赛会"的优胜者的名单的对照，我们发现伊利斯人获胜的人数和比例是大体相当的，并不存在裁判员偏袒本邦运动员的情况。[②]

从比赛的项目上看，奥林匹亚赛会与其他三大赛会和地方赛会最大的不同就是一直坚守着仅设单一的体育比赛的传统，其他的不同还包括：在体育比赛中只有个人项目，没有团体项目，体育比赛的种类和数量十分有限，在各个项目的比赛中仅产生一名优胜者。在其他的"泛希腊赛会"和地方赛会中不仅有体育比赛，还有音乐、诗歌、戏剧等文化类型的比赛。同时，在很多地方赛会中除了传统的体育项目之外，还伴随有以部落为单位的团体比赛，而且优胜者亦不止一名。奥林匹亚赛会的项目分为两大类：一类即"裸体竞技"（*gymnikos agones*），包括赛跑、五

---

① 参见希罗多德《历史》，Ⅱ.160。

② 根据当代学者古代奥运会优胜者名单的统计，在男子成年项目比赛中，赢得优胜的伊利斯人占全体优胜者的 10.5%。而在其他赛会如皮提亚赛会和尼米亚赛会，伊利斯优胜者的比例分别是 9.5% 和 10%，基本持平。参见王以欣《神话与竞技——古希腊体育运动与奥林匹克赛会起源》，第 58 页。

项全能、摔跤、拳击和希腊式搏击等；另一类是"马赛"（*hippikos a-gon*），包括种类多样的赛马、赛车等。

奥林匹亚赛会之所以只设体育比赛，就是为了完全排除裁判员作出主观评判的可能性，同时也使比赛的判罚不会受到观众情绪的影响。在比赛中，"胜利者取决于明显的客观标准：第一个越过终点，把铁饼掷得最远，把对手摔倒在地……这种严格的标准导致了竞技项目在数量中十分有限，这也极大地减少了在比赛中的争议和偏袒的指责"。① 那么，为什么只设个人项目呢？一方面因为希腊人在体育比赛中所追求的"卓越"（*arete*）美德向来只是一种个人的德行，比赛者仅代表个人来参赛，与团体无关②；另一方面，我们也要看到团体比赛难免会受到参赛者背后的城邦实力的影响，而这也是有违公正裁决的因素。

在比赛场上，裁判员依据固定的规则进行裁决，握有绝对的权威，违规运动员会受到鞭笞或处以罚款，甚至被逐出赛场。奥林匹亚赛会的裁判员是从伊利斯人中遴选出来的，拥有"希腊法官"的名号③，实际上"兼有现代奥委会委员、裁判员和仲裁者的职能"，"他们身穿象征王权的紫袍，以显示其高贵的身份和地位"，"不但不领薪水，还要承担公共基金以外的赛会开支份额"。④ "希腊法官"手执鞭杖，对于违规者可以实施鞭打（不准打头），这无疑是古希腊运动会不同于现代运动会的一个"使现代读者吃惊的特征"，"一个自由人应该自愿接受鞭打不仅是希腊体育比赛而且是希腊社会的特征，这种习俗所蕴含的杖的规则面前人人平等的观念可能是体育比赛对古代世界最大的一个贡献"。⑤

---

① Stephen G. Miller, *Ancient Greek Athletics*, p. 19.

② 正如米勒所言，"arete 只是一种个人的品质，具有一种自我实现的功能，它是一种对个人能力和极限的测试，*arete* 不能在一个团体中得到最高的体现"，这是"泛希腊赛会"不设团体比赛项目的根本原因。见 Stephen G. Miller, *Ancient Greek Athletics*, p. 175。

③ 奥林匹亚赛会的裁判最初被称为 *diaitater*，意思是"仲裁者"，后来改为 *Hellanodikes*，意思是"希腊法官"，米勒认为，这种称谓上的转变可能是希波战争希腊人获得胜利的结果。见 Stephen G. Miller, *Ancient Greek Athletics*, p. 94。

④ M. I. Finley & H. W. Pleket, *The Olympic Games: the First Thousand Years*, pp. 59 – 60.

⑤ Stephen G. Miller, *Ancient Greek Athletics*, pp. 17 – 18.

在比赛的过程中，参赛者身份的平等最明显地表现在裸体竞技上。希腊文中"体育馆"（*gymnasia*）就来自"裸体"（*gymnos*）一词。可以说，裸体竞技是古希腊的体育运动与此前和此后的其他古代文明以至于现代的体育运动最大的一个不同之处，这一特征使希腊的体育比赛在整个人类文明史中堪称独步。[1] 古希腊人为什么要用裸体的方式进行比赛？学者们从各种不同的角度进行了很多的解读，其中既有气候的原因[2]，同时也有运动本身的需要[3]，以至于审美的需求[4]，但我们还要看到，这种极端的竞技方式的背后也体现出了希腊人对体育竞赛之公平性的热烈追求，正如米勒所言："这种比赛最后的一种也是最明显的平等方式就是他们都是裸体的。在更衣室里，社会地位是不容易辨别的，经济特权也不能使一个人比其他人跑得更快。"[5] 正是在这种方式下，竞赛者完全依靠自己对自身身体的控制力来赢得比赛的胜利。[6] 除了裸体参赛之外，比赛条件的平等还体现在起跑装置的不断改进[7]、未成年人比赛中年龄组的细

---

① 很多历史资料表明，埃及和两河流域的体育运动以及荷马时代的体育比赛都没有裸体训练和比赛的习俗，罗马人虽然接受了希腊赛会的传统，但对于这种习俗还是表现出强烈的排斥情绪，欧洲中世纪和现代的体育比赛完全没有延续这种传统。参看本书第五章。

② 希腊的赛会大多在炎热的夏季举行，如奥林匹亚赛会就选定在夏至后的第二个满月，即阳历的 7 月下旬或 8 月，是一年中最炎热的日子。

③ 根据希腊人的记述，在早期的比赛中运动员是穿着缠腰布（*perizoma*）的，但由于有意或无意的原因，人们发现裸体比穿着缠腰布跑得更快，于是就开创了这一习俗。

④ 希腊人正是在裸体竞技中首先发现了男性的人体之美，经过长期的观察和实践发展出写实的裸体雕塑艺术。在希腊文中，*kalos*（美丽）一词是专门用来指男性的相貌和身体之美的。有学者指出，对于这种偏好，罗马人嗤之以鼻，"希腊人的身体上和谐发展的原则，追求身体的优美和优雅的看法在罗马人看来是女里女气"。见 Allen Guttmann, *From Ritual to Record, the Nature of Modern Sports*, p. 24。

⑤ Stephen G. Miller, *Ancient Greek Athletics*, p. 233.

⑥ 阿瑞提（Arieti, J. A.）在《希腊运动中的裸体》（*Nudity in Greek Athletics*）一文中指出："裸体……使运动员充分展示出他们控制身体的能力。"转引自 Mark Golden, *Sport and Society in Ancient Greece*, p. 67。

⑦ 在对古代奥林匹亚遗址的发掘中，考古学家发现了各种各样的起跑设施，正如米勒所言："起跑装置的不断改进表现了希腊人对裸体竞技的一个基本原则的关注，那就是尽可能地消除所有影响比赛结果公正性的不利因素，不论是有问题的设备还是裁判的偏见。"见 Stephen G. Miller, *Ancient Greek Athletics*, p. 43。

致划分①、"重型项目"的分组方式②以及无所不在的各种比赛规则上面。所有这些比赛的方式和规则都指向一个共同的目标，那就是把竞赛以外的其他因素降低到最小，使裁决尽量公平和公正，正如一位希腊的诗人所言："公正的裁决胜过黄金。"③

当然，由于种种原因，理想和现实并不总是能够一致，古希腊奥林匹亚赛会中出现的收受贿赂、违规等情况还是时有发生的，奥林匹亚运动场入口处的多尊宙斯铜像就是用违规者的罚款铸造而成的，其中一尊雕像底部的铭文写道："奥林匹亚的取胜之道不是靠金钱，而是靠捷足和体力。"④ 它一方面表明了违规现象的存在，另一方面也时刻提醒着后来的参赛者们公平竞赛的重要性。

二　奥林匹亚赛会中的"不平等"

马克·戈顿在《古希腊的体育与社会》一书中指出，古希腊的赛会，尤其是奥林匹亚赛会既是一种把所有的希腊人团结在一起的无形的凝聚力，也蕴含着很多的"差异话语"（discourse of difference），用各种各样的明显的或隐蔽的界限和规则把人群划分成三六九等，因此，古希腊赛会的一个共同的特征就是"制造不同"，"希腊的体育比赛被包围在一系列的等级关系中"，体育赛会"为希腊人建立和摧毁某种等级制度提供了

---

① 在希腊赛会中，不仅有成年组和少年组的划分，而且少年组也有很多更为细致的年龄划分，具体的年龄界限不清。从奥林匹亚赛会未成年组比赛优胜者的年龄看，最小的 12 岁，最大的 17 岁。参看 Mark Golden, *Sport and Society in Ancient Greece*, p. 105。

② 包括拳击、摔跤和希腊式搏击在内的"重型项目"需要进行一对一的身体对抗，与现代的比赛不同，希腊人的"重型项目"既没有重量级别的划分，也没有比赛回合，判定获胜的方式就是打斗进行到一方不能再继续比赛为止。因此，赛前的分组十分重要，按照规则，参赛的运动员抽签配对，抽签的时候，每个运动员身边都站着一个奴隶，拿着鞭子随时惩戒犯规者。在摔跤比赛之前，运动员还需要在身上涂粉以防止从对方手中滑掉，为了确保公平性，比赛规定，双方运动员要相互涂粉。参看 Allen Guttmann, *From Ritual to Record, the Nature of Modern Sports*, p. 28。

③ Mark Golden, *Sport and Society in Ancient Greece*, p. 87.

④ 王以欣：《神话与竞技——古希腊体育运动与奥林匹克赛会起源》，第 57 页。

一个场所"。① 的确，这些"差异"和"分化"无不昭示着希腊赛会的"不平等"的一面，下面我们就从参赛资格、竞赛条件以及竞技项目本身所包含的不平等因素来看一看奥林匹亚赛会都制造出了哪些"不同"。

首先，奥林匹亚赛会把希腊人和非希腊人截然分开，只有希腊人才能参加，非希腊人绝无参赛的机会，这是一条铁定的法则，直到希腊时代和罗马时代，随着希腊城邦文明的衰亡，这条不成文的法则才逐渐松动和改变。比赛开始前，所有参赛运动员要在观众面前一一走过，传令官要高声报出参赛者的姓名、父亲的名字和所在城邦的名字，这主要是为了"验明正身"。在古典时代，马其顿人被视为蛮族，马其顿的亚历山大一世为了能够有机会参加奥林匹亚赛会不惜编造神话谱系，宣称自己是古代阿尔戈斯王族的后裔，从而证明自己是阿尔戈斯人，这才使他成为第一个参加奥运会的马其顿人。② 在希腊人内部，参赛者也仅限于成年或未成年的③男性公民，妇女④和非公民（包括奴隶和外邦人）完全排除在外，这种区分在奥林匹克的赛会中尤其严格。⑤ 除此之外，作为一项祭祀神灵的宗教节日的附属品，奥林匹亚赛会还是一次公民道德品质上的检验，凡是犯有渎神、谋杀等罪行的人也被拒之门外。实际上，不仅奥林匹亚，希腊所有的赛会以及作为体育训练场所的运动场也都严格奉行这种规定，公元前 2 世纪马其顿的一条铭文显示，不能进入体育场的除了妇女和奴隶之外，还包括被释奴以及他们的孩子、瘸子、同性恋、商人、酒鬼和疯子，非法进入者会被判处死刑。⑥

其次，我们要说到竞赛条件的不平等。尽管从理论上讲，希腊所有城

---

① Mark Golden, *Sport and Society in Ancient Greece*, p. 4.

② 参见希罗多德《历史》，V. 22。

③ 希腊赛会一般都设有未成年组的比赛项目，实际上，这些未成年人可以被看作"准公民"，未成年人的比赛因而也就具有了"成年过渡仪式"的功能和特征。

④ 在奥林匹亚，参加和观看比赛严格限制在男性的范围内，唯一的例外是女神德墨忒尔的女祭司。不过，妇女的体育运动和比赛还是存在的，比如，奥林匹亚四年一次的赫拉节就有专门为女子举办的赛跑，参加者仅限于未婚少女，跑道比男子的短六分之一。此外，斯巴达也允许未婚少女进行体育锻炼，少女赛跑亦出现在其宗教节日上。

⑤ 例如，一项法律规定伊利斯人可以向任何参加奥林匹亚赛会的妇女发起进攻，见 Mark Golden, *Sport and Society in Ancient Greece*, p. 132。

⑥ Stephen G. Miller, *Ancient Greek Athletics*, p. 189.

邦的道德品质良好的公民都有参赛的资格，但在实际操作中，经常能够参加奥林匹亚赛会并有机会获得优胜的人也只限于各邦的上层贵族和富有公民，因为只有他们才有足够的闲暇时间和金钱，能够负担得起参赛的费用，这成为一条不成文的界限。前文说到，奥林匹亚位于西部边陲，路途遥远，前往参赛首先需要充足的旅费。[①] 此外，赛会规定，参赛者需要在本邦进行十个月以上的训练，并且要提前到达伊利斯再进行长达一个月的集中训练，聘请教练员也需要一笔不小的费用，正式比赛之前这么长时间的训练和大笔的花销是整日忙于生计的穷人完全不能承受的。毫无疑问，这样一条无形的界限又会把一大半希腊公民排除在奥林匹亚的赛场之外。

　　在能够参赛的公民中，如果说"裸体竞技"比的是身体和技能上的优势，此外别无限制，家资中等的公民还有望参加的话，那么，"马赛"却完全不可企及。在古希腊，买马和养马都需要高额的费用，可以说，拥有马匹成为一种等级和身份的标志。[②] 因此，"马赛"基本上是财富的较量，从一开始所有参赛者就并不是站在同一起跑线上，同时，"马赛"的规则也完全不同于"裸体竞技"，获胜者是马的主人，而非骑手或驭手，亦非赛马，这使得"马赛"成为奥林匹亚赛会中的"另类"。"马赛"的特殊性还表现在：（1）由于参加比赛的是马匹和战车，所以也就没有了对马主、骑手、驭手的身份、性别、年龄的任何限制，马主可以

---

　　① 戈顿指出，交通上的不便使得地理上的接近程度也成为参赛者是否决定参加赛会的一个重要因素。据统计，在奥林匹亚和尼米亚（都位于伯罗奔尼撒半岛的内陆）赛会中能够确定身份的优胜者中最大的一部分来自伯罗奔尼撒半岛；来自西部地区的希腊人（包括科西拉、意大利和西西里等地）在奥林匹亚赛会的获胜者中占据更大的比例，而东部地区的人（包括爱琴海诸岛、小亚细亚和黑海地区）则在离他们的家乡比较近的尼米亚赛会上表现更为突出。同样，皮提亚赛会的优胜者中最大的一部分来自邻近的中希腊和北希腊；而在地峡赛会上，由于海上交通的便利，岛民和沿海的居民占据了所有优胜者的将近一半，这个比例和数量远远大于其他的赛会。参看 Mark Golden, *Sport and Society in Ancient Greece*, pp. 35 – 36。由此可见参赛条件的"不平等"之一斑。

　　② 希腊在地理上地小多山，既缺乏广袤的草原，也无充沛的降雨，因而鲜有终年牧草丰美之地，并不具备良好的养马条件。在古风和古典时代的战争中，骑兵和战车兵的作用远逊于重装步兵和海军。到了马其顿王国兴起之后，骑兵的作用才变得重要起来。

是男人，也可以是女人①，父亲和儿子的马匹亦可以同场竞技，驭手或骑手既可以是马主，也可以是雇工或奴隶；（2）参赛者的马匹或战车的数量也没有任何限制，所以才会出现公元前 420 年亚西比德（*Alkibiades*）出了七辆马车参加奥林匹克赛会一人独得第一名、第二名和第四名的情况②，因此，"马赛"也很自然地成为城邦的富人们或僭主们炫耀财富、提高声望和积累政治资本的舞台；（3）与"裸体竞技"不同，"马赛"完全不存在运动年龄上的限制，奥林匹亚赛会"马赛"优胜者的记录表明，优胜者中年龄偏大的人占据很高的比例③；（4）与"裸体竞技"仅代表个人参赛不同，赛车都是城邦选送的，所以从一开始就具有了团体比赛的背景或政治因素的参与；（5）由于参赛者的数量十分有限，"马赛"获胜的概率远高于"裸体竞技"。此外，在地方赛会的"马赛"中，优胜者的奖品也远远高于"裸体竞技"的数额。

乍看起来，"马赛"不论从参赛者身份和比赛条件的平等还是从竞赛规则的合理性来说都是与奥林匹亚赛会的"平等"原则相背离的，但"马赛"为什么从很早就成为古希腊赛会一个常设的项目，并始终受到人们的热烈欢迎呢？这主要是因为在古希腊的城邦体制下，大多数城邦奉行财产上的"比例上的平等"原则，富人们在拥有更多的政治特权的同时，也往往承担着较重的公共义务，代表城邦参赛的"马赛"在一定程度上也是公共义务的一个组成部分，是展示城邦实力的良机，当然，这种活动也会给参赛者个人带来可贵的声望，"马赛"成为希腊政治领袖和僭主们热衷的比赛项目也就并不奇怪了。正如戈顿所言："马赛之所以成

---

① 在奥林匹亚赛会的历史上，妇女夺得"马赛"优胜的记载屡见不鲜。公元前 4 世纪初，斯巴达的公主库尼斯卡两次赢得奥运会驷马战车赛的优胜奖。公元前 268 年，埃及国王托勒密二世的情妇贝莉斯提克赢得驷马驹战车赛的冠军，随后又赢得下届奥运会首创的双马驹战车赛的冠军。公元前 1 世纪，有六位伊利斯人相继赢得车马赛冠军，其中有两位妇女。最后的一位已知的战车赛女奥运冠军是公元 2 世纪中期的伊利斯妇女卡西娅。参看王以欣《神话与竞技——古希腊体育运动与奥林匹克赛会起源》，第 237—238 页。

② 参见修昔底德《伯罗奔尼撒战争史》，VI. 16。另参看邢颖《论古代奥林匹克运动会中的城邦关系与城邦贵族——以公元前 420 年第 90 届奥运会为例》，《世界历史》2010 年第 1 期。

③ 从我们得到的一份公元前 100 年四大赛会"马赛"优胜者的名单可以看出，在知道大致年龄的 45 个人中，60 岁以上的有 3 位，50 岁以上的 7 位，40 岁以上的 9 位，30 岁以上的 15 位，30 岁以下的 11 位。参看 Mark Golden, *Sport and Society in Ancient Greece*, p. 121。

为希腊体育赛会的一个必不可少的项目，原因之一恰恰就在于它使社会精英们可以同场竞技，而不必宣布这种不平等的现实。"① 当然，对于这种人所共知和默认的"不平等"，人们一方面自然而然地接受了这个有违"平等"原则的比赛项目，另一方面，观众们更多地把它视作一个表演的或娱乐的项目来看待。在人们的心目中，"裸体竞技"的地位一直高于"马赛"，这从"奥林匹亚年"（*Olympiados*）的命名者始终来自"裸体竞赛"中的赛跑优胜者可以看出。② "裸体竞技"和"马赛"也就构成了比赛项目中两个大的等级。

等级的划分不仅表现在"马赛"和"裸体竞技"之间，还表现在"裸体竞技"内部。首先，整个比赛分为成年组和未成年组，未成年组中又分出不同的年龄级别。"裸体竞技"分为"轻型项目"（*koupha*）和"重型项目"（*bareai*）两类，"轻型项目"包括赛跑、投掷、跳远等，"重型项目"包括摔跤、拳击和希腊式搏击等。人们对这些比赛的重要性和价值又存在着高低不同的评判，戈顿指出，其中评价最高的三个项目依次为赛跑、五项全能和摔跤。③ 实际上，这种以等级划分为表现形式的价值评判不仅体现在比赛项目中，甚至贯穿于希腊人对赛会活动的全部认识中，总体说来，"泛希腊赛会"的地位高于地方性赛会，在四个"泛希腊赛会"中，奥林匹亚赛会的地位和影响又远远高于其他三个赛会。④ 正是在这样一个无所不在的等级结构中，奥林匹亚赛会傲然挺立，成为

---

① Mark Golden, *Sport and Society in Ancient Greece*, p. 5.

② 所谓"奥林匹亚年"，即两次奥运会之间的四年的时间间隔，古代奥运会持续了一千多年，共经历了 263 个"奥林匹亚年"。公元前 4 世纪，伊利斯人西比阿斯（*Hippias*）根据当地保存的历史悠久的档案记录编制了一部《圣地编年史》，当中提供了历届奥运会单程赛跑冠军的名单，并用这些优胜者的名字来标志"奥林匹亚年"，此后，希腊人逐渐采用"奥林匹亚年"作为历史记载的编年基础，而此前他们是用各自城市历年的首席执政官的名字纪年。参见王以欣《神话与竞技——古希腊体育运动与奥林匹克赛会起源》，第 54 页。戈顿则认为，用一个单程赛跑冠军的名字来命名"奥林匹亚年"的做法不早于公元前 3 世纪，最早在文献和铭文中用于奥林匹亚纪年的是五项全能运动员。参见 Mark Golden, *Sport and Society in Ancient Greece*, p. 39。

③ Mark Golden, *Sport and Society in Ancient Greece*, p. 39.

④ 学者们发现，在传世的胜利颂歌和赛会短诗中，四个"泛希腊赛会"的排列顺序总是奥林匹亚赛会第一，接下来是皮提亚赛会、地峡赛会和尼米亚赛会，最后是地方赛会。在可以确定身份的"泛希腊赛会"的优胜者中，奥林匹亚赛会的数量高居榜首，几乎是皮提亚赛会的四倍，是尼米亚赛会和地峡赛会的两倍。参见 Mark Golden, *Sport and Society in Ancient Greece*, p. 36。

希腊人生活中最崇高的"光荣和梦想"。

最后，以奥林匹亚赛会为代表的体育竞技活动所制造的一个最大的不同恐怕就是优胜者和失败者之间的落差了。通过比赛，优胜者在与他平等参赛的人中间脱颖而出，成为神一样的人物。各种各样的奖励方式都指向同一个目标，就是把优胜者和失败者区分开来。19世纪曾经流行过一种看法，那就是希腊时代的竞技者都奉行着某种"业余原则"（ama-teurism），即为运动而运动，现在看来，实际上这是一种"时代错位"（anachronistic）的认识①，希腊人不仅始终都为了获得某种奖励而运动，而且在城邦后期也出现了明显的职业化的迹象。② 正如唐纳德·库勒所言，"希腊竞技最显著的特征之一，除了裸体就是领奖了"，"希腊人难以想象没有竞技的生活，也难以想象没有奖品的竞技"。③ 希腊语中"运动员"（*athlete*）一词的本意就是"一个为获得奖励而竞技的人"，其字根 *athlon* 就是"奖励"或"奖品"的意思。④ 当然，奖励的种类是多种多样的，这当中同样体现出一种强烈的等级观念。总的看来，象征性的奖励高于物质性的奖励，不朽的声名高于有形的器物。这是"泛希腊赛会"的优胜者一概没有任何物质奖励只有一顶用树叶编制的桂冠的根本原因。奥林匹亚的优胜者得到的是一顶用宙斯神殿后面的野生橄榄树（果实不能食用）上砍下的枝条编制的花冠，它需要一名品性优良、父母健在的男孩用一把金镰刀砍下，编好后放在宙斯神殿的一张用黄金和象牙制成的桌子上⑤，希腊人用这种方式明白地告诉世人，橄榄桂冠的价值远胜于黄金。当然，橄榄树枝会很快地枯萎，为了留住优胜者的声名使其成为不朽，优胜者还会得到赞美诗和塑像的殊荣，与橄榄桂冠一样，这样两种无形或有形的奖励方式也都是为了使优胜者的胜利成为一

---

① 大卫·杨（David C. Young）在《希腊业余竞技的奥林匹克神话》一书中指出，现代奥运会所提倡的不为金钱运动的"业余原则"是19世纪英国贵族学校的发明，代表着英国资产阶级绅士的价值观，与古希腊的奥运会无关。参见王以欣《神话与竞技——古希腊体育运动与奥林匹克赛会起源》，第357—358页。

② 参看本书第六章。

③ 转引自王以欣《神话与竞技——古希腊体育运动与奥林匹克赛会起源》，第358页。

④ Stephen G. Miller, *Ancient Greek Athletics*, p. 11.

⑤ Ibid., p. 127.

个永恒的记录。

三　"平等"与"不平等"之间的关系
—— 兼及两种不同性质的"平等"

以上我们分别考察了奥林匹亚赛会中"平等"的一面和"不平等"的一面，那么，这二者之间是一种什么样的关系呢？二者又是以一种怎样的方式结合在一起的呢？这就涉及"平等"的内部结构问题。对此，柏拉图和亚里士多德进行了更进一步的思考，提出了两种"平等"的说法。他们发现，"平等"并不是一个单面的统一体，而是存在着不可调和的内在矛盾，也就是说，平等并不是一种东西，而是两种，即"数目上的平等"和"比例上的平等"。①

所谓"数目上的平等"是一种完全的均等状态，比如在政治投票中，所有具有公民身份的人手中都有完全同等的投票权就是属于这种平等，这种投票权的有无完全不受投票者的社会地位、贫富和个人能力等因素的影响，这种平等是显而易见的，而且更受到人们的推崇。如果说"数目上的平等"是一种无差别的平等的话，那么"比例上的平等"则是一种有差别的平等，也就是在承认人与人之间存在着身份、地位、贫富、品德和能力等方面的差别的前提下，在诸如利益、

---

① 柏拉图在《法律篇》中指出，在城邦的荣誉和利益的分配问题上，给在某一方面平等的人以不平等的待遇和给某一方面不平等的人以平等的待遇都是有悖于平等的原则的，正是这两种做法导致了城邦的内部纷争。正确的做法是给在某一方面平等的人以平等的待遇，给予某一方面不平等的人以不平等的待遇，因为这是两种不同性质的"平等"，这就要求城邦的立法者在运用前一种平等分配荣誉的同时，也要考虑到后一种平等，即"根据其品性分配以相应的数量，运用恰当的比例，给那些在品德上更为优秀的以较大的荣誉，给那些品德上相反的人以较小的荣誉"。参看柏拉图《法律篇》，757a – d（Plato, *The Laws*, translated by Thomas L. Pengle, the University of Chicago Press, 1980）。后来，亚里士多德在《政治学》中把柏拉图所说的这两种不同性质的平等命名为"数目上的平等"和"比例上的平等"，并作出了更为明确的界定和阐发，他指出："平等有两种，数目上的平等与以价值和才德而定的平等。我所说的数目上的平等是指在数量或大小方面与人相同或相等；依据价值或才德的平等则指在比例上的平等。"参看《政治学》，1301b30 – 33，中译文见苗力田主编《亚里士多德全集》第9卷，颜一、秦典华译，中国人民大学出版社1994年版，第163页。

荣誉等方面实施一种合乎比例的分配，如在国家管理者的产生方式上，投票选举的方式就体现出了一种"比例上的平等"的原则，因为就选举的结果而言，并不是所有的公民都获得了同等的管理国家的权力，而是让一部分通过选举产生的优秀者治国。与"数目上的平等"的一目了然和刚性特征不同，"比例上的平等"则具有一定的隐蔽性，而且更加灵活，总是处在一种动态的平衡中，因而也常常受到人们的忽视甚至质疑。在这两种"平等"中哪一种更应该占据主导地位的问题上，柏拉图和亚里士多德并不完全一致，从总的倾向上，柏拉图更看重"比例上的平等"，亚里士多德则更强调"数目上的平等"。不过，他们都认为，在实际操作中，不能仅仅使用其中的一种"平等"原则而置另一种"平等"于不顾，应该结合起来使用。投票选官的方式中就体现了这种结合，因为所有有资格投票的人人手一票，这无疑是"数目上的平等"的体现，通过选举产生管理者的方式则是"比例上的平等"的实现。

应该说，两种"平等"说的提出正是建立在希腊人长期的社会实践的基础上的。"平等"（*isonomia*）是古希腊人很早就创造出的一个重要的社会概念，从一开始就与民主制度结下了不解之缘，因为"平等"不仅是体育赛会，也是城邦民主制度一个核心的理念，柏拉图和亚里士多德关于"平等"问题的认识也主要建立在对民主制度的利弊进行反思的层面上。不过，与民主制度的产生相比，体育赛会创办时间更早，影响也更大，同时，希腊人也认识到虽然体育赛会和民主制度都奉行"平等"原则，但二者还是存在着十分明显的差别。① 因此，

---

① 戈顿发现，希腊人已经认识到体育运动所表现出的精神气质（ethos）与城邦民主制度的不同。如果说体育比赛主要是一种个人之间的较量，强化了一种贵族背景的话，那么重装方阵和公民大会所需要的则一种集体团结的精神。在色诺芬的《回忆苏格拉底》中，苏格拉底和克里托布鲁斯之间一场争论就指出了二者的不同，那就是在体育比赛中，弱者虽然允许参赛，但总是那些强者赢得所有的奖项，这种做法在政治上则是行不通的。亚里士多德也曾经说过，在体育比赛中，动作快的人和动作慢的人会得到不同的荣誉，但在政治上，任何的强项都不能成为执政的理由。戈顿进一步指出，作为这种区分的表现就是贫穷的雅典人从来没有抱怨过马赛中富人的主导地位以及奖励分配上的不平等，也从来没有哪个体育比赛的优胜者因为嫉妒成为放逐的目标和喜剧作家讽刺的对象。参看 Mark Golden, *Sport and Society in Ancient Greece*, pp. 162 – 166。

不论是城邦的民主实践还是体育赛会，都为哲学家们对这一问题的思考提供了直接的动力和丰富的素材。一方面，"体育运动最大的贡献就是在法律面前创造了平等的观念，而平等正是民主制度的基础"①；另一方面，赛会本身也成为希腊人的"平等"观念在实际社会生活中最集中的实现和展示。可以说，正是在奥林匹亚赛会中，两种"平等"相结合的原则得到了全面的体现。

具体说来，"数目上的平等"主要体现在所有符合条件的公民都拥有平等的参赛资格，在完全相同的比赛条件和统一的比赛规程下参加比赛，从理论上讲，没有人因为身份、地位、财富和个人能力上的差异被排除在比赛之外，或超越于比赛规则之上。正如芬利所言："每个参赛者都有同等的正式的权利，在同样的规则的约束下，能够得到他应得的奖励：只有他的技术和力量在起作用。在一个充满了内在的不平等的世界里，这是非常少见的。"② 参赛者身份上的平等可以说是赛会得以展开的基本条件，也就是说，比赛只能在平等者之间才能够进行，在不平等的人之间是不可能进行公平的竞赛的，这一点希腊人有着十分明确和强烈的意识。③ 赛会后来的发展历史也证明，一旦有了权力的介入，奥林匹亚赛会的"平等"原则也就日益受到根本性

---

　　① Stephen G. Miller, *Ancient Greek Athletics*, p. 232. 米勒发现，裸体竞技的兴起和民主制度的产生之间关系十分密切，他指出，正是有史以来第一个建立民主政治的城邦克罗顿（kroton）成为了裸体竞技的发源地，最早使用"平等"（*isonomia*）一词的人可能就是公元前6世纪克罗顿的物理学家阿尔克迈翁（Alkmaion）。此外，从阿提卡瓶画上裸体竞技场面的年代统计数字上看，雅典裸体竞技的普及和民主政治的兴衰也存在着十分明显的同步现象。参见该书第233页。

　　② M. I. Finley & H. W. Pleket, *The Olympic Games: the First Thousand Years*, p. 58.

　　③ 亚历山大是个赛跑能手，当被问到是否愿意参加奥林匹亚的短跑比赛时，他回答说如果他的对手都是国王的话他会参赛。僭主西隆（Hieron）也说过必须与其他僭主同场竞技的话。西蒙尼德（Simonides）说，一个统治者如果与他的臣民进行比赛的话，如果赢了得到的将会是嫉妒而非崇敬，如果输了则会感到尴尬。色诺芬在《居鲁士的教育》中说到，在不同的阶级之间一场平等的比赛是不正常的，人们更习惯在那些与自己地位平等的人之间进行比赛。参看 Mark Golden, *Sport and Society in Ancient Greece*, pp. 160 – 161。

的破坏。① "比例上的平等"则主要表现在比赛中各种有形的或无形的等级的严格划分和比赛结果的分化上，在这种等级结构中，如果说参赛者在年龄、体能、技巧等方面还存在着种种可控因素，也就是说可以通过自己的努力或时间的推移而改变或超越的话，那么性别、身份、财富以及天赋等因素却是不可改变或不易改变的。② 希腊人对于妇女和奴隶被排除在赛会之外，对于对优胜者所得到的至高无上的荣耀以及马赛的"不平等"的规则的无条件地接受正是建立在他们对"比例上的平等"原则的广泛认同的基础之上的。

最后，我们还要看到，平等与不平等（抑或"数目上的平等"与"比例上的平等"③）并不是两种完全异质和相互分离的东西，实际上，两者存在着某种内在的逻辑联系，既相互排斥，又相互依存，是同一个事物的两个不同的方面。因为，"平等"总是有着一定的界限，任何"平等"原则的提出和实施必然会制造出某种"不平等"，也就是说，"平等"中已经包含着某种"不平等"的因素，就像在"平等"的人之间展开竞赛的结果必然使某些人胜出从而产生"不平等"那样。与此同时，

① 说到权力的介入对比赛公平原则的破坏，最为典型的事例就是公元 1 世纪罗马皇帝尼禄参加希腊赛会的"闹剧"。为了使这位皇帝能够在同一个时间参加希腊所有重要的赛会，各地的运动会纷纷改期，并打乱了所有的比赛规程，在奥运会上首次设立音乐比赛。一方面，尼禄遍送罗马公民权和大量金钱给"希腊法官"；另一方面，作为回报，"希腊法官"也使尼禄包揽了包括多种"马赛"在内的众多奖项。最滑稽的是奥林匹亚赛会专门为尼禄设立了十马赛车的项目，尼禄亲自驾车，但途中却摔了下来，没有跑完全程，可还是被授予了这个项目的桂冠。在巡幸希腊期间，尼禄竟然获得了 1808 项优胜。正如王以欣所言："在暴君的淫威下，奥林匹亚的规则和公平公正原则丧失殆尽，严肃的比赛变成了一场滑稽闹剧。"参看王以欣《神话与竞技——古希腊体育运动与奥林匹克赛会起源》，第 74 页。

② 戈顿指出："为什么希腊人坚持年龄组的划分而忽视其他的划分，比如重型项目中重量级别的划分，一个重要的原因就是为了避免父子之间跨代的对抗。妇女与男子的比赛也要分开举行，女子比赛的跑道比男子的短六分之一，这些都避免了对现行的等级制度造成挑战……当然，如果说男孩还可以转变成成人的话，女孩却不能。"参见 Mark Golden, *Sport and Society in Ancient Greece*, p. 139。

③ 有趣的是，如果仅仅从"数目上的平等"的角度来看，"比例上的平等"就是一种"不平等"的表现；反之，如果从"比例上的平等"的角度来看"数目上的平等"，也会得出同样的结论。举例来说，雅典人之所以把通过投票选举官员的方式改为抽签选官，就是看到了"比例上的平等"的"不平等"的一面，而抽签选官的方式虽然实现了人人机会均等的"数目上的平等"原则，但这样一来，对那些懂得治理国家的优秀的人来说就成为一种"不平等"的做法了。

在"不平等"中同样也包含着某种"平等"的因素，可以说，竞技水平上的差异正是公平竞赛得以展开的先决条件之一。况且，人与人之间的差异是人类社会中一种普遍的和自然的状态，如何通过公平和公正的"游戏规则"在人群中进行合理的但同时是有差异的利益分配一直是我们不断追求的一个理想，与"数目上的平等"相比，这种"比例上的平等"的实现无疑是一种更高层次的"平等"。从中我们可以得出这样的一个结论，那就是在给予"平等"的人以"平等"的权利的同时，也使"不平等"的人按照公平的规则得到"不平等"的利益，这才是真正意义上的"平等"。

当然，我们也要看到，希腊城邦时代的"平等"仍然是一种处在严格的等级和身份地位限制下的"平等"，是一种狭隘的和有限的"平等"。随着社会的发展，人们在种族、性别和身份地位之间的藩篱必将被打破，少数人的"平等"必将被多数人的"平等"所取代，但不可否认的是，作为"平等"观念产生时代的精神遗产之一，古希腊人创办的奥林匹亚赛会以及从中反映出的对于"平等"问题的思考仍然能够给予我们今人以很多的启发。

第 九 章

古希腊体育竞技、"少年爱"
与男权社会

"少年爱"是古代希腊社会曾经流行于贵族阶层中的一种十分独特的社会习俗，在流传至今的历史文献和图像资料中有着大量的描述。尽管古希腊人对这种习俗的记述大多语焉不详，且褒贬不一，但近半个世纪以来，这种习俗得到了古典学界的广泛关注，学者们纷纷钩沉索隐，通过对文献和图像资料的细致研究与探讨，从城邦制度、社会组织、性别关系、公民教育以及思想观念和审美等多个角度，对"少年爱"习俗的起源与发展、表现形式、产生原因、社会功能与影响等问题作出了全面和系统的研究。虽然在一些细节问题上还存在颇多分歧和争议①，但在以下的基本认识上越来越达成共识，那就是古希腊人的这种社会习俗不仅是现实的存在，从古风时代晚期产生之后一直持续到希腊化和罗马统治时期，成为区分希腊人和非希腊人的希腊性（Greekness 或 Hellenicity）的重要指标之一。而且，这种习俗对古希腊城邦的政治、社会、文化、艺术尤其是婚姻家庭和两性关系等诸多方面产生了深刻的和持久的影响，是我们了解和认识古希腊人的现实生活与思想观念的一个不可或缺的重要维度。

---

① 应该说，西方学者对古希腊社会中的同性恋现象的研究起步较晚，也经历了一个从不能够接受或有意回避到逐步展开的过程，时至今日，虽然已经取得了大量的成果，但在很多问题上仍然争论不休，仍旧存在着很多个"结"或"难题"（knots）。参看 James Davidson, *The Greeks and Greek Love*, *A Radical Reappraisal of Homosexuality in Ancient Greece*, Weidenfield& Nicolson, London, 2007, pp. 1 – 8。

　　那么，古希腊人的这种独特的社会习俗是如何产生的呢？学者们发现，不论是从其产生还是深入发展，从其表现形式还是社会功能与作用，"少年爱"的习俗都与古希腊人的体育运动和比赛，尤其是裸体竞技活动有着极为密切的关系，学者们普遍认为，二者不仅在时间上相始终，而且体育运动和比赛的制度也构成了这种习俗得以存在的最为重要的社会基础。换句话说，体育运动和比赛不仅促进了"少年爱"习俗的产生与发展，而且成为其最重要的历史语境（context）之一。那么，我们应该如何看待古希腊人的这种社会习俗，其独特性表现哪些方面，它与现代话语中的"同性恋"现象有哪些区别和联系？"少年爱"习俗与希腊人的体育运动和比赛活动的共生关系表现在哪些方面，二者为什么会存在如此紧密的关联？这种习俗的实质是什么，它对古希腊的社会，尤其是对男性公民的性别权利的建构发挥了什么样的作用，对希腊人的家庭生活和两性关系又产生了哪些影响？本章在利用和借鉴相关历史资料和中外学者已有成果的基础上，以古希腊人的体育竞技活动为主要的参照系，试图对"少年爱"习俗的性质、特点以及社会功能做出一些初步的探讨。

一　古希腊的"少年爱"与"同性恋"

　　古希腊社会中的"同性恋"现象是近年来古典学界的一个值得关注的研究热点。不过，首先需要指出的是，对于"同性恋"（homosexuality）和"异性恋"（heterosexuality）的划分，其概念本身基本上是一个现代社会的产物，在古代希腊，并不存在与它们相对应的概念，因此，在把这两个概念运用到对古代社会的类似现象的研究的时候，需要十分谨慎。

　　学者们普遍认为，在古代希腊，"同性恋"现象最主要的表现就是成年男子和未成年少年之间的"少年爱"（*paiderastia*），这种社会风俗既与现代社会中的男性"同性恋"行为存在一定的相似性，也有着十分明显的差异和区别，二者之间的不同主要表现在年龄上的差距，而且这种相对固定的"恋爱"关系大多只是存在于少年成长期的某个特定的阶段，随着少年长大成人而步入成年男性公民的行列，这种关系即告结束。可以说，在希腊，被人们所普遍接受的、合法的甚至制度化了的"少年爱"

习俗有着十分严格的种种规定、限制和制约，其教育、社会化、审美等功能的实现皆由此而来。在谈到古代的"同性恋"习俗的时候，《牛津古典辞书》中指出：

没有一个希腊文或者拉丁文与现代的术语"同性恋"相对应，古代的地中海社会在习俗上并不把它作为个人或公共生活的一种社会性的有影响的类型。同性之间的性关系当然的确是存在的（它们广泛地存在于古代的资料中），但它们并不是像现代这样的被系统化地得到分类和界定，在今天，它们或多或少地被看作是代表了一个单一的（或同质的）现象，与不同性别之间的性关系相对应。这是因为古人并不根据进行某种性活动的人们的性别的相同和不同来对性欲或性行为进行分类；与现在不同的是，他们对性活动的评价是根据这种行为或者破坏或者遵循了某种行为准则的程度，这些准则被认为是与作为个体的性行为者的性别、年龄和社会地位相符合的。因此，不可能在一般的意义上说出古代对"同性恋"的态度，或者关于某个特殊的群体对其接受或容忍的程度……在审问古代的记载的时候，运用现代的性的术语和概念并非是不合法的，但需要十分谨慎，目的是不要把现代的、西方的性的分类和思想观念强加到对古代史料的解释中去。[1]

因此，对于"少年爱"这种希腊人所特有的"同性恋"习俗，在下文中我们一般不再使用"同性恋"（homosexuality）这一现代社会的概念和泛称，而是使用希腊人自身已有的更为明确的称谓 *paiderastia*，即"少年爱"（the love of boys），这个希腊人常用的复合词由两部分组成，即少年（*paides*）和爱（*eran*），"是希腊人用来指一个男人（*andres*，拉丁文 *viri*）对男孩（*paides* 或 *paidika*，拉丁文 *pueri*）的性的追求"。[2] 对于这种习俗，安德鲁·里尔和爱娃·坎塔瑞拉给出了更为具体的界定与说明：

---

[1] *Oxford Classical Dictionary*, p. 720.

[2] Ibid., p. 721.

同性恋这个概念将会对希腊的现实产生误解，赋予了希腊人的世界一个对他们来说并不存在的概念。现代的学者普遍接受了这样的一种看法，一个希腊古代的成年男性——很少或没有任何社会反对的风险——可以向另外一个男人表达性欲，只要这个被爱的男人是一个未成年人（pais），如果这个成年人对这个未成年人的爱是在合法的和符合正面价值的关系的语境下，那么，我们就把这种关系称为"少年爱"（pederastic）。这种关系发生在"主动的"成年人和"被动的"男孩之间，尽管对于"主动"和"被动"——这是这个问题的极为重要的一面——希腊人并不必然会和仅仅理解为性角色，而且还会理解成为和首先理解成为思想上的和道德上的角色。①

需要说明的是，希腊人所说的"少年爱"后来演变为现代英文中的一个专门的性学术语 pederasty，即"（对男童的）鸡奸"②，指"男人与男人之间发生性行为"③，同时也成为性犯罪的一种类型。虽然存在着词源上的关联，但这个现代词语在含义上却与古希腊人的"少年爱"相去甚远，原因在于，古希腊人的"少年爱"不仅发生在不同年龄的男性之间，而且，"少年爱"一词的内涵也远比"鸡奸"要宽泛和丰富得多。因为对于希腊人来说，"少年爱"关系除了性的吸引和性的行为之外，无疑还包含了情感上的投入和精神与道德层面上的诸多内容，而后者则是现代的"鸡奸"一词所没有的。况且，与现代语境中的带有强烈的"性侵"色彩的"鸡奸"不同，在希腊人看来，理想的与合乎社会规范的"少年爱"无疑是值得肯定甚至为人所称道的，至少是一个中性的词语，基本上没有任何贬义或价值上的判断。正如利希特所言，"在希腊语中，鸡奸（即少年爱——引者注）的含义可不像现在的那么恶心，因为它只是代表

①　Andrew Lear and Eva Cantarella, *Images of Ancient Greek Pederasty*, *Boys Were Their Gods*, London and New York: Routledge, p. 2.

②　参看《新英汉词典》（第 4 版），上海译文出版社 2009 年版，第 1126 页。

③　参看中国社会科学院语言研究所词典编辑室编《现代汉语词典》，商务印书馆 2007 年版，第 629 页。

了一种形式的爱，毫无中伤之意"。① 因此，在讲述这种社会习俗的时候，除了在特殊的情况下，我们要尽量避免使用现代语言中的"鸡奸"一词，以免引起误读甚至误解。顺便说一下，在一些西文著作的中译本中，译者往往错误地把古希腊的"少年爱"直接翻译成"鸡奸"，此种做法十分不妥。

在希腊人把这种一个成年人和一个未成年人之间的恋爱关系称为"少年爱"的同时，也分别给予了两个人所承担的角色以专门的称谓，把处于主动的一方的成年人称为"爱慕者"（erastes），把处于被动的一方的未成年人称为"被爱慕者"（eromenos）。其中，"爱慕者"一般为 20 岁以上的成年人，年龄上似乎没有特殊的上限，而"被爱慕者"则在 12 岁到 17 岁，大致上处于男性的生理成熟期到来之前，随着长出胡须等成人特征的出现，"被爱慕者"也就失去了吸引力，同时也就步入了成年男性公民即潜在的"爱慕者"的行列。原因在于，在古希腊人看来，"好看的男孩被认为具有强烈的性吸引力，而成年男子，即使长得好看，也没有这种吸引力"。② "被爱慕者"的这种年龄上的限定性，有诗歌为证：

> 12 岁的男孩确实可爱，而 13 岁的男孩更令人向往。14 岁的男孩还是爱神的花朵，15 岁的男孩更招人爱怜，16 岁的男孩简直是动人极了。而 17 岁呢，这时的男孩不再是我们这些凡人可以去轻易追求的，大概只有宙斯才有这种权力了。③

由此，我们看到，"少年爱"的对象仅限于少年而非儿童，与现在所谓的处于青春期的少年男子大体相当，在这个人生阶段，正是身心发育较快的时期，可塑性极强，也正是需要在教育上加强训练和指导的年龄，古希腊的城邦都十分重视这些"准公民"的教育工作，因为这直接关系

---

① 汉斯·利希特（Hans Licht）：《古希腊人的性与情》（*Sexual Life in Ancient Greece*），J. H. 弗里兹（J. H. Freese）英译，刘岩等译，广西师范大学出版社 2008 年版，第 353 页。

② *Oxford Classical Dictionary*, p. 721.

③ 《希腊诗集》（*Greek Anthology*），XII，4，转引自裔昭印、苏振兴、路光辉《古希腊人的爱》，中国青年出版社 2007 年版，第 168 页。

到城邦未来的发展乃至于生死存亡，"少年爱"所承担的教育和成年仪式（male initiation rituals）——即过渡仪式（rites of passage）的一种——的十分积极和正面的社会功能即由此而来。因此，近代以来，在对人类社会中的同性恋现象的研究中，很多学者普遍倾向于把古希腊的这种社会习俗称为"教育型同性恋"（educational homosexuality），他们认为，发生在不同年龄的男性之间的暂时的教育关系成为希腊社会中的同性之爱的主要特点。①

关于"少年爱"习俗的起源并没有清晰的记载。从时间上看大体出现在古风时代晚期，在更早出现的荷马史诗中，尚无"少年爱"习俗的迹象。希腊人普遍认为，这种风俗的发源地是在多利亚人居住的地区，其中斯巴达和克里特常常被看成是最早产生"少年爱"习俗并把它制度化的地方，也有学者干脆认为这种习俗正是源于多利亚人国家的军事组织，是由多利亚人引入希腊的②，后来逐渐被雅典等其他的希腊城邦所广泛接受，从而发展成为一种带有普遍性的希腊人的风俗习惯。③ 到了古典时代，一种观点认为，"少年爱"的习俗随着贵族社会的衰落而失去了存在的基础，因为此类的诗歌基本上绝迹了，瓶画上的描绘也大为减少。④但种种迹象表明，"少年爱"的风俗并没有真正地退出历史舞台，这一点从古典时代出现在戏剧、哲学、演说等作品中的大量关于"少年爱"的记载可见一斑。当然，其中既有正面的描述，也不乏尖锐的批评甚至否定。到了马其顿和罗马人统治时期，希腊人的"少年爱"习俗依旧常常成为那些非希腊人津津乐道的话题和饭后的谈资，与"裸体竞技"的做

---

①　James Neill, *The Origins and Role of Same-Sex Relations in Human Society*, McFarland & Company, Inc. , Publishers, 2009, p. 144.

②　近年来，还有学者提出，多利亚人的这种习俗甚至可以追溯到更为古老的印欧人的社会组织中。参看 James Neill, *The Origins and Role of Same-Sex Relations in Human Society*, p. 183。

③　参看 K. J. Dover, *Greek Homosexuality*, updated and with a new Postscript, Harvard University Press, 1989, p. 186。

④　参看 Andrew Lear and Eva Cantarella, *Images of Ancient Greek Pederasty, Boys Were Their Gods*, p. 175. 默里也认为，"到公元前5世纪中期，贵族的态度不再能够塑造文化……人们更注重异性之爱"，"同性恋的伟大时代正在消逝"。参看奥斯温·默里《早期希腊》（第2版），晏绍祥译，上海人民出版社2008年版，第207页。

法一样，被看作区分希腊人和非希腊人的重要标志。

就"爱慕者"和"被爱慕者"的关系而言，希腊人有着十分明确的认识和界定，比如哪些行为是可以接受的，甚至应该受到赞美，哪些行为是不符合道德规范的，甚至要受到指控和责罚。虽然总的来看，二者由于年龄、能力和知识水平上的差异而处于不同的位置上，"爱慕者"扮演主导的和主动的角色，"被爱慕者"则处于服从的和被动的地位，但在希腊人看来，这种等级上的差别要以自愿、相互尊重和互惠为前提，理想中的"少年爱"情侣是：一方面，"爱慕者"要由于自身的能力和智慧而得到"被爱慕者"的敬仰、信任和追随，在喜爱"被爱慕者"的灵魂和精神而不仅仅是他的身体的同时，要全心全意地把自己的知识和经验传授给"被爱慕者"；另一方面，"被爱慕者"也要在"爱慕者"主动追求他的过程中做到庄重、自尊和克制，在符合习俗和道德规范的前提下接受并满足"被爱慕者"对他的精神和身体上的要求，同时向"爱慕者"虚心学习，目标是成为像自己的崇拜者那样的人。因此，为了扮演好他们各自的角色，尤其是完成好各自的任务和目标，"爱慕者"需要提高自己的人格魅力，以身作则，充分展示自身的各种能力，以吸引"被爱慕者"的注意力并追随他，而"被爱慕者"同样要利用各种机会展示身体上的优美和精神上的美好。在希腊人看来，受到崇敬和追随的"爱慕者"和被人关注、赞美与追求的"被爱慕者"都是值得夸耀和令人羡慕的。传说中的雅典美少年亚西比德就曾受到当时人们广泛的评说，据称他年少时受人爱慕，成年后则风流成性，所以，第欧根尼·拉尔修（Diogenes Laertius）说他"年轻时从妻子那里夺走男人，稍后从丈夫手里夺走妻子"，喜剧作家菲勒克雷斯特（Pherecrates）也说，"亚西比德以前不是男人，可现在他是所有女人的男人"①，其中可以读出十分强烈的"羡慕嫉妒恨"的味道。

当然，理想与现实还是存在差距的，对此，希腊人也有明确的认识，例如，古希腊人主管爱与美的神灵阿芙洛狄忒（Aphrodite）和她的儿子小爱神厄洛斯（Eros），一个主管生理上的性爱，另一个则主管心理上的

---

① 汉斯·利希特：《古希腊人的性与情》，第11页。

情爱，因此，阿芙洛狄忒主管男女之爱，而厄洛斯则是"少年爱"的守护神。总的来看，精神之爱高于肉体之爱，因为男女之爱只会产生后代，而男男之爱（即少年爱）则能够催生智慧①，但是，现实的情况是，两位爱神的职能还是有很多重叠和交叉之处的。例如，阿芙洛狄忒的职司除了男女之间的性交，也包括了同性之间的性交②，这种情况说明，在希腊人看来，精神之爱和肉体之爱，抑或是"天上之爱"和"人间之爱"是很难分离的。拉尔森也比较了希腊文中两个表达"爱"的词即 eros 和 Philia 的联系与区别，他指出，前者更偏向于身体美而激发的性的吸引，而后者则更为宽泛，更接近于友好和友谊，但两个词也都含有"有性"和"无性"两种爱的形式③，从中也可以透露出，在希腊人看来，精神之爱和肉体之爱是难以区分的。

　　关于希腊人的"少年爱"，除了为哲学家们所推崇并津津乐道的纯粹的精神上的恋爱之外，有无身体上的接触乃至性交行为一直是"少年爱"的研究者们争论的一个焦点问题，大量的瓶画和喜剧材料表明，身体上的接触和进一步的性行为还是普遍存在的，不过，对于这些行为，希腊人也有着道德规范上的严格要求。一方面，就"爱慕者"的行为而言，性侵和性暴力是绝对禁止的（神话中的神灵除外），从保留至今的对体育场极为严格的管理规定中可以看出④，对于雅典的公民家庭来说，对经常在公共场所中出现的未成年男孩的保护成为普遍的做法，目的就是他们免遭不体面的性侵⑤；另一方面，作为求爱阶段的一个必要的组成部分，

---

　　①　K. J. Dover, *Greek Homosexuality*, p. 164.

　　②　参见裔昭印、苏振兴、路光辉《古希腊人的爱》，第39页。

　　③　Jennifer Larson, *Greek and Roman Sexuality*, A Sourcebook, Bloomsbury Academic, 2012, p. 4.

　　④　例如，据记载，公元前4世纪雅典的体育馆只在日出之后开门，在日落之前，除了老师及其近亲之外，其他年龄在40岁以下的人一律不得入内，非法进入者会被判处死刑。另外，公元前2世纪的一块来自维罗利亚的铭文显示了哪些人被严格禁止进入体育场，除了妇女之外，还包括奴隶、被释奴、同性恋、瘸子、商人、酒鬼和疯子等。参看 Stephen G. Miller, *Ancient Greek Athletics*, p. 189。

　　⑤　例如，与现代家庭对未成年少女的保护相仿，多福尔指出，在古代希腊，一个雅典的父亲也会严厉地告诫他14岁的儿子，在从体育场回家的路上不要跟陌生人说话。见 K. J. Dover, *Greek Homosexuality*, p. 88。

虽然"爱慕者"向"被爱慕者"赠送礼物是允许的①,但"被爱慕者"为了金钱而接受"爱慕者"的性要求则被视为出卖自己身体以换取钱财的卖淫行为,不仅为社会习俗所不容,而且对未成年的准公民而言是一种严重的公共犯罪行为,即所谓的 *hubris*(傲慢)②,要受到城邦的极为严厉的惩罚,甚至会被剥夺公民权。作为几乎唯一的一桩保留至今的有关"少年爱"犯罪的材料,即雅典的提马库斯案所记录的正是这样一种特殊的犯罪行为,提马库斯因为在少年时期涉嫌为了金钱而出卖自己的身体而受到指控,从而面临失去公民权利的危险。多福尔的《希腊同性恋》一书中对这桩诉讼案做出了详细的分析和解读。此外,就"少年爱"关系中所允许发生的性行为本身而言,也有着种种明确的规定性和"套路",总的原则是既不能有失体面,更不能造成伤害,这一点从瓶画中的大量"少年爱"场面的描绘中可见一斑。③

那么,当时的希腊人是如何看待"少年爱"习俗的,非希腊人又是如何评价这种希腊人的同性之爱的呢?总的来看,这种习俗不但为当时的希腊人所普遍接受,也大多给予了正面的肯定和积极的评价,而非希腊人则不为所动,批评和拒斥的声音成为了主流。由此,我们就要说到这种习俗在希腊社会中所承担的功能和作用。

首先,希腊人认为,"少年爱"所承担的最为重要的社会功能

① 从瓶画中大量出现的"爱慕者"向"被爱慕者"赠送礼物的场面可以看出,这种行为不但是社会所允许的,而且是求爱阶段的一个必要的举措,礼物的品种多样,可以是动物,比如斗鸡、野兔、鹿、狐狸、猎狗等,也可以是生活用品,比如里拉琴、体育运动用的刮身板、玩具,也可以是果实、腿肉、面包等食物。参看 Andrew Lear and Eva Cantarella, *Images of Ancient Greek Pederasty*, *Boys Were Their Gods*, p. 39。

② 参看 Nick Fisher, "The Law of *Hubris* in Athens, Oswyn Murray, The Solonian Law of *hubris*", in Paul Cartledge Paul Millett & Stephen Todd (eds.), *Nomos*, *Essays in Athenian Law*, *Politics and Society*, Cambridge University Press, 1990。

③ 流传至今的大量描绘有"少年爱"场面的瓶画不仅证明了在现实中"爱慕者"和"被爱慕者"的确存在着身体的接触和性行为,还揭示出了这些行为的伦理规范和理想状态。除了拥抱、亲吻、抚摸等一般性的身体接触之外,性交的场面很少出现,大约占到"少年爱"场面总量的5%,标准的姿态被称为"腿间性交"(intercrural intercourse),即"爱慕者"把生殖器置于"被爱慕者"的两腿之间,这种方式被认为是"少年爱"唯一的体面的交合方式,包括肛交、手淫、口交和性暴力在内的场面都没有出现在"少年爱"的场景中。参看 Andrew Lear and Eva Cantarella, *Images of Ancient Greek Pederasty*, *Boys Were Their Gods*, pp. 106 – 111。

就是对未成年人的教育，这一点也得到了现代学者的广泛认可。上文说到，处于青春期的男孩正是接受身体上的训练和道德品质的养成的大好时期，与未成年少女不同的是，这些少年可以走出家门，广泛地接触社会，出入摔跤学校、体育场、酒会等公共场所，通过与成年人的大量接触，形成自然的一对一的相对固定的"情侣"关系，在这种关系中，指导与被指导、教育与被教育成为主要的内容。因此，有学者指出，正是由于男孩子比女孩子有更多的受教育或受到各种社会化训练的机会，其从少年到成年的青春成长期也比少女们要长得多。①

其次，希腊人认为，"少年爱"的习俗有利于城邦的稳定，可以促进公民之间的自由交流和加强公民集体的凝聚力，认为"少年爱"情侣一旦形成了相对固定的恋爱关系，就可以在城邦的政治生活中发挥积极的作用。为雅典人所一直推崇和纪念的刺杀僭主的"少年爱"情侣哈墨狄乌斯（Harmodius）和阿里斯托吉同（Aristogiton）正是其中杰出的代表和楷模②。而且"少年爱"情侣们还可以在战场上相互激励，相互配合，相互保护，不怕牺牲，历史上所记载的底比斯组建于公元前378年的"神圣军团"（Sacred Band）正是这样的一支由"少年爱"情侣所组成的军队，拥有极强的战斗力，为底比斯的称霸立下了赫赫战功。另外，在社会和家庭层面，希腊人也认识到，"少年爱"习俗还有利于财产继承制度的稳定和控制生育。③ 在柏拉图的《会饮篇》中，鲍

---

① Judith Evans Grubbs & Tim Parkin with the assistant Roslynne of Bell, *The Oxford Handbook of Childhood and Education in the Classical World*, Oxford University Press, 2013, p. 204.

② 据记载，两个人共同策划并完成了公元前514年刺杀僭主希庇阿斯的计划，从而结束了雅典的僭主统治，被认为是雅典民主制度的缔造者之一，成为自由和平等的化身。此后，雅典人一直把这对"少年爱"情侣视为英雄和楷模。希波战争中，两个人的裸体雕像在雅典的市政广场被矗立起来，受到人们的崇拜和纪念。

③ 米勒指出，亚里士多德在《政治学》中提出，一个男人理想的结婚年龄是37岁，其中的一个考虑就是保证家庭财产继承的稳定性，因为一旦最危险的军役年龄过去了，他的孩子成为孤儿的可能性就会大为降低。但是，如果一个男子到了三十几岁才结婚，就容易产生非婚生的后代，这同样会对财产的继承造成威胁，而同性之爱则在一定程度上可以解决这个问题，因为它既能满足这个年龄的人的性的要求又不用害怕生出非法的后代。参看 Stephen G. Miller, *Ancient Greek Athletics*, p. 193.

桑尼阿斯说到，在很多世纪里，人们生活在僭主制度下，"少年爱"受到谴责，热爱智慧和热爱运动也是如此，因为对僭主来说，作为爱的结果的强大友谊是危险的，正是哈墨狄乌斯和阿里斯托吉同牢固的友谊结束了他们的统治。①

最后，"少年爱"习俗满足了希腊人对美的欣赏和对爱的需求。在希腊普遍存在的男权社会中，包括成年和未成年女性在内的社会群体很少有走出家门抛头露面的机会，因此，希腊人最早发现并发展成熟的是男性而非女性之美，甚至可以说，对男性的人体之美的描摹和欣赏始终占据着古希腊艺术史的主流地位②。正如温克尔曼所言："需要注意的是，对人的美的认识应该形成共同的概念，我们发现有些人对女性的美特别感兴趣，而对我们男性的美却无动于衷，美感很少是天生的、普遍的和有生命的。在希腊艺术领域，他们缺乏这种感觉并将之表现出来，因为希腊艺术的雄伟之美更多地涉及我们男性，而不是女性。"③其中，希腊的艺术家们和哲学家们所悉心关注与乐此不疲的欣赏和颂扬的对象主要是青年男子，尤其是处于青春期的英俊少年，他们认为人之美（ka-los）主要存在于甚至只存在于这个群体当中，例如，在古希腊的神话中，不仅有很多少年英俊的男性神灵，更不乏男神们肆无忌惮地追求人间的

---

① 参见柏拉图《会饮篇》182B－C，转引自 Andrew Laear and Eva Cantarella, *Images of Ancient Greek Pederasty, Boys Were Their Gods*, p. 15。

② 通过观察从古风时代到古典时代的人体雕刻和瓶画上的人体，我们不难看出，不论是希腊的男性神灵还是现实生活中的运动员，健美的裸体状态成为最为常见的呈现方式，与之相对应的是，女神和女人的裸体雕像不仅晚出，而且远远没有像男神或男人那样普遍地采用裸体的方式，如与男神普遍采用裸体不同，女神中只有爱与美之神阿芙洛狄忒会采用这种方式。有趣的是，研究者们还发现，不论是雕刻还是瓶画，早期的女性裸像大多呈现出明显的"男性化"的特征，也就是说，除了女性的性别特征之外，身体其他部分完全参照男性来加以呈现；后来，随着女性裸像的逐步增多，技法日益成熟，男性裸像则开始带有更多的女性特征，如与早期的雕像相比，晚期的男性裸像带有了更多的阴柔之美。应该说，女性特征的加入使本来就已经十分成熟的男性人体更加完美，也更为"性感"。这些情况都印证了，在古代希腊，对男性之美的发现不仅早于对女性之美的发现，而且对男性美的欣赏和颂扬始终占据了其美术史的主流。

③ 温克尔曼：《希腊人的艺术》，第85页。

美少年的故事。① 利希特在《古希腊人的性与情》中，搜集和列举了大量的古希腊文学作品中对美少年的赞美之词，其中说到，立法者梭伦曾经将少年的美比作春天的花朵。② 毫无疑问，出现这种情况的主要原因就是"少年爱"习俗的存在，同时，这些对美少年的描述、崇拜和赞美也反过来印证了这种习俗的存在。

在希腊人看来，爱与美是不可分割的一对概念，阿芙洛狄忒和厄洛斯是同时主管爱与美的神灵。对希腊人来说，所谓"爱"不过就是对"美"的追求，对此，柏拉图在《菲德罗篇》中对"爱"有着这样的明确定义：

> 当追求美的享受的欲望控制了推动正确行为的判断力以后，当这种欲望从其他相关的欲望中获得了竭力追求肉体之美的新力量时，这种力量就给这种欲望提供了一个名称——这就是最强烈的欲望，叫做爱情。③

基于这种认识，正如"美"只存在于青年男子身上那样，希腊人认为，真正的"爱"也只能发生在处于平等地位的男性之间，男性与生理、心理和道德品质都处于不成熟的低下地位的女性之间是不能够产生爱情的，二者之间只有"性"而无"爱"，"性"的目的是生育和传宗接代，男女的结合属于"人间之爱"，是低层次的；而男性之间的"爱"的目的则是产生善和智慧，属于"天上之爱"，是崇高的。总之，男女不平等的

---

①　在希腊的神话和传说中，不论是以阿波罗和赫尔墨斯为代表的男性神灵，还是以佩洛普斯和提修斯为代表的英雄人物，都具有美少年的特征，其年轻、貌美，经常成为人们赞美和膜拜的对象。就这些神灵而言，不仅他们自己是美少年的化身和代表，他们也会经常扮演"爱慕者"的角色，到人间去拈花惹草，去疯狂地追逐他们所心仪的美少年。例如，阿波罗就有很多的少年情人，其中最著名的就是他和雅辛托斯（Hyacinth）的故事，在人间的美少年雅辛托斯成为阿波罗的情人之后，受到了风神的嫉妒，结果他年纪轻轻就死在了阿波罗的铁饼之下，死后化为风信子。另外，宙斯和伽尼米德（Ganymede），波塞冬和佩洛普斯，都是神话中著名的"少年爱"情侣。需要注意的是，这些神灵在追求自己所爱的时候可以为所欲为，毫无节制，这是人与神之间的区别。

②　参见汉斯·利希特《古希腊人的性与情》，第357—365页。

③　柏拉图：《菲德罗篇》238C－D，王晓朝译，《柏拉图全集》第2卷，第150页。

社会现实是造成古希腊人爱情观的这种性别偏向的主要原因，对此，我们在本章的第三部分还要作出进一步的分析和说明。

当然，除了正面的肯定和积极的评价之外，在古希腊的历史文献中，也不乏对这种习俗的批评和反思的声音。不过，这些负面的看法也大多并非是对这种习俗本身的否定，而是对那些在"少年爱"进行的过程中违反常规和不被社会所接受的做法与行为的警醒和批判，基本上是基于伦理和道德角度的思考，既没有也不会对现实生活中存在的这种习俗造成颠覆性的破坏，反而在一定程度上起到了维护和维持的作用。比如，作为持反对意见的少数人的代表，柏拉图在《法律篇》中，一方面肯定了"少年爱"与体育训练在公民教育中的实用功能，另一方面也指出，与男女的结合相比，同性之间的结合是违背自然的。①

在希腊人先后被马其顿人和罗马人征服之后，希腊人的"少年爱"习俗也随着"裸体竞技"和戏剧表演等希腊人所特有的社会活动的拓展与传播而广为人知，虽然这种习俗被有知识的非希腊人经常提及甚至津津乐道，但大多不能被接受，非希腊人基本上持有否定的态度。比如，罗马人就认为，希腊人的"裸体竞技"和对男性的身体之美的过分关注与追求造成了这个民族的男人缺乏阳刚之气，甚至把希腊人的失败和衰落归咎于包括"少年爱"在内的这些希腊式样的生活。

二 "少年爱"与古希腊体育竞技的关系

说到希腊人的"少年爱"习俗与体育运动和比赛之间的关系，可谓极为密切。虽然史料表明，发生老少恋情的地方并不限于体育场或摔跤学校，如在宴饮、狩猎等公共活动中，但在体育运动和比赛的过程中，无疑最能够激发起此类恋情，因为只有在这样的场合，运动员们才可以全裸参赛，在运动背景下，情事的发生不仅合法和自然，而且也是安全的和得到普遍认可的，这一点不仅得到了古代文献和图像资料的印证，也成为现代学者们的一个共识。

① 参见柏拉图《法律篇》，636A–C。

普鲁塔克在他的《情爱篇》中把同性之间的爱情人格化了，对"少年爱"作出了富有诗意的描述：

> 同性恋就像是一对父母过了他们的性旺盛期而后生下来的孩子，又像是一个私生子，一心想排挤他的兄长——合法的爱，而要争夺一个合法地位。因为，就是在昨天，或许在前天，它溜进我们的运动场，来观看那些少年们的比赛，而那些俊美的少年们，正脱下衣服，来比试力量。一开始，他们只是轻轻地抚摸少年，然后，就是拥抱。接着，他来到竞技场，并长出了翅膀。①

如果说普鲁塔克对"少年爱"的描述是一种美好的追忆的话，那么，从古风时代晚期开始，"少年爱"的场景就开始出现在诗歌、戏剧、哲学著作以及瓶画和雕刻等图像资料中，在这些当时的人留下的大量记述中，体育运动是最为常见的背景。例如，公元前 6 世纪早期麦加拉诗人狄奥格尼斯的一首哀歌诗中这样写道：

> 对爱慕者而言，快乐就是在运动场呆了一个整天后，能够回家与年轻的美少年睡上一整天。②

在另外一首对美少年的赞美诗中，他这样写道：

> 那最美丽、最迷人的少年，在我面前听我述怀；哦，少年，女神塞浦路斯赋予你们迷人的风度，你们健美的体型是众人羡慕的焦点，请听听我对你们的赞美，把我的感激放在你们的心上，体会到让一个男人心生爱意是多么困难。③

---

① 转引自裔昭印、苏振兴、路光辉《古希腊人的爱》，第 178—179 页。
② Theognis, *Elegiea* 2. l335 – 36，转引自 Thomas F. Scanlon, *Eros & Greek Athletics*, p. 211。
③ 转引自汉斯·利希特《古希腊人的性与情》，第 358 页。

虽然没有直接提及运动场，但诗中"健美的体型"还是可以透露出其体育运动的背景。可以说，狄奥格尼斯的诗歌提供了关于"少年爱"习俗与体育竞技的密切关联的最早证据。进入古典时代，戏剧成为最重要的文学形式，虽然悲剧主要取材于希腊神话和史诗作品，但它们所想要表达的还是当时人们的所思所想以及现实生活中遇到的矛盾、冲突和问题，正是在这个时期，"少年爱"题材第一次被悲剧诗人埃斯库罗斯搬上了舞台，他创作的仅留下残篇的《拉伊俄斯》被希腊人认为是有史以来第一部以"少年爱"为主题的悲剧作品。欧里庇得斯认为，拉伊俄斯是将"少年爱"习俗引入希腊的第一人。① 公元前 423 年，悲剧诗人欧波利斯又创作了《献媚者》一剧，也完全讲述的是"少年爱"的故事。值得注意的是，也正是在这个时期，人们才开始在荷马史诗中找到了"少年爱"的痕迹，比如，阿喀琉斯和帕特洛克鲁斯就被赋予了"少年爱"的关系。与悲剧不同的是，喜剧主要取材于现实生活，且相对粗俗下流，无所顾忌，自然少不了以普通人日常生活重要内容的性爱作为嘲讽对象的"黄段子"，其中，"少年爱"也成为不可缺少的内容，利希特甚至认为，"与其他所有类型的诗歌一样，如果没有对少年的爱，希腊喜剧简直是不可想象的"。② 比如，喜剧诗人阿里斯托芬就有一部失传的喜剧《有三个生殖器的男人》，可能攻击了亚西比德的性生活。③ 在他的喜剧《和平》剧中，剧中人说到他"在摔跤学校闲逛的时候试图勾引男孩子们"。在《鸟》剧中，一个人物想象中遇到了一个漂亮的男孩，洗完澡后刚要离开运动场。④ 在《云》剧中，阿里斯托芬借"正理"之口批评了世风日下，指出作为昔日锻炼身体的运动场出现了被荒废的趋向，而这个培养纯洁之爱的地方现在也沦为了荒淫之地：

　　我要谈谈从前年轻人的教育是什么样的：那时代我们很成功地传授正直的德行，人人知道节制，首先学校里听不到孩子们的哭喊

---

① 参见汉斯·利希特《古希腊人的性与情》，第 115 页。

② 汉斯·利希特：《古希腊人的性与情》，第 116 页。

③ 参见汉斯·利希特《古希腊人的性与情》，第 193 页。

④ K. J. Dover, *Greek Homosexuality*, p. 55.

尖叫声；其次甚至大雪天，同区的学生都只会穿着单衣队伍整齐地，一同穿过大街前往乐师家里。他们在那儿张开腿站着，学习唱歌，不是唱"远扬的战歌"，便是唱"毁灭城邦的可畏的雅典娜"，大家的声调都很和谐，这和谐原是由他们的祖先传下来的。如果有人发出颤动的音调，或者唱出滑稽的声音，像弗吕尼斯那样玩弄花腔，他一定会被人家打得半死不活，因为他破坏了音乐。这些孩子在健身场上伸腿坐着，没有人做出怪样子给外人看，他们站起来的时候，总是把沙子抹平，不留一点屁股的痕迹给好事的人看见。没有一个儿童把油膏抹到肚脐以下，所以他们的私处会像桃子那样长着一层细嫩的绒毛。没有人放出柔软的声音，飞着淫荡的眼神去接近他的爱人。谁也不许在正餐上抢一只生萝卜，谁也不许同长辈争茴香子和芹菜，更不许专食美味佳肴，不许吃吃地笑，不许叉着腿。

……

不，你在健身场上过日子，会长得健美丰润，不至于像现在这样到市场里去聊天，开玩笑，也不至于为了那诡诈的小讼事叫人家带到法庭上去。你可以与一些纯洁的青年朋友结伴到学园里的橄榄林间去竞走，头戴白芦花冠，时闻金银花、"逍遥花"和白柠檬的芳香；正当阔叶树和榆林私语时，你们赏玩春光。只要你依照我的话去做，只要你留心这些事情，你的胸膛永远宽大，你的皮肤永远光滑，你的肩膀很宽，舌头很窄。但是，如果你追随他去，首先，你的皮肤会掉色，你的肩膀会变窄，你的胸膛很紧，舌头却变长，还有，你的建议也会拖得很长很长；你会被人家蒙蔽，把坏事看成了好事，把好事看成了坏事；还会染上安提马库斯的淫荡。①

我们看到，在这段台词中，阿里斯托芬比较了过去和现在的不同，虽然年轻人教育的主要内容仍然是音乐和体育，但却人心不古，"礼崩乐坏"。值得注意的是，作为"少年爱"发生的重要场所，阿里斯托芬劝解

---

① 阿里斯托芬：《云》，第961—1022行，张竹明译，《阿里斯托芬喜剧集》（上），第314—317页。

时下的年轻人在体育场要注意自己的仪表，避免不当的举止，在他看来，现在的少年们不但不再重视身体上的锻炼，追求体型的健美，就连古代高贵的"少年爱"习俗也已经退化为一种集体的邪恶了。

"少年爱"和体育运动之间的密切关联还体现在柏拉图的哲学对话中，有很多篇对话都发生在体育场里，对美少年的品评和赞美自然也就成为时常出现的话题，这也反映出一种现实的情况，即在古代希腊，体育馆和摔跤学校不仅是成年和未成年的公民们锻炼身体的地方，是人们聚集在一起欣赏人体之美的地方，也是哲学家们宣讲自己的哲学主张和讨论哲学问题的场所。在雅典，柏拉图的"学园"（Academy），亚里士多德的"吕库昂"（Lyceum）和狄奥根尼斯的"快犬学院"（Cynosarges）不仅是著名的体育馆，也成为三个哲学流派的发源地。在这里，身体和灵魂并重，同时得到了培养和提升，古希腊人的"健全的心灵寓于健全的身体"（a beautiful mind in a beautiful body）的理想①得到了最为集中的体现，"美与善"（*kalos kagathos*）成为所有人都努力追求的人生目标。

在柏拉图和色诺芬的同名作品《会饮篇》（*Symposium*）中，两个人不约而同地把讨论的题目设定为对希腊人的爱的探讨，他们不仅追溯了爱的起源，而且对爱的实质进行了深入的哲学考察。其中，除了男女之爱，男人与男人之间的"少年爱"也成为重要的话题，这不仅印证了上文谈到的看法，即在希腊人看来，真正的爱情只能发生在两个男人之间，而且，这两篇对话都成为研究希腊人的爱情观和性爱观念的最重要的历史文献。在柏拉图的《会饮篇》中，最重要的桥段就是美少年亚西比德和哲学家苏格拉底之间的爱情经历了，主要的情节就是亚西比德用尽所有能够使用的方法来"诱惑"苏格拉底，但苏格拉底却始终不为所动，没有与亚西比德发生肉体上的接触，从而展现了"爱慕者"爱"被爱慕者"的灵魂甚于他的身体的理想境界，二者之间的互动堪称"少年爱"的样板和教科书。其中的一个情节十分值得注意，那就是在亚西比德的"魅力实验"中，他试图说服苏格拉底与他摔跤，以此达到用一种体面的和合法的方式与他所敬仰的苏格拉底进行直接身体接触的目的，从而使

---

① Thomas F. Scanlon, *Eros & Greek Athletics*, p. 204.

其欲罢不能，当然，苏格拉底还是拒绝了。从这个情节可以看出，包括摔跤在内的身体上的接触在运动场上是在所难免的，而且也是处于主动地位的"爱慕者"与处于被动地位的"被爱慕者"进行亲密交流的良机，同时，在希腊的日常用语中，"摔跤"也经常带有性爱的意味，甚至成为性交的代名词。①

　　色诺芬的《会饮篇》虽然以宴饮活动为背景，但也明确交代了这次酒会正是雅典的富翁卡里亚斯为庆祝美少年奥托吕科斯于公元前 422 年在祭神庆典的摔跤比赛中获胜而举行的。在这篇文献中，"少年爱"仍旧是主要的话题之一，当中他用这样的惊艳的诗一般的语言形容了奥托吕科斯的美："犹如一道光划过夜空，吸引了所有的目光，奥托吕科斯清澈的美让所有的目光投向他，没有哪个看见他的人不是带着伤心离开的。"②此外，与柏拉图的《会饮篇》相仿，他也在其中提出了爱一个人的灵魂的品质比一个人的身体特征更为重要的主张。

　　"少年爱"与体育运动和比赛之间的十分紧密的共生关系不仅在很多历史文献中得到了充分的展示和体现，更在古代留下来的雕刻和瓶画等图像史料中得到了更为直观和形象的印证与说明。公元前 5 世纪的作家雅典尼乌斯（Athenaeus）注意到，在古希腊的体育场上，通常会矗立着三个作为体育运动的保护神的神像，即赫尔墨斯、赫拉克勒斯和厄洛斯，如果说前两者分别代表了雄辩和体力的话，厄洛斯则象征着城邦的友谊与和谐，这也说明了爱（即"少年爱"）与美的关系正是来源于体育运动。③ 从古风时代晚期开始大量出现的青年男子雕像（*kuroi* statues）无不带有两个十分明显的共同特征：第一，几乎所有雕像都是裸体的，而裸体正是希腊体育运动和比赛的独特习俗；第二，所有的裸体雕像都具有运动员的健美身材，无不焕发出青春的光彩和气息。这两种特征说明，艺术家们创作的灵感正是来自运动场上裸身参赛的青年人，这些美少年不仅成为他们描摹和赞美的对象，也成为"爱慕者"们追求和示爱的目

---

① Thomas F. Scanlon, *Eros & Greek Athletics*, p. 269.

② 色诺芬:《会饮篇》, Ⅰ, 9, 转引自汉斯·利希特《古希腊人的性与情》, 第 117 页。

③ Thomas F. Scanlon, *Eros & Greek Athletics*, p. 250.

标。正如温克尔曼所言："体育场是青年们裸体训练斗技和其他体育项目的场所（人们到这里来欣赏美少年），也是艺术家研究人体构造的学校。日复一日地观察最美的裸体，使艺术家们获得了丰富的想象力，形式美也把他们熏陶得胸有成竹和得心应手……艺术家在美少年身上发现了美的原因在于统一、多样和协调。"① 历史学家们发现，公元前 7 世纪既是此类裸体雕像大量出现的时期，也是"少年爱"习俗的形成期②，这种时间上的一致性绝非偶然，它充分说明了体育运动和比赛与这种习俗的伴生关系。我们还注意到，在奥林匹亚赛会中首次增设少年组的比赛也出现在这一时期，公元前 623 年，单程赛跑成为少年组的第一个比赛项目，此后，在其他的比赛项目中也增加了少年组的比赛。据统计，大约有两万尊古风时代的青年裸像保留至今③，这些被用作神像或为比赛的优胜者所制作的裸体雕像生动地记录下了希腊人对少年和青年的人体美的发现过程，既印证了"少年爱"习俗与体育运动和比赛的密切关联，也是"少年爱"习俗本身的产物和实物的证明。

此外，学者们发现，从公元前 7 世纪到公元前 5 世纪初，既是"少年爱"诗歌创作活动的兴盛期，也是瓶画上大量和集中出现"少年爱"场景的历史时期。陶瓶既是希腊人日常生活中必备的日用品，今天看来，也是希腊人艺术创作活动的重要组成部分，其中不乏精美的艺术品，因为希腊的工匠们习惯于在陶瓶上创作瓶画，这些瓶画全面而生动地记述了希腊人的社会生活、思想观念和审美趣味，包括文献中语焉不详甚至完全没有记述的婚庆、运动比赛、生产活动等在瓶画上都有细致和直观的描述，堪称希腊社会生活的风俗长卷和万花筒。其中，包括马赛、赛跑、拳击、五项全能、希腊式搏击等在内的几乎所有的运动比赛项目在瓶画上都有展示，体育运动成为十分常见的题材之一。在这些运动场面中，也不乏"少年爱"的明示和暗示。安德鲁·里尔和艾娃·坎塔瑞拉于 2008 年出版的著作《古希腊少年爱的图像：男孩子们是他们的神灵》

① 温克尔曼：《希腊人的艺术》，第 125—126 页。
② 例如，多福尔在《希腊同性恋》一书中就明确地指出，"少年爱"、体育的兴起和运动中的裸体出现在同一个时期，即公元前 7 世纪。
③ Thomas F. Scanlon, *Eros & Greek Athletics*, p. 10.

就很好地运用了图像史学的方法，通过对 100 多幅典型的以"少年爱"为题材的瓶画的细致分析，对这种习俗的内容、特点、规范和方式等情况作出了系统和全面的归纳与梳理。他们发现，就"少年爱"发生的地点和场景来说，大致可以分为运动、宴饮和狩猎三种，其中，运动背景不仅数量最多，而且也最为典型，运动场被认为是进行求爱和约会的最佳场所，既合法，又自然。作者指出，"雅典男性公民的休闲活动由宴饮、体育运动和少年爱所构成"，而"体育场不仅是体育运动的中心，也是音乐和文化教育的中心"，因此，瓶画上经常出现在运动场上"爱慕者"向"被爱慕者"赠送礼物的场面，因为"在运动场，年轻人会在其他人面前脱光衣服和涂油，是进行情感交换的恰当的地方"，甚至"被爱慕者们会展开争宠的比赛，竞相争夺礼物"。[1] 此外，瓶画中还经常出现很多裸体青年正在进行体育运动，老年人站在旁边观看和指导的场面。而且，通过更为细致的观察，作者发现，站在正在进行体育运动的少年身边的年长者，有的拿着鞭子，显然是教练员，有的没拿鞭子，即"爱慕者"。瓶画中还有年长者为获得比赛优胜的年轻人授予桂冠和"少年爱"的场景被画在同一个陶瓶上的情形，这不仅说明了体育运动和比赛与"少年爱"的关联密切，甚至就是同一件事情，很难区分开来，作者指出，"被授予桂冠成为一个优胜者和被追求，对于一个取得胜利的运动员来说是两个类似的荣耀，两个场面被画在一个瓶画上只是代表了运动取得胜利的那一天的两个不同的时刻……爱慕者通过把桂冠授予被爱慕者，桂冠就带有了"少年爱"和体育比赛的双重含义"。[2] 最后，作者还指出，虽然从公元前 5 世纪早期开始，"少年爱"题材的瓶画出现了大幅减少甚至消失的趋势，但在此后，少年和年长者在运动场中的谈话场景占据了主要的地位。[3]

对于希腊人的"少年爱"习俗和体育运动的共生关系，那些生活在周边地区的非希腊人也十分熟知，但大多不能接受，这种为希腊人所特

---

① Andrew Lear and Eva Cantarella, *Images of Ancient Greek Pederasty*, *Boys Were Their Gods*, pp. 48 – 55.

② Ibid. , p. 92.

③ Ibid. , pp. 175 – 180.

有的习俗常常成为他们饭后的谈资和调侃的对象。比如，在希腊化时代，随着体育赛会的向外传播，很多非希腊人也加入运动比赛的行列中，但在接受了体育运动和比赛活动的同时，巴勒斯坦的犹太人却反对裸体和"少年爱"，而且他们认为二者和希腊的体育场是分不开的。[①] 犹太的西律王在卡赛利亚和耶路撒冷创办了运动会，项目全部取自奥林匹亚赛会，但运动员是穿短裤的。[②] 罗马的政治家西塞罗极为崇拜希腊文化，但有学者指出，他的这种崇拜从未延伸到体育，比如，体育运动和比赛中的裸体习俗就是他完全不能接受的，西塞罗曾经征引埃尼乌斯（Ennius）的说法，说"公开脱掉衣服是作恶的开端"[③]，他所说的"作恶"就包括了"少年爱"的习俗。对于体育运动和"少年爱"的关系，西塞罗曾经明确地指出，"无论如何，对我来说，这种风俗（指'少年爱'）都是从希腊人的运动比赛中起源的"。[④] 罗马人甚至把希腊人的衰落归咎于这些密不可分的习俗习惯，对此，普鲁塔克在《道德论集》中指出："罗马人极端怀疑全身涂油，他们认为没有什么东西比他们的运动会和摔跤更是导致希腊人被奴役和很女人气更大的原因了，这培育了很多空闲、懒惰和他们城市中的"少年爱"。年轻人的身体被睡眠、闲逛、有节奏的运动和节食给腐蚀了，由此忽视了武器训练，据说变成了身手敏捷和优美的会摔跤的老鼠，而不是好的军人和骑士。"[⑤]

总之，体育运动和比赛成为"少年爱"习俗得以产生与维持的最重要的社会基础，这一点也成为现代学者们的共识。利希特在《古希腊人的性与情》中说："希腊体育馆和竞技场原本是让年轻男子锻炼身体、培养意志力以求得协调俊美身体的地方，现在则变成了人们趋之若鹜的场所。……时刻面对最俊美的男性身体，必定让所有的男人不由得生出一种对同性的爱恋。……大家长时间流连于此，聚会闲谈，满目皆为美。"[⑥]

---

① M. I. Finley & H. W. Pleket, *The Olympic Games: the First Thousand Years*, p. 87.

② H. A. Harris, *Sports in Greece and Rome*, p. 51.

③ Ibid., pp. 52 – 53.

④ Thomas F. Scanlon, *Eros & Greek Athletics*, p. 211.

⑤ Plutarch, *Moralia* 274D – E, in Stephen G. Miller, *Arete, Greek Sports from Ancient Sources*, a Second and Expanded Edition, p. 19.

⑥ 汉斯·利希特：《古希腊人的性与情》，第 76—77 页。

《希腊同性恋》的作者多福尔指出："整个的运动场或摔跤学校尤其为观看裸体的男孩子们提供了机会，爱慕者希望引起一个男子的注意，希望最终与他说话，甚至可以与他摔跤。"① 斯坎隆在《厄洛斯和希腊体育运动》一书中说，"对古希腊人来说，与其说竞技场是个梦想之地，不如说是一个欲望之都更为贴切"，"体育中的裸体毫无疑问促进了希腊的少年爱，是主要因素之一，也被它所促进"，"同性之爱的温床是运动场，男女之爱的温床却在运动场之外"。② 黄洋在《从同性恋透视古代希腊社会——一项历史学的分析》一文中这样写道："贵族社会生活的中心是体育训练和酒会。由于体育比赛是表现贵族优秀品质的一个主要形式，体育训练就成为贵族生活的一部分。在希腊的每个城邦都建有体育场、体育馆和摔跤场，这些地方不仅是体育训练的场所，同时也是社交活动的主要场合。希腊人十分推崇优美的人体，因此，当贵族青年进行裸体的体育训练时，其他的贵族成员常常在训练场上观看。男性之间的这种亲密接触为同性恋的产生提供了一个温床。"③

三　"少年爱"与男性权力的建构

上面，我们对古希腊的"少年爱"习俗的性质和内容及其与体育运动和比赛的关系作出了描述和论证。那么，这种习俗得以产生和维持的社会基础是什么呢？它对希腊人的性别关系和家庭生活产生了哪些影响呢？

上文说到，这种习俗的产生首先与希腊人对性与爱的看法密切相关，在他们看来，男性之间的爱慕乃至恋情不仅是得到认可的，甚至比异性之间的性爱更为崇高，而裸体运动和比赛的习俗以及对男性的人体之美的欣赏与热爱为这种爱的生成和实现提供了外在的条件。应该说，所有这些都与希腊城邦社会中性别的权力结构为依托，换句话说，"少年爱"

---

① K. J. Dover, *Greek Homosexuality*, p. 54.

② Thomas F. Scanlon, *Eros & Greek Athletics*, pp. 4, 83, 222.

③ 黄洋：《从同性恋透视古代希腊社会——一项历史学的分析》，《世界历史》1998 年第 5 期。

的习俗归根结底是男性中心主义的社会性别权力结构的一种反映，"少年爱"习俗既是男性的性别优势地位和至高权力的产物，也是其最重要的表现之一。本章的最后，我们再看一看"少年爱"习俗与古希腊男权社会的互动关系，以及它在建构男性权力的过程所发挥的作用和影响。

在希腊，有公民身份的男性和女性有着几乎完全不同的活动空间与生活内容，总的来说，男性拥有所有的政治、社会、文化、婚姻家庭和性别上的权力，而女性则终身处于无权的地位，男性和女性之间这种根本上的不平等是希腊社会中最为稳定和最为持久的等级结构。因此，就活动的空间而言，成年或未成年的男子可以出现在包括公民大会、法庭、运动场、剧院、酒会等在内的所有的公共场合，而女子的生活空间则仅仅限于家庭的范围，除了交际花和妓女等社会中的特殊群体之外，一个有身份的体面的女性是不应该出现在上述公共场所的，就连在私人家庭中举办的酒会上，女性也应该回避，希腊人住宅中举办酒会的客厅被称为"男人的房间"（andron），正说明了这一点。在希腊人看来，一个合乎伦理和道德要求的妇女不应该成为人们关注与品评的对象，正如伯利克里在阵亡将士墓前的演说中所说的那样：

　　……现在你们当中有些妇女已经成为寡妇，如果必须要说说女性的长处的话，那么一切都包含在我这简短的忠告里：你们的伟大荣耀就是丝毫不失女性本色；妇女最伟大的荣耀就是极少成为男人们的谈资，不论他们谈论你们的优点还是缺点。[1]

可见，一个女性不被人提及被视为最大的美德，伯利克里的演说正代表了雅典普通公民对女性的看法。正是因为这种几乎完全不同的生活空间，男女之间在公共场所产生恋情几乎成为不可能发生的事情，相反，整日出没于所有公共场所的成年和未成年的男性则可以自由地追求自己所喜欢的人，已婚男子更是可以大摇大摆地出入妓院等风月场所。因此，与男性在运动和比赛中普遍采用"裸体"的方式和女性则需要着衣的情

---

① 修昔底德：《伯罗奔尼撒战争史》上册，Ⅱ.45，徐松岩译注，第156页。

形相仿，在希腊的妇女生活中也基本上不存在与男性之间的"少年爱"相对应的习俗。① 在希腊，发生在公民和已婚妇女之间的通奸会受到十分严厉的惩罚，通奸者甚至允许被当场处死，尤其是妇女会受到其丈夫和父亲更为严密的监控，一般不能独自外出，需有女仆陪伴。上文说到，希腊人认为只有男子拥有节制的美德，而女性则天生既没有能力控制自己的欲望，也永远无法得到性的满足，鉴于这种认识，多福尔指出，希腊人甚至认为妇女有一种通奸的自然倾向，这自然也就成为把已婚妇女牢牢地限制在家庭中和实行性隔离的重要理由，以此可以避免她们与潜在的情人进行接触。② 更有甚者，"男人创作的文献通常将女性描绘为邪恶力量，可以说她们是另外一种生物。此种妇女厌恶症（misogyny，意为"厌恶女性"）是希腊文化中的重要主题"。③ 可以说，男人和女人的这种十分不同的生活状态、行为规范和伦理要求正是"少年爱"习俗得以滋生的根本原因，"古希腊男女两性公民在活动空间上的距离以及妇女受教育程度低的现实，使古希腊男性公民很难与同一阶层的妇女有共同语言，发生以感情为基础的爱情，这就促使他们把视线转向了共同生活在公共领域中的少年男子"。④ 大卫·科恩也指出，"少年爱起源于古典时代的雅典体面妇女的不可接近……雅典的男人没有机会接触他要追求的女人。……由于唯一可以求爱的对象的体面的妇女不可得，这种需求就转向了追求男孩，并以此为满足。"⑤

---

① 当然，古希腊还是有着女性的"少年爱"或"同性恋"现象的记载，比如莱斯波斯岛的女诗人萨福写了大量的献给她的女弟子的情诗。有学者指出，发生在成年妇女和少女之间的同性之爱也存在于斯巴达。参看 James Smalls, *Homosexuality in Art*, New York：Parkstone Press Ltd, 2002, p. 30。不过，这些只是个别的事例而已，远远没有男性之间的"少年爱"具有普遍性。

② 参见 K. J. Dover, *Greek Homosexuality*, p. 67。

③ 伊恩·莫里斯，巴里·鲍威尔：《希腊人：历史、文化和社会》（第 2 版），陈恒等译，格致出版社、上海人民出版社 2014 年版，第 36 页。

④ 裔昭印、苏振兴、路光辉：《古希腊人的爱》，第 178 页。

⑤ David Cohen, Laws, *Sexuality and Society：the Enforcement of Morals in Classical Athens*, Cambridge, 1991, p. 186, 转引自 Andrew Lear and Eva Cantarella, *Images of Ancient Greek Pederasty*, *Boys Were Their Gods*, p. 7。

在婚嫁问题上，男性也发挥着主导的作用，女子的婚姻完全由未来的丈夫和自己的父亲来商定，因此，新郎和岳父之间的男人之间的关系成为婚姻成败的决定性因素。如果说公民家庭的少女还有着一定的自由活动的空间的话①，那么，在结婚之后，已婚妇女则只能深居闺中，其主要的任务就是料理家务，生儿育女，相夫教子。与男性相比，女性始终生活在十分狭小的社会空间中，这一点在雅典尤为突出。总之，男女两性不平等的社会现实一方面限制了异性之间的情感上的正常交流，另一方面则给同性之间的爱情创造了必要的条件。"少年爱"习俗正是这种性别和权力结构的重要产物，正如黄洋所言："爱情的双方在地位上必须是平等的，但在希腊男女不平等……因此，以感情为基础的爱即浪漫之爱只能是在同性之间。女性不是爱的对象，而更多的是男性之间建立社会关系和政治联系的工具，是传宗接代的工具。……由于妇女被排除在社会生活之外，男性就成为社会的主体。正是这样的单性环境成为滋生同性恋的土壤。"②

男性权力的建构不仅体现在处于社会不平等地位的男女两性之间，也体现在"少年爱"本身。与男人和女人之间的关系相仿，成年的"爱慕者"和未成年的"被爱慕者"之间也同样构成了一种不平等的等级关系。总的来看，在二者的恋爱关系中，"爱慕者"主动，"被爱慕者"被动；"爱慕者"处于主导的地位，"被爱慕者"则处于服从的地位，任何有悖于这种既定等级和位置的行为与做法都不会得到社会的接受，甚至会招致谴责。此外，与希腊社会赋予男女两性的伦理道德规范相仿，"少年爱"之中的"爱慕者"和"被爱慕者"也同样有为社会所认可和界定的规范与美德，二者既有严格的不平等的等级关系，也有相互尊重和相互利用的一面，互惠性成为这种等级关系的必要补充。在满足了"爱慕者"对美（不但有身体之美，还有灵魂之美）的热爱和追求的同时，"被爱慕者"也从"爱慕者"那里学到了他所缺乏的知识和丰富的人生经验，

---

① 一般来说，少女是可以观看体育比赛的。此外，在斯巴达，少女不仅可以进行体育锻炼，还有属于自己的运动会。

② 黄洋：《从同性恋透视古代希腊社会——一项历史学的分析》，《世界历史》1998年第5期。

在这个意义上，发生在亚西比德和苏格拉底之间的恋情堪称"少年爱"的典范和楷模。

在希腊人的心目中赋予了理想的"少年爱"关系中的"爱慕者"与"被爱慕者"以相应的"正确的"角色和作用，"男孩不应该立刻屈从，他应该清楚地知道按照这种方式对待求爱，他不止是性欲的一个对象，他要用这种方式证明他是一个体面的和值得尊敬的男孩……而体面的爱慕者不应该用暴力赢得被爱慕者的宠幸，而是通过求爱；他不会用一种过分的或侮辱的方式使用男孩的身体。……被爱慕者显然不应该被看作是一个牺牲品或一个被动接受的人。他是一个有尊严的人，主动地参与交换，这种交换是性关系的基础"。① 可见，虽然在性关系中处于被动的和服从的地位，作为准公民的"被爱慕者"依然被看作一个男人，与两性关系中同样处于被动和服从地位的女人还是有着十分明确的分界与不同的待遇，如果说女性在等级关系中的低下地位是永久性的、无条件的和绝对的，那么，处于"少年爱"关系中的"被爱慕者"的低下地位则是暂时的、有条件的和相对的，这种地位在他成年之后就会自动地终止，他也会自动地加入"爱慕者"的行列，完成角色的转换和升级。因此，与"爱慕者"所应该具有的节制和自我约束的美德相对应，一个合乎伦理道德要求的"被爱慕者"也应该是端庄的、含蓄的和有自尊的。这样我们就能够理解发生在公元前 6 世纪的一个故事了，安布拉西亚的僭主佩里安德在公开的场多次向他的"少年爱"伴侣发问："你还没有怀孕吗?"他的"被爱慕者"备感屈辱，终于忍无可忍杀死了这位"爱慕者"，从而挽回了作为男性的荣誉。② 在希腊，一个男人受到的最大的侮辱就是把他当作女人对待和使用，对于处于被动地位的"被爱慕者"也同样如此。总之，正是在这样的男权社会以及带有各种限定性的语境之下，发生在两个男人之间的"少年爱"关系不仅得到了社会的理解和赞

---

① Andrew Lear and Eva Cantarella, *Images of Ancient Greek Pederasty*, *Boys Were Their Gods*, p. 192.

② *Oxford Classical Dicfionary*, p. 722.

同，甚至还有被理想化和美化的趋向。①

说到"少年爱"习俗对希腊社会中的两性关系和家庭生活所产生的影响，有学者指出，这种习俗在进一步稳固了城邦社会中的男权中心主义的社会结构和强化了男性权力的同时，使"古希腊男女两性关系更加疏远。正如坦娜希尔所言：'在男人与男孩之爱盛行时期，这种对妇女的情感被另一种情感所替代了。'……男性同性恋的盛行对处于青春期的男孩儿具有教育的功能，也为古希腊文学艺术创作提供了素材，但它使古希腊的妇女在男性的眼中进一步贬值，从而使本来就地位低下的妇女的处境更加艰难"。② 不过，"少年爱"习俗的盛行和妇女的被边缘化也不能过分夸大，在女性失去了爱的权利的同时，她们仍然在家庭中占有重要的一席之地，在成年的男性公民出门在外追求自己喜欢的美少年并结成相互固定的同性伴侣的同时，还是要娶妻生子，成家立业，正如黄洋所言："值得注意的是，男性同性恋的流行并没有从根本上改变家庭的结构和家庭生活，它至多不过是一种家庭生活的补充。由于婚姻并非以夫妻双方的感情为基础，人们在家庭生活中得不到感情的满足，于是转向从同性恋中寻求这种感情的满足。"③

最后，作为一种男性权力的体现和产物，我们还要看到，"少年爱"不仅体现在男女两性的性别角色的建构上，也有着明显的身份和地位上的限定性，这种恋爱关系从一开始就基本上局限于公民中的贵族家庭的狭小圈子里，因为只有他们拥有大量的闲暇时间用于运动、狩猎、宴饮

---

① 上文提到，在希腊的文献和图像资料中，"少年爱"的场面中很少有肛交和性暴力等内容，除此之外，研究者们还发现，在普遍出现的男性裸体形象中，作为男性重要标志的生殖器不但都处于常态，很少展现勃起的状态（萨提尔除外），而且也被人为地"缩小"了，尤其是成年男性的身上都长着一个不符合其年龄阶段的少年的阴茎，原因就在于，"文献和历史资料显示，男性生殖器的大小在希腊文化中非常受到关注，这种关注并不完全是审美的：希腊人把小生殖器与自我约束和端庄联系在一起，这些美德对于一个男人来说很重要，尤其是对一个年轻人来说更重要"，"希腊人认为小生殖器是可取的……艺术中希腊男人的小生殖器是一种理想"。参看 Andrew Lear and Eva Cantarella, *Images of Ancient Greek Pederasty*, *Boys Were Their Gods*, pp. 64, 24。

② 裔昭印、苏振兴、路光辉：《古希腊人的爱》，第 188 页。

③ 黄洋：《从同性恋透视古代希腊社会——一项历史学的分析》，《世界历史》1998 年第 5 期。

等社会活动，而且只有贵族子弟有受教育的机会，这种强烈的"贵族性"不仅体现在"少年爱"习俗产生的时期，而且也同样体现在各大体育赛会的创始时期。正如默里所言："这种态度是由古风时代的贵族所确立的，后来也尤其是贵族圈子的典型特征……在健身房和角力场中对裸体以及运动技巧的崇拜，酒会中性别上的独占性以及社会上对男性——他们在很大程度上仍是为战争组织起来的——勇气的强调，肯定与贵族之间同性之爱的兴起有关，正是贵族发明了'美丽而优秀的'（*kaloikagathoi*——'优秀'当然是指出身）这个合成词来表示自己的身份。"① 随着城邦民主制度的逐步建立和完善，普通的公民获得了更多的政治和社会权利，"少年爱"习俗也出现了明显的衰落迹象，这一点也得到了大量文献和图像资料的印证。

---

① 奥斯温·默里:《早期希腊》（第 2 版），第 205 页。

第 十 章

从体育运动看古希腊人对女性的
性别建构

众所周知，包括奥林匹亚赛会在内的古希腊赛会大多是男性公民的
节日，一般来说，女性是禁止参加的。这种情况反映在雕塑、瓶画等艺
术作品上，就是以裸体竞技为背景的男性裸像不但出现得很早，而且贯
穿始终，司空见惯，而女性的裸像不仅出现较晚，而且十分稀少。这种
性别上的限定归根结底是古希腊城邦以男性为中心的社会生活的一种反
映，能够参加各种体育比赛活动也是男性权力的一种重要体现。不过，
随着研究的深入，学者们发现，上述的这些现象并不是绝对的，作为热
爱体育运动的民族，古希腊人也并不是把所有的女性都排除在体育运动
之外，只不过与男性相比，女性的体育运动有着诸多明确的限制，这些
限制体现出了古希腊社会对女性的社会角色尤其是女性形象的建构。本
章拟从以下三个方面对上述问题进行一些尝试性的探讨：第一，古希腊
的女性对体育运动和比赛的参与度；第二，女性参与体育运动的"语境"
及其限定性；第三，从参与度和限定性看希腊社会对女性的性别角色与
性别形象的建构。

一　古希腊的女性对体育运动和比赛的参与度

据鲍桑尼阿斯（Pausanias）的记载，奥林匹亚的赛会是严格禁止妇
女参加的，妇女甚至不能够观看比赛。唯一的例外是得墨忒耳女神的女
祭司，她甚至可以在运动场上享有一个荣誉座位。一项法律规定，所有

的伊利斯（Elis）① 人都可以向任何参加奥林匹亚赛会的女人发起进攻，使她们不得近身半步。据说，有一个名叫克里帕特拉的寡妇，为了能够观看儿子的比赛，曾经装扮成教练员混入场内，在儿子获胜后，她兴奋地跨过了护栏，结果暴露了自己的身份，最终，由于其家族辉煌的运动成就，才使得这位母亲免于惩罚。从此以后，赛会又多了一项规定，就是所有的教练员也必须裸体参赛。不过，鲍桑尼阿斯又说，这项禁止观赛的禁令仅限于已婚妇女，未婚的少女（parthenoi）是可以观看比赛的。②

那么，为什么要禁止已婚妇女参加和观看比赛呢？有学者指出："这并非由于比赛的男运动员裸体，有碍妇女观瞻，而是奥林匹亚是宙斯的圣地，奥运会是男人们的节日。"③ 女孩子们也有自己的节日，其中最有名的就是在奥林匹亚举办的"赫拉节"，女孩子们可以在这个节日进行体育比赛，一展身手。关于赫拉节的记述同样出自鲍桑尼阿斯，据他记载，赫拉节运动会也是每四年举办一次，只设有一个未婚少女的赛跑项目，跑道比男子的短六分之一，分为三个年龄组进行比赛。比赛的时候，少女们头发披下来，短袖束腰外衣的下摆比膝盖稍高，右肩裸露到乳房的位置。优胜者可以赢得橄榄桂冠，还可以得到一份献给赫拉的牛肉。赛会的组织者是被称为"十六位妇女"的已婚妇女。这个赛会可以追溯到古代，据说是西波达米娅为了感谢赫拉帮助她嫁给了佩洛普斯而设立的。④ 几尊在拉哥尼亚地区出土的公元前6世纪到前5世纪的青铜小雕像就展现了少女进行体育比赛的身姿，比赛时的装束与上面的描述完全吻合（图五左）。⑤ 此外，还有一尊罗马时代的复制品也展现了一位运动中的少女形象，原作的时间大约在公元前460年，其原件可能就是赫拉运动会的优胜者献给运动会的举办

---

① 即邻近奥林匹亚的一个小城邦，赛会的组织工作都是由伊利斯人承担的。

② Pausanias, *Description of Greece*, V. ELIS I, VI. 7 – 8, VI. ELIS II, XX. 8 – 9, with an English Translation by W. H. S. Jones and H. A. Ormerod, Harvard University Press, Loeb Classical Library, 2006.

③ 王以欣：《神话与竞技——古希腊体育运动与奥林匹克赛会起源》，第62页。

④ Pausanias, *Description of Greece*, V. ELIS I, XVI. 2 – 4.

⑤ Mark Golden, *Sport and Society in Ancient Greece*, p. 130.

地奥林匹亚的（图五右）。① 这些实物资料上也证明了赫拉节的少女运动会的举办。

图五　少女运动雕像

需要指出的是，奥林匹亚赛会的比赛项目分为两大类：一类被称为"裸体竞技"（*gymnikos agon*），运动员裸体参赛，包括赛跑、跳远、投掷、摔跤等项目，大致相当于今天的体育比赛；另一类被称为"马赛"（*hippikos agon*），包括赛马、赛车等项目。与"裸体竞技"以个人身份参赛且亲自上阵不同的是，马赛大多由城邦选送，代表城邦出战，带有表演赛的性质，且优胜者既非马匹，也非骑手或驾车手，而是马匹或赛车的主人。因此，如果说在"裸体竞技"中，女性是严格禁止参加也不可能参加的话，那么"马赛"则没有如此严格的限制，在奥运会"马赛"的历史上，就有女性优胜者的记载，其中最著名的就是斯巴达的公主库尼斯卡，她在公元前396年成为奥运会历史上第一个女性的马赛优胜者，作为优胜者的奖励，她的塑像被保存

---

① Stephen G. Miller, *Ancient Greek Athletics*, p. 156.

了下来，在基座上，她用骄傲的口吻写道："斯巴达国王是我的父亲和兄弟，库尼斯卡，用她的捷足的马匹获得了赛车的冠军，为此塑像纪念。我确信我是希腊获此殊荣的所有人当中唯一的女性。"① 可见，作为少有的例外，女性能够参加马赛并不是因为妇女有参加的权利，而完全是由于比赛制度上的特殊性使然。另外，与"裸体竞技"不同，参加"马赛"的门槛较高，需要有雄厚的资财和较高的社会地位，因此，少有的几个女性优胜者大多是出身高贵和富有的女性也就不足为奇了。

在希腊，除了奥林匹亚赛会，还有包括皮提亚赛会、尼米亚赛会和地峡赛会在内的另外三个所有希腊人都可以参加的"泛希腊赛会"以及很多由各个城邦举办的地方赛会。应该说，妇女对这些赛会的参与程度和具体情况也存在着差别，正如有学者所指出的，奥林匹亚赛会在很多方面都是特例，并不具有普遍性。② 从其他的材料中，我们还是可以看到很多关于妇女参加赛会的记载的。比如，修昔底德就记载了在公元前6世纪妇女参加提洛岛举办的体育赛会的情况。③ 在德尔斐的铭文中也记载着体育比赛中的一些女性优胜者，如特里弗萨在四年中两次赢得皮提亚赛会和一次地峡赛会的单程赛跑的优胜，被誉为"女孩中的第一"。赫蒂娅赢得过尼米亚和西库昂的单程赛跑以及地峡赛会的赛车的优胜，迪奥尼西娅则赢得过伊庇鲁斯赛会的赛跑冠军。④ 虽然这些记载只限于少女，但它们至少说明了在其他的赛会中，完全禁止女性参加体育比赛并不像奥林匹亚那样严格。况且，古希腊的所有赛会都是祭祀神灵的宗教节庆活动，如果说"裸体竞技"基本上是男子的特权的话，那么在赛会中举行的其他宗教祭祀活动中，并没有禁止妇女参加的记载，而

---

① Stephen G. Miller, *Ancient Greek Athletics*, p. 153.

② Mark Golden, *Sport and Society in Ancient Greece*, p. 133.

③ 参见修昔底德《伯罗奔尼撒战争史》，Ⅲ，104，参看徐松岩中译本，第259—261页。

④ Mark Golden, *Sport and Society in Ancient Greece*, p. 138.

且妇女也会承担起一定的职责。①

如果说对于赛会中的妇女能否参加体育比赛还存在不同的记载和争议的话，那么在一些城邦中，未婚少女也能够像男孩子那样进行各种体育锻炼活动②，却是不争的事实，其中记载最多的就是斯巴达的少女。与其他城邦不同，在国家的管理和组织下，体育锻炼和比赛也成为斯巴达未婚少女的教育的组成部分，女孩子们和男孩子一样可以在运动场上展现自己的身姿，因此，斯巴达女性的健美在希腊也是闻名遐迩的。对此，普鲁塔克有着生动和细致的描述：

> 吕库古即使对于妇女，给予了一切可能的关注。他让少女们锻炼身体：跑步、摔跤、扔铁饼、掷标枪……他使她们摆脱了娇气脆弱和种种女性的娇气，他让她们同青年男子一样习惯于运动时只穿着短袖束腰外衣，在某些欢庆节日里跳舞、唱歌，青年男子则在四旁观看……少女们着衣虽少，却丝毫不失体面，因为轻浮放荡已一扫而尽，伴随着她们的是庄重贞洁；不仅如此，这样还使她们养成了质朴的习惯和对身体健美的热烈追求……③

当然，对这样的风俗，当时的希腊人既有赞誉，也有讽刺和诋毁，但都证明了它的存在。古典时代的悲剧作家欧里庇得斯在《安德洛玛刻》中描述了斯巴达少女参加体育锻炼的情形④，喜剧作家阿里斯托芬则在

---

① 在古希腊人的很多宗教活动中，女性都扮演着不可或缺的重要角色，参看裔昭印《古希腊的妇女——文化视域中的研究》第六章"古希腊妇女与宗教"，商务印书馆 2001 年版。

② 在这里需要说明的是，本章中所涉及的妇女参加的体育锻炼活动也都只限于公共活动，私人的体育活动并不在本书的考察范围之内。由于这些体育活动都在公共的场合进行，且有观众观看，所以与宗教节日和体育赛会中的体育竞技在性质上是相同的。

③ 普鲁塔克：《吕库古传》，14，见《希腊罗马名人传》上册，陆永庭、吴彭鹏等译，商务印书馆 1995 年版，第 102—103 页。

④ "斯巴达的姑娘，即使想要贞洁也不可能，她们离开家，住进公共的体操学校，裸露着大腿，敞开着衣裳，和年轻的男子一起赛跑摔跤……"参见欧里庇得斯《安德洛玛刻》，第 596—599 行，张竹明译，《欧里庇得斯悲剧》（下），第 340—341 页。

《吕西斯特拉特》中展示了经常参加体育锻炼的斯巴达妇女的健美的身材。① 对于这种风俗，柏拉图在《理想国》中给出了两种不同的评价，他先是指出，有些人对斯巴达的女子"在健身房和男子一样赤身裸体地锻炼"觉得"可笑"，因为它"违反了当前的风俗习惯"，继而又极力推崇这种习俗，认为它是"严肃"和"合乎理性"的。② 虽然雅典人对斯巴达的这种风俗抱着既排斥又羡慕的十分矛盾的心理，但在现实生活中却并没有完全取缔或禁止女性的体育锻炼活动。一项考古发掘表明，在阿提卡的东面一个以阿尔特弥斯的崇拜而闻名的叫作布劳隆（Brauron）的雅典市镇，挖出了一座有庭院和餐厅的建筑，其中就包括一座女子的体育运动学校。③ 在这里，每四年举办一次称为"熊的节日"的宗教庆典活动，包括体育竞赛、跳舞、合唱等内容，体育竞赛的参加者是 7 岁到 12 岁的女孩，按照年龄分组，青春期以前的年幼女孩可以裸体参赛，年龄较大的女孩则穿着短袖束腰外衣，比赛时公众都可以前往观看。④ 此外，雅典的瓶画上也不乏女性赛跑的场面以及裸奔的男女，这些似乎又可以证明女性裸体竞赛在雅典的存在。⑤ 虽然这些资料并不能够反映出雅典女性体育运动的普遍性和发展程度，但至少说明了从前所普遍认为的雅典女性都只能待在家里是一个太过简单化的判断。正如有学者所指出的："我们的材料出自雅典，而雅典人又不愿意记载与斯巴达关系密切的这样一种社会现象。像色诺芬和柏拉图这样的对斯巴达更怀有好感的公元前 4 世纪的作家给予了女性运动更高的重视，这并非偶然。"⑥

美国华裔学者周轶群在其近著《古代中国和古代希腊的节庆、宴会

---

① 在剧中，斯巴达姑娘拉墨比托受到了这样的赞美："欢迎你，最可敬的姑娘拉墨比托！你是如此美丽，如此可爱，令人眩目！你的脸庞像一朵盛开的鲜花，你的身材如此丰满壮健，连公牛都可以被你制伏……多好的乳房，又圆又挺，简直是奇迹！"拉墨比托回答说："双子神作证，我又跑又跳，天天锻炼。"参见阿里斯托芬《吕西斯特拉特》，第 77—83 行，张竹明译，《阿里斯托芬喜剧》（下），第 160—161 页。

② 柏拉图：《理想国》，452B—E，郭斌和、张竹明译，商务印书馆 1986 年版，第 181—182 页。

③ Stephen G. Miller, *Ancient Greek Athletics*, p. 158.

④ 参见裔昭印《古希腊的妇女——文化视域中的研究》，第 233 页。

⑤ Stephen G. Miller, *Ancient Greek Athletics*, p. 158.

⑥ Ibid. , p. 159.

和性别关系》一书中，透过历史资料中与妇女相关的家庭生活、社会交往和公共活动等记载，对古代中国和古代希腊社会中的女性生活的模式与特点做出了系统和深入的比较研究。她指出，虽然总体来讲，两个文明中的妇女生活都受制于男权中心和父权社会，女性在社会权利和生活空间等方面都存在着明显的限制，都处于被支配的地位，但由于社会制度和历史语境的不同，古代中国和古代希腊的女性生活还是存在着很多明显的差别的。例如，在古希腊的城邦社会中，与体育比赛和宴饮等男性的社会化公共生活十分发达相仿，女性也同样发展出较多的公共生活的形式，其中就包括了妇女能够参加的众多宗教节庆活动，不仅如此，古希腊甚至还出现了把女性当作一个整体性的社会群体来加以思考的意识，可以视为后世的"女权主义"观念的滥觞。而在古代中国，女性既缺乏希腊社会中的那种公共社会的领域，也没有产生类似的团体意识，其原因主要在于，古代中国女性权力的获得和地位的提升主要是通过家庭（或家族）组织与亲属关系来实现，在中国，社会等级和身份也是通过这些组织和关系来维持与体现的。① 周轶群的这一比较研究对于我们理解和认识古希腊妇女的性别角色建构的特点颇具启发意义。从中可以看出，以宗教节庆和体育赛会等活动为中心的公共生活的发达，对古希腊女性的生活无疑也产生了巨大的和深刻的影响。

二　女性参与体育运动的"语境"及其限定性

通过以上的描述，我们看到，一方面，古希腊的女性并没有完全被排除在体育锻炼和竞技活动之外，能够以各种方式参与到各种赛会活动中，并扮演着一定的社会角色，甚至也有自己的运动会和运动学校；但另一方面，妇女对体育运动和比赛的参与却受到了很多的限制，就普遍性和制度化而言，她们的体育活动远远不及男子。换句话说，如果说在希腊，男子的竞技体育活动几乎完全不受其年龄、婚姻状况、地域等因

① Zhou Yiqun, *Festival, Feasts and Gender Relations in Ancient China and Greece*, Cambridge University Press, 2010.

素的限制的话，那么女子的体育活动则无时无刻不处在上述种种"语境"（context）的限制下进行。因此，"有限性"就成为古希腊女性的体育运动的最显著的特征。这种有限性至少表现在以下几个方面：

第一，年龄和婚姻状况上的限制。种种迹象表明，不论是各大"泛希腊赛会"以及赫拉节赛会上的参赛者和观众，还是出现在希腊某些城邦中的地方赛会和体育锻炼活动中的女性，都是以未成年的和未婚的少女为主，抑或仅限于这样一个特殊的和少数的女性群体，成年妇女，尤其是已婚妇女则受到了严格的限制，除了个别的例外，这个占据女性人口主体部分的女性群体几乎被完全排斥在体育竞技活动之外，作为家庭的管理者与孩子的养育和看护者，很少有机会走出家门，抛头露面，出现在包括体育赛会在内的各种公共场合，其活动空间被牢牢地固定在居家生活和家宅的范围之内。

第二，地域上的限定性和参赛机会的稀少。与所有的未成年和成年的希腊男子都可以参加包括奥林匹亚赛会在内的各大"泛希腊赛会"和地方赛会不同，未婚少女们能够参加的体育赛会十分稀少，除了文献上记载的阿尔哥斯和奥林匹亚等地专门为少女举办的赫拉节赛会之外，很少看到其他女性赛会的记载。即使在这些已有的运动会上，比赛项目也比较单一，赛制也不同于男子比赛，而且由于记载的简单和模糊不清，我们对这些运动会是否定期和连续举办、赛事的规模、参加者的情况等都不甚了了。就未婚少女参加地方的体育锻炼和体育比赛而言，我们的材料中也仅限于包括克里特在内的一些多利亚人居住的城邦，尤其是斯巴达，其地方性、特殊性和非常规性是显而易见的。换句话说，雅典人之所以对多利亚社会中这种少女健身的风俗有兴趣，正是因为它有悖于希腊人普遍的社会观念和风俗习惯。

第三，比赛方式上的限定性。如果说裸体参赛是各种体育赛会中的男性运动员所采用的最为普遍的、广为接受和天经地义的形式的话，那么希腊女性的体育运动和比赛活动在一般情况下则需要着衣。这种限定性最为明显地体现在希腊的雕塑和瓶画艺术上。就男性雕塑而言，不论是早期的神像还是后来的现实生活中的人像，不但裸体是一种普遍的形式，而且从这些雕像的体态特征上来看，几乎全是身材健硕的运动员的形象，应该说，这些雕像都是以现实生活中参加裸体竞技的运动员和优胜者为摹本的。但是，同样的情形却没有出现在女性题材的雕像上，女性的裸像不仅出现较晚，发展缓慢，而且完全不具有普遍性，就神像而言，除了爱与美之神阿芙洛狄忒之外，包括智慧女神雅典娜、狩猎女神阿尔特弥斯以及胜利女神等神灵在内的其他所有女神均始终身着正装或便装，着衣的女神或女人成为希腊女性雕塑的常态。另外，有学者指出，即使在希腊的雕塑和瓶画中还是存在着一些女性的裸像，但大都与运动和竞技无关，很少出现在体育运动的语境下。① 笔者认为，艺术归根结底是现实生活的一种反映，希腊人体艺术中凸显出的这种明显的性别偏向，正是希腊人的社会生活尤其是体育竞技活动中性别差异的一种反映。

三　希腊社会对女性的性别角色和性别形象的建构

上面我们从希腊女性对体育运动和比赛的参与度和限定性两个方面进行了一些阐述和归纳，应该说，这两个方面是紧密相关和互为表里的：一方面，较低水平的参与度是由种种限定性所决定的；另一方面，正是由于这些限定性的存在，才使得希腊的女性不可能普遍、全面和深入地参与到体育竞技这种古希腊最重要的社会活动当中去。不论是较低水平的参与度，还是种种明确的限定性，究其原因，还是古希腊社会的以男性为中心的家庭观念、权力结构和思想意识使然。在这样的社会中，女性的社会分工、社会责任和性别形象都是由男性来建构的，这就决定了希腊的女性对体育运动和比赛活动的参与度只能维持在一个较低的水平上，而且要遵守男性权威所制定的种种规则和限制。最后，我们以斯巴达少女的体育活动和着衣的性别形象为例，来看一看希腊人是如何建构女性的性别角色和性别形象的。

在希腊人看来，一个已婚的妇女已经有了自己明确的社会位置和社会职责，她们不但要承担起各种家务劳动，而且是维护家庭稳定和家族延续的关键，于是，勤勉持家、生儿育女、相夫教子、不抛头露面、贤

---

① Stephen G. Miller, *Ancient Greek Athletics*, p. 150.

淑忠贞就成了希腊人心目中作为人妻的美德和理想。为了完成好这样的职责，把已婚妇女排除在诸如赛会这样的公共生活之外因而成为必然的法则。与已婚妇女相比，未婚的少女则还可以享受一定程度和一段时间的自由，这主要表现在她们可以走出家门参与一些公共活动，其中就包括参与作为公共宗教节庆活动的赛会。不过，这种自由和参与只是相对的，也不能够脱离古希腊的家庭和社会生活的语境。

就拿斯巴达的少女能够参加体育锻炼和比赛来说，在以自由和宽松自居的雅典人看来也是一种很有争议的风俗，在保守人士看来，简直就是一种伤风败俗之举，可以说，这种态度反映出，在希腊大多数城邦中，未婚的少女们还是过着深居简出的闺中生活，很少有在大庭广众之下展现自己的机会。那么，作为特例的这种风俗是如何起源的？其目的又是什么呢？看一下历史上的记载就清楚了，这种风俗的社会功能仍旧没有超越或脱离希腊城邦的社会结构和思想观念，那就是一方面为了使这些少女身体健康，能够为家庭和城邦生育出苗壮的后代，另一方面，这种活动本身也带有少女的成年仪式（coming-of-age ceremony）和婚前的求偶仪式（prenuptial rites）的性质，为婚姻和繁育做准备才是其真正的目的所在。我们还是来看一看普鲁塔克的记载：

> （吕库古）让少女们锻炼身体……为了使她们将来的腹中婴儿在壮健的身躯里打下壮健的底子并更好地发育成熟，也是为了使她们自己壮健结实，怀胎足月，能够顺利地、轻易地对付分娩时的阵痛……此外，这一切都是促成婚姻的因素——我指少女们参加节日游行和体育竞赛时，半裸着身体出现在青年男子的众目睽睽之下的事情。因为这些因素受到了必然性的吸引，如柏拉图所说的“不是几何学的必然性，而是恋人们心领神会的那种必然性”。这还不是吕库古所做的一切，他又给执意不婚的单身汉加上一个公开的耻辱：不许他们观看青年男女的竞技活动……①

① 普鲁塔克：《吕库古传》，14，见《希腊罗马名人传》上册，第 102—104 页。

　　可见，斯巴达少女的体育锻炼和比赛活动，与其说是女性自由的一种展现，不如说是婚前生活的一种准备，其宗旨仍旧是使女性扮演好嫁人、成家和繁育后代的性别角色，体育比赛的终点和目标仍旧就是结婚与生子。正如韦尔南所言："在希腊，婚姻对于一个女子来说就如同战争对一个男孩：完成他们各自的本性。"①

　　如果说让少女参加体育锻炼和比赛体现出了希腊社会对女性的性别角色的一种建构的话，那么希腊现实生活和艺术中的"裸体"与"着衣"则是男女性别的阈限以及建构女性的性别形象的最集中的展现。安德鲁·斯图尔特在《古代希腊的艺术、欲望和身体》一书中，对希腊裸体艺术的发展史作出了全面和系统的阐述。对于希腊的裸体艺术，他首先指出："希腊艺术最显著的特征就是，男人大部分是裸体的或部分裸体的，而女人通常则是着衣的。"② 他认为，这种希腊艺术的主流特征与其说反映出的是一种男女之间的自然的差别，不如说更是一种文化上的差别，也就是说，与女性的"着衣"一样，男性的"裸体"也成为一种形式上的"外衣"，其目的就是展示男性的"卓越"（arete）③，是一种男性权力的展示。他指出，"到了古典时代，裸体已经成为男性公民的世俗'服装'，他们在身体上区别于奴隶，在身体和'服装'上区别于妇女和野蛮人"。④ 男性和女性的性别形象也由此得到了新的建构，"从公元前8世纪开始，全裸的男性代表了'自然'的性别，但是一个'真正的'女人首先是一个文化的产物，其次是由男人来塑造和观看的"。⑤ 也就是说，如果说"裸体"是男性的正常或自然状态的话，那么"着衣"则是一个女人能够被文化、社会和习俗所接受的正常状态。斯图尔特指出，在希腊艺术中诚然存在着女性的裸像，

① 转引自 Andrew Stewart, *Art, Desire and Body in Ancient Greece*, p. 30。
② Ibid., p. 24.
③ 米勒指出，在希腊文中，*arete* 一词的道德含义是与 *hubris*（傲慢）相对应的，经常被使用在体育运动的语境中，用来描绘运动员，常常被翻译成 excellence（卓越）或 virtue（美德），带有严格意义上的体育内涵。参看 Stephen G. Miller, *Ancient Greek Athletics*, pp. 236 - 238。
④ Andrew Stewart, *Art, Desire and Body in Ancient Greece*, p. 26.
⑤ Ibid., p. 38.

但大多是处于这种性别阈限之外的非正常状态之下的女人，比如被强奸的牺牲品，妓女，甚至也包括了运动中的斯巴达的未婚少女。[①] 应该说，这种差别出现的根源正在于，在古希腊社会中，女性的形象基本上是由男性来建构的，缺乏独立的社会地位是女性"裸体"艺术难以产生的根本原因，正如罗宾·奥斯本所言：

> 雕塑家从未试图超越社会交换语境，单纯从女性角度探索妇女形象。其原因与其不恰当地说是避免展现女性裸体，倒不如说是由于女性在社会中没有独立地位：女人总是以某人女儿或妻子的身份出现。[②]

在希腊，传统的妇女都被牢牢地束缚在家庭生活中，即使外出也要从头到脚用衣服包裹得严严实实，只有在斯巴达，少女甚至妇女们可以裸露着大腿参加体育锻炼和比赛，这种风俗让其他城邦的希腊人唏嘘不已，虽然不乏赞叹的声音，但对于希腊的普通人来说，这完全是一种有伤风化的恶俗，斯巴达妇女也就成为轻浮乃至淫荡的女人的代名词。在希腊语中，有一个词 phainomeris，字面上的意思是"露出大腿的人"，专门用来指像斯巴达妇女那样的伤风败俗的女人。[③]

最后，需要指出的，对于古希腊妇女参与体育活动的种种限定性，尤其是"裸体"与"着衣"的区别，除了对女性的性别角色和性别形象的建构等社会原因之外，我们还是要看到其自然的原因，那就是男性和女性在身体结构与生理特征上的差异，可以说，以"区别对待"为特点的男女之间的社会不平等也是建立在男性和女性生理差异的基础之上的，这种自然的差异也是不容忽视的。就体育运动而言，从现代奥林匹克运动诞生以来，女性是否适合于参加体育运动和比赛一直是一个有争议的话题，大致说来，反对者们都极力强调女性的生理特征，他们的主要观

---

① Andrew Stewart, *Art, Desire and Body in Ancient Greece*, p. 41.

② 罗宾·奥斯本：《古风与古典时期的希腊艺术》，第 104 页。

③ Stephen G. Miller, *Ancient Greek Athletics*, p. 249.

点是，参加体育比赛对男子来说是自然的，而对于女子来说是违反自然的。比如，现代奥运会的缔造者之一法国人顾拜旦就极力反对女子参加奥运会，在他不再担任国际奥委会主席的 1928 年的阿姆斯特丹奥运会才加入了女子的比赛项目，直到 1972 年，随着《机会均等条例》的颁布和实施，才真正实现了男女参赛机会上的平等。因此，正如有学者指出的，在现代奥运会的历史上，"把妇女排除在体育比赛之外的时间比把黑人排除在外的时间要长得多"。[①]

① Allen Guttmann, *From Ritual to Record*, *the Nature of Modern Sports*, p. 34.

第十一章

"泛希腊赛会""泛希腊主义"与
古希腊民族认同

——从城邦到帝国转型的一个视角

古希腊的赛会大致可以分为两类,一类是由各个城邦举办的地方赛会,另一类是所有希腊人都可以参加的赛会,后者被统称为"泛希腊赛会"(the Panhellenic Games),主要包括在奥林匹亚举办的奥林匹亚赛会、在德尔斐举办的皮提亚赛会、在科林斯举办的地峡赛会和在尼米亚举办的尼米亚赛会等,并称"四大泛希腊赛会"。学界普遍认为,"泛希腊赛会"的创办为处于城邦林立和分裂状态的希腊提供了一个统一的神圣时间与空间,既促进了希腊人自身的团结和民族认同的形成,是"希腊性"(Greekness 或 Hellenicity)的主要体现之一,赛会的举办也成为古典时代日益发展起来的"泛希腊主义"的思想观念的重要推动力,而"泛希腊主义"思想的形成又为希腊世界从城邦到帝国的转型提供了必要的前提条件。总体来讲,这样一种认识是合理的。不过,随着研究的深入,学者们认识到,仅仅注意到"泛希腊赛会"的正面和积极的作用是远远不够的,大量的历史资料和新近的研究表明,"泛希腊赛会"还是存在着诸多负面的或消极的面相。可以说,"泛希腊赛会"从创办之初到退出历史舞台,就一直发挥着"双刃剑"的作用,即"团结"与"竞争"的力量同在,"凝聚"和"分离"的趋向共存,这是由古希腊城邦所奉行的独立和自治的政治原则、小国林立的政治现实和由来已久且根深蒂固的"城邦本位主义"观念所决定的。因此,仅仅强调"正方"的观点就远远不够了，这样做不仅有悖于历史事实，而且存在着把"泛希腊赛会"的历史作用简单化（实为单面化）和理想化的危险。鉴于以上认识，我们有必要对"泛希腊赛会"在"泛希腊主义"的形成乃至希腊从城邦到帝国的转型中所发挥的作用做出更为恰当和客观的评估，与此同时，这一考察也不失为观察古希腊从城邦到帝国转型的一个独特的视角。

关于"泛希腊赛会"在促进希腊民族认同和"泛希腊主义"思想观念的形成中的积极作用，即"正方"的观点，学界已经有较为充分的论证和阐述，正如马克·戈顿在《古希腊的体育运动和社会》一书中所言："比赛促进了希腊人的团结一致是一个陈词滥调"，而且是"一个古老的陈词滥调"①，也就是说，这种认识已经为人们广为熟知，它不仅是现代学者经常提及的看法，而是古已有之，对此，芬利更为尖锐地指出："国际的比赛提升国际的团结，这是人们愿意说起的可爱的'历史'观点之一，古代人没有这么说，他们的想法完全相反。"② 那么，除了上述的积极作用，"泛希腊赛会"的消极面主要体现在哪些方面？我们应该如何看待这些消极面？综合"正方"和"反方"的主要观点，"泛希腊赛会"的历史作用又该如何定位？鉴于上述原因，本章将把论述的重点放在"反方"观点的阐述上，在运用有关历史文献和近年来的研究成果的基础上，对这些论题进行一些尝试性的探讨。

一 "泛希腊赛会"的举办真的能够起到消弭纷争的作用吗

众所周知，在各大"泛希腊赛会"举办之前，都会由赛会的主办方派出多位传令官，到各个城邦发布"神圣休战"的命令。休战期限起初为1个月，后来延长至2—3个月。休战令要求在休战期间，停止一切战事。这一做法常常被视为"泛希腊赛会"可以结束战争从而为希腊带来和平的证据。但实际上，其作用是十分有限的。有学者指出，"神圣休

---

① Mark Golden, *Sport and Society on Ancient Greece*, p. 4.
② M. I. Finley and H. W. Pleket, *The Olympic Games: the First Thousand Years*, p. 132.

战"所能阻止的只是赛会举办地附近的战争，绝非希腊全境的战争，其目的只是保障参赛者能够顺利到达比赛地点进行比赛。以奥林匹亚赛会为例，"神圣休战"所能禁止的只是承办赛会的城邦伊利斯（Elis）发起的或者针对伊利斯的战争，只要不影响比赛的正常进行，对于其他地方的战争来说，"神圣休战"令是鞭长莫及的。有学者还强调指出，从字面上看，"神圣休战"只是"休战"（ekecheiria）而已，而非"和平"（eirene）。 在希腊城邦时代，由于没有中央的权力机构，各个城邦均奉行独立自主的外交政策，个别城邦之间的局部战争以及军事同盟之间的地区性战争此起彼伏，以至于战争成为常态，在这种情况下，就不难理解实施"神圣休战"的必要性了，只有如此，才能保证赛会的正常举办。同理，如果我们看到这种做法背后的更大范围的战争背景的话，也就不难理解其作用的有限性了。

我们看到，即便发布了"神圣休战"令，历史记载中也有很多在赛会举办地本身发生的破坏"神圣休战"原则的事件，这些"不和谐"的记录或是由于圣域控制权或赛会举办权的争夺和纠纷，或者是政治权力的介入或军事行动的延伸，轻则破坏了赛会的正常举办，重则演变为流血事件乃至战争。以下是几个较为详细的和典型的历史记载：

（公元前420年7月）奥林匹亚赛会在这一年夏季举行，阿卡狄亚的安德罗斯提尼首次赢得摔跤和拳击比赛的胜利，爱利斯人不许拉栖代梦人进入神庙，拉栖代梦人也就没有参加祭祀仪式和赛会，因为爱利斯人曾经按照奥林匹亚法律规定对拉栖代梦人处以罚款，而拉栖代梦人又不肯缴纳罚金。爱利斯人认为，拉栖代梦人在奥林匹亚竞技会休战期间派其重装步兵进入列普里昂并进攻腓尔库斯要塞。按法律规定，每个重装步兵罚款2明那，罚金共计2000明那。拉栖代梦人派来使节，申明这种处罚是不公正的，他们说，在拉栖代梦重装步兵出发时，拉栖代梦还没有宣布休战。但是，爱利斯人却肯定地说，他们自己的休战已经开始（他们首先向他们自己宣布

① Mark Golden, *Sport and Society on Ancient Greece*, p. 16.

休战），他们就像在和平时期一样过着安定的生活，没有预料到会遭到袭击，拉栖代梦人的侵略行为使他们感到震惊。对此，拉栖代梦人认为，如果爱利斯人真的认定拉栖代梦人犯了侵略别人的过错，他们随后到拉栖代梦宣布休战就没有必要了；但是，他们还是在拉栖代梦宣布了休战，这表明他们认为拉栖代梦人并没有犯下侵略过错，而宣布休战后，拉栖代梦人就没有进攻爱利斯的领土了。尽管如此，爱利斯人还是坚持他们的观点，无论如何都不能使他们相信拉栖代梦人没有犯下侵略他们领土的过错；但是，如果拉栖代梦人愿意归还列普里昂，他们愿意放弃自己应得的那部分罚金，并替拉栖代梦人缴纳应该贡献给神祇的罚金。

拉栖代梦人不肯接受爱利斯人的建议，爱利斯人又提出第二个建议。如果拉栖代梦人不愿归还列普里昂，他们可以不交还。但是，既然他们渴望进入奥林匹亚的宙斯神庙，他们应该登上宙斯神庙的祭坛，在希腊人面前宣誓，保证以后将支付罚金。这个建议也被拉栖代梦人拒绝了，于是，拉栖代梦人被排斥在神庙、祭祀和赛会之外，他们只好在国内举行祭祀仪式。除拉栖代梦人外，只有列普里昂没有参加祭祀和赛会。爱利斯人仍担心拉栖代梦人采取武力强行参加祭祀活动，便派遣一批全副武装的青年执行警戒，参加警戒的还有1000名阿尔哥斯人、1000名曼丁尼亚人和一些在祭祀节日期间驻扎在哈皮那的雅典骑兵。在竞技会期间，人们忧心忡忡，害怕拉栖代梦人率领军队前来滋事，特别是拉栖代梦人阿开西劳斯之子利卡斯在跑马场被裁判员鞭打之后。因为利卡斯的参赛马车获得优胜，但裁判员宣布波奥提亚人是获胜者，原因是利卡斯无权参加竞赛，而利卡斯擅自进入跑马场，为了表明他是获胜马车的主人，他把胜利花冠戴在御马者——自己头上。这个事情发生后，恐惧气氛蔓延，人们非常担心发生动乱。但是，拉栖代梦人保持平静，使节日像我们看到的那样平安度过。奥林匹亚竞技会之后，阿尔哥斯人及其同盟者的代表一起造访科林斯，邀请科林斯人参加他们的同盟。他们在科林斯发现拉栖代梦使者在那里，经过长时间谈判后一无所获。

这时发生了地震，代表们回到各自城邦去了。这个夏季也就结束了。①

（公元前390年）后来，拉栖代梦人从流亡在外的科林斯人那里得知，留在城里的那些科林斯人将他们所有的家畜都安全转移到比莱昂半岛上，如今许多人从那里获得生活来源。于是，拉栖代梦人决定再次出兵科林斯，远征军的统帅仍由阿格西劳斯出任。他首先率兵进抵科林斯地峡，当时正是举行地峡竞技会的月份。这时候，阿尔哥斯人碰巧正在那里向波塞冬奉献牺牲，仿佛科林斯就是他们阿尔哥斯的一部分（科林斯这时已被阿尔哥斯兼并。——译者注）。但是，他们在获悉阿格西劳斯大军逼近的消息后，非常恐惧，便丢下刚刚奉献的祭品和已经准备好的早餐，沿着通向肯克里埃的道路，匆匆撤回科林斯城里去。

阿格西劳斯虽然看到了他们，但是并未前去追击，而是在圣域内驻扎下来，并且亲自向波塞冬奉献牺牲。然后一直在那里，等到流亡的科林斯人前来献祭，并举行纪念波塞冬的竞技会。而在阿格西劳斯离开那里之后，那些阿尔哥斯人又回来举行地峡竞技会。于是，在这一年的某些竞技项目中，有些参赛者遭遇了两次失败，而有些参赛者则赢得了两次优胜。②

（第104届奥林匹亚竞技会举办之年，公元前364年7月）克隆努斯的战事结束后，阿卡狄亚人又着手进攻爱利斯。爱利斯人不单增强了防守奥林匹亚的兵力，而且因新一届奥林匹亚竞技会之年临近，他们与比萨人（比萨人声称自己是奥林匹亚圣域的最初主管者）一道开始筹办新一届竞技会。但是，就在奥林匹亚竞技会举办的当

① 修昔底德：《伯罗奔尼撒战争史》，V.49－50，徐松岩译注，第382—383页。文中的"爱利斯"即"伊利斯"。另外参看邢颖《论古代奥林匹克运动会中的城邦关系与城邦贵族——以公元前420年第90届奥运会为例》，《世界历史》2010年第1期。

② 色诺芬：《希腊史》，IV.5.1—2，徐松岩译注，上海三联书店2013年版，第159—160页。

月，节日庆典集会举行之时，爱利斯人大张旗鼓地进行备战，最后在阿凯亚人的支持下，沿着大路向奥林匹亚进发。

这时候，阿卡狄亚人正与比萨人一同主持节日庆典，根本没有料到爱利斯人会来攻击他们。他们结束了赛车比赛，五项全能刚刚结束了田径场上的项目。选手们刚刚通过了摔跤比赛的资格审察，进入位于田径场和祭坛（即宙斯大祭坛。其神圣性有望使他们免遭爱利斯人的攻击。——译者注）间的区域。就在此时，全副武装的爱利斯人抵达圣域。阿卡狄亚人并未出击迎敌，而是列阵于科拉道斯河畔，该河流经阿尔提斯（Altis，即指宙斯圣域核心地带。——译者注），注入阿尔弗尤斯河。阿卡狄亚的同盟者，阿尔哥斯的2000名重装步兵和雅典的约400名骑兵都前来增援他们。

爱利斯人在科拉道斯河对面列阵；献祭之后，立即进军。虽然在此前的交战中，爱利斯人一直倍受阿卡狄亚人和阿尔哥斯人的蔑视，而阿凯亚人和雅典人也瞧不起他们，但在那天的战斗中，他们率领同盟者的军队，冲锋在前，英勇无畏。最先与爱利斯人交锋的阿卡狄亚人，一触即溃；前来救援的阿尔哥斯人，也一筹莫展，被爱利斯人击败。

爱利斯人乘胜追击，进入议事厅、赫斯提亚神庙和剧场之间的地带。他们奋勇作战，已将敌人赶至祭坛附近，但由于敌人从柱廊、议事厅和宙斯大殿的屋顶上投掷器物，而爱利斯人自己在平地上迎战，一些人当场毙命，其中包括"三百人队"的首领斯特拉托拉斯。面对这种形势，爱利斯人只好撤回营地。

当晚，阿卡狄亚人及其同盟者对未来的事态发展感到震惊，他们没怎么睡觉，而是忙着拆除那些精心搭起来的货摊（由商贩们搭建的用于出售货物或者作为宾客的临时住所。每一次全希腊的竞技会，同时也给来自四面八方的商家提供了展销货物的机会。——译者注），以构筑防御工事。翌日，当爱利斯人再次来到这里时，看到阿卡狄亚人已经修筑了牢固的工事，许多人已经爬到庙宇屋顶上。于是，他们不得不撤走，回到爱利斯城。爱利斯人向世人证明，他们是神祇在一日之内就能通过激发其勇气而创造出来的那种人，而凡人花再长的时间也无法将懦夫打造成这种人。①

（公元前235年）西库昂的将军阿拉图斯将克里奥奈人纳入阿凯亚同盟（在那时是阿尔哥斯的敌人），同时让他们参加在该地举行的尼米亚赛会，因为他认为从传统和恰当性上他们都应该参加。但阿尔哥斯人在同一时间在阿尔哥斯也举办了尼米亚赛会，第一次出现了参赛者的中立和安全的权利受到侵犯的情况，阿凯亚人把穿越他们的领地去到阿尔哥斯参加比赛的任何人抓住卖为奴隶。②

此外，我们还要提到发生在公元前5世纪到前4世纪的为争夺德尔斐圣域控制权的四次所谓"神圣战争"（Sacred Wars），这些战争贯穿了古典时代的始终，正是由于这几次战争，德尔斐的控制权先是从科林斯手里转移到近邻同盟（Amphictyony）手中，又相继成为雅典、斯巴达和马其顿的囊中之物。相似的情形也经常出现在奥林匹亚和其他的"泛希腊赛会"的举办地。

除了这些在"泛希腊赛会"举办地发生的公然破坏"神圣休战"原则的不和谐的事例之外，学者们还注意到，包括奥林匹亚和德尔斐在内的这些宗教圣域很早就是希腊各邦在战争之前求取神谕，战胜之后向神灵答谢和献祭的地方，因此，各种各样的战利品成为最常见的贡品，在战争中获得胜利的城邦会在向神灵还愿的同时顺便展示一下自己的赫赫武功。通过考古发掘，武器和盔甲构成了古风到古典时代奥林匹亚所发现的贡品的主要部分，这些武器来自东地中海希腊人所居住的各个地区。很多贡品是为了纪念战争的胜利，按照惯例，十分之一的战利品要贡献给神灵。考古学家们发现，在奥林匹亚，"很明显，战斗的胜利者是把他们缴获的武器挂在赛道边的墙上的。当古风时代的武器看起来越来越过时的时候，它们就被抛弃了，在它们上面又建造新墙，结果这里成了古

---

① 色诺芬：《希腊史》，VII. 4. 28—32，徐松岩译注，第313—315页。

② Plutarch, *Aratos* 28. 3 – 4, in Stephen G. Miller（ed.）, *Arete*, *Greek Sports from Ancient Sources*, a Second and Expanded Edition, p. 192.

风时代最好的武器收集场所，头盔（包括马拉松战役打败波斯人的米太亚得所奉献的）、胸甲、胫甲、盾牌等，应有尽有"。[1] 这种做法曾经受到过当时人的批评，"奥林匹亚不鼓励战争，却接受了大量的作为战利品的武器，柏拉图不仅谴责希腊人之间的战争，而且也谴责这种贡献武器的做法"。[2]

值得注意的是，在公元前5世纪中叶之后，这些泛希腊圣域在一段时期内出现了战利品的奉献大为减少的现象，有人认为是为了掩盖希波战争后又开始出现的内部冲突[3]，不过，很快就恢复了常态。因此，这些泛希腊圣域兼赛会举办地一直拥有或长期存在的战争背景和战争要素也是不容忽视的，各邦之间的纷争与博弈不仅体现在战场上，也体现在圣域的献祭活动和赛场上，不同的是前者会造成流血牺牲，后者则采取了较为和平的方式。正如贝林格所言，在古代希腊，"各城邦的竞争与其说是通过战争，还不如说是通过体育竞赛来进行的"。[4] 对此，希腊人有着清楚的认识，赫西俄德在《工作与时日》中就把世间的竞争或斗争分为两类：一类是破坏性质的，结果是死亡，比如战争；另一类则是生产性的，比如陶工、工匠、乞丐、歌手之间的竞争，结果是相互的提升。[5] "泛希腊赛会"上的竞争显然属于后一类。这样看来，与其说"泛希腊赛会"可以消弭纷争，带来和平，不如说赛会本身就是纷争的一种展示，或者说，纷争是赛会的一个不可缺少的组成部分，其促进团结的作用自然就十分有限了。

总之，由于种种原因，一般人心中的"泛希腊赛会"能够加强团结、促进和平的印象在一定程度上被夸大了，或者说被理想化了，只不过这

---

① 保罗·麦克金德里克：《会说话的希腊石头》，晏绍祥译，浙江人民出版社2000年版，第213页。

② A. E. Raubitschek, "The Panhellenic Idea and the Olympic Games", in Wendy J. Raschke (ed.), *The Archaeology of the Olympics*, *The Olympics and Other Festivals in Antiquity*, p. 36.

③ Michael Scott, *Delphi and Olympia*, *the Spatial Politics of Panhellenism in Archaic and Classical Periods*, p. 193.

④ 沃尔夫冈·贝林格：《运动通史：从古希腊罗马到21世纪》，丁娜译，北京大学出版社2015年版，第131页。

⑤ 参见赫西俄德《工作与时日·神谱》，12—25，第1—2页。

种"理想化了的印象不是从古代是什么样中产生的,而是从希腊人他们自己希望它是什么当中产生的"。①

二 "泛希腊赛会"真的是所有希腊人都参加的活动吗
——简述其"地方性"特征

我们知道,在奥林匹亚和德尔斐等地举办的"泛希腊赛会"是由对希腊诸神的献祭和崇拜活动而发展起来的,也就是说,先有圣城的出现和崇拜活动,后有赛会的举办。与这些崇拜活动大都经历了本地人对本地神灵的崇拜到周边地区越来越多的人前来继而发展成为所有希腊人都可以参加相仿,附属于这些崇拜活动的赛会也经历了一个从地方性的赛会到全体希腊人都可以参加的赛会的发展过程。② 早期比赛的参加者也仅仅限于周边城邦的富有的贵族公民,后来才有更多普通的平民公民的参与。斯坎隆指出,有三种因素促进了奥林匹亚赛会的形成:贵族体育比赛的习俗,宙斯崇拜的宗教节日,邀请其他城邦在奥林匹亚公共神祇的保护性的赞助下来庆祝和比赛。③ 从时间上看,其中前两个因素是旧有的。第三个因素则是晚出的,也是新的革命性的因素。

不过,由于在四个"泛希腊赛会"中有三个举办地都是在伯罗奔尼撒半岛,在整个希腊世界中地处较为偏远的西部地区,其中奥林匹亚尤其偏远(图六)④,再加上参赛者需要具备足够的财力以负担路费、餐费以及训练比赛的费用,所以,在赛会创办的一两百年乃至于更长的时间中,参赛者大多来自举办地周边的地区,这种被有的学者戏称为"就近

---

① Wendy J. Raschke (ed.), *The Archaeology of the Olympics*, *The Olympics and Other Festivals in Antiquity*, p. 4.

② 参看 Catherine Morgan, *Athletics and Oracles*, *The Transformation of Olympia and Delphi in Eight Century BC*, Cambridge University Press, 1990。

③ 参见 Thomas F. Scanlon, *Eros & Greek Athletics*, pp. 34 – 35.

④ 参看吕厚量《古希腊奥林匹亚文化地方性探析》,载徐松岩主编《古典学评论》第2辑,上海三联书店2016年版,第29—53页。

入学"（*catchment area*）的特征①，可以说在古代贯穿了赛会历史的始终，只是在个别时期有所改观，对于"泛希腊赛会"的这种明显的"地方性"特征，从保留到今天的一些比赛优胜者的名录可见一斑。

图六　"泛希腊赛会"举办地的地理位置②

就拿开始于公元前776年的奥林匹亚赛会来说，有历史记载的第一个一百年绝大部分优胜者均来自伯罗奔尼撒半岛，公元前720年才看到了第一个非伯罗奔尼撒的优胜者。③ 克里指出，从公元前720年到公元前576年，来自斯巴达的优胜者占据了主导的地位。④ 从第二章的表二"公元前6—前1世纪四大'泛希腊赛会'优胜者的地区分布"中可以看出，就奥

① Michael Scott, *Delphi and Olympia, the Spatial Politics of Panhellenism in Archaic and Classical Periods*, p. 256.

② Judith Swaddling, *The Ancient Olympic Games*, The British Museum Press, 2015, p. 12.

③ Hugh M. Lee, "The 'First' Olympic Gmes of 776 B. C.", in Wendy J. Raschke（ed.）, *The Archaeology of the Olympics, The Olympics and Other Festivals in Antiquity*, p. 112.

④ Donald G. Kyle, *Athletics in Ancient Athens*, p. 14.

林匹亚赛会来说，来自本地区以及包括邻近的意大利南部和西西里在内的西部地区的希腊人的优胜者的人数在全部优胜者中占据了明显的优势，二者相加大约占到了总数的54%。对于这种情况，有学者分析指出，"泛希腊赛会"带有明显的"多利亚"色彩，"四个泛希腊赛会中有三个（奥林匹亚、尼米亚、地峡）产生在伯罗奔尼撒半岛绝非偶然，另一个德尔斐也是多利亚人所在的地区，运动会没有从爱奥尼亚人中发展起来……在东方的希腊人中远远没有西部那样发达"。① 同样，皮提亚赛会的优胜者中的最大的一部分也来自邻近的中希腊和北希腊。虽然，在公元前5世纪以后，随着雅典等城邦的崛起以及包括小亚在内的来自东部的希腊人越来越多地参赛，这种地方性的特征有所淡化，但还是不能从根本上改变参赛者地区分布的总体布局。例如，J. K. 戴维斯在《雅典有产家庭》一书中指出，虽然由于政治和经济等原因，公元前5世纪雅典人参加"泛希腊赛会"的热情曾经十分高涨，其中最有代表性的就是公元前420年雅典的政治家亚西比德自己出资参加了奥林匹亚的多项"马赛"并大获全胜②，但是，进入公元前4世纪之后，雅典人对各大"泛希腊赛会"的参与度出现了大幅下降，他指出，其中的原因之一就是这些比赛失去了从前在政治上的重要性。③

除了参赛者的地区分布，这种地方性也体现在赛会的承办上。与现代奥运会不同，所有"泛希腊赛会"的组织者和承办者并不是一个由所有参赛城邦组成的一邦一票的国际性的委员会，而是由一个拥有对圣域的控制权的地方城邦全权负责。以奥林匹亚赛会为例，在绝大部分时间里，比赛的承办方都是邻近的小邦伊利斯，赛会的裁判也都由伊利斯人出任，他们都被冠以"希腊法官"（Hellanodikai）的名号，这就意味着在赛场上具有绝对的权威。就像雅典组织的提洛同盟各邦缴纳的贡金的实际掌控者那样，名义上也被称为"希腊司库"（Hellenotamiai），实为雅典人充任，以这样的方式产生出来的"希腊法官"也同样存在着名实不符

---

① Stephen G. Miller, *Ancient Greek Athletics*, p. 26.

② 参看邢颖《论古代奥林匹克运动会中的城邦关系与城邦贵族——以公元前420年第90届奥运会为例》，《世界历史》2010年第1期。

③ Mark Golden, *Sport and Society on Ancient Greece*, pp. 171 – 173.

的问题。如此看来，也就不难理解为什么赛会举办地附近的各邦以及新崛起的强大城邦都会为圣域的控制权而展开激烈的竞争，甚至大打出手了。

米歇尔·斯科特在近期出版的《德尔斐和奥林匹亚：古风和古典时代泛希腊主义的空间政治学》一书中，结合考古资料，运用了空间分析的方法，就希腊各邦竞相争夺对德尔斐和奥林匹亚的控制权的历史进行了系统的考察和梳理。他在书中把这些圣域和"泛希腊赛会"的举办地定义为"对等政治组织互动之所"（places of peer-polity interaction）①，笔者认为颇为贴切。

三 "泛希腊赛会"与"泛希腊主义"的关系
——"泛希腊主义"思想兴起的几个节点及其语境

说到"泛希腊赛会"的举办对"泛希腊主义"思想观念的形成所起到的促进作用，我们同样需要谨慎对待。一方面，我们必须承认，"泛希腊赛会"的举办的确为"泛希腊主义"思想的形成和展示提供了一个十分重要的舞台，因为很多重要的"泛希腊主义"宣言几乎都是在"泛希腊赛会"上发表的，或是与"泛希腊赛会"的举办存在着十分密切的关联；另一方面，我们也要看到，尽管"泛希腊赛会"早已创办，且延续千年，但"泛希腊主义"思想的形成却比较晚，其兴盛主要集中在两个关键的时期，即希波战争胜利前后和伯罗奔尼撒战争结束前后。因此，与其说"泛希腊赛会"的举办自始至终都对"泛希腊主义"思想发挥着促进作用，不如说"泛希腊主义"思想的勃兴有着自身的时代需要和特殊语境。

学者们普遍认为，"泛希腊主义"（Panhellenism）是一个现代的概念，用以描述古希腊城邦后期不断出现的一种呼吁所有希腊人消除内争、

---

① Michael Scott, *Delphi and Olympia*, *the Spatial Politics of Panhellenism in Archaic and Classical Periods*, p. 193.

一致对外乃至于建立起更大规模的城邦联合的愿望和要求，尽管古代并没有"泛希腊主义"概念，但确实存在着这样的一种思想观念。作为一种社会思潮，"泛希腊主义"的思想认识出现在大量的戏剧和演说中，最为集中的时期有两个，一个是希波战争时期，另一个是伯罗奔尼撒战争后期。为什么会集中在这两个时期？原因还是在于这两个时期的历史背景的特殊性。

在希波战争中，由于面对异族的大举入侵，通过与作为"他者"的波斯人相对垒，希腊人有史以来第一次意识到自身民族的独特性，团结起来一致对抗入侵者的现实需要也使他们产生了强烈的民族认同感。战争开始后，公元前490年，雅典人率先在孤军奋战的情况下取得了马拉松战役的胜利。公元前480年，当斯巴达国王里奥尼达率领将士们在温泉关浴血奋战之际，这一年的奥运会也正在进入最后的准备阶段。几天之后，当雅典被波斯人付之一炬的时候，奥林匹亚的赛会照常举行，由此可以看出体育运动在希腊人生活中的重要意义。希腊人在斯巴达和雅典的率领下，组建起陆上和海上联军，分别在公元前480年的萨拉米海战和公元前479年的普拉提亚战役中，取得了决定性的胜利。据记载，一位来自克罗顿的名叫法伊鲁斯（Phayllos）的五项全能健将，面对外敌入侵，毅然放弃了在奥林匹亚夺冠的机会，驾着自己的战船参加了萨拉米海战，为希腊人的胜利作出了自己的一份贡献。① 在随后举办的奥林匹亚赛会上，即公元前476年的奥运会，联合抗敌的希腊人在历史上第一次把赛会办成了庆祝胜利的盛会，也正是在这个时期，"泛希腊主义"的思想意识得到了空前的展示和表达。"对波斯的胜利标志着一种新出现的泛希腊荣耀的形成，作为一种荣耀的明确的表达，从波斯人那里缴获的战利品被奉献到奥林匹亚、德尔斐和地峡"。② 普鲁塔克这样记述了萨拉米海战的指挥者雅典将军地米斯托克利参加公元前476年奥运会的盛况："据说，当下一次庆祝奥林匹克节日，地米斯托克利走进运动场地时，观众不去理会竞技的选手，而是整天注视着他，并对他赞扬，欢呼，显示给外地来的

---

① Stephen G. Miller, *Ancient Greek Athletics*, p. 4.

② Ibid. , p. 5.

人们看。他也很高兴，并向友人们表明他现在才获得了为希腊人辛勤劳动的全面成果。"[1] 不过，正如希波战争中出现的团结仅仅是一种有限的团结那样，当雅典人在"泛希腊赛会"的举办地通过奉献战利品宣扬希波战争的伟大胜利的时候，响应者却十分寥寥，毕竟，"在一场战争中成为一个希腊共同体的观念实质上是一个权宜之计，在泛希腊的故事中，个体城邦宣扬的是单个的而不是集体的荣誉"。[2] 2 世纪，当鲍桑尼阿斯旅行至德尔斐的时候，看到了很多城邦的胜利纪念碑，但纪念希波战争胜利的却很少，其中，一个金质的三脚鼎下面的铜蛇上只刻写了 31 个城邦的名字，而在这 31 个城邦中也只有 6 个城邦竖立了胜利纪念碑。[3]

同时，我们也注意到，希波战争后的一段时期，"泛希腊赛会"本身也出现了较大的发展。例如，在公元前 476 年到前 472 年，奥林匹亚建立起希腊历史上第一个仲裁法庭，成为希腊城邦和谐的象征。也正是在公元前 476 年，希腊人决定对奥林匹亚进行大规模重建，跑道被东移并进行了拓宽，还修建了围墙，可以容纳更多的观众。顺便需要提及的是，埃斯库罗斯的《波斯人》于公元前 472 年上演。作为奥林匹亚标志性建筑的宙斯神庙就建于公元前 460 年左右，这个相当晚出的神庙很快就成为圣域的中心。宙斯神庙可以看作一座寄托了明显的泛希腊情感的希波战争胜利的纪念碑。同期的地峡赛会举办地也进行了较大规模的重建和扩建。

希波战争之后，经过一个短暂的和平年代，希腊境内再次燃起了战火，不过，这场持续多年的伯罗奔尼撒战争是在雅典为首的提洛同盟和斯巴达为首的伯罗奔尼撒同盟之间展开的。在战争后期以及战争刚刚结束之后，消灭内战与向往和平的声音此起彼伏，正是在这样的背景下，"泛希腊主义"思想再次高涨，一浪高过一浪。"泛希腊赛会"又一次成为这种思潮和呼声最为集中的舞台。对此，有学者指出，对包括友谊、

---

① 普鲁塔克：《地米斯托克利传》，17，《希腊罗马名人传》上册，陆永庭、吴彭鹏等译，第 253 页。

② Lynette Mitchell, *Panhellenism and the Barbarian in Archaic and Classical Greece*, the Classical Press of Wales, 2007, p. 92.

③ Jonathan M. Hall, *Hellenicity, between Ethnicity and Culture*, University of Chicago Press, 2002, p. 183.

和谐与和平在内的奥运精神的大量阐发正出现在伯罗奔尼撒战争自相残杀之时，代表人物是反战的阿里斯托芬，演说家高尔吉亚和吕西阿斯，哲学家柏拉图，最重要的是伊索克拉底。[①]

公元前408年，即伯罗奔尼撒战争接近尾声之际，高尔吉亚率先在奥林匹亚发表了演说，呼吁和解，消弭内战。就在伯罗奔尼撒战争刚刚结束不久，大约公元前400年，一个名叫西庇阿斯的伊利斯人编制出有史以来第一个奥林匹亚赛会优胜者的完整的名单，在这部编年史中，他把第一届奥林匹亚赛会召开的时间改定在公元前776年，这个时间后来被人们广为接受并沿用至今。正是这份名单的编纂，使希腊人有了统一的纪年标准和时间坐标，其对"泛希腊主义"的推动作用不言而喻。按照这个时间来计算，公元前476年，即希波战争胜利后召开的那次运动会就是第75届，距离奥运会创办的时间整300年。不仅如此，西庇阿斯还重新讲述了奥运会创办的历史，他指出，正是在这一年，伊利斯国王伊菲托斯和斯巴达国王来库古签订了和平条约，从而结束了长期的战争。为纪念这项和约的签订，开创了奥林匹亚赛会。显然，这个故事的和平主题十分符合当时的时代要求和普遍愿望，因而得到了很多人的接受和欢迎。不过，有学者指出，实际上，在这一"再造历史传统"的努力背后，除了"泛希腊主义"的动机之外，仍旧不乏解决冲突和纠纷的现实目的，西庇阿斯是想通过这部历史解决伊利斯和阿卡狄亚之间在圣域控制权上的冲突，试图借此把创办奥运会的功劳归之于伊利斯。[②]

公元前388年（一说公元前384年），吕西阿斯在奥林匹亚发表了其著名的演说《奥林匹亚颂歌》，全面地阐述了他的"泛希腊主义"的思想和主张。在演说中，他告诉他的听众，赫拉克勒斯正是为了促进希腊人的团结而创办这个赛会的，"这个说法是如此充满活力，以至于成为一种新的希腊赛会起源的理论"。[③] 八年之后，同样在这个地方，伊索克拉底也发表了他的《泛希腊集会辞》，把"泛希腊赛会"与其"泛希腊主义"

---

① A. E. Raubitschek, "The Panhellenic Idea and the Olympic Games", in Wendy J. Raschke (ed.), *The Archaeology of the Olympics*, *The Olympics and Other Festivals in Antiquity*, p. 35.

② Ulrich Sinn, *Olympia*, *Cult*, *Sport and Ancient Festival*, p. 5.

③ Mark Golden, *Sport and Society on Ancient Greece*, p. 4.

的思想主张紧密地联系在了一起，他慷慨激昂地说道：

> 我们的泛希腊集会的创办者应当受到称赞，因为他们给我们传
> 下这样一种风俗，使我们停战议和，化除现有的仇恨，聚集在同一
> 个地方；使我们在共同祈祷、共同献祭的时候，想起彼此间的血族
> 关系，感到在未来的时间里我们会更加亲善，重温旧日的友谊缔结
> 新生的关系；使我们这些普普通通的人以及具有特殊才能的人不至
> 于虚度岁月。①

然而，现实是无情和残酷的，与伯罗奔尼撒战争之后仍旧无休无止
的城邦之间的混战相比，这些呼声是苍白无力的，结束战争，实现和平，
完成统一，这些光辉灿烂的理想似乎只能在戏剧和演说中得到实现。

不仅如此，"泛希腊赛会"和"泛希腊主义"也常常会被一些政治家
所利用，成为古代政治扩张的工具。在这方面，最典型的也是最成功的
当属马其顿的腓力二世。早在腓力之前，为了参加奥林匹亚赛会，应对
希腊人对其"非我族类"的怀疑，马其顿王室就炮制出了自己是古代阿
尔哥斯人的后裔和赫拉克勒斯的子孙的神话谱系，腓力的父亲亚历山大
一世因而成为最早参加奥运会的马其顿人。② 腓力二世不仅多次参加"泛
希腊赛会"并赢得优胜，还很善于利用赛会达到政治扩张的目的。公元
前338年在喀罗尼亚打败希腊联军之后，为庆祝胜利，腓力二世出巨资在
奥林匹亚的一个显著位置修建了一座"腓力庙"（*Philippeion*），里面安放
了他的父亲、母亲、妻子和儿子的雕像，这座出现在奥林匹亚的第一座
圆形建筑成为仅次于宙斯神庙的新的标志性建筑，它向所有的希腊人宣
示，马其顿人已经成为希腊的主人。不仅如此，他还建立了一个政治联
盟，自己作为联盟的首脑，在四大"泛希腊赛会"举办地轮番举行会议。
米勒指出，这一切说明，"腓力不仅认识到把'泛希腊赛会'举办中心作

---

① 伊索克拉底：《泛希腊集会辞》，罗念生译，载《罗念生全集》第6卷，世纪出版集
团·上海人民出版社2004年版，第234页。

② 希罗多德：《历史》，V.22。

为一种征服手段的价值，还看到了他们在巩固权力中将发挥的重要作用"。①

结　语

从以上三个方面的"反方"观点不难看出，虽然"泛希腊赛会"在加强希腊人的团结和民族认同上的作用不容忽视，但也不能过分夸大，毕竟历史还有着很多不同的面相。正如在"泛希腊赛会"存在的同时，还有着数不胜数的由城邦举办的地方赛会，在"希腊认同"逐步萌生和日益深化的同时，仍旧存在着更为根深蒂固的"地方认同"或"城邦认同"，同样，在"泛希腊主义"思想日渐兴起的同时，还存在着更为强有力的"自治主义"。② 近年来，"城邦宗教"的概念和理论越来越得到学界的认同与关注，其基本观点是，尽管古希腊人很早就产生了共同的神灵和宗教崇拜活动，但这些"泛希腊"的宗教活动始终是通过城邦的宗教体系来发挥作用的。③ 总体来说，与"地方赛会""地方认同"或"城邦认同"和"自治主义"相比，不论是"泛希腊赛会""希腊认同"还是"泛希腊主义"思想，都是后起之秀和新生事物，既需要与旧的观念和旧事物相抗争，也需要一个长期的过程才能为人们所接受。

总之，正是由于希腊城邦长期以来所奉行的独立与自治的政治传统和"城邦本位主义"的思想观念，使希腊人结束内部纷争而走向统一帝

---

① Stephen G. Miller, *Ancient Greek Athletics*, p. 224.

② 参看邢颖《奥林匹克赛会与古希腊的民族认同意识》，载《中国社会科学院世界历史研究所学术文集》第 7 辑，社会科学文献出版社 2011 年版，第 88—103 页。邢颖：《希腊城邦与奥林匹亚节》，《世界历史》2013 年第 6 期。

③ 参看 Christiane Sourvinou-Inwood, "What is *Polis* Religion", in Oswyn Murray and Simon Price（eds.）, *The Greek City, From Homer to Alexander*, Clarendon Press, Oxford, 1991。中译文参看克里斯蒂安·苏尔维诺—英武德《城邦宗教是什么》，载奥斯温·默里和西蒙·普莱斯编《古希腊城市：从荷马到亚历山大》，解光云、冯春玲译，商务印书馆 2015 年版，第 287—311 页。另外参看 Christiane Sourvinou-Inwood, "What is *Polis* Religion, Further Aspects of *Polis* Religion", in Richard Buxton（ed.）, *Oxford Readings in Greek Religion*, Oxford Universty Press, 2000。

国的道路困难重重。① 只有在这样的大背景下，我们才能对"泛希腊赛会"在"泛希腊主义"思想的形成以及从城邦到帝国的转型中的作用作出恰如其分的评价。在这里，笔者想引用里内特·米切尔在《古风和古典时代希腊的泛希腊主义和蛮族人》一书中的一段描述，在这段话中，作者比较准确和客观地描述了"泛希腊赛会"的历史定位："奥林匹亚和德尔斐是跨地区的崇拜中心，是本土和小亚的精英聚会和交流思想的地方，与其他的泛希腊赛会举办地一起成为重要的分享和表达泛希腊情感的地方，泛希腊赛会也成为重要的决定象征性的共同体的成员资格的地方。"② 这里所说的"象征性的共同体"指的就是希腊人的民族认同，从古风到古典时代，这种认同既呈现出多标准的特点，也经历了血缘标准逐步降低和文化标准逐步提升的变化。③

最后，需要说明的是，指出"泛希腊赛会"的消极面并不意在否认其积极的作用，应该说，以"泛希腊赛会"为重要依托的"泛希腊主义"思想和希腊民族认同的形成，还是为希腊的统一和帝国的建立创造了必要的条件，不过，仅仅具备这样的条件是远远不够的，要完成从城邦到帝国的转型，最终起到决定性作用的还是马其顿人的军事力量和武力征服。

---

① 参看王大庆《古希腊城邦：向帝国时代转型的困境与趋势》，《河北学刊》2010 年第 4 期。

② Lynette Mitchell, *Panhellenism and the Barbarian in Archaic and Classical Greece*, p. 63.

③ 最有代表性的就是希罗多德给出的四个标准，即血缘、语言、共同的崇拜和习俗，参看《历史》，Ⅷ.144。在这一重要性由低到高的排序中，除了第一个标准之外，后面三个可以用"文化"来概括，都具有可以改变的特点。从中可以看出，在他生活的时代，民族认同的标准正在经历从血缘到文化的转变。

第十二章

"争" 与 "让"

——试比较古代希腊和古代中国的竞争观念

正如达尔文所言，"物竞天择，适者生存"，不论在自然界，还是在人类社会，竞争现象是无所不在的。就古代文明而言，各种形式和内容的竞争始终贯穿于历史发展的进程中。不过，在各个文明中，竞争的方式和管控竞争的社会制度却不尽相同，人们对竞争的看法和观念也由于历史背景上的差别而有所不同。在古代希腊发展出了世界历史上最早的且较为完备的"赛会制度"，作为一个热衷于各种各样的比赛活动的民族，在十分崇尚这种以比赛为形式的竞争的同时，古希腊人对社会中所普遍存在的竞争现象也作出了很多深入的思考；在古代中国，虽然没有产生出与古代希腊相类似的"赛会制度"，但还是存在着各种比赛活动①，而且，古代中国人也很早关注到了社会中无所不在的竞争现象，不仅看到了其负面的影响，甚至视之为导致社会动荡和不安的主要根源，并且从中还发展出一种颇为独特的"不争"和"崇让"的生活哲学与道德准则。那么，古代希腊人和古代中国人是如何看待竞争的，他们的竞争观念有哪些异同？本章即试图通过对相关史料的分析和有关问题的梳理，对古代希腊和古代中国的竞争观念作出一些初步的比较与分析。

---

① 例如，曼德尔在《体育：一部文化史》中指出，"中国人在其悠久的历史中发展出比其他民族更多的体育运动"，但同时，他也看到，这些娱乐性的体育运动的目的还是服务于"中国稳定的阶级结构"和"微妙的等级差别"的。参看 Richard D. Mandell, *Sport, A Cultural History*, Columbia University Press, 1984, pp. 95, 91。

一 问题的提出与概念的界定

荷兰学者赫伊津哈（Johan Huizinga，1872—1945）在其成名作《人：游戏者》（*Homo Ludens*）一书中，从"游戏"的角度，对人类社会中的政治、法律、文化和社会制度进行了颇具启发意义的思考，其中，作为一种高级的和制度化的游戏的"比赛"活动尤其得到了全面和细致的梳理与论述。继尼采和布克哈特之后，他不仅进一步论证和揭示了古希腊人热衷于各种比赛活动的民族特性，把古希腊充满了"游戏精神"的"赛会制度"和"赛会精神"视为古希腊人最伟大的创造，还考察了包括古代埃及、两河流域、古代印度和古代中国在内的几乎所有古代文明中的比赛活动，提出了竞赛活动绝不仅仅为希腊人所独有，而是一种古代社会中普遍存在的社会活动的看法。虽然他的这种认识并不能得到后来学术界的普遍认可[①]，但不可否认的是，他所开创的对各个文明中的"游戏"和"比赛"活动的历史比较研究，不仅为我们提供了一个新的研究维度和视角，也为后来的此类研究奠定了基础，在学术界产生了深远的影响。

正是在这部著作里，赫伊津哈对希腊文、拉丁文、梵文和汉语以及英文、法文、德文等古今语言中表达"竞争"的用语和概念做出了细致的辨析与比较，还列举了有关文献中所记载的古代和现代民族的大量比赛活动。在对古代中国的观察和描述中，他不仅看到了比赛活动的存在及其重要的功能和作用，而且还敏感地认识到了古代中国人所具有对竞争的独特看法。例如，他指出，在汉语中，用来指"游戏"的词是"玩"，但这个词不能用来指技能游戏、竞赛、赌博或者戏剧表演，凡与竞赛有关的，都用"争"这个特殊的词来表达，而这个词正相当于希腊的"竞赛"（*agon*）。此外，还有一个汉语词"赛"，指的是为了获取某

---

① 参看本书第二章。

一奖品而组织起来的争夺。① 对于古代中国的比赛活动，他多次征引了法国汉学家葛兰言（Marcel Granet）的著作《古代中国的节庆与歌谣》，指出，"葛兰言较清楚地阐述了这些节日竞赛对古代中国的巨大教化功能远胜于任何一种别的伟大文明"②，由此他认为，比赛活动不仅在古代中国广泛存在，而且与希腊同样发达而完备，他说：

> 即使我们不完全同意葛兰言的看法（即从这些原始习俗推导出中国国家的整个等级制度），我们也必须承认，他以一种纯属大家的风度，说明了竞争原则如何在汉文明的发展过程中起了较对抗性运动在希腊世界中更大的作用。同时说明了，在汉文明的发展过程中，游戏特征的表现要比在希腊文明清晰得多。因为在古代中国，差不多每一活动都采取仪式竞赛的形式，比如涉水、爬山、劈柴或者摘花。③

赫伊津哈不仅看到了作为高级游戏的"竞赛"活动在古代中国的存在，还认识到并惊异于一种十分独特的"中国式的"的竞争方式的出现："在中国，为荣誉竞争也可以通过转化为礼貌竞赛而取一种相反的形式。表现这种竞争的特殊用语是'敬'，字面的意思是'服从别人'；因此，一个人凭借优良的举止战胜他的对手，来为自己开路或取得领先。也许，这种礼貌竞赛在任何地方都不如在中国那样固定，但在全世界都可以看到这种现象。我们可称之为倒置的夸口比赛，因为向别人作这种礼貌表示的原因深藏在对自己荣誉的极端看重之中。"④ 对于这种"礼貌竞赛"，他还举出了《左传》的事例：

---

① 参见赫伊津哈《人：游戏者》，第30页。葛兰言著作的中译本参看《古代中国的节庆与歌谣》，赵丙祥、张宏明译，赵丙祥校，广西师范大学出版社2005年版。中译本"格罗赛"下文改用更为通行的译名"葛兰言"。
② 赫伊津哈：《人：游戏者》，第51页。
③ 同上书，第52页。
④ 同上书，第63页。

……当关涉荣誉本身时，我们却吃惊地发现，中国的军事传统非常类似于中世纪的西方传统。根据葛兰言对他称为中国封建时代的战争的描述，除非在战场上响起皇上英明的欢呼声，否则是谈不上胜利的。这胜利不是因为赢得有利条件才获得的，更不是因为充分利用了这些条件而获得的，而是因为显示了礼让（moderation）才获得的。单是礼让就能证明胜利者的英雄品质。两位高贵的领主，即晋和秦，面对面地扎下营帐。两支部队列阵而立，并不交锋。晚上，来自秦营的一使者敦促晋做好战斗的准备："两军不乏勇士，我请你方明日同我们交战！"但晋的手下注意到，这位使者目光异常，说话没有信心。秦已事先被打败了。"秦军惧怕我们！秦军必败，让我们依江包围他们！我们一定击败他们！"但晋军并未行动，敌人可以安全撤退。这里只援引某人的话就足以说明问题了："不收伤亡士兵是不义的，不到约定的时间就采取行动，或者把敌人逼入一条危险的道路，乃是怯懦的。"结果，晋军按兵不动，使敌人得以从容撤退。①

在这里，赫伊津哈以作为一种高级的"游戏"也是一种特殊形式的"竞赛"的战争为例，说明了在古代中国，"敬"和"礼让"这些看似和"争"相反的观念不仅与竞赛活动同时存在，甚至被看得比"争"本身更加重要。实际上，对于战争规则的遵守，就像对体育比赛中的规则的遵

---

① 赫伊津哈：《人：游戏者》，第93页。引文出自《左传》文公十二年，原文如下："秦为令狐之役故，冬，秦伯伐晋，取羁马。晋人御之。赵盾将中军，荀林父佐之。郤缺将上军，臾骈佐之。栾盾将下军，胥甲佐之。范无恤御戎，以从秦师于曲河。臾骈曰：'秦不能久，请深垒固军以待之。'从之。秦人欲战。秦伯谓士会曰：'若何而战？'对曰：'赵氏新出其属曰臾骈，必实为此谋，将以老我师也。赵有侧室曰穿，晋君之婿也，有宠而弱，不在军事；好勇而狂，且恶臾骈之佐上军也。若使轻者肆焉，其可。'秦伯以璧祈战于河。十二月戊午，秦军掩晋上军，赵穿追之，不及。反，怒曰：'裹粮坐甲，固敌是求。敌至不击，将何俟焉？'军吏曰：'将有待也'。穿曰：'我不知谋，将独出。'乃以其属出。宣子曰：'秦获穿也，获一卿矣。秦以胜归，我何以报？'乃皆出战，交绥。秦行人夜戒晋师曰：'两军之士皆未慭，明日请相见也。'臾骈曰：'使者目动而言肆，惧我也，将遁矣。薄诸河，必败之。'胥甲、赵穿当军门呼曰：'死伤未收而弃之，不惠也。不期待而薄人于险，无勇也。'乃止。秦师夜遁。"参见杨伯峻编著《春秋左传注》（修订本），中华书局1990年版，第589—592页。

守那样，不仅在古代中国，而且在古代希腊同样存在，因为，对游戏规则的漠视甚至破坏就会导致游戏本身不能再进行下去。不过，赫伊津哈在这里的确发现了一个十分值得注意的历史现象，那就是在中国人的竞争或竞赛活动中所出现的"礼让"的思想和观念，可以说，这的确是中国人的竞争观念中十分独特的一个面相，对于这种思想，我们将在第二部分进行详细的分析。

赫伊津哈指出，在古希腊文中，与汉语中的"争"大体上相对应的字就是希腊人所谓的 *agon*。*agon* 在希腊文中有着十分丰富的内涵，在现代英文中却没有与之相对应的词汇，从其本身的含义可以大致翻译成 contest（竞赛）或 compete（竞争），从其字源来看，包含着两个方面的含义，第一是指人群的聚集和集中（即"会"），第二是进行某种比赛活动（即"赛"），其中第二个方面的含义更为重要，也更为根本，因此，笔者认为，中文可以译作"赛会"。起初，*agon* 仅仅用来指称所有的比赛活动，尤其是体育比赛，后来则逐渐发展成为一个泛指所有的带有对抗性质或比赛性质的活动，比如，公民大会和法庭上的辩论、哲学上的争辩、戏剧表演和戏剧比赛乃至于战争都成了 *agon* 的重要表现形式，由此，希腊人把这个词运用到了人世间所有的打斗、对抗、对立或冲突上面。[1] 不过，尽管如此，*agon* 始终都没有脱离"比赛"的基本含义，因为上述的所有比赛或者带有比赛性质的活动都有其本身的游戏规则，游戏规则的普遍存在以及游戏者们对这些规则的认可和遵守成为比赛活动得以进行的必要的前提条件。古希腊人不仅热衷于各种形式的竞赛[2]，而且还使之社会化和制度化，"赛会制度"及其所蕴含的"赛会精神"成为希腊文明最重要的特征之一。在这个意义上，*agon* 一词本身也成为古希腊人的竞争观念最为

---

① 参看 Ellsworth, James Dennis, *Agon*: *Studies in the Use of a Word*, University of California, Berkeley, Ph. D, 1971, University Microfilms, A XEROX Company, Ann Arbor, Michigan, 1972。本书的第一章对这个词的内涵和历史演变作出了全面的梳理与辨析。

② 大体说来，赛会可以分成两类，一类是身体上的赛会，最主要的就是体育比赛、军事训练和战争；另一类是精神或思想上的赛会，比如政治辩论、法庭诉讼、哲学争论、诗歌和戏剧比赛等，此外，在古代希腊还有很多名目繁多五花八门的比赛，如喝酒比赛、选美比赛、剪羊毛比赛等。

集中的反映和体现。总体说来，希腊人对竞赛的热衷也凸显出了他们对"竞争"现象的认可乃至于崇尚，虽然这种认可还是有条件的，比如，竞争者要遵守规则，竞争活动不要对人造成伤害等，但他们从未对竞赛和竞争本身产生过怀疑乃至于否定，在希腊的典籍中，几乎找不到与古代中国相对应的"不争"或"崇让"的美德和思想观念。之所以有这种观念上的差异，我们首先还是要从古代汉语中用来表达"竞争"和竞赛的词汇说起。

在汉语中，用来表达竞争或竞赛的字主要是"争""竞"和"赛"，其中最为常用的字就是"争"。在《汉语大字典》中，"争"字的第一个意思就是"争夺""夺取"，这也是"争"字最初的和最重要的含义。在甲骨文中，"争"字作以手取物状，《说文》："争，引也"，段玉裁注："凡言争者，皆谓引之使归于己"，徐灏笺："争之本义为两手争一物。"由这种"争夺"的本义又产生出其他的几个含义：（1）争斗，较量。《诗·大雅·江汉》："时糜有争，王心载宁"，陆德明释文："争，争斗之争。"（2）辩讼，辩论。《玉篇》："争，讼也。"《正字通·爪部》："争，辩也。"《庄子·齐物论》："有分有辩，有竞有争"，郭象注："并逐曰竞，对辩曰争。"（3）竞争。《广韵·耕韵》："争，竞也。"《书·大禹谟》："汝惟不矜，天下莫与汝争能。汝惟不伐，天下莫与汝争功。"可见，"争夺"和"竞争"构成了"争"字的两个基本的含义，其中，"争夺"为本义，"竞争"为引申义。如果我们把汉语的"争"与古希腊文的 agon 作一个比较就会发现，虽然二者都带有"竞赛"和"争斗"的含义，但在含义上却有着不同的偏向和发展路径，与"争"字原意为"争夺"，后来引申为"竞争"不同的是，agon 本来的含义是以竞赛为主要形式的"竞争"，后来则引申为世间所有的"争斗"和"争夺"。"争"字在汉语中的本义"争夺"带有明显的情感色彩，"争夺一己之私利"的负面含义显然是其本义，"不争"的思想观念即由此发展而来的；而 agon 在古希腊文中的本义"竞争"的含义则较为中性和正面，成为一切有规则的比赛或者带有竞赛性质的活动的泛称，在含义上与汉字"争"的引申义"竞争"更为接近。值得注意的是，与希腊文的 agon 相仿，"争"

字本身也具有"争论"和"争辩"的意思。①

"竞"字在甲骨文和金文中作两人追逐竞技状,上部为辛,是奴隶的标志。《说文》:"競,强语也。一曰逐也。从誩,从二人。"所以,其首要的含义就是角逐,比赛。《说文·誩部》:"競,逐也。"《诗·大雅·桑柔》:"君子实维,秉心无競",朱熹注:"競,争。"《庄子·齐物论》:"有競有争",郭象注:"并逐曰竞,对辩曰争。"此外,与"争"相仿,"竞"字本身也有"争辩"的意思。《说文·誩部》:"競,强语也",段玉裁注:"强语谓相争。"另外,"竞"字还有"强""盛"的含义,可以视为其引申义。应该说,从含义上看,虽然"争"和"竞"在语义上十分接近,且有重叠,但"竞"字的含义更为中性和单一,含义上与希腊文中表达"竞赛"的 agon 一词更为接近,也更为契合,其本身的含义与现代语言中的"竞争"一词大体相当。

与上面两个字相比,"赛"字不太常用,且更为晚出。《说文·新附》:"賽,报也。从贝,塞省声。"所以,其最初的含义是"酬报,旧时行祭礼以酬神",《玉篇·贝部》:"赛,报也。"《史记·封禅书》:"冬塞祷祠",唐司马贞索隐:"(塞)与赛同。赛,今报神福也。"王念孙杂志:"赛本作塞。古无赛字,借塞为之。""赛"字的另外一个主要的含义就是比赛,竞争和较量。《正字通·贝部》:"赛,相誇胜曰赛",后来又从中发展出"胜过""比得上"等含义。因此,从字义上看,"赛"与"竞"较为接近,现代语言中的"竞赛"即由此而来的。有趣的是,"赛"字原来的含义"酬神",而古希腊人的赛会正是从祭祀神灵的仪式活动发展而来的,甚至体育比赛本身也带有强烈的"酬神"色彩。

从汉语中用来指称竞争或比赛的这些字可以看出,古代的中国人不仅已经开始有了带有竞赛性质的社会活动,而且,对这些活动背后所蕴藏的一种重要而且普遍的社会现象,即"争"本身也有了明确的认识和准确的归纳,因此,这些字本身就透露出了古代中国人对竞争的基本看

---

① 除了哲学上的争论,法庭上的辩论也是言语之"争"的重要表现形式。有趣的是,与古希腊人尤其是雅典人的"好讼"形成鲜明对比的是,在古代中国,儒家提出了"无讼"的理想,力图从根源上消灭这种社会现象。由于篇幅所限,这种类型的"争"的比较不是本书的重点。

法。总体来说，人世间所有的竞争有两个方面的内涵值得关注。第一，"争"的最重要的含义和目标就是为了得到某种"物"，既可以是精神上的荣耀，也可以是物质上的好处，在这一点上，与古代希腊人不乏相通之处，在希腊人看来，比赛的目的正是获得某种奖励，现代英文中的"运动员"（athlete）和"体育运动"（athletics）等词汇即来自古希腊文，古希腊文中"运动员"（*athlothetes*）一词的原意就是"为了获得某种奖品（*athlon*）而参加比赛的人"。[①] 同时，我们也要看到两个字的差别，"争"在汉语中从一开始就具有"争夺"的含义，古代的中国人认识到，世间一切的冲突和动乱都来自对金钱、权力、美色和荣誉的争夺，即对"一己之私利"的争夺，或曰"小人之争"，因此，"争"字本身的负面的和消极的含义十分强烈，而这种字义上的情感色彩和价值导向则是希腊文的 agon 所很少具有的。第二，在汉语中，用来表达有规则的和有序的竞赛或竞争的词是"竞"和"赛"，与古希腊文的 agon 在含义上更为契合，当然，"争"字本身也有这种较为正面和中性的含义，应该说，"争"字这个维度上的含义与希腊文的 agon 也是比较接近的，符合礼仪规范和道德准则的"君子之争"中的"争"基本上就是这个含义。因此，赫伊津哈只看到了中文的"争"和希腊文的 agon 的相似与相通之处，而忽视了两者之间在词义上的差别以及情感和价值判断上的偏向性，也只有在弄清了这种"同中之异"的基础上，我们才能够对古代中国发展出来的十分独特的"争"与"让"的哲学和思想观念得到真正的理解。

二　古代中国思想中的"争"与"让"

说到"争"，春秋战国时代的各家主要学派都不约而同地提出了"不争"的思想观念：一方面，在个人层面上，把"不争"看作一种美德，一种值得推崇的处世哲学；另一方面，就整个社会的制度设计而言，如何息"争"或消除"争"的负面影响成为统治者努力追求的一个共同的目标。

---

① Stephen G. Miller, *Ancient Greek Athletics*, p. 243.

其中,《老子》中关于"不争"的论述最具有代表性。老子的《道德经》中的最后一句话提出"圣人之道,为而不争"①,遇到冲突时主动退让,不争先,不争强,所谓"人皆取先,己独取后"②,提出"不敢为天下先"③。他以水为喻阐发这种"不争"的生活态度:"上善若水,水利万物而不争,处众人之所恶,故几于'道'矣。"④ 对统治者来说,"不尚贤,使民不争"。⑤ 在老子的思想中,"不争"和"无为"是互为表里的,就像"无为"并非是"不为"那样,"不争"并不是一味地消极退让,而是不妄为,不强争,只有这样,才能达到"不争而善胜"的目标,"天之道,不争而善胜,不言而善应,不召而自来……"⑥ 也就是说,"不争"实际上是一种高级形式的"争",在竞争中立于不败之地乃至于获胜仍旧是最终的目标,即"夫唯不争,故天下莫能与之争"。⑦ 因此,在老子看来,所谓"不争"绝非退出竞争,而是在竞争和进取的过程中处于谦卑的位置,不能只顾一己之私利的强争,而是应该顺其自然,因势利导,只有以这样的方式去"争",才能取得最终的胜利。以退为进,以不争为争,成为老子的处世哲学。

与老子相仿,孔子也始终把"争"视为人们对一己之私利的无度追求,认为它是导致一切冲突、仇恨和社会动乱的祸根。他在《论语·里仁》中说,"放于利而行,多怨",为此,他提出以"义"制"利",要求人们不要见"利"忘"义"。《孟子·梁惠王上》中也说道:"上下交征利而国危急。"儒家认为,为了平息或消除对一己之私利的争夺,必须要建立起完备而合理的等级制度,以此作为分配社会利益和荣誉的标准,

---

① 《老子·八十一章》。辛战军校勘,帛书乙本无"圣"字,作"人之道,为而不争",参看辛占军译注《老子译注》,中华书局 2008 年版,第 308 页。

② 语出《庄子·天下》:"老聃曰:'知其雄,守其雌,为天下谿;知其白,受其辱,为天下谷',人皆取先,己独取后,曰受天下之垢;人皆取实,己独取虚,无藏也故有余;其行身也,徐而不费,无为也而笑巧;人皆求福,己独曲全,曰苟免于咎。……"参见陈鼓应注释《庄子今译今注》,中华书局 1999 年版,第 881 页。

③ 《老子·六十七章》。

④ 《老子·八章》。

⑤ 《老子·三章》

⑥ 《老子·七十三章》

⑦ 《老子·二十二章》。

要求人们各安其位，各获其利。对此，荀子有着更为系统和完备的思考，一方面他把社会动乱的根源直指无度和无序的私利之"争"，另一方面则开出了以"礼"息"争"的药方，甚至认为"礼"的起源正是为了节制人们的欲望，防止人们的争斗：

> 礼起于何也？曰：人生而有欲，欲而不得，则不能无求，求而无度量分界，则不能不争。争则乱，乱则穷。先王恶其乱也，故制礼义以分之，以养人之欲，给人之求。使欲必不穷乎物，物必不屈于欲，两者相持而长，是礼之所起也。①

可以说，荀子所谓的"争则乱，乱则穷"既成为先秦各派思想家的共识，也对中国后来的治国理念和制度建设产生了深远的影响。

作为法家学派的代表，韩非子也敏锐地看到了人类社会中无所不在的"争"，而且，他还认识到不同时代的"争"有着不同的特点："上古竞于道德，中世逐于智谋，当今争于气力。"② 在这里，"竞""逐"和"争"成为同义语。他还指出，人口的增长和耕地与财货的紧张和不足是当今"民争"的主要原因。为此，法家提出了"耕战"的治国理念，主张用"法""术"和"势"钳制与消除这些恶性的"争"。此外，与儒家提倡有等差的仁爱和礼制不同的是，墨家则主张用没有等差的"兼爱"来息"争"。

由此，我们看到，先秦各家学派无不把"争"视为对一己之私利的争夺，并认为这样的"争"正是社会冲突与动乱的祸根，只不过在用以消除或缓解"争"的手段和方法上存在着差异。如果说老子的"不争"思想指出了一条相对消极的进取之路的话，那么，以孔子、孟子和荀子为代表的儒家学派则主张用"仁""义"和"礼"等较为积极的伦理与道德手段去制约或消除恶性的"争"所带来的种种危害，并明确地提出了作为"争"的对立面的且更为积极的美德"让"来消解"争"。从此，

---

① 《荀子·礼论》。
· ② 《韩非子·五蠹》。

"让"成为中国人的竞争观念中的一个十分独特的内容和组成部分。

虽然在道家学派的思想中隐含了退让的思想，但总体来说是模糊的和消极的，儒家则明确地提出了更为积极的应对"争"的"让"的思想。儒家所提倡的"让"之美德的根据还是来自以"仁""义"和"礼"来制约"利"之"争"的理念，尤其是作为一种外在的规范和规则的"礼"既包含了"分利"以"息争"的内容，作为"礼"的重要组成部分，"让"也成为直接化解和消除"争"的利器。换句话说，对儒家而言，崇"让"就是为了隆"礼"，或者说，"让"德实际上是"礼"制的重要组成部分。例如，据《论语·先进》载，孔子不满意仲由（子路）说话不谦虚的态度，批评他说："为国以礼，其言不让，是故哂之。"也就是说，治国要讲求"礼让"。孟子进一步阐发了"礼让"的重要性，把辞让之心看作礼的萌芽，即"辞让之心，礼之端也"。① 朱熹在《论语集注》中也说："让者，礼之实也。"可见，在儒家看来，如果没有"让"德，"礼"也就成为无源之水和无本之木了，将会徒有其表。由此，在儒家的伦理道德中，除了"仁、义、礼、智、信"之"五常"之外，又加上了"温、良、恭、俭、让"五种君子的美德。在中国人的日常生活中，除了"谦让"之外，"辞让""礼让""让利""让位"等说法或做法也被人们广为接受和熟悉，其中无不蕴含着"让"的思想观念。②

我们注意到，"让"的美德不仅被运用在普通人对私利的争夺上，成为缓解乃至于化解这些"小人之争"的工具，还被提升到了治国理政的层面，成为统治者和国家官吏需要践行的一种"公德"。例如，在作为统治者为政之重要借鉴的史书《左传》和《史记》中都蕴含着丰富的为国以"让"的思想。

在《左传·襄公十三年》中，作者在记述了晋国的将领们纷纷举荐贤能之人而自身"让位"的故事之后，评论道："让，礼之主也"，并且进一步指出，"谦让"和"不争"之美德是否盛行是国家治乱的重要标志与条件："世之治也，君子尚能而让其下，小人农力以事其上，是以上下

① 《孟子·公孙丑上》。

② 参见吕耀怀《"让"的伦理分析》，《孔子研究》2000 年第 5 期。

有礼，而谗慝黜远，由不争也，谓之懿德。及其乱也，君子称其功以加小人，小人伐其技以冯君子，是以上下无礼，乱虐并生，由争善也，谓之昏德。国家之敝，恒必由之。"① 无独有偶，在《左传·昭公十年》中，晏子对桓子说的一段话不但再次强调了"让"的美德，而且把这种美德与作为求取一己之私利的标准的"义"联系了起来："让，德之主也。让之谓懿德。凡有血气，皆有争心，故利不可强，思义为愈。义，利之本也。蕴利生孽。姑使无蕴乎！可以滋长。"② 其中，作者更为明确地揭示出了"让"德的实质，即从根本上讲，"让"是用来化解、制约或消除对"私利"的"争夺"的一种美德，只有遵从"义"的要求和"礼"的约束，才能够真正地得到属于自己的那份利益，即所谓"义，利之本也"。

继《左传》之后，《史记》作为中国古代的第一部纪传体通史著作，吸纳了先秦各家思想之所长，并使之融会贯通。有学者指出，司马迁的《史记》继承、发扬甚至在全书中都贯穿了儒家的"礼让为国"的思想，首篇《五帝本纪》讲述五帝之德，其中多次提及尧舜禹的选贤、考贤然后让贤的"禅让"制度，末篇《货殖列传》则讲述利益之争，阐发其对社会所造成的危害。此外，司马迁将《礼书》列为八书之首，在《礼书》的序赞中集中阐发了其"以让化争""以礼导利"的治平之道。当然，司马迁在看到了"争利"的负面影响的同时，也并没有否认其正面的作用，他认为争利是社会前进的杠杆，但"争"若无礼仪和道德规范的制约，就会导致"乱"的出现甚至社会的崩溃。③

应该说，司马迁在《史记》中对"争"与"让"的辩证关系的深入思考既是对先秦各家思想的一次很好的总结和会通，也达到了一个新的高度。从中透露出的一个基本的看法是，"争"的社会现象是一种客观的

---

① 晋国将领们的"让位"故事原文如下："荀罃、士鲂卒，晋侯蒐于绵上以治兵。使士匄将中军，辞曰：'伯游长。昔臣习于知伯，是以佐之，非能贤也。请从伯游'。荀偃将中军，士匄佐之。使韩起将上军，辞以赵武。又使栾黡，辞曰：'臣不如韩起，韩起愿上赵武，君其听之'。使赵武将上军，韩起佐之；栾黡将下军，魏绛佐之。新军无帅，晋侯难其人，使其什吏率其卒乘官属，以从于下军，礼也。"参见杨伯峻编著《春秋左传注》，第 999—1000 页。

② 杨伯峻编著：《春秋左传注》，第 1317 页。

③ 参见余英华《〈史记〉争让思想探微》，《淮北师范大学学报》2013 年第 6 期。

存在,既无法消除,也不必逃避,有其存在的合理性,但是,如果"争"失去了"仁""义""礼"等社会规范和伦理道德的制约,就会造成"乱"的恶果。换句话说,虽然古代中国的思想家们在总体上对"争"大都采取负面的或否定的态度,但这种态度也并不是绝对的,因为他们对没有"失范"的那些"争"还是能够给予认可或肯定的。同样,与对"争"的认识相仿,作为"争"的对立面而提倡的"让"的美德也不是绝对的和无条件的,同样也要符合"仁"和"礼"的要求与制约,孔子所谓的"当仁,不让于师"(《论语·卫灵公》)正体现了这一点。在儒家的经典《礼记》中,多次提到"让"德,但在"让"的运用上也提出了明确的限制,例如,《礼记·郊特牲》中讲"祭祀之相,主人自致其敬,尽其嘉,而无与让也"①,也就是说,在祭礼这种场合,若一味谦让,反而有失于礼,故"无与让也"。可见,"让"与"不让",要以是否合"礼"为标准,合"礼"则"让",不合"礼"则"不让"。

由此,我们就不难理解《论语·八佾》中孔子所说的那句著名的话的含义了:

> 君子无所争。必也射乎!揖让而升,下而饮。其争也君子。

其中讲到的射箭比赛既是一种竞技活动,也是一种重要的礼仪表演,参加者不仅要技艺高超,通过比赛决出胜者,而且,这项活动还承担着明礼、正德等教化的功能。正因为这样的"争"是合乎礼义的,所以不仅是允许存在的,甚至是应该倡导的,因而,"礼射"之"争"成为儒家所提倡的"君子之争"的典范和样板。

三 比较和分析

通过以上对概念的分析和中国古代的"争"与"让"的思想观念的梳理,我们可以看到,古代希腊和古代中国的竞争观念既有诸多惊人的

---

① 王文锦译解:《礼记译解》,中华书局 2001 年版,第 360 页。

相似和相通之处，也存在着不少明显的差异和偏向，正是这种"同中有异""异中含同"的状态为历史的比较研究创造了条件。下面，我们就结合本章和前文中的有关内容，对希腊和中国的竞争观念的异同作出一些尝试性的归纳。

先说"同"的一面。

首先，不论是古代希腊人还是古代中国人，都认识到了人世间普遍存在的竞争现象，从中提炼出 agon 和"争"的概念用来概括这种现象，并对这种现象的本质、意义和影响等问题作出了深入的思考。古希腊人把世界上所有的对立、冲突和争斗都归之于无所不在的竞争，认为对立面之间的竞争既是世界起源的原因，也是发展和变化的根源。例如，古希腊哲学家赫拉克利特就曾经宣称，世间万物都是由斗争而生成。[①] 古代中国人则把社会中的竞争以及是否能够很好地处理这些竞争看作国家"治"与"乱"的依据。

其次，古代希腊人和古代中国人都认为，竞争现象是一种客观的现实存在，在不否认竞争的前提条件下，对于世界上所有的竞争对国家和社会造成的正面和负面的影响进行了深入的思考，他们都认为，好的竞争有利于加强人与人之间的团结和社会的和谐，会促进社会的发展和进步，坏的竞争则会造成人与人之间的冲突和自相残杀，甚至会导致社会的分裂、动荡乃至于崩溃。区分竞争的好与坏的标准就是其是否符合社会规范和伦理道德的要求，以此为标准，在中国，以儒家为代表的思想家提出了有两种竞争即符合"礼""义"标准的"君子之争"和只顾谋求一己之私利的"小人之争"，古希腊人一方面崇尚遵守规则和伦理规范的竞赛活动，另一方面对各种竞技活动中破坏规则的现象进行谴责，并给予严厉的惩罚[②]，同时对有悖于身心的和谐和健康发展的竞赛也持有保

---

① 参看北京大学哲学系外国哲学史教研室编译《古希腊罗马哲学》，三联书店 1957 年版，第 19 页。

② 例如，对于体育比赛中出现的犯规现象，裁判员在当场就可以施以鞭打。历史上还记载了一些关于体育赛会中收受贿赂或弄虚作假的事例，轻则被罚款，重则取消比赛资格。而且，由于古希腊的赛会大都在宗教崇拜的中心举办，其本身就是祭神活动的组成部分，比赛要在神灵的监护之下进行，所以，在希腊人看来，所有这些比赛中的违规都是对神灵的亵渎，在古代这是一种十分严重的罪行。

留态度，或加以批判。① 古希腊人对好的竞争和坏的竞争的区分与认识最集中地反映在赫西俄德的作品《工作与时日》的这段话中：

> 大地上不是只有一种不和之神，而是有两种。一种不和，只要人能理解她，就会对她大唱赞辞。而另一种不和则应受到谴责。这是因为她们的性情大相径庭。一种天性残忍，挑起罪恶的战争和争斗；只是因为永生天神的意愿，人类不得已而崇拜这种粗厉的不和女神，实际上没有人真的喜欢她。另一不和女神是夜神的长女，居住天庭高高在上的克洛诺斯之子把她安置于天地之根，她对人类要好得多。她刺激懒惰者劳作，因为一个人因看到别人因勤劳而致富，因勤于耕耘、耕种而把家事安排得顺顺当当时，他会因羡慕而变得热爱工作。邻居间相互攀比，争先富裕。这种不和女神有益于人类。陶工与陶工竞争，工匠和工匠竞争；乞丐嫉妒乞丐；歌手嫉妒歌手。②

显然，在他看来，包括血腥和残忍的战争在内的竞争是坏的竞争，应该受到谴责和加以遏制，而各种和平的竞赛活动则是好的竞争，应该得到肯定和赞扬。

由此，我们就要说到古代希腊和古代中国的竞争观念中的第三个惊人的相似之处。与古希腊发展出完备的赛会制度相仿，在古代中国也存在着各种各样的竞赛活动，对于这些竞赛，中国的古人都把它们归入"君子之争"即好的竞争的类别里，其中最具代表性的就是"射礼"中的射箭比赛，而且，与希腊的赛会活动相仿，在古代中国举办的这些竞赛中，参赛者不仅都要遵守比赛的规则，还要符合礼仪的规范和伦理道德

---

① 例如，在古希腊人所有的运动项目中，五项全能运动被认为是最为符合身体的和谐和全面发展的原则，因而也最受到推崇和赞扬，雕塑家米隆的代表作《掷铁饼者》所刻画和描绘的正是一位五项全能运动员。与之相对，以摔跤、拳击和希腊式搏击为代表的运动项目往往要求运动员身体粗壮，为了增加体重，不惜暴饮暴食，再加上这些比赛往往充满了暴力、血腥和危险，会造成伤害甚至死亡，因而饱受时人的诟病。

② 赫西俄德：《工作与时日·神谱》，第1—2页。

的要求。我们还注意到，在根据比赛规则决出优胜者的同时，希腊和中国的竞赛活动都带有仪式表演与道德教化的功能和意味。与古代中国通过比赛来学习礼仪规范和培育"君子"相仿，古希腊城邦的各种竞赛活动也承担着培育合格公民的重大责任。在古代希腊，体育比赛不仅大多在宗教中心举办，而且始终没有完全脱离祭神活动的语境，体育比赛本身也带有强烈的仪式特征。① 同样，在古代中国，射箭比赛也是附属于各种礼仪表演活动，其本身就是一种重要的行礼活动，即"射礼"。据《礼记·射义》载："古者诸侯之射也，必先行燕礼；卿、大夫、士之射也，必先行乡饮酒之礼。故燕礼者，所以明君臣之义也；乡饮酒之礼，所以明长幼之序也。"在这一点上，古代希腊和古代中国的竞赛活动呈现出十分相似的理路。而且，值得注意的是，与古代中国的"礼不下庶人"的传统相仿，古希腊的竞赛活动从一开始也带有强烈的"贵族性"，早期的比赛活动也仅仅局限在有闲暇接受教育的贵族子弟的范围内。

当然，我们在认识到古代希腊和古代中国的竞争活动与竞争观念中这些相同或相似的面相的同时，也不能忽视其众多的相"异"之处，毕竟，两个文明在国家起源、文化传统、政治制度和社会生活等方面存在着巨大的差异，这些都构成了产生"同中之异"的不容忽视的种种语境。下面，我们再看看两个文明的竞争观念有哪些明显的不同之处。

第一，从总体上来看，古希腊人更倾向于接受、肯定甚至崇尚竞争，尤其是以竞赛为形式的竞争活动成为希腊人社会生活中不可缺少的重要内容，竞赛活动不仅十分普遍，还贯穿了希腊文明的始终，由此发展出完备的"赛会制度"和"赛会精神"。与之相比，古代中国人对社会生活中普遍存在的竞争现象则大多持有一种相对负面的甚至否定的看法，把竞争视为导致人与人之间的冲突和社会的动荡的消极因素，因此，一方面发展出独特的"不争"的美德和崇"让"的思想观念，另一方面，如何化解和消除竞争所带来的上述负面影响成为历代统治者治国安邦的重要目标和内容。之所以产生这种不同的倾向，归根结底还是古代希腊人和古代中国人对竞争的界定与理解上的差异使然，如果说在希腊人的语

---

① 参看本书第三章。

境中，用来表达竞争的 *agon* 一词主要指的有规则和有组织的竞争或竞赛，大体上相当于中国人所谓的"君子之争"，那么，汉语中的"争"字就其根本含义来说主要指对某种东西的争夺，即争夺一己私利的"小人之争"，"不争"和"让"的思想即由此而来。我们看到，正如在中文里几乎找不到与希腊的 *agon* 相对应的词汇那样，在希腊的文献资料中也没有与古代中国相仿的"不争"和"让"的思想观念与美德。因此，可以说，崇尚竞争与提倡"不争"或"让"成为古代希腊和古代中国竞争观念的最重要的不同点。因此，正如有学者所指出的那样："竞争之说，素为中国人所不解。严复翻译天演论才新引进进化和竞争思想。"① 很多学者注意到了这种不同，并视之为西方和中国在文化传统上的一个差异。如梁漱溟先生在对西方人崇尚竞争的传统进行批判的时候指出，毁灭人类的不是科学技术，而是只知相争不知相让的人生态度。② 无独有偶，钱穆先生在谈到中国文化中的"争"与"让"的思想的时候，把东西方文明做了如下的对比，并期待中国的"让"的思想能够对当今的世界有所贡献：

物质人生必多争，心灵人生始有让。强于欲则争，丰于情则让。注重物质人生，必感内不足，引起多欲，自多争。注重心灵人生，乃感内有余，引起多情，乃多让。争而得，欲愈增，愈感不足，继之者仍是争。让而意惬，情愈深，必更让。"争"的人生，把内外群己造成分裂，争于外则内不足，争于群则己不足。近代提倡自然科学与个人自由，物质方面愈扩展，自我心愈孤虚。乃求以外面物质填此空虚，而心灵愈窒塞，干枯燥烈，愈无快乐安顿。家国民族历史，必从心灵上建立成就。物质嚣张，家国民族历史之精神滋养愈枯竭，人生成为一唯物斗争的局面。……而人类生路，则贵能转争向"让"。冲淡物质欲望，浚深心灵情感。此惟中国建基农村之传统文化由此精神。孔子曰："君子无所争，必也射乎？"又曰："能以礼

① 田标编著：《中国近代社会思潮与体育》，南京大学出版社 2012 年版，第 91 页。
② 参看陈绍燕《竞争与谦让——中国古代"争""让"范畴的现代启示》，《文史哲》2000 年第 6 期。

让为国乎，何有。"尚争，必制之以法。崇让，乃行之以礼。中国独有此一套让的人生。惟曰："当仁不让"，惟此乃为当前世界人类救星，我国人当出面担当，无可让也。①

　　在这段话中，钱穆先生对中国古代的"争"与"让"的思想观念作出了精当的归纳，把"让"的哲学提升到精神境界的高度，以此来制约和消解只有物质之"争"的人生之弊端，不仅指出"让"的思想是中国人独特的创造，而且给予了高度的评价，其中既蕴含着对"君子之争"的倡导，也认为"礼让"要以"仁"为标准和限度。

　　由此可见，在看到古代希腊和古代中国的尚"争"与崇"让"之不同倾向的同时，也不能使之绝对化，因为二者只存在着不同的偏向而已，也就是说，希腊人在崇尚竞争的同时，也看到了坏的竞争及其负面影响，虽然没有提出"不争"和"让"的观念，但也不乏类似的认识，在其竞赛性质的活动中所大力提倡的遵守规则的理念和道德教化的意识同样带有"君子之争"的风范与色彩；同样，古代的中国人虽然大力倡导"不争"和"让"的美德，但也十分推崇正当的与合乎礼法的竞争，换句话说，中国古代的思想家们所极力反对的并不是竞争本身，而是仅仅为了满足其私欲并导致道德败坏和社会失范的"小人之争"。正是在这个意义上，如果说古希腊人很早就开发利用和大力弘扬了竞争的积极作用的话，那么，古代中国人则对竞争的负面影响作出了更为深入的思考，并力图用"不争"和"让"的美德来制约恶性的竞争，以减小其对社会的危害。

　　第二，正如钱穆先生所言，对于社会中普遍存在的竞争，如果说古希腊人大力主张运用"法"即各种规则、制度和法律加以规范与制约的话，那么，古代中国人则更倾向于运用"礼"即各种社会习俗、伦理和道德的手段来进行约束。

　　对于希腊人来说，就像各种形式和内容的比赛活动无所不在那样，凡是有竞赛的地方就有规则的存在，体育比赛有严格和严密的竞赛规则，裁判员在赛场上依据规则来进行判罚，具有绝对的权威，只有如此才能

---

　　① 钱穆：《双溪独语》（新校本），九州出版社 2012 年版，第 380—381 页。

产生没有任何争议的优胜者；说话有说话的规则，不论是公民大会或法庭上的辩论，还是以求得真理为目的的哲学讨论，都需要发表观点的人对概念进行明确的界定，在论证的过程中遵守固定的法则，在古代希腊，作为一种语言规则的形式逻辑（formal logic）正是在这种情况下应运而生的；被古希腊人视为一种特殊竞赛的战争同样也需要各种战争规则和习惯法的制约，如战争结束后用来收尸和埋葬死者的短暂休战期就成为参战双方需要共同遵守的约定。① 此外，对竞争规则的遵守不仅表现在赛场和战场上，也体现在城邦的政治生活中，因为在希腊人看来，政治生活同样可以看作是一场无休止的"竞赛"，为了合理地分配社会利益和荣誉的需要，古希腊人大力推进各种立法活动和好的政治制度的设计和建设。应该说，所有这些活动的背后无不透露出古希腊人十分强烈的竞赛意识，如何用好的规则引导竞争，规范竞争，使人向善，使社会更为公正，成为希腊思想家们热衷探讨的共同话题。

在古代中国，面对十分激烈的社会竞争，虽然儒家提出的"礼"治和法家提倡的"法"治也有着与古希腊的规则和法律相似的特点，但占据主流的还是对内在的道德修养的强调，在古代中国人看来，内在的自然要求比外在的强制力量更加重要，对于导致"乱"的无所不在的"争"，以老子代表的道家学派提出了"不争"之德，儒家则明确地提出了崇"让"的思想观念，把"让"视为"礼"的开端和根本，而"礼"是内在的爱人之心的"仁"的一种外化和实现。而且，在这些古代思想家看来，"不争"和"礼让"不仅仅是个人的美德，还是统治者和各级官吏治国平天下的为政之道，只有把这些美德内化为个人的道德要求，人们才能"见利思义"②，"先义而后利"③，"义然后取"④，才能从根本上化解和消除"争"所带来的种种恶果。

不过，上述的重"规则"与重"道德"的差别也并不是绝对的，仍

---

① Polly Low, *Interstate Relations in Classical Greece*, *Morality and Power*, Cambridge University Press, 2007.

② 《论语·宪问》。

③ 《荀子·荣辱》。

④ 《论语·宪问》。

然只是一种"偏向",因为在古代希腊,除了各种规则的制定和遵守之外,也同样重视内在道德的修养和教化,同样,在古代中国,除了道德修养之外,也存在着包括"礼"和"法"在内的各种规则,只不过与古希腊的"法"(规则)具有不同的内容和特点而已。

如果我们把古代希腊的"法"(规则)和古代中国的"礼"再做一番比较的话,就会发现,虽然二者都可以对"争"起到引导或制约的作用,但却具有不同的特点。总体上讲,法(规则)是一视同仁的,就实施的对象而言是一律平等的,其执行也是无条件的、绝对的和刚性的,也就是说,只要是共同体的一员,不论其出身是高贵还是低贱,贫穷还是富有,都要遵守法(规则)的要求;而"礼"则具有等级和身份的差别,可以说,其本身的制定就是为了"明贵贱","辨等列",而"礼"的执行也是有条件的、相对的和有一定弹性的。在一定程度上,这种差别可以用来解释和说明,为什么在古代希腊的城邦社会中,很早就形成了公民内部的平等意识,由此才能够发展起以身份平等、规则统一和公平竞争为原则的各种赛会活动①,而在包括古代中国在内的其他古代文明中,由于人们在身份和社会地位上所存在的不可改变与难以逾越的等级和差别,使得希腊式的公平竞赛不但难以产生,而且更难以得到充分的发展。在传统的等级社会中,不仅以人人平等为原则"法"(规则)得不到很好的发展,守法(规则)的意识也处于难产的状态,于是,在这种无"法"(规则)可依或有"法"不依的社会状态下,"人情"和各种"潜规则"就会大行其道。

最后,如果我们把古希腊人的竞技体育活动和以"射礼"为代表的古代中国的竞技比赛做一个对比的话,也会发现另外一个值得注意的不同点。上文说到,表面上看,与希腊的体育赛会相仿,"射礼"既是一种比赛活动,也同样带有强烈的仪式表演的色彩,在古代希腊和古代中国的语境中,均属于值得肯定和倡导的好的竞争即"君子之争",但其内涵和意义却大不相同,正如李亦园在谈到古代社会中的仪式时所言:"不论其所欲表达之目标如何,仪式的象征逻辑都离不开内在的文化法则,而

---

① 参看本书第八章。

中国的仪式也只有在中国文化的基础法则中去寻求解释和理解。"[①] 作为儒家所提的六艺之一的"射"艺被赋予了丰富的哲学内涵,其最主要的功能就是考察参赛者的道德品质,所谓"射以观德",其次才是比赛的胜负,正如《礼记·射义》所言:"故射者,进退周还必中礼,内志正,外体直,然后持弓矢审固,然后可以言中,此可以观德行矣……射者,所以观盛德也。"[②] 因此,射箭比赛的主要目的是选拔出内外兼修、身心和谐的人,射箭中表现出来的道德品行的端正成为能够为官的重要标准。换言之,是否能够正确无误地"行礼"显然比运动成绩更为重要。而在古希腊的体育比赛中,虽然也带有以祭神为目的的仪式表演的特征,但运动成绩的高低和优劣始终是决出优胜者的唯一标准。所以,如果从希腊赛会的角度观之,古代中国的"射礼"很难称得上是一种真正意义上的比赛(agon)活动,更像是一场仪式性的表演,从中也可以凸显出古希腊赛会的根本特点和独特之处。

---

① 李亦园:《宗教与神话》,第 48 页。
② 王文锦译解:《礼记译解》,第 931—932 页。

参考文献

一 中文部分

北京大学哲学系外国哲学史教研室编译：《古希腊罗马哲学》，三联书店1957年版。

陈斌、绕远：《古奥运会兴衰嬗变的历史文化思辨》，《云南师范大学学报》2005年第3期。

陈村富：《古希腊奥林匹克赛会考》，《浙江大学学报》2008年第2期。

陈鼓应注释：《庄子今译今注》，中华书局1999年版。

陈绍燕：《竞争与谦让——中国古代"争""让"范畴的现代启示》，《文史哲》2000年第6期。

陈通明、陈皆明、赵孟营：《和平的角逐——关于社会竞争的社会学讨论》，宁夏人民出版社1999年版。

陈炎、赵玉：《奥林匹克运动的政治动因》，《南开学报》2007年第1期。

陈炎、赵玉：《宗教信仰与奥运兴衰》，《华中师范大学学报》2007年第3期。

陈支越、曾贤军、宋跃然：《古希腊的社会经济与古奥运会》，《体育科技》2001年第3期。

陈中梅：《神圣的荷马：荷马史诗研究》，北京大学出版社2008年版。

陈中梅：《言诗》，北京大学出版社2008年版。

陈忠：《规则论——研究视阈与核心问题》，人民出版社2008年版。

陈醉：《裸体艺术论》，中国青年出版社2011年版。

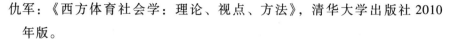

仇军：《西方体育社会学：理论、视点、方法》，清华大学出版社 2010年版。

崔乐泉编著：《奥林匹克运动简明百科》，中华书局 2003 年版。

崔乐泉编著：《古代奥运会》，大众文艺出版社 2000 年版。

[德] 汉斯·利希特：《古希腊人的性与情》，刘岩等译，广西师范大学出版社 2008 年版。

[德] 黑格尔：《美学》，朱光潜译，商务印书馆 1994 年版。

[德] 曼弗雷德·拉梅尔：《古代奥运会思想与现代奥运会思想之比较》，刘岳冶译，《体育文史》1987 年第 1 期。

[德] 托马斯·亚历山大：《欧洲为什么要感谢希腊人》，于嵩楠译，黑龙江教育出版社 2015 年版。

[德] 托尼奥·赫尔舍：《古希腊艺术》，陈亮译，世界图书出版公司 2014 年版。

[德] 温克尔曼：《希腊人的艺术》，邵大箴译，广西师范大学出版社 2001 年版。

[德] 沃尔夫冈·贝林格：《运动通史：从古希腊罗马到 21 世纪》，丁娜译，北京大学出版社 2015 年版。

[法] 阿诺尔德·范热内普：《过渡礼仪》，张举文译，商务印书馆 2010 年版。

[法] 弗朗索瓦·于连：《本质或裸体》，林志明、张婉真译，百花文艺出版社 2007 年版。

[法] 葛兰言：《古代中国的节庆与歌谣》，赵炳祥、张宏明译，赵丙祥校，广西师范大学出版社 2005 年版。

[法] 古朗日：《古代城市：希腊罗马宗教、法律及制度研究》，吴晓群译，世纪出版集团·上海人民出版社 2006 年版。

[法] 克琳娜·库蕾：《古希腊的交流》，邓丽丹译，广西师范大学出版社 2005 年版。

[法] 吕克·布里松：《古希腊罗马时期不确定的性别——假两性畸形人与两性畸形人》，侯雪梅译，广西师范大学出版社 2005 年版。

[法] 皮埃尔·德·顾拜旦：《奥林匹克回忆录》，刘汉全译，北京体育大

学出版社 2007 年版。

［法］乔治·维加雷洛：《从古老的游戏到体育表演》，乔咪加译，中国人民大学出版社 2007 年版。

范益忠、丁中元编著：《古代奥林匹克运动会》，山东教育出版社 1982 年版。

［古罗马］苏维托尼乌斯：《罗马十二帝王传》，张竹明、王乃新、蒋平等译，商务印书馆 1996 年版。

［古罗马］维特鲁威：《建筑十书》，高履泰译，知识产权出版社 2001 年版。

［古希腊］埃斯库罗斯等：《古希腊悲剧喜剧全集》（1—8 卷），张竹明、王焕生译，凤凰出版传媒集团·译林出版社 2007 年版。

［古希腊］柏拉图：《柏拉图的〈会饮〉》，刘小枫译，布鲁姆、伯纳德特疏、秦露、何子健译，华夏出版社 2003 年版。

［古希腊］柏拉图：《柏拉图全集》，王晓朝译，人民出版社 2002 年版。

［古希腊］柏拉图：《理想国》，郭斌和、张竹明译，商务印书馆 1986 年版。

［古希腊］第欧根尼·拉尔修：《名哲言行录》，马永翔、赵玉兰、祝和军、张志华译，吉林人民出版社 2003 年版。

［古希腊］荷马：《奥德赛》，陈中梅译注，译林出版社 2003 年版。

［古希腊］荷马：《奥德赛》，王焕生译，人民文学出版社 1997 年版。

［古希腊］荷马：《伊利亚特》，陈中梅译注，译林出版社 2000 年版。

［古希腊］荷马：《伊利亚特》，罗念生、王焕生译，人民文学出版社 1994 年版。

［古希腊］赫西俄德：《工作与时日·神谱》，张竹明、蒋平译，商务印书馆 1996 年版。

［古希腊］普鲁塔克：《道德论丛》，席代岳译，吉林出版集团有限责任公司 2015 年版。

［古希腊］普鲁塔克：《希腊罗马名人传》上册，陆永庭、吴彭鹏等译，商务印书馆 1995 年版。

［古希腊］普鲁塔克：《希腊罗马名人传》，席代岳译，吉林出版集团有限

责任公司 2009 年版。

［古希腊］色诺芬：《长征记》，崔金戎译，商务印书馆 1985 年版。

［古希腊］色诺芬：《回忆苏格拉底》，吴永泉译，商务印书馆 1984 年版。

［古希腊］色诺芬：《居鲁士的教育》，沈默译笺，华夏出版社 2007 年版。

［古希腊］色诺芬：《色诺芬的〈会饮〉》，沈默等译，华夏出版社 2005
年版。

［古希腊］色诺芬：《希腊史》，徐松岩译注，上海三联书店 2013 年版。

［古希腊］希波克拉底：《希波克拉底文集》，赵洪钧等译，中国中医药出
版社 2007 年版。

［古希腊］希罗多德：《历史》，王以铸译，商务印书馆 1959 年版。

［古希腊］希罗多德：《历史》，徐松岩译，上海三联书店 2008 年版。

［古希腊］修昔底德：《伯罗奔尼撒战争史》，谢德风译，商务印书馆
1960 年版。

［古希腊］修昔底德：《伯罗奔尼撒战争史》，徐松岩译注，世纪出版集
团·上海人民出版社 2012 年版。

［古希腊］亚里士多德：《尼格马科伦理学》，苗力田译，中国社会科学出
版社 1990 年版。

［古希腊］亚里士多德：《诗学》，陈中梅译注，商务印书馆 2010 年版。

［古希腊］亚里士多德：《雅典政制》，日知、力野译，商务印书馆 1978
年版。

［古希腊］亚里士多德：《政治学》，吴寿彭译，商务印书馆 1997 年版。

何元国：《荷马社会中的体育竞技》，《体育文化导刊》2007 年第 7 期。

［荷］J. 胡伊青加：《人：游戏者》，成穷译，王作虹、陈维政校，贵州
出版集团·贵州人民出版社 2007 年版。

黄伟、卢鹰：《中国古代体育习俗》，陕西人民出版社 2004 年版。

黄洋：《从同性恋透视古代希腊社会——一项历史学的分析》，《世界历
史》1998 年第 5 期。

黄洋、晏绍祥：《希腊史研究入门》，北京大学出版社 2009 年版。

蒋纯焦编著：《奥运传奇：古希腊 BC776—北京 2008》，上海社会科学出
版社 2008 年版。

解光云:《古典时期雅典城市的文体性公共空间与竞技活动》,《上海体育学院学报》2005 年 12 月。

李力研:《体育,希腊人的自由——读黑格尔〈历史哲学〉片断》,《北京体育大学学报》2002 年第 1 期。

李力研:《中国古代体育何以未能成熟——以古代希腊为参照的历史比较》,《成都体育学院学报》1995 年第 2 期。

李立国:《古代希腊教育》,教育科学出版社 2010 年版。

李淼、刘方编绘:《希腊瓶画》,工人出版社 1987 年版。

李亦园:《宗教与神话》,广西师范大学出版社 2004 年版。

刘家和:《古代中国与世界——一个古史研究者的思考》,武汉出版社 1995 年版。

刘家和:《史学、经学与思想:在世界史背景下对中国古代历史文化的思考》,北京师范大学出版社 2005 年版。

刘家和主编:《中西古代历史、史学与理论比较研究》,北京师范大学出版社 2013 年版。

刘小枫、陈少明主编:《奥林匹亚的荣耀》,华夏出版社 2009 年版。

路光辉:《古代奥运会的宗教起源》,《体育学刊》2008 年 11 月。

路光辉:《西方学者关于古希腊体育运动研究述评》,《武汉体育学院学报》2011 年 5 月。

路光辉:《葬礼与古代奥运会》,《体育文化导刊》2007 年 9 月。

吕厚量:《古希腊奥林匹亚文化地方性探析》,载徐松岩主编《古典学评论》第 2 辑,上海三联书店 2016 年版。

罗念生:《罗念生全集》(1—10 卷),世纪出版集团·上海人民出版社 2004 年版。

罗念生、水建馥编:《古希腊语汉语词典》,商务印书馆 2005 年版。

[美] W. E. 佩顿:《阐释神圣——多视角的宗教研究》,许泽民译,贵州出版集团·贵州人民出版社 2006 年版。

[美] 阿伦·古特曼:《从仪式到纪录:现代体育的本质》,花勇民等编译,北京体育大学出版社 2012 年版。

[美] 保罗·麦克金德里克:《会说话的希腊石头》,晏绍祥译,浙江人民

出版社 2000 年版。

［美］彼德·布劳：《社会生活中的交换与权力》，孙非、张黎勤译，华夏出版社 1988 年版。

［美］杰·科克利：《体育社会学——议题与争议》（第 6 版），管兵、刘穗琴、刘仲翔、何晓斌译，刘精明审校，清华大学出版社 2003 年版。

［美］克利福德·格尔茨：《文化的解释》，韩莉译，译林出版社 2008 年版。

［美］路德维希：《爱欲与城邦：希腊政治理论中的欲望和共同体》，陈恒译，华东师范大学出版社 2013 年版。

［美］罗纳德·B.伍兹：《体育运动中的社会学问题》，田慧主译，人民体育出版社 2011 年版。

［美］迈克尔·休斯，卡罗琳·克雷勒：《社会学导论》，周杨、邱文平译，上海社会科学院出版社 2011 年版。

［美］米尔恰·伊利亚德：《神圣与世俗》，王建光译，华夏出版社 2002 年版。

［美］米尔恰·伊利亚德：《宗教思想史》，晏可佳、吴晓群、姚蓓等，上海社会科学院出版社 2004 年版。

［美］伊恩·莫里斯，巴里·鲍威尔：《希腊人：历史、文化和社会》（第 2 版），陈恒等译，格致出版社·上海人民出版社 2014 年版。

［美］约翰·格里菲斯·佩德利：《希腊艺术与考古学》，李冰清译，孙宜学校，广西师范大学出版社 2005 年版。

苗力田主编：《亚里士多德全集》（1—10 卷），中国人民大学出版社 1994 年版。

聂敏里：《如当节日一般》，《中国教育报》2008 年 8 月 19 日。

彭林：《礼乐文明与中国文化精神》，中国人民大学出版社 2016 年版。

彭兆荣：《人类学仪式的理论与实践》，民族出版社 2007 年版。

钱穆：《双溪独语》（新校本），九州出版社 2012 年版。

［瑞士］雅各布·布克哈特：《希腊人和希腊文明》，王大庆译，世纪出版集团·上海人民出版社 2012 年第 2 版。

上海博物馆编：《博物馆与古希腊文明》，北京大学出版社 2016 年版。

谭华主编：《体育史》，高等教育出版社 2005 年版。

田标编著：《中国近代社会思潮与体育》，南京大学出版社 2012 年版。

佟洵：《奥林匹克与宗教文化》，《北京联合大学学报》2003 年第 1 卷第 2 期。

王大庆：《从奥林匹亚赛会看古希腊人的平等观念》，《史学理论研究》2011 年第 2 期。

王大庆：《从体育运动看古希腊人对女性的性别建构》，《中华女子学报》2014 年第 3 期。

王大庆：《古希腊城邦：向帝国时代转型的困境与趋势》，《河北学刊》2010 年第 4 期。

王大庆：《古希腊竞技体育中的裸体习俗探析》，《世界历史》2015 年第 2 期。

王大庆：《古希腊赛会与奥林匹克精神的起源》，载文池主编《在北大听讲座》第 19 辑，新世界出版社 2009 年版。

王大庆：《古希腊赛会中体育竞技活动的仪式性特征》，《河北学刊》2014 年第 5 期。

王大庆：《"君子不器"辨析》，《北京师范大学学报》（社会科学版）2007 年第 2 期。

王大庆：《论雅各布·布克哈特的希腊文化史研究——兼评〈希腊人和希腊文明〉》，《史学理论研究》2009 年第 2 期。

王大庆：《"神圣"与"世俗"之间——试论古希腊奥林匹亚赛会的宗教性》，《北京师范大学学报》（社会科学版）2013 年第 6 期。

王俊奇、饶绍振：《奥林波斯宗教与古代奥运会的产生》，《体育与科学》2001 年第 3 期。

王邵励：《古希腊奥林匹克竞技会研究：政治文化史的视角》，吉林文史出版社 2014 年版。

王文华：《希腊体育竞技与希腊精神》，《国际关系学院学报》2003 年第 3 期。

王文锦译解：《礼记译解》，中华书局 2001 年版。

王以欣：《神话与竞技——古希腊体育运动与奥林匹克赛会起源》，天津人民出版社 2008 年版。

王在武、刘修武、王俯民编著：《奥林匹克运动会史略》，人民体育出版社 1981 年版。

［希］塞莫斯·古里奥尼斯：《原生态的奥林匹克运动》，沈健译，上海人民出版社 2008 年版。

辛占军译注：《老子译注》，中华书局第 2008 年版。

邢颖：《论古代奥林匹克运动会中的城邦关系与城邦贵族——以公元前 420 年第 90 届奥运会为例》，《世界历史》2010 年第 1 期。

邢颖：《论古希腊泛雅典人节中的城邦意识》，《历史教学》2014 年第 22 期。

邢颖：《希腊城邦与奥林匹亚节》，《世界历史》2013 年第 6 期。

熊欢编著：《身体、社会与体育——西方社会学理论视角下的体育》，当代中国出版社 2011 年版。

徐晓旭：《文化选择与希腊化时代的族群认同》，《中国社会科学》2015 年第 3 期。

徐晓旭：《希腊人和蛮族人：一对不断被修改的画像》，《历史研究》2014 年第 6 期。

晏绍祥：《古典历史研究史》（上下卷），北京大学出版社 2013 年版。

晏绍祥：《荷马社会研究》，上海三联书店 2006 年版。

杨伯峻编著：《春秋左传注》（修订本），中华书局 1990 年版。

杨伯峻译注：《论语译注》，中华书局 1988 年版。

杨戎、卢元镇：《希腊城邦制度与古代奥运会的产生》，《北京体育大学学报》2000 年第 1 期。

裔昭印等：《西方妇女史》，商务印书馆 2009 年版。

裔昭印：《古希腊的妇女——文化视域中的研究》，商务印书馆 2001 年版。

裔昭印、苏振兴、路光辉：《古希腊人的爱》，中国青年出版社 2007 年版。

［意］阿纳尔多·莫米利亚诺：《论古代与近代的历史学》，晏绍祥译，黄洋校，北京大学出版社 2015 年版。

［意］约勒·法略莉：《论古代奥运会之"无声消亡"》，赵毅译，《体育与科学》2014 年第 1 期。

［英］A. S. 默里：《古希腊雕塑史：从早期到菲迪亚斯时代》，张铨、孙志刚、刘寒青译，凤凰出版传媒集团·江苏美术出版社 2007 年版。

［英］E. H. 贡布里希：《艺术的故事》，范景中译，杨成凯校，广西美术出版社 2014 年版。

［英］G. E. R. 劳埃德：《古代世界在现代思考：透视希腊、中国的科学与文化》，钮卫星译，上海科技教育出版社 2008 年版。

［英］G. E. R. 劳埃德：《早期希腊科学：从泰勒斯到亚里士多德》，孙小淳译，上海科技教育出版社 2004 年版。

［英］M. I. 芬利主编：《希腊的遗产》，张强等译，上海人民出版社 2004 年版。

［英］奥斯温·默里和西蒙·普莱斯编：《古希腊城市：从荷马到亚历山大》，解光云、冯春玲译，商务印书馆 2015 年版。

［英］奥斯温·默里：《早期希腊》（第 2 版），晏绍祥译，上海人民出版社 2008 年版。

［英］戈尔德希尔、奥斯本编：《表演文化与雅典民主制》，李向利等译，华夏出版社 2014 年版。

［英］肯尼斯·克拉克：《裸体艺术——理想形式的研究》，吴枚、宁延明译，中国青年出版社 1988 年版。

［英］肯尼斯·约翰·弗里曼：《希腊的学校》，朱镜人译，山东教育出版社 2013 年版。

［英］罗宾·奥斯本：《古风与古典时期的希腊艺术》，胡晓岚译，上海人民出版社 2015 年版。

［英］汤因比：《希腊精神：一部文明史》，乔戈译，商务印书馆 2015 年版。

［英］托马斯·F. 斯坎伦：《爱欲与古希腊竞技》，肖洒译，华东师范大学出版社 2016 年版。

［英］维克多·特纳：《仪式过程：结构与反结构》，黄剑波、柳博赟译，中国人民大学出版社 2006 年版。

［英］西蒙·普莱斯：《古希腊人的宗教生活》，邢颖译，晏绍祥校，北京
　　大学出版社 2015 年版。

［英］约瑟夫·马奎尔，凯文·扬主编：《理论诠释：体育与社会》，陆小
　　聪主译，重庆大学出版社 2012 年版。

于克勤、章惠菁编：《古代奥运会史话》，上海人民出版社 1986 年版。

余英华：《〈史记〉争让思想探微》，《淮北师范大学学报》2013 年第
　　6 期。

张晓军：《近代国人对西方体育认识的嬗变（1840—1937）》，东北师范大
　　学出版社 2015 年版。

朱龙华：《艺术通史：文艺复兴以前的艺术》，上海社会科学出版社 2014
　　年版。

二　英文部分

Alcock, Susan E. and Osborne, Robin (eds.), *Classical Archaeology*, Blackwell Publishing, 2007.

Arnason, Johann & Murphy, Peter (eds.), *Agon, Logos, Polis, The Greek Achievement and its Aftermath*, Franz Steiner Verlag Stuttgart, 2001.

Barker, Elton T. E., *Entering the Agon, Dissent and Authority in Homer, Historiography and Tragedy*, Oxford University Press, 2009.

Blair, John G. & McCormack, Jerusha Hull, *Western Civilization with Chinese Comparisons*, Fudan University Press, 2006.

Boardman, John, *Greek Art*, New Revised Edition, Thames and Hudson, 1991.

Burckhardt, Jacob, *The Greeks and Greek Civilization*, translated by Sheila Stern, edited, with and introduction by Oswyn Murry, HarperCollins Publishers, 1998.

Burkert, Walter, *Greek Religion*, translated by John Raffan, Harvard University Press, 1985.

Burkert, Walter, *Homo Necans, The Anthropology of Ancient Greek Sacrificial Ritual and Myth*, translated by Peter Bing, University of California

Press, 1983.

Buxton, Richard (ed.), *Oxford Readings in Greek Religion*, Oxford University Press, 2000.

Cartledge, Paul, Garnsey, Peter and Gruen, Erich, *Hellenistic Constructs*, *Essays in Culture*, *History*, *and Historiography*, University of California Press, 1997.

Cartledge, Paul, Millet, Paul & Reden Sitta von (eds.), *Kosmos. Essays in Order*, *Conflict and Community in Classical Athens*, Cambridge University Press, 2002.

Cartledge, Paul, Millett, Paul & Todd, Stephen (eds.), *Nomos*, *Essays in Athenian Law*, *Politics and Society*, Cambridge University Press, 1990.

Christesen, Paul, *Olympic Victor Lists and Ancient Greek History*, Cambridge University Press, 2007.

Churchman, David, *Why We Fight*, *The Origin*, *Nature*, *and Management of Human Conflict*, Second Edition, University of America, Inc., 2013.

Crowther, Nigel B., *Sport in Ancient Times*, Lodon: Praeger Publishers, 2007.

Davidson, James, *The Greeks and Greek Love*, *A Radical Reappraisal of Homosexuality in Ancient Greece*, London: Weidenfield& Nicolson, 2007.

Deubner, Ludwig *Olympia: Gods*, *Artists*, *and Athletes*, New York, 1968.

Dombrowski, Daniel A., *Contemporary Athletics & Ancient Greek Ideals*, The University of Chicago Press, 2009.

Dover, K. J., *Greek Homosexuality*, updated and with a new Postscript, Harvard University Press, 1989.

Drees, Ludwig, *Olympia*, *Gods*, *Artists*, *and Athletics*, New York: Frederick A. Praeger, Publishers, 1968.

Easterling, P. E. and Muir, J. V. (eds.), *Greek Religion and Society*, with a Foreword by Sir Moses Finley, Cambridge University Press, 1985,

Ellsworth, James Dennis, *Agon: Studies in the Use of a Word*, University of California, Berkeley, Ph. D, 1971, University Microfilms, A XEROX Company, Ann Arbor, Michigan, 1972.

Finley, M. I. , *Ancient History*, *Evidence and Models*, New York: Viking Penguin Inc. , 1986.

Finley, M. I. & Pleket, H. W. , *The Olympic Games: the First Thousand Years*, London, 1976.

Gardiner, E. Norman, *Athletics of the Ancient World*, Oxford, 1930.

Gardiner, E. Norman, *Greek Athletic Sports and Festivals*, Macmillan and Co. , Limited, 1910.

Gardiner, E. Norman, *Olympia*, *Its History & Remains*, Oxford, 1925.

Golden, Mark, *Greek Sport and Social Status*, University of Texas Press, 2008.

Golden, Mark, *Sport and Society in Ancient Greece*, Cambridge University Press, 1998.

Golden, Mark, *Sport in the Ancient World From A to Z*, London and New York: Routledge, 2004.

Goldhill, Simon and Osborne, Robin (eds.), *Performance Culture and Athenian Democracy*, Cambridge University Press, 1999.

Grubbs, Judith Evans, & Parkin, Tim, with the assistant of Bell, Roslynne, *The Oxford Handbook of Childhood and Education in the Classical World*, Oxford University Press, 2013.

Guttmann, Allen, *From Ritual to Record*, *the Nature of Modern Sports*, Columbia University Press, 2004.

Guttmann, Allen, *The Erotic in Sports*, Columbia University Press, 1996.

Hall, Jonathan M. , *Hellenicity*, *between Ethnicity and Culture*, University of Chicago Press, 2002.

Halperin, David M. , Winkler, John J. , and Zeitlin, Froma I. (eds.), *Before Sexuality*, *the Construction of Erotic Experience in Ancient Greek World*, Princeton University Press, 1990.

Harris, H. A. , *Sports in Greece and Rome*, Cornell University Press, 1972.

Hawhee, Debra, *Bodily Arts*, *Rhetoric and Athletics in Ancient Greece*, Austin: University of Texas Press, 2004.

Hornblower, Simon & Morgen, Catherine (eds.), *Pindar's Poetry, Patrons, and Festivals, From Archaic Greece to the Roman Empire*, Oxford University Press, 2007.

Hornblower, Simon & Spawforth, Antony (eds.), *Oxford Classical Dictionary*, Oxford University Press, 1999.

Hornblower, Simon, *Thucydides and Pindar, Historical Narrative and the World of Epinikian Poetry*, Oxford University Press, 2004.

Isocrates, *The Team of Horses*, Volume III with an English traslation by Larue Van Hook, Harvard University Press, 1945.

Kennell, Nigel M., *The Gymnasium of Virtue, Education & Culture in Ancient Sparta*, the University of California Press, 1995.

Konig, Jason (ed.), *Greek Athletics*, Edinburgh University Press, 2010.

Kyle, Donald G., *Athletics in Ancient Athens*, E. J. Brill, Leiden, The Netherlands, 1987.

Kyle, Donald G., *Sport and Spectacle in the Ancient World*, Blackwell Publishing, 2007.

Larmour, David H. J., *Stage and Stadium, Drama and Athletics in Ancient Greece*, Hidesheim: Weidmann, 1999.

Larson, Jennifer, *Greek and Roman Sexuality, A Sourcebook*, Bloomsbury Academic, 2012.

Lear, Andrew and Cantarella, Eva, *Images of Pederasty, Boys Were Their Gods*, London and New York: Routledge, 2008.

Lloyd, G. E. R., *Adversaries and Authorities, Investigations into Ancient Greek and Chinese Science*, Cambridge University Press, 1996.

Lloyd, G. E. R., *The Ambitions of Curiosity, Understanding the World in Ancient Greece and China*, Cambridge University Press, 2002.

Lloyd, G. E. R., *The Delusions of Invulnerability, Wisdom and Morality in Ancient Greece, China and Today*, Gerald Duckworth & Co. Ltd., 2005.

Llyod, G. E. R., *The Revolutions of Wisdom, Studies in the Claims and Prac-*

tice of Ancient Greek Science, University of Californian Press, 1987.

Low, Polly, *Interstate Relations in Classical Greece*, *Morality and Power*, Cambridge University Press, 2007.

Lugwig, Paul W. , *Eros and Polis*, *Desire and Community in Greek Political Theory*, Cambridge University Press, 2002.

Mach, Edmund von, *Greek Sculpture*, *Its Spirit and Its Priciples*, New York: Parkstone Press International, 2002.

Malkin, Irad (ed.), *Ancient Perceptions of Greek Ethnicity*, Harvard University Press, 2001.

Mandell, Richard D. , *Sport*, *A Cultural History*, Columbia University Press, 1984.

Matz, David, *Greek and Roman Sports*, *a Dictionary of Athletes and Events from the Eighth Century B. C. to the Third Century A. D.* , McFarland & Company, Inc. , Publishers, 1991.

Mechikoof, Robert A. & Estes, Steven G. , *A History and Philosophy of Sport and Physical Education*, *From Ancient Civilizations to the Modern World*, The McGraw Hill Companies, 2004.

Miller, Stephen G. , *Ancient Greek Athletics*, Yale University Press, 2004.

Miller, Stephen G. , *Arete*, *Greek Sports from Ancient Sources*, a Second and Expanded Edition, University of California Press, 1991.

Mitchell, Lynette, *Panhellenism and the Barbarian in Archaic and Classical Greece*, the Classical Press of Wales, 2007.

Morgan, Catherine, *Athletics and Oracles*, *The Transformation of Olympia and Delphi in Eight Century BC*, Cambridge University Press, 1990.

Murray, Oswyn and Price, Simon (eds.), *The Greek City*, *From Homer to Alexander*, Oxford: Clarendon Press, 1991.

Neill, James, *The Origins and Role of Same-Sex Relations in Human Society*, McFarland & Company, Inc. , Publishers, 2009.

Ogden, Daniel (ed.), *A Companion to Greek Religion*, Blackwell Publishing, 2007.

Ong, Walter J. , *Fighting for Life, Contest, Sexuality, and Consciousness*, Cornell University Press, 1981.

Osborn, Robin, *The History Written on the Classical Greek Body*, Cambridge University Press, 2011.

Papalexandrou, Nassos, *The Visual Poetics of Power, Warriors, Youths, and Tripods in Early Greece*, Lexington Books, 2005.

Pausanias, *Description of Greece*, V. ELIS I, xxiv. 7 – 10, with an English Translation by W. H. S. Jones and H. A. Ormerod, Harvard University Press, Loeb Classical Library, 2006.

Peruille Flensted-Jensen, Thomas Heine Nielsen, Lene Rubinstein (eds.), *Polis & Politics, Studies in Ancient Greek History, Present to Morgen Herman Hansen on His Sixtieth Birthday*, August 20, 2000, Copenhagen University Press, 2000.

Phillip, David J. & Pritchard, David (eds.), *Sport and Festival in the Ancient Greek World*, The Classical Press of Wales, 2003.

Pindar, *Nemean Odes, Isthmian Odes Fragments*, edited and translated by Willian H. Race, Harvard University Press, 1997.

Plato, *The Laws*, translated by Thomas L. Pengle, the University of Chicago Press, 1980.

Poliakoff, Michael B. , *Combat Sports in the Ancient World, Competition, Violence, and Culture*, New Haven and London: Yale University Press, 1987.

Pritchard, David M. , *Sport, Democracy and War in Classical Athens*, Cambridge University Press, 2013.

Raschke, Wendy J. (ed.), *The Archaeology of the Olympics, the Olympics and Other Festivals in Antiquity*, The University of Wisconsin Press, 1988.

Reid, Heather L. , *Athletics and Philosophy in the Ancient World, Contests of Virtue*, London and New York: Routledge, 2011.

Robinson, Rachel Sargent, Ph. D. (ed.), *Sources For The History of Greek Athletics, in English Translation*, Chicago: Ares Publishers, Inc. , 1955.

Sansone, David, *Greek Athletics and Genesis of Sport*, University of California

Press, 1988.

Scanlon, Thomas F. , *Eros & Greek Athletics*, Oxford University Press, 2002.

Scanlon, Thomas F. , *Greek and Roman Athletics*, *A Bibliography*, Chicago: Ares Publishers, Inc. , 1984.

Scott, Liddell, *Greek-English Lexicon*, Abridged Edition, Oxford: The Clarendon Press, 1977.

Scott, Michael, *Delphi and Olympia*, *the Spatial Politics of Panhellenism in Archaic and Classical Periods*, Cambridge University Press, 2010.

Shapiro, H. A. , *The Cambridge Companion to Archaic Greece*, Cambridge University Press, 2007.

Sinn, Ulrich, *Olympia*, *Cult*, *Sport and Ancient Festival*, translated from German by Thomas Thornton, Princeton: Markus Wiener Publishers, 2000.

Smalls, James, *Homosexuality in Art*, New York: Parkstone Press Ltd, 2002.

Starr, Chester G. , *Individual and Community*, *The Rise of the Polis* 800 – 500 *B. C.* , Oxford University Press, 1986.

Stewart, Andrew, *Art*, *Desire and Body in Ancient Greece*, Cambridge University Press, 1977.

Swaddling, Judith, *The Ancient Olympic Games*, The British Museum Press, 2015.

Sweet, Waldo E. (ed.), *Sport and Recreation in Ancient Greece*, *A Sourcebook with Translations*, Oxford University Press, 1987.

Valavanis, Panos, *Games and Sanctuaries in Ancient Greece*, *Olympia*, *Delphi*, *Isthmian*, *Nemea*, *Athens*, translated by Dr. David Hardy, Forword by Sir John Boardman, Los Angeles, 2004.

Wedeck, Harry E. , *Short Dictionary of Classical Word Origins*, New York: Philosophical Library, 1957.

Wilson, Nigel (ed.), *Encyclopedia of Ancient Greece*, New York: Taylor & Francis Group, 2006.

Yatromanolakis, Dimitrios (ed.), *An Archaeology of Representations*, *Ancient Greek vase-painting and Contemporary Methodologies*, Institut Du Livre-A,

Kardamitsa，Athens，2009.

Yiqun，Zhou，*Festival*，*Feasts and Gender Relations in Ancient China and Greece*，Cambridge University Press，2010.

后　记

不知不觉，从最初接触这个题目，到今天已经将近十年时间了。

因为没有依托于任何科研项目，完全出于个人的兴趣，所以，做起来自然多了几分从容和自如，可以有更多的时间静心思考，慢慢打磨。不过，也有不好的地方，就是一旦有更加紧急的任务，这个课题就会被暂时放下。十年来，就这样断断续续地做，也还是积累起了几十万字的研究资料，发表了几篇文章。今年，下定决心"结项"出书，算是给自己一个交代。

这是一本以问题为导向的学术著作。现在回想起来，当初之所以对古代希腊人的"赛会"产生兴趣，主要是基于两个方面的原因。

一是在翻译布克哈特的《希腊人和希腊文明》的过程中，第一次了解到尼采和布克哈特对希腊人的"赛会精神"的伟大"发现"，在惊异于这一发现的同时，也想对"赛会"这种希腊人所特有的社会习俗作更进一步的了解。

实际上，从尼采和布克哈特重新发现并阐发这种习俗开始，对古希腊赛会的研究就远远超出了体育运动和比赛的领域，而被视为一种具有普遍性的社会活动和生活方式，也就是说，"赛会"的形式和做法实际上已经渗透到了古代希腊社会生活的方方面面，可以说，对比赛活动的热爱成为展示希腊民族性的重要维度之一。例如，尼采起初就是从古希腊带有比赛特征的哲学辩论中发现了"赛会精神"，而布克哈特则把充满了各种比赛活动的古风时代命名为"赛会时代"。可以说，古希腊赛会的这种普遍化、社会化和制度化，是吸引我走进古希腊赛会世界的一个重要原因。具体而言，希腊人的这种独特的习俗与他们的宗教、政治、军事、社会、文化、教育乃至于审美和思想观念等领域都有着千丝万缕的关联，并对这些领域都产生了或多或少的影响。

二是在 2008 年，发源于古代希腊、复兴于 19 世纪末和 20 世纪的现代奥林匹克运动会有史以来第一次在中国的北京成功举办。作为一个中国人，在历经百年终于奥运梦圆的兴奋之余，自然也会萌发生对这种来自遥远古代和异国他乡的悠久传统进行深入探究的愿望。

正是在这种内在学理和外在现实的双重作用下，开启了我对古代希腊赛会的"问询"之旅。古代希腊的体育赛会有哪些特点？与今天的竞技体育运动和现代奥运会相比有哪些不同？这些不同是由于哪些历史背景或语境的差异而使然？古希腊赛会的精神内涵是什么，与今天的奥林匹克精神有哪些联系和区别？古希腊人的体育赛会是如何以及为什么能够从一种古希腊人所特有的"地方性的"社会活动发展成为整个地中海地区的普遍习俗，到今天则成为一种"世界性的"与超越民族和国界的盛会？为什么是在古代希腊，而不是在或早或晚的古代文明中产生了较为完备的赛会习俗、赛会制度和赛会精神？正是带着这些"剪不断、理还乱"的问题，我开始大量阅读相关的历史资料和书籍，并在前人已有研究的基础上，尝试着作出新的综合和自己的回答。

但是，随着问题的展开和思考的逐步深入，我也愈发感到自己在语言、能力和研究基础等方面的严重不足，比如，就西方学者的研究成果而言，我使用的主要是英文资料，德文、法文等其他文种的著作则很少利用。所以，在这里呈现给各位读者的与其说是一部成体系的完备的学术著作，不如说仍旧是阶段性的研究成果，仅仅是自己十年来对这些问题学习和思考的一次初步的小结，不仅还有很多重要问题尚未涉及，而且，就目前已经成文的部分而言，也还有进一步探究的余地。希望本书能够起到抛砖引玉的作用，期待得到大家的批评和指正。

十年来，我得到了很多老师、同行、同事、朋友和学生的大力帮助，有的提供了十分宝贵的文献资料，有的则在研究过程中给予我很多鼓励、启发和指点，在此一并表示衷心的感谢。感谢历史学院领导的支持，使本书的出版顺利得到中国人民大学"双一流"经费的资助。同时，感谢我所有的家人，没有他们的理解和支持，就不会有本书的顺利问世。最后，感谢中国社会科学出版社的郭沂纹副总编和刘志兵编辑，他们在本书的编辑和出版过程中给予了热情的支持与协助。

王大庆

于时雨园

2016 年 10 月 18 日初稿

2016 年 11 月 8 日定稿